Abū Naṣr al-Fārābī: Die Prinzipien der Ansichten der Bewohner der vortrefflichen Stadt

Klassiker Auslegen

Herausgegeben von
Otfried Höffe

Band 75

Abū Naṣr al-Fārābī: Die Prinzipien der Ansichten der Bewohner der vortrefflichen Stadt

---

Herausgegeben von
Ulrich Rudolph

DE GRUYTER

ISBN 978-3-11-053406-1
e-ISBN (PDF) 978-3-11-053594-5
e-ISBN (EPUB) 978-3-11-053409-2
ISSN 2192-4554

Library of Congress Control Number: 2022935671

Bibliografische Information der Deutschen Nationalbibliothek
Die Deutsche Nationalbibliothek verzeichnet diese Publikation in der Deutschen Nationalbibliografie; detaillierte bibliografische Daten sind im Internet über http://dnb.dnb.de abrufbar.

Umschlagabbildung: Al-Farabi, Michel Wolgemut (atelier van), 1493, Rijksmuseum, Amsterdam
Druck und Bindung: CPI books GmbH, Leck

www.degruyter.com

Inhalt

Vorwort — VII

Hinweise zur Benutzung — IX

Ulrich Rudolph
1 **Einführung I: Leben, Werk und philosophisches Selbstverständnis al-Fārābīs — 1**

Ulrich Rudolph
2 **Einführung II: Inhalt, Struktur und Kontext der Schrift *Die Prinzipien der Ansichten der Bewohner der vortrefflichen Stadt* — 17**

Thérèse-Anne Druart
3 **God as the First Cause (ch. 1–2) — 33**

Damien Janos
4 **Formation and Structure of the Cosmos (ch. 3 and 6–7) — 45**

Andreas Lammer
5 **Entstehung, Aufbau und Erhalt der sublunaren Welt (Kap. 4–5 und 8–9) — 61**

Rotraud Hansberger
6 **Der Mensch als Seele und Körper (Kap. 10–12) — 79**

Patric O. Schaerer
7 **Intellekt und Denken (Kap. 13) — 97**

Cleophea Ferrari
8 **Philosophie, Prophetie und Religion (Kap. 14 und 16–17) — 115**

Georges Tamer
9 **Vortreffliche und mangelhafte Gemeinwesen (Kap. 15 und 18–19) — 129**

Nadja Germann
10 Die Struktur der Argumentation — 145

Peter Adamson
11 The Philosophical Background — 163

Renate Würsch
12 Die Wirkungsgeschichte in der vormodernen philosophischen Tradition — 177

Sarhan Dhouib
13 Die Rezeption in der modernen arabischsprachigen Philosophie: Ṭayyib Tīzīnī, Muḥammad ʿĀbid al-Ǧābirī und Nāṣīf Naṣṣār — 195

Auswahlbibliographie — 215

Hinweise zu den Autorinnen und Autoren — 223

Personenregister — 227

Sachregister — 229

Vorwort

Im vorliegenden Band wird zum ersten Mal ein philosophischer Text, der nicht zum Kanon der europäischen bzw. westlichen Philosophiegeschichte gehört, in der Reihe *Klassiker Auslegen* vorgestellt. Damit öffnet sich eine neue Perspektive: auf eine andere Philosophietradition, aber auch auf die Möglichkeit, vergleichende Beobachtungen zwischen den Traditionen anzustellen und die eigene Sichtweise auf philosophische Grundprobleme zu schärfen.

Der Text, der hier präsentiert wird, ist ein ‚Klassiker' der Philosophie in der islamischen Welt. Er stammt von Abū Naṣr al-Fārābī, einem Denker des frühen 10. Jahrhunderts, den man mit einigem Recht als Neubegründer der Philosophie im islamischen Kontext bezeichnen kann. Er nahm zahlreiche Konzepte aus dem platonischen, aristotelischen und neuplatonischen Erbe auf – was teilweise neues Licht auf dieses Erbe wirft. Auf ihrer Grundlage und mit Blick auf die Fragen seiner Zeit entwickelte er einen eigenen philosophischen Entwurf, der innovative Akzente setzte und zum Ausgangspunkt vieler weiterer Debatten wurde. Sie begannen mit Avicenna (Ibn Sīnā), der al-Fārābī sehr schätzte, und fanden ihren Widerhall bei zahlreichen islamischen, jüdischen und christlichen Denkern des Mittelalters. Aber auch in der Gegenwart werden al-Fārābīs Schriften in der arabischen Welt gelesen und diskutiert, besonders intensiv das Werk, das Gegenstand der Untersuchung in diesem Band ist.

Der Titel des Buches lenkt den Blick auf eine *madīna fāḍila*, was man als „vortreffliche Stadt" (im Sinne von Polis) oder „vortreffliches Gemeinwesen" übersetzen kann. Deswegen wurde der Text häufig als ein Werk zur politischen Philosophie verstanden, zumal die Übersetzungen, die in europäischen Sprachen publiziert wurden, Titel wie „Der Musterstaat", „On the Perfect State" oder „La cité vertueuse" tragen. Tatsächlich ist er aber mehr als dies. Denn al-Fārābī thematisiert das Gemeinwesen nicht für sich, sondern im Rahmen einer umfassenden Betrachtung der göttlichen und menschlichen Welt. Die Darstellung beginnt mit Gott als der Ersten Ursache aller Dinge, und führt über den Kosmos, die irdische (sublunare) Welt, den Menschen (Körper, Seele, Intellekt, Denken), Prophetie und Religion bis zur Rolle des Gemeinwesens bei der Glückssicherung des Menschen im Jenseits. Das Werk ist also eine philosophische Summe. Es behandelt Fragen der Metaphysik, Physik einschließlich Biologie, Psychologie einschließlich Intellektlehre, Ethik und Politik und benennt jeweils deren Grundlagen. Daher sein Titel: *Die Prinzipien der Ansichten der Bewohner der vortrefflichen Stadt*, kurz: *Prinzipien.*

Der vorliegende Band besteht aus dreizehn Originalbeiträgen, die in enger Abstimmung zwischen den Autorinnen und Autoren entstanden sind. Dafür

https://doi.org/10.1515/9783110535945-001

möchte ich allen danken, zudem Patric Schaerer für seine umsichtige Mitarbeit bei der Redaktion und die Erstellung der Register sowie Anne Hiller, Serena Pirrotta und Anett Rehner für die Unterstützung seitens des Verlags. Ein besonderer Dank gilt schließlich Otfried Höffe, dem Gesamtherausgeber der Reihe, der bereit war, *Klassiker Auslegen* für einen Band zur Philosophie in der islamischen Welt zu öffnen, und uns jederzeit mit Rat und Tat zur Seite stand.

Zürich, im März 2022 — Ulrich Rudolph

Hinweise zur Benutzung

Grundlegend für diesen Band und jede weitere Beschäftigung mit dem hier untersuchten Werk al-Fārābīs ist die arabisch-englische Ausgabe von Richard Walzer (1985, ²1998), die einen ausführlichen Sachkommentar enthält. Der arabische Text dieser Ausgabe wird im Folgenden als „al-Fārābī 1985/1998" zitiert, unter Angabe des Kapitels und/oder der Seiten- und Zeilenzahlen. Verweise auf den Kommentar erfolgen hingegen unter dem Kürzel „Walzer 1985/1998".

Angaben zur deutschen Version beziehen sich nicht auf die alte Übersetzung von Friedrich Dieterici (1900), sondern die neue von Cleophea Ferrari (2009), die zugleich diesem Band seinen Namen gegeben hat. Sie wird in der Regel als „Ferrari 2009" zitiert, manchmal aber auch mit der Sigle „dt." angegeben, wenn durch den Verweis auf das arabische Original bereits klar ist, dass es sich um eine Textstelle aus den *Prinzipien* handelt.

Die Auswahlbibliographie am Ende des Bandes listet alle Primär- und Sekundärtexte auf, die für die Auseinandersetzung mit dem Werk grundlegend sind. Dagegen werden am Ende der Einzelkapitel nur Titel aufgeführt, die einen unmittelbaren Bezug zu dem jeweiligen Thema haben. Eine Ausnahme von dieser Regel bildet Kapitel 13. Sein Thema sind zeitgenössische arabische Diskussionen über die *Prinzipien*, in deren Hintergrund verschiedene Textausgaben und Übersetzungen, die im 20. Jahrhundert erschienen sind, eine große Rolle spielen. Deswegen sind hier sämtliche Primär- und Sekundärtexte, die im Kapitel erwähnt werden, am Ende aufgelistet.

https://doi.org/10.1515/9783110535945-002

Ulrich Rudolph

1 Einführung I: Leben, Werk und philosophisches Selbstverständnis al-Fārābīs

1.1 Einleitung

Abū Naṣr al-Fārābī (gest. Ende 950 oder Anfang 951) wird in der arabischen Tradition seit langem als „der zweite Lehrer" (*al-muʿallim aṯ-ṯānī*) bezeichnet. Darin liegt nicht nur ein Ausdruck hoher Wertschätzung, sondern auch ein Hinweis auf seine historische Stellung. Während Aristoteles, „der erste Lehrer", gemeinhin als Begründer der Philosophie betrachtet wird, gilt al-Fārābī als derjenige, der sie nach einer Phase des Niedergangs und der Anfechtungen, denen sie in der Spätantike ausgesetzt war, kraftvoll restituierte und im Kontext der islamischen Welt neu etablierte.

In der Tat lassen sich für diese Sichtweise mehrere Argumente anführen. Sie betreffen nicht nur die problematische Entwicklung der Philosophie am Ausgang der Antike – man denke an die Schließung der Akademie in Athen im Jahr 529 und das Ende des philosophischen Unterrichts in Alexandria zu Beginn des 7. Jahrhunderts. Auch in frühislamischer Zeit präsentieren sich die philosophischen Studien, so rasch das Interesse an ihnen gewachsen sein dürfte, zunächst nur *in statu nascendi*. Schließlich mussten die materiellen Grundlagen des Unterrichts erst wieder bereitgestellt werden. Das erforderte einerseits eine intensive Rezeption des antiken Erbes, andererseits den Versuch, es auf die veränderten Rahmenbedingungen anzuwenden und dort von neuem fruchtbar zu machen.

Der erste Schritt erfolgte durch die griechisch-arabischen Übersetzungen, die um die Mitte des 8. Jahrhunderts einsetzten und zwei Jahrhunderte lang mit großer Intensität fortgesetzt wurden. Sie hatten zum Ergebnis, dass neben zahlreichen Texten aus anderen Disziplinen (Medizin, mathematische Wissenschaften, Naturkunde, Geheimwissenschaften u. a.) etwa dreihundert philosophische Werke aus dem Griechischen, zum Teil mit syrisch-aramäischen Zwischengliedern, ins Arabische übersetzt wurden, mit einem markanten Fokus auf dem *Corpus Aristotelicum* und dessen spätantiken Kommentatoren wie Alexander von Aphrodisias, Themistios und Johannes Philoponos (Gutas 1998). Der zweite Schritt kam in Gang, als einzelne Denker wie Abū Yūsuf al-Kindī (gest. um 865) die gerade übersetzten Werke studierten und in Auseinandersetzung damit ihre eigenen Entwürfe präsentierten. So entstanden die ersten philosophischen Texte in

https://doi.org/10.1515/9783110535945-003

arabischer Sprache, beispielsweise al-Kindīs umfangreiches, nur zum Teil erhaltenes Werk *Über die Erste Philosophie* (*Fī l-Falsafa al-ūlā*). Die überlieferten Partien behandeln zentrale Fragen der Metaphysik wie die Existenz Gottes, die räumliche und zeitliche Endlichkeit der Welt und deren Erschaffung aus dem Nichts (engl. Übers. von Ivry 1971; dt. Übers. von Akasoy 2011), allerdings auf eine Weise, die sich sehr eng an antike Textvorlagen anlehnt, so dass man die Argumentation bis in die Formulierungen hinein auf ihre Quellen (Aristoteles, Johannes Philoponos, Proklos) zurückführen kann.

Bei al-Fārābī stellt sich die Situation anders dar. Zwar ruhen auch seine Überlegungen häufig auf griechischen Vorbildern und Prämissen. Aber im Unterschied zu al-Kindī bewegt er sich nicht mehr im Sog der rezipierten Texte. Zudem hat er nicht, wie al-Kindī, das Problem, dass zeit seines Lebens neue philosophische Werke aus dem Griechischen ins Arabische übersetzt werden, die ihn vor je andere Herausforderungen stellen und die Grundlage seiner philosophischen Arbeit ständig verändern. Im Gegenteil: Während al-Fārābīs Lebenszeit geht die Periode der Übersetzungstätigkeit, von wenigen Ausnahmen abgesehen, zu Ende. Er überblickt also das Korpus der ca. dreihundert übersetzten Werke, die fortan grundlegend für den philosophischen Unterricht werden sollten. Einschließlich der *Zweiten Analytiken*, d.h. der aristotelischen Wissenschaftslehre, die erst zu Beginn des 10. Jahrhunderts ins Arabische übertragen wurde und zu einem Eckstein seiner Reflexionen werden sollte.

Auf dieser Grundlage entwirft al-Fārābī seine eigene Philosophie. Sie artikuliert sich in zahlreichen Werken, die sämtliche Teile des klassischen Curriculums – von der Propädeutik über Logik, Mathematik, Physik und Metaphysik bis hin zu Ethik und Politik – behandeln. Nirgends werden seine Anliegen aber so markant und so systematisch dargelegt wie in dem Buch mit dem Titel *Die Prinzipien der Ansichten der Bewohner der vortrefflichen Stadt* (*Mabādiʾ ārāʾ ahl al-madīna al-fāḍila*), kurz: *Prinzipien*. Hier fasst al-Fārābī zusammen, was er zuvor an verschiedenen Stellen entwickelt hatte. Der Text präsentiert somit bei vielen Themen die Summe seines Denkens und kann deswegen zu Recht als der erste auf Arabisch verfasste „Klassiker der Philosophie“ betrachtet werden. Dieses Werk soll im Folgenden genauer vorgestellt und untersucht werden. Dabei wird es Schritt für Schritt auf seine Inhalte, Positionen, Struktur und Argumente sowie seine Wirkungsgeschichte befragt werden. Bevor dies geschehen kann, bedarf es jedoch einiger vorbereitender Überlegungen und Hinweise. Sie betreffen al-Fārābīs Leben, sein philosophisches Oeuvre, den intellektuellen Kontext, in dem er wirkte, und die Problemstellungen, auf die er reagierte, als er die *Prinzipien* geschrieben hat.

1.2 Der Lebensweg

Al-Fārābīs Ursprung liegt im Nordosten der islamischen Welt, einer Region, die aus administrativer Sicht peripher war, aber in Bezug auf die Kultur und die Pflege der Wissenschaften große Bedeutung hatte (zur Biographie Rudolph 2012b, 370–374). Das zeigt sich schon an der Reihe herausragender Gelehrter, die von dort kamen, vom einflussreichen Theologen Abū Manṣūr al-Māturīdī (gest. 944) aus Samarkand über Ibn Sīnā, den lateinischen Avicenna (gest. 1037), aus Buchara bis hin zu al-Bīrūnī (gest. 1048), dem vielseitigen Wissenschaftler und Forschungsreisenden aus Choresm südlich des Aralsees. Woher al-Fārābī genau stammte, ist allerdings nicht klar. In den mittelalterlichen biographischen Quellen werden zwei mögliche Geburtsorte angegeben: Fārāb, ein Distrikt am mittleren Syr Darya (Jaxartes), was auf einen türkischen Ursprung hinweisen würde, und Fāryāb, eine Stadt in der nordöstlichen iranischen Provinz Chorasan. Die erste dieser Hypothesen ist bekannter, weil sie von einem viel gelesenen Biographen des 13. Jahrhunderts (Ibn Ḫallikān, gest. 1282) lanciert wurde und bis heute oft vertreten wird. Das macht sie aber nicht unbedingt plausibler, denn al-Fārābīs eigene Werke deuten eher in die andere, d. h. die iranische Richtung. Sie enthalten eine Reihe von Hinweisen auf Termini und Begriffe aus verschiedenen Sprachen (neben dem Arabischen). Darunter findet sich kein einziges Beispiel aus dem Türkischen, aber mehrere Wörter aus dem Persischen und sogar aus dem Sogdischen, einer persischen Regionalsprache, die in Transoxanien und benachbarten Gebieten verbreitet war.

Wann al-Fārābī geboren wurde, ist ebenfalls nicht klar. Spätere Berechnungen lassen auf ein Geburtsjahr um 870 schließen. Aber diese Datierung ist spekulativ, wie wir überhaupt über al-Fārābīs Kindheit und Jugend praktisch nichts wissen. Greifbar wird seine Person erst, als er sich nicht mehr in seiner Heimatregion, sondern in Bagdad, der Hauptstadt des abbasidischen Kalifats, aufhält. Dort begegnet er uns um die Wende vom 9. zum 10. Jahrhundert als Schüler zweier christlicher Gelehrter, Ibrāhīm al-Marwazī, Theologe, Arzt und Logiker, und Yuḥannā ibn Ḥaylān, der sich ebenfalls als Theologe und Logiker auszeichnete. Beide gehörten zu einer Gruppe von Denkern, die als ‚Schule von Bagdad' oder ‚Bagdader Aristoteliker' bezeichnet werden: Gelehrte, die eine intensive philosophische Tätigkeit mit der Übersetzung und Bearbeitung (Erklären, Glossieren, Kommentieren) aristotelischer Texte verbanden. Das geschah oft anhand syrisch-aramäischer Versionen, die als Brücke zwischen dem griechischen Original und der arabischen Übersetzung dienten, und setzte Mehrsprachigkeit voraus, weshalb uns in diesem Milieu vor allem christliche Gelehrte begegnen (Endress in: Endress/Ferrari 2012, 291–301).

Dass al-Fārābīs Lehrer namhafte Kenner der Logik waren, ist kein Zufall. Bagdad war zu Beginn des 10. Jahrhunderts nicht nur ein Zentrum vielfältiger wissenschaftlicher Aktivitäten, sondern insbesondere für seine logischen Studien bekannt. Dabei spielten zwei Faktoren eine auffällige Rolle. Zum einen konzentrierten sich die Übersetzer, die damals in der Hauptstadt wirkten, zunehmend auf Aristoteles' logische Texte. Das heißt nicht, dass die anderen Teile seines Oeuvres vernachlässigt worden wären; auch die *Metaphysik*, die jetzt zum zweiten Mal ins Arabische übertragen wurde (nach einer ersten Version um 840), und mehrere Werke, die Aristoteles zu Themen der *Physik* und der *Ethik* verfasst hatte, fanden nach wie vor ein breites Interesse. Gleichwohl stand das *Organon*, d. h. die logischen Texte des Aristoteles einschließlich *Rhetorik* und *Poetik* sowie der *Einführung* (*Isagoge*) des Porphyrios, im Mittelpunkt des Übersetzungsprogramms. Denn mit ihm verband sich die Erwartung, nicht nur einen spezifischen Wissensgehalt kennenzulernen, sondern eine Grundlage für jegliche Form der wissenschaftlichen Argumentation und Beweisführung zu gewinnen.

Aus diesem Grund arbeiteten zwei der bedeutendsten Übersetzer an der terminologisch präzisen Erschließung dieses Textkorpus: Abū ʿUṯmān ad-Dimašqī (gest. nach 914) übertrug neben anderen Werken die *Isagoge* des Porphyrios und die *Topik* des Aristoteles, wobei ihm Textfassungen gelangen, die von nun an maßgeblich bleiben sollten. Und Isḥāq ibn Ḥunayn (gest. 910 – 11), der herausragende Übersetzer dieser Generation, legte nicht nur verbesserte Versionen der *Kategorien* und von *De interpretatione* vor, sondern konnte für sich in Anspruch nehmen, als erster und einziger die *Zweiten Analytiken*, d. h. die aristotelische Wissenschaftstheorie, übertragen zu haben, die zuvor auf Arabisch unbekannt waren (Endress in: Endress/Ferrari 2012, 294 – 295).

Der zweite Faktor hängt unmittelbar mit dem ersten zusammen. Denn die hohen Erwartungen, die in den Kreisen der Philosophen und Übersetzer an das *Organon* geknüpft wurden, fanden nicht überall Zustimmung. Gelehrte aus anderen Disziplinen vertraten eher die Auffassung, dass die Bedeutung und die Tragweite der aristotelischen Logik überschätzt würden. Am markantesten wurden diese Bedenken von Vertretern der arabischen Grammatik artikuliert. Das zeigt eindrücklich der Bericht über ein berühmtes Streitgespräch, das im Jahr 326 der Hidschra (entspricht 937 – 938) auf Einladung des Wesirs Ibn al-Furāt in Bagdad stattfand. Bei diesem Anlass vertrat Abū Bišr Mattā (gest. 940), ein älterer Kollege (möglicherweise auch Lehrer) al-Fārābīs, die Partei der Logik, Abū Saʿīd as-Sīrāfī (gest. 979), der führende arabische Grammatiker der Epoche, die Grammatik. Dabei lässt der Berichterstatter, der berühmte Literat Abū Ḥayyān at-Tawḥīdī (gest. 1023), in seiner vielleicht nicht ganz unparteiischen Darstellung durchblicken, dass letzterer der geschicktere und erfolgreichere Disputant gewesen sei. Abū Bišr Mattā soll nämlich behauptet haben, nur die Logik könne das Richtige vom Falschen und die Wahrheit von der Lüge unterscheiden. Sie allein argumentiere auf der Ebene der Begriffe und befasse sich mit den universalen Gesetzen des Denkens, die unabhängig von ihrer jeweiligen sprachlichen Erscheinungsform gültig seien. Darauf habe Abū Saʿīd as-Sīrāfī entgegnet, dass jedes Denken an die sprachlichen Zeichen, mit denen es ausgedrückt werde, gebunden bleibe. Um richtige von falschen Aussagen zu trennen, müsse man demnach feststellen, ob die Gesetzmäßigkeiten der verwendeten Sprache beachtet wurden. Das aber sei eine grammatische Überprüfung. Mehr als das könne auch das *Organon* nicht leisten. Ausserdem erbringe es diese Leistung nur für griechische Texte, weil es seinerseits den Konventionen der griechischen Sprache unterliege, wohingegen es in der arabischen Fassung ein unverbindlicher Text ohne normativen Anspruch sei (Endress 1986; ders. in: Endress/Ferrari 2012, 299 – 300).

In diesem intellektuellen Milieu wirkt also al-Fārābī in seiner Bagdader Zeit, zunächst als Lernender und später als Lehrer. Deswegen kann es nicht verwundern, dass er bei seinen eigenen Studien den Akzent auf die Logik legt. Ihm liegt vieles daran, den Unterschied zwischen logischen Gesetzen, die er sehr wohl für universal hält, und grammatischen Regeln, die er als partikular einstuft, präziser herauszuarbeiten und systematisch zu erklären.

Diese Arbeit hat al-Fārābī zum bedeutendsten Logiker seiner Zeit werden lassen. So gesehen kann er als Haupt der Gelehrten, die wir ‚Bagdader Aristoteliker' nennen, bezeichnet werden. Gleichzeitig wächst er über den Zirkel von Autoren, der ihn umgibt, hinaus. Nicht nur, weil er als Muslim einen größeren Kreis von Adressaten hat und die Fragen, die in der ‚Schule von Bagdad' diskutiert wurden, auf andere Themenbereiche anwendet. Wie es scheint, sind auch seine philosophischen Interessen von Anfang ungewöhnlich weit gespannt. So wissen wir beispielsweise, dass sein grundlegendes Werk zur Musiktheorie, *Das große Buch der Musik* (*Kitāb al-Musīqī*), und seine kritische Schrift zur Astrologie, die *Abhandlung über zulässige und unzulässige Urteile bezüglich der Sterne* (*Maqāla fīmā yaṣiḥḥu wa-mā lā yaṣiḥḥu min aḥkām an-nuǧūm*), bereits in Bagdad geschrieben werden. Beide sind angesehenen Bagdader Persönlichkeiten gewidmet, die vermutlich seine Mäzene gewesen sind. Andere wichtige Abhandlungen zu Fragen der Mathematik, Physik und Metaphysik entstehen dagegen erst, nachdem al-Fārābī die Hauptstadt des Kalifats verlassen hat. Das geschieht nach Aussage der Quellen im Jahr 331 der Hidschra, also 942 – 943, womit eine letzte, eher unstete Phase in seinem Leben beginnt.

Von Bagdad führt ihn sein Weg zunächst nach Damaskus. Dort scheint er eine gewisse Zeit verbracht zu haben, doch während der folgenden Jahre finden wir al-Fārābī auch am Hof des Ḥamdānidenfürsten Sayfaddawla in Aleppo. Die Ḥamdāniden waren zwar nur eine regionale Dynastie, aber mit hohem Prestige ausgestattet, weil sie das islamische Territorium erfolgreich gegen militärische Angriffe der Byzantiner verteidigten. Deswegen versammelte sich in ihrer Residenz viel Prominenz aus Wissenschaft und Kultur, unter anderem al-Mutanabbī (gest. 965), der herausragende Poet der Epoche und einer der berühmtesten arabischen Dichter überhaupt. Al-Fārābī muss einige Zeit am Ḥamdānidenhof geblieben sein, denn eine Notiz besagt, er habe dort seinem Schüler Ibrāhīm ibn ʿAdī, Bruder des bekannten Philosophen und Theologen Yaḥyā ibn ʿAdī (gest. 974), einen Kommentar zu den *Analytica Posteriora* diktiert. Allzu lange kann sein Aufenthalt in der Residenz aber nicht gedauert haben, denn in den Jahren 948–949 unternimmt er bereits eine weitere Reise, diesmal nach Ägypten. Von dort kehrt al-Fārābī nicht mehr nach Aleppo zurück, sondern nach Damaskus, wo er im Monat Rağab des Jahre 339 der Hidschra, d. h. zwischen dem 14. Dezember 950 und dem 12. Januar 951 stirbt.

1.3 Die Werke

Al-Fārābī hat ein beachtliches philosophisches Oeuvre hinterlassen. Obwohl viele seiner Schriften als verloren gelten müssen, umfasst der erhaltene Teil mehr als fünfzig Texte. Sie thematisieren sämtliche Gebiete der Philosophie, die in der aristotelischen Tradition und insbesondere im Rahmen des spätantiken Unterrichts in Alexandria behandelt wurden. Deswegen lässt sich al-Fārābīs Opus am besten erschließen und präsentieren, indem man es nach dem Vorbild des alexandrinischen Curriculums gliedert (ausführliche Beschreibungen der einzelnen Werke in Rudolph 2012b, 377–407).

Den Anfang bilden folglich die propädeutischen Schriften, die als Vorbereitung auf den eigentlichen philosophischen Unterricht gedacht waren. Dazu gehören eine Einführung in die ethischen Grundlagen der Unterweisung – bei al-Fārābī: *Die Weisung auf den Weg zum Glück* (*at-Tanbīh ʿalā sabīl as-saʿāda*) – sowie eine allgemeine Einleitung in die Philosophie – bei al-Fārābī: *Über das, was dem Studium der Philosophie vorangehen muss* (*Fīmā yanbaġī an yuqaddama qabla taʿallum al-falsafa*). Daneben hat er drei zusätzliche Werke verfasst, die über das traditionelle alexandrinische Propädeutikum hinausgehen und dazu dienen, den philosophischen Unterricht neu zu situieren und im Kontext der islamischen Wissensgeschichte zu verankern. Dabei handelt es sich um *Aufzählung der Wissenschaften* (*Iḥṣāʾ al-ʿulūm*), eine systematische Klassifikation aller aus seiner Sicht relevanten ‚antiken' und ‚islamischen' Disziplinen; *Über das Aufkommen der Philosophie* (*Fī Ẓuhūr al-falsafa*), ein kleiner Text, in dem er seine eigene Tätigkeit historisch an die antike aristotelische Tradition anbindet; und das *Buch der Partikeln (Kitāb al-Ḥurūf)*, ein ausgesprochen originelles Werk, das der grundsätzlichen Frage nachgeht, worauf das wissenschaftliche Denken, sowohl aus systematischer als auch aus historischer Perspektive, gründet.

Es folgt das umfangreiche Schriftenkorpus zur Logik, das rein numerisch fast die Hälfte seines erhaltenen Oeuvres ausmacht. Es gliedert sich in drei Textgruppen: (a) allgemeine Einführungen in die Logik; dazu gehören nicht nur die traditionellen alexandrinischen Einleitungstexte (Prolegomena), sondern mit *Die sprachlichen Ausdrücke, die in der Logik gebraucht werden* (*al-Alfāẓ al-mustaʿmala fī l-manṭiq*) auch ein innovatives Werk, das dem Zusammenhang zwischen universalen Konzepten und den Termini, mit denen sie in den verschiedenen Sprachen bezeichnet werden, nachgeht; (b) zusammenfassende Präsentationen (Epitome) der verschiedenen Teile des *Organon*; sie machen die Schüler mit den Themen und Problemstellungen der einzelnen Schriften vertraut (neun nach spätantiker Einteilung), von der *Isagoge* des Porphyrios über die *Kategorien*, *De interpretatione*, *Erste Analytiken*, *Zweite Analytiken*, *Topik*, *Sophistische Widerlegungen* und *Rhetorik* bis hin zur *Poetik*. Dabei werden manche Grundtexte sogar mehrmals von al-Fārābī behandelt: die *Ersten Analytiken* etwa, um die Bildung von Syllogismen auch an Beispielen aus der islamischen Theologie und Jurisprudenz zu erläutern; die *Zweiten Analytiken*, um das Kriterium der Gewissheit bei Beweisführungen genauer zu fassen; oder die *Poetik*, um eine Brücke zwischen der aristotelischen Theorie und der arabischen Dichtkunst zu schlagen; (c) Scholienkommentare zu sämtlichen Teilen des *Organon*. Sie beschränken sich nicht auf bestimmte Problemstellungen, sondern erläutern die Grundwerke Satz für Satz bzw. Lemma für Lemma. Deswegen ist es bedauerlich, dass gerade bei diesen Texten große Überlieferungsverluste zu beklagen sind und, von mehreren Fragmenten abgesehen, nur al-Fārābīs Scholienkommentar zu *De interpretatione* vollständig erhalten zu sein scheint.

Im Bereich der Mathematik liegen uns Schriften zu drei von vier Teilgebieten vor (es fehlt die Arithmetik): zur Geometrie eine Erläuterung einiger Abschnitte aus Euklids *Elemente*; zur Astronomie mehrere Werke, darunter Fragmente eines umfangreichen Kommentars zu Ptolemaios' *Almagest*; zur Musik ebenfalls mehrere Schriften, von denen das bereits erwähnte *Große Buch der Musik* als Grundlagenwerk der Musiktheorie gelten kann.

In der Physik dürften dagegen die Überlieferungsverluste überwiegen. Hier existierten ursprünglich wohl Scholienkommentare zu den wichtigsten Grundwerken, d.h. zu Aristoteles' *Physik*, *Über den Himmel*, *Über das Werden und Vergehen* und die *Meteorologie*. Erhalten sind allerdings nur kleinere Abhandlungen, die al-Fārābī zu einzelnen Themen der Naturphilosophie verfasst hat. Dazu zählen seine Schriften über das Vakuum, über die Ewigkeit der Welt (gegen Johannes Philoponos) und die Einteilung der Medizin (gegen Galen), aber vor allem seine einflussreiche Abhandlung *Über den Intellekt* (*Risāla fī l-ʿAql*).

Im Bereich der Metaphysik wirkt al-Fārābīs Oeuvre auf den ersten Blick schmal. Geht man von den Titelangaben aus, scheinen lediglich zwei kleine

Schriften dazu zu gehören: eine Abhandlung über die Ziele (*aġrāḍ*) und den Gegenstandsbereich der aristotelischen *Metaphysik* (die von Avicenna ausdrücklich gewürdigt wurde) und ein Traktat über *Das Eine und die Einheit* (*al-Wāḥid wa-l-waḥda*), der explizit auf bestimmte Passagen aus der *Metaphysik*, aber teilweise auch auf neuplatonische (arabische Plotin- und Proklos-Paraphrase) und platonische (*Parmenides*) Vorlagen zurückgreift (Janos 2017).

Einen ähnlichen Eindruck vermittelt al-Fārābīs Opus zur Ethik und Politik. Es muss ursprünglich zwar umfangreicher gewesen sein, denn es umfasste unter anderem einen Scholienkommentar zur *Nikomachischen Ethik*. Aber auch hier liegen uns heute nur noch drei einschlägige Texte vor: eine Sammlung von ethischen Maximen unter dem Titel *Ausgewählte Abschnitte* (*Fuṣūl muntazaʿa*), eine Paraphrase von Platons Dialog *Die Gesetze* im Stil der spätantiken Epitome und das *Buch der Religion* (*Kitāb al-Milla*), in dem untersucht wird, was eine vortreffliche Religion ausmacht und welches ihre Beziehungen zum Staat sind.

Bei genauerer Betrachtung zeigt sich jedoch, dass al-Fārābī weder die Metaphysik noch die Ethik oder die Politik vernachlässigt hat. Er behandelt sie nur auf unkonventionelle Weise und an unerwarteter Stelle. Alle drei gehören nämlich zum Spektrum von Themen, die in einer Reihe formal und inhaltlich innovativer Schriften erörtert werden. Dabei handelt es sich um Texte, die einen umfassenden philosophischen Entwurf jenseits der traditionellen Einteilungen des Fachs bieten und deswegen mit einigem Recht als ‚philosophische Summen' bezeichnet werden können.

Von einer umstrittenen Abhandlung[1] abgesehen, enthält al-Fārābīs Oeuvre drei Bücher, auf die eine solche Charakterisierung zutrifft. Das erste von ihnen ist eine Trilogie mit dem Titel *Die Erlangung des Glücks* (*Taḥṣīl as-saʿāda*). Sie beschreibt die Aufgaben, Methoden und Ziele der Philosophie aus drei Perspektiven, die offenbar als komplementär, wenn nicht als übereinstimmend gedacht sind: aus der Sicht al-Fārābīs, der in Teil 1 seine eigene Philosophie skizziert (unter dem Titel *Die Erlangung des Glücks*/*Taḥṣīl as-saʿāda*); aus der Sicht Platons, dem Teil 2 gewidmet ist (unter dem Titel *Die Philosophie Platons, ihre Teile und die Rangstufen ihrer Teile, vom Anfang bis zum Ende*/*Falsafat Aflāṭūn wa-aǧzāʾuhā wa-marātib aǧzāʾihā min awwalihā ilā āḫirihā*); und aus der Perspektive des Aristoteles, die in Teil 3 thematisiert wird (unter dem Titel *Die Philosophie des Aristoteles, die Teile seiner Philosophie, die Rangstufen ihrer Teile und die Position, von der aus er begann und bei der er endete*/*Falsafat Arisṭūṭālīs wa-aǧzāʾ falsafatihi wa-*

---

1 Gemeint ist der Text über *Die Harmonie zwischen den Ansichten der beiden Weisen, des göttlichen Platon und des Aristoteles* (*al-Ǧamʿ bayna raʾyay al-ḥakīmayn Aflāṭūn al-ilāhī wa-Arisṭūṭālīs*), dessen Autorschaft nicht geklärt ist (zur Forschungsdebatte Rudolph 2012b, 402–403).

marātib aǧzāʾihā wa-l-mawḍiʿ allaḏī minhu ibtadaʾa wa-ilayhi intahā). Dabei präsentiert jeder Teil, wenn auch auf formal unterschiedliche Weise, einen Durchgang durch die verschiedenen Themen und Gebiete der theoretischen und der praktischen Philosophie.[2]

Das zweite Buch trägt den Titel *Die Lenkung des Gemeinwesens* (*as-Siyāsa al-madaniyya*) und zusätzlich den Beinamen *Die Prinzipien der seienden Dinge* (*Mabādiʾ al-mawǧūdāt*). Letzterer deutet präziser an, wovon der Text handelt, denn es geht al-Fārābī darum, die verschiedenen Bereiche des Seins zu identifizieren, ihre Stellung im Ganzen zu markieren und ihre jeweiligen Besonderheiten zu erläutern. Dabei unterscheidet er sechs Seinsstufen: die Erste Ursache (Gott), die als einzige vollkommen ist; die Zweitursachen, mit denen die kosmischen Entitäten gemeint sind; der Aktive Intellekt, d. h. der letzte kosmische Intellekt, der von al-Fārābī der Sphäre des Mondes zugeordnet wird und von dort aus die Erkenntnisprozesse der Menschen anleiten soll; die menschlichen Seelen, die verschiedene Funktionen haben, u. a. den Vollzug der Erkenntnisprozesse; die (intelligiblen) Formen sowie die (sublunare) Materie. Beide bilden zusammen die körperlichen Seienden in unserer Welt, was al-Fārābī die Gelegenheit bietet, abschließend die soziale Ordnung in der Welt (politische Gemeinschaften) sowie die Ausrichtung des Menschen auf das Glück zu thematisieren. Damit bringt der Text alle Kerngebiete seiner Philosophie zur Sprache, von der Metaphysik über die Kosmologie und die Physik einschließlich Psychologie bis hin zu Ethik und Politik, weshalb der Untertitel *Die Prinzipien der seienden Dinge* durchaus gerechtfertigt erscheint.

Das gleiche Themenspektrum begegnet uns im dritten Buch, *Die Prinzipien der Ansichten der Bewohner der vortrefflichen Stadt*, kurz: *Prinzipien*. Es ist entgegen dem Eindruck, den sein Titel erwecken mag, keine Spezialabhandlung über politische Fragen, sondern eine weitere Übersicht zu zentralen Positionen und Anliegen von al-Fārābīs Philosophie. Im Vergleich zu *as-Siyāsa al-madaniyya* ist die Darstellung sogar umfassender und präziser. Denn in den *Prinzipien* werden zahlreiche Themen ausführlicher erörtert und mit größerer Detailgenauigkeit dargelegt (wobei die Argumentation in Einzelfällen in der *Siyāsa* umfangreicher sein kann; zum Verhältnis beider Texte vgl. Galston 2015). Hinzu kommt, dass al-Fārābī dieses Werk intensiver als alle anderen Schriften redigiert hat. Er hat über diesen Prozess sogar Buch geführt, weshalb wir die einzelnen Schritte der Entstehung nachvollziehen können. Der Text wurde offenbar im September 942 in

2 Auch zu diesem Text gibt es eine Forschungskontroverse, die allerdings nicht die Autorschaft al-Fārābīs betrifft. Umstritten ist nur, ob der Text tatsächlich als Trilogie geplant war oder ob es sich ursprünglich um drei getrennte Schriften handelte. Die erste These vertritt u. a. Muhsin Mahdi (vgl. Mahdi 1962), die zweite Georges Tamer (vgl. Tamer 2001, 106 – 107, und Kap. 9 unten).

Bagdad begonnen und ein Jahr später in Damaskus beendet. Allerdings scheint al-Fārābī mit der ersten Version nicht zufrieden gewesen zu sein, weshalb er noch zweimal redaktionell eingriff. Zunächst fügte er die Einteilung in neunzehn Kapitel (*abwāb*) hinzu, mittels derer die kleineren thematischen Einheiten sichtbar werden sollten (diese Einteilung liegt den Verweisen hier im Buch zugrunde). Danach entwarf er eine zweite Gliederungsstruktur, die formal über der ersten steht und diese zu sechs großen Abschnitten (*fuṣūl*) bzw. Oberthemen zusammenfasst (Erste Ursache, Kosmologie, sublunare Welt, Mensch, vortreffliche Staaten, mangelhafte Staaten; im Sinne der Übersichtlichkeit wird hier bei Stellenangaben auf die Nennung der *fuṣūl* verzichtet). Das geschah nach einer Angabe im Manuskript erst während seines Aufenthaltes in Ägypten, d. h. zwischen Juli 948 und Juni 949. Im Jahr darauf ist al-Fārābī in Damaskus gestorben, weshalb die *Prinzipien* in mehr als einer Hinsicht als die Summe seines philosophischen Wirkens gelten können.

1.4 Die Neubegründung der Philosophie im islamischen Kontext

Das Buch ist folglich ein Dokument von zentraler Bedeutung. Es referiert nicht nur al-Fārābīs Ansichten zu einzelnen Themen, sondern macht deutlich, wie er seine Philosophie insgesamt verstanden wissen möchte und im Kontext der Debatten seiner Zeit situiert (Näheres dazu in Kap. 2, wo insbesondere der Zusammenhang mit der zeitgenössischen islamischen Theologie thematisiert wird). Neben der inhaltlichen Positionierung, die in den *Prinzipien* erfolgt, finden sich in al-Fārābīs Oeuvre aber auch andere Ansätze zur Begründung der Philosophie, die hier noch kurz vorgestellt werden sollen. Sie legen den Akzent weniger auf Thesen, die er vertreten hat, als auf die Methode, mit der sie entwickelt wurden und theoretisch abgesichert sind.

Wichtige Aussagen dazu finden sich in den logischen Schriften sowie in Werken, die oben unter dem Stichwort „Propädeutik" aufgelistet wurden. Sie beleuchten die Frage, worin philosophisches Denken gründe, aus unterschiedlichen Perspektiven, kreisen aber jeweils um *ein* zentrales Argument: dass sich die Philosophie vor allen anderen geistigen Tätigkeiten dadurch auszeichne, dass sie als einzige den Regeln der Beweisführung verpflichtet sei. Wie ein Beweis (*burhān*) erbracht werden kann, wird von al-Fārābī in der Epitome zu den *Zweiten Analytiken* dargelegt. Dabei betont er, dass dieser Text nicht irgendein Teil des *Organon* sei, sondern dessen Fokus und Mittelpunkt, weil die Beweislehre „das höchste Ziel" (*al-maqṣūd al-aʿẓam*) der gesamten Logik bilde. Bestätigt wird dies durch eine zweite Schrift zum gleichen Thema, die den Titel *Die Bedingungen der Gewissheit* (*Šarā'iṭ al-yaqīn*) trägt. Sie vertieft die Aussagen, die in der Epitome zu den *Zweiten Analytiken* gemacht werden, indem sie die Kriterien untersucht, die erfüllt sein müssen, damit ein Beweis als zwingend erachtet werden kann (Übereinstimmung mit dem Sachverhalt, Gewissheit über diese Übereinstimmung, Unmöglichkeit des Gegenteils u. a.).

Problematisch ist dabei nur, dass nicht alle Menschen wissenschaftlichen Demonstrationen folgen können. Deshalb nimmt al-Fārābī an, dass es verschiedene Formen des Denkens und Argumentierens geben muss, die jeweils einem bestimmten Personenkreis zugänglich sind. Das habe bereits Aristoteles festgestellt, der deswegen das *Organon* als eine umfassende Dokumentation der menschlichen Rationalität konzipiert habe. Es enthalte nicht nur eine detaillierte Exposition der Beweislehre (*Zweite Analytiken*), sondern analysiere auch die anderen Wege, auf denen wir unseren Verstand gebrauchen und zu Einsichten gelangen können: dialektische Schlüsse, die von wahrscheinlichen, d. h. aus guten Gründen geglaubten Prämissen ausgehen und sich im Für und Wider einer Erörterung oder einer Diskussion entwickeln (*Topik*); rhetorische Schlüsse, die ihre Adressaten überzeugen sollen und sich deswegen auf allgemein verbreitete Meinungen stützen (*Rhetorik*); poetische Schlüsse, die zum Ziel haben, in ihren Adressaten bestimmte Vorstellungen zu wecken, um daraus die gewünschte Schlussfolgerung ziehen zu können (*Poetik*); und Trugschlüsse, in denen unklare Prämissen und logische Irrtümer zur Anwendung kommen (*Sophistische Widerlegungen*).

Al-Fārābī ist sogar bereit, diese Denkformen, die er bewusst hierarchisiert hat, bestimmten Disziplinen bzw. Textgruppen zuzuordnen. Der demonstrative Schluss wird von ihm für die Philosophie reserviert. Der dialektische Schluss, dessen Prämissen immer nur von einem Teil der Menschen (z. B. den Anhängern einer bestimmten Religion) anerkannt werden, gilt als Kennzeichen einer partikularen Wissenschaft (z. B. der islamischen Theologie). Die rhetorischen und poetischen Schlüsse finden vor allem Anwendung im Text der Offenbarung, d. h. im Koran, der die Menschen mit Hilfe von Vorstellungen und Beispielen zur Wahrheit führen möchte. Darüber hinaus weiß al-Fārābī aber auch den didaktischen Wert der Rhetorik im Allgemeinen zu schätzen. Sie gibt uns die Möglichkeit, andere von richtigen Ansichten und Argumenten zu überzeugen, und wird von ihm auch in philosophischen Kontexten, etwa in den *Prinzipien*, eingesetzt (vgl. dazu unten Kap. 10).

Gleichwohl bleibt es dabei: Die Fähigkeit zur wissenschaftlichen Beweisführung ist das distinktive Merkmal der Philosophie. Was umgekehrt bedeutet, dass Philosophie nur dann vorliegen kann, wenn dieses Kriterium erfüllt ist und die Wissenschaftslehre der *Zweiten Analytiken* befolgt wird. Diesen Grundsatz nutzt al-Fārābī, um die philosophischen Studien dezidiert von allen anderen intellektuellen Aktivitäten, sei es vor seiner Zeit oder in seiner eigenen Epoche, abzuheben. Dabei baut er drei Argumentationslinien auf, eine historische, eine idealistisch-kulturgeschichtliche und eine systematische.

Die historische Perspektive findet sich in der kleinen propädeutischen Schrift *Über das Aufkommen der Philosophie* (*Fī Ẓuhūr al-falsafa*). Wie inzwischen festgestellt wurde, gehört sie zu einem größeren narrativen Komplex, der unter dem Stichwort ‚Von Alexandrien nach Bagdad' berühmt wurde (Meyerhof 1930) und in verschiedenen Varianten bei mehreren arabischen Autoren der Frühzeit nachweisbar ist (Gutas 1999). Die Version, die uns bei al-Fārābī begegnet, trägt trotzdem derart spezifische, ja autobiographische Züge (insbesondere die namentliche Nennung seiner Lehrer), dass man sie als seinen persönlichen Beitrag zur Frage nach der historischen Verbindung zwischen der spätantiken und der islamischen Philosophie betrachten kann.

Über das Aufkommen der Philosophie beginnt mit einem Lob auf die ältere peripatetische Tradition. Darin heißt es, die Schüler des Aristoteles hätten dessen Werke und insbesondere das *Organon* über viele Generationen hinweg sorgfältig tradiert und an verschiedenen Lehrstätten unterrichtet. Erst in der Spätantike, als die Schule ihren Sitz in Alexandria hatte, sei es dagegen zu Unstimmigkeiten und zu Einschränkungen in der Lehre gekommen. Damals hätten christliche Bischöfe gefordert, die *Ersten Analytiken* nur verkürzt, d. h. unter Ausschluss der Modallogik, und die *Zweiten Analytiken*, also die Beweislehre, gar nicht mehr zu unterrichten. Seither sei das Curriculum dieser Beschränkung unterworfen worden, sowohl in Alexandria als auch später in Antiochia, d. h. in der christlich-syrischen Lehrtradition. Erst in Bagdad habe man sich in jüngster Zeit wieder mit dem gesamten *Organon* befasst, einschließlich des zentralen Werks, der *Zweiten Analytiken*. Deshalb sei es jetzt, zu al-Fārābīs Lebzeiten, wieder möglich geworden, die Philosophie als beweisende Wissenschaft zu etablieren und damit Aristoteles' ursprünglicher Intention gerecht zu werden (zu Einzelheiten in der Darstellung vgl. Rudolph 2014, 282–287).

Al-Fārābī nutzt das Kriterium der Demonstration also, um einen großen historischen Bogen zu schlagen. Er umgeht seine unmittelbaren Vorgänger, die in der Spätantike und in Bagdad *vor* der Rezeption der *Zweiten Analytiken* gewirkt haben (das betrifft insbesondere al-Kindī), und verbindet seine eigene Tätigkeit direkt mit dem Vorbild des Aristoteles. Wie wichtig diese Verbindung für ihn war, wird noch deutlicher, wenn wir die zweite Argumentationslinie berücksichtigen, die al-Fārābī ausgearbeitet hat. Sie übersteigt die konkrete historisch-genealogische Perspektive und weitet sie zu einer Betrachtung aus, die Züge einer umfassenden, idealistisch konzipierten Kulturgeschichte trägt.

Zu finden ist diese Darstellung im *Buch der Partikeln (Kitāb al-Ḥurūf),* das unter al-Fārābīs propädeutischen Werken, wie oben angedeutet, das innovativste ist. Es untersucht Schritt für Schritt den Zusammenhang zwischen Sprache und Reflexion und stellt unter anderem die Frage, wie sich das wissenschaftliche Denken überhaupt entwickeln konnte (zum Folgenden Rudolph 2014, 277–282). Dabei gehen al-Fārābīs Überlegungen von zwei Annahmen aus, die man als axiomatisch bezeichnen kann: Der Mensch ist *von Natur aus* gemeinschaftsbildend, und er besitzt *qua Mensch* die Fähigkeit zu sprechen.

Der idealtypische Prozess, der aus diesen beiden Prämissen abgeleitet wird, lässt sich in folgende Etappen unterteilen: Zunächst schlossen sich die Menschen zu Gemeinschaften zusammen und wollten miteinander kommunizieren. Deswegen bildeten sie Laute und Wörter. So kam es zur Ausbildung eines Grundwortschatzes, der den Menschen nicht vorgegeben war, sondern durch Konvention (*iṣṭilāḥ*) und die Tätigkeit eines Sprachsetzers (*wāḍiʿ lisān*) festgelegt wurde. Die weitere Differenzierung der Ausdrucksmöglichkeiten, die sich vor allem durch die Ausweitung und Übertragung (*naqla*) von wörtlichen Bedeutungen vollzog, hatte zur Folge, dass nacheinander die „allgemein verständlichen" (d. h. allen Menschen zugänglichen) Künste Rhetorik und Poetik, Erzähl- und Memorierkunst, Grammatik und Schreibkunst entstanden. Anschließend führte „die Suche nach Gründen" zur Entwicklung der Mathematik und der Physik; danach das Streben, die Argumentationstechnik zu verfeinern, zur Ausbildung der Dialektik mitsamt der Sophistik. Platon vollendete die Dialektik und entwarf die Wissenschaft vom Gemeinwesen (*ʿilm madanī*), d. h. Politik und Ethik. Aristoteles vollendete die gesamte Entwicklung des wissenschaftlichen bzw. des philosophischen Denkens, indem er die Beweislehre konzipierte. Da aber nur wenige Menschen die Wahrheit in demonstrativer Form verstehen, bedurfte es noch zweier zusätzlicher Schritte: So kam die Religion auf, um die(selbe) Wahrheit mit den Mitteln der Poetik und Rhetorik zu verkünden. Und zu guter Letzt entstanden Rechtswissenschaft und Theologie, deren Aufgabe darin besteht, die Aussagen der Religion mit dialektischen Argumenten auszulegen und zu verteidigen.

Die Argumentation, die hier nur kurz skizziert wurde (vollständige engl. Übers. von Khalidi 2005, 4–20), weist zahlreiche Facetten auf und hat in der Forschung bereits einige Beachtung gefunden. In diesem Zusammenhang genügt es jedoch, zwei Aspekte hervorzuheben, die für unsere Frage nach der Begründung und Situierung von Philosophie ein besonderes Gewicht besitzen. Einer von ihnen betrifft wieder die Bedeutung der Sprache. Wie al-Fārābī betont, spielt sie bei der Entfaltung des menschlichen Geistes eine zentrale Rolle. Ihre fortschreitende Ausdifferenzierung ist die treibende Kraft der Entwicklung, denn sie bewirkt zunächst die Bildung partikularer Ausdrucks- und Verständigungsweisen (einschließlich der Grammatik) und lässt später ein auf die Universalien ausgerichtetes Denken (i.e. der Gegenstand der Logik) entstehen. Dabei ist auffällig, dass al-Fārābī die kulturelle Entwicklung konkret als einen Weg von der Poesie zur Philosophie beschreibt. Damit knüpft er vermutlich an Vorstellungen an, die sich bei frühen arabischen Historiographen wie al-Yaʿqūbī und Ibn al-Munaǧǧim (jeweils spätes 9. Jh.) finden. Sie verweisen in ihren Darstellungen mehrfach auf Parallelen, die aus ihrer Sicht zwischen der griechischen und der arabischen Kulturgeschichte bestanden. In beiden Fällen lasse sich eine Entwicklung von einer frühen Blüte der Dichtung zur späteren Ausbildung des philosophischen Denkens beobachten. Bei den Griechen habe dieser Weg von Homer zu Aristoteles geführt, bei den Arabern habe er mit dem Dichterfürsten Imruʾu l-Qays (6. Jh.) begonnen – und findet nun seinen Fluchtpunkt in al-Fārābī, wie man im Sinne solcher Aussagen ergänzen darf (Rudolph 2011, 281–282 u. 309–311).

Der zweite Aspekt betrifft die interne Hierarchie der logischen Schriften. Hier liefert das Buch *Die Partikeln* eine entwicklungsgeschichtliche Erklärung für die Einteilung, die im *Organon* vorliegt. Nach spätantikem Verständnis umfasst das *Organon* neben den ursprünglichen sechs Teilen auch Porphyrios' *Isagoge* sowie Aristoteles' *Rhetorik* und *Poetik*. Damit sind, so al-Fārābīs Erklärung, sämtliche Formen der menschlichen Rationalität zu einem Gegenstand logischer Betrachtung geworden, unabhängig davon, welches Maß an argumentativer Kraft ihnen zugesprochen wird. Sie behalten zudem alle ihre Gültigkeit, denn die fortlaufende Entwicklung der Argumentationstechnik hatte nicht zur Folge, dass die älteren Denkformen wie Poesie und Rhetorik außer Kraft gesetzt wurden. Sie führte nur dazu, dass ständig neue Themen (Mathematik, Physik, Ethik, Physik) und immer feinere Wege der Begründung hinzukamen. Bis schließlich die Philosophie den Prozess vollendete, indem sie sämtliche Themen aufnahm und mit der demonstrativen Methode behandelte, die alle anderen Methoden überragt und universal gültig ist.

Obwohl die kulturelle Entwicklung gewissermaßen teleologisch auf die aristotelische Beweislehre zulief, besteht also nach wie vor eine Pluralität rationaler Formen. Deswegen kann es auch ein Nebeneinander verschiedener Wissenschaften geben, in denen diese Formen zur Anwendung kommen. Das ist der Grundgedanke, den al-Fārābī in seiner dritten Argumentationslinie genauer ausführt. Sie ist systematischer Natur, denn hier geht es darum, sämtliche Disziplinen in eine umfassende synchrone Taxonomie einzuordnen.

Der Schlüsseltext dazu ist *Aufzählung der Wissenschaften* (*Iḥṣāʾ al-ʿulūm*). Er spielte im Übrigen nicht nur im innerislamischen Diskurs eine wichtige Rolle, sondern entfaltete auch im mittelalterlichen Europa, wo er ab dem 12. Jahrhundert in mehreren lateinischen Versionen vorlag, eine nachhaltige Wirkung (dazu sowie zum Folgenden Rudolph 2012b, 378–379; 2014, 275–277). Die Schrift umfasst fünf umfangreiche Teile. Sie behandeln (1) die Grammatik bzw. die Sprachwissenschaft (*ʿilm al-lisān*) inkl. Semantik, Morphologie, Syntax, Metrik u. a.; (2) die Logik (*ʿilm al-manṭiq*), die als Prüfstein des Wissens gilt und entsprechend der Gliederung des *Organons* vorgestellt wird; (3) die Mathematik (*ʿilm at-taʿālīm*), die hier nicht nur die Disziplinen des Quadriviums, sondern auch die Statik und die Ingenieurwissenschaft umfasst; (4) Physik (*al-ʿilm aṭ-ṭabīʿī*) und Metaphysik (*al-ʿilm al-ilāhī*); erstere beschäftigt sich mit den Körpern und deren Eigenschaften, die zweite mit dem Seienden als Seiendem, mit dem unkörperlichen Seienden und mit den allgemeinen Prinzipien der Beweise; (5) die Wissenschaft vom Gemeinwesen (*al-ʿilm al-madanī*), die sowohl Fragen der Politik (*siyāsa*) als auch solche der Ethik (*aḫlāq*) thematisiert; in Ergänzung dazu umfasst Teil 5 auch die Rechtswissenschaft (*ʿilm al-fiqh*), die das religiöse Gesetz auslegt und auf das tägliche Leben anwendet, und die Theologie (*ʿilm al-kalām*), die es absichert und gegen Einwände Andersdenkender verteidigt.

Das Panorama, das al-Fārābī in *Aufzählung der Wissenschaften* entfaltet, ist extensiv. Aber ihm geht es weniger um die detaillierte Beschreibung der verschiedenen Disziplinen als darum, eine übergreifende Wissensordnung zu entwerfen. Ihr herausragendes Merkmal besteht darin, dass sie von zwei Typen von Fächern konstituiert wird, die auf verschiedenen Ebenen angesiedelt sind. Zur ersten Ebene gehören die Logik, die Mathematik, die Physik, die Metaphysik und die Wissenschaft vom Gemeinwesen, d. h. Ethik und Politik. Sie alle können für sich beanspruchen, universale Gültigkeit zu besitzen, denn sie streben nach allgemeingültiger, begrifflicher Erkenntnis und bilden zusammen die Philosophie, die von al-Fārābī an anderer Stelle als „die absolute Weisheit" (*al-ḥikma ʿalā l-iṭlāq*) bezeichnet wird. Zur zweiten Ebene zählen die Grammatik, die Rechtswissenschaft und die Theologie. Im Unterschied zu den erstgenannten Disziplinen sind sie partikular, denn ihre Zuständigkeit ist an bestimmte, kulturell und historisch determinierte Voraussetzungen gebunden. Das gilt sowohl für die Grammatik, die eine bestimmte Sprache behandelt, als auch für die Rechtswissenschaft und die Theologie, deren Aussagen auf eine bestimmte religiöse Überlieferung fokussiert sind.

Damit bestätigt sich zunächst, was wir bereits den Schriften *Über das Aufkommen der Philosophie* und *Buch der Partikeln* entnehmen konnten: Die Philosophie besitzt bei al-Fārābī eine Ausnahmestellung, weil allein sie dem Ideal einer universalen, demonstrativen Wissenschaft genügt, während alle anderen Disziplinen das Charakteristikum teilen, dass sie an partikulare Gegenstände und Argumentationsformen gebunden sind. Zu dieser prinzipiellen Feststellung gesellt sich nun aber ein weiterer Punkt, der eben diese Distinktion relativiert oder zumindest überbrückt. Denn al-Fārābī behauptet ja nicht, die Philosophie sei völlig isoliert und von allen anderen Wissenszugängen getrennt. Vielmehr stellt er in *Aufzählung der Wissenschaften* einzelnen Teilgebieten der Philosophie bestimmte partikulare Disziplinen gegenüber: der Logik die Grammatik, der Metaphysik die Theologie und der Ethik die Rechtswissenschaft. Folglich besteht doch eine Entsprechung zwischen den beiden Erkenntnisebenen, denn sie behandeln bei aller methodischen Differenz inhaltlich korrespondierende Themen. Diesen Punkt gilt es im Auge zu behalten, wenn wir den nächsten Schritt machen und uns der Analyse des Buches über die *Prinzipien* zuwenden.

Literatur

Endress, Gerhard 1986: Grammatik und Logik. Arabische Philologie und griechische Philosophie im Widerstreit, in: B. Mojsisch (Hrsg.), *Sprachphilosophie in Antike und Mittelalter*, Amsterdam, 163–299.

Gutas, Dimitri 1999: The ‚Alexandria to Baghdad' Complex of Narratives. A contribution to the study of philosophical and medical historiography among the Arabs, in: *Documenti e studi sulla tradizione filosofica medievale* 10, 155–193.

Meyerhof, Max 1930: Von Alexandrien nach Bagdad. Ein Beitrag zur Geschichte des philosophischen und medizinischen Unterrichts bei den Arabern, in: *Sitzungsberichte der Preussischen Akademie der Wissenschaften. Philologisch-historische Klasse*, 389–429.

Ulrich Rudolph

2 Einführung II: Inhalt, Struktur und Kontext der Schrift *Die Prinzipien der Ansichten der Bewohner der vortrefflichen Stadt*

2.1 Der Inhalt

Wie in Kapitel 1 erwähnt, haben die *Prinzipen* nach der Fertigstellung des Textes noch zwei redaktionelle Bearbeitungen erfahren. Zuerst ergänzte al-Fārābī die Einteilung des Buches in neunzehn Kapitel (*abwāb*), die jeweils einer thematischen Einheit entsprechen. Später fügte er eine zusätzliche Gliederung in sechs große Abschnitte (*fuṣūl*) hinzu (Walzer 1985/1998, 20), die zugleich die Oberthemen der Darstellung markieren (vgl. oben S. 10). Aus diesen redaktionellen Eingriffen lassen sich gewisse Rückschlüsse auf sein strukturelles Konzept ziehen. Um sie einordnen zu können, bedarf es jedoch einer genaueren Kenntnis der Inhalte, die im Buch erörtert werden. Deswegen wird hier zunächst eine detaillierte Übersicht über alle Themen gegeben, die in den sechs Abschnitten bzw. neunzehn Kapiteln behandelt werden (in Anlehnung an Rudolph 2012b, 397–400). Dann wird die Gesamtstruktur des Textes untersucht und abschließend thematisiert, aus welchen Gründen al-Fārābī genau diese Struktur gewählt haben dürfte und auf welchen intellektuellen Kontext sie verweist.

Die Darstellung gliedert sich in folgende Teile bzw. Sachthemen:

Abschnitt I: Die Erste Ursache. – Kap. 1: Sie ist (1) vollkommen, ewig und unveränderlich, (2) ohne Ebenbild, (3) ohne Gegensatz, (4) unteilbar, (5) eine, (6) aktueller Intellekt, (7) wissend, (8) weise und (9) wahr. Sie (10 – 13) besitzt Leben, Größe, Majestät, Schönheit und andere Attribute, (14) denkt sich selbst in vollkommener Freude und (15) ist das Erste Geliebte (*al-maʿšūq al-awwal*). – Kap. 2: (1) Sie ist der Ursprung aller Dinge (mit Ausnahme jener, die auf menschliche Willensentscheidungen zurückgehen) und bewirkt alles durch Emanation (*fayḍ*). (2–3) Ihre Gerechtigkeit zeigt sich in der sinnvollen und vielfältigen Ordnung der Dinge. (4) Die Erste Ursache ist unteilbar eine trotz der verschiedenen Namen (*asmāʾ*), mit denen ihre Aspekte bezeichnet werden. (5) Impliziert einer ihrer Namen (z. B. gerecht) eine Relation zu anderen Seienden, so betrifft diese Relation nicht ihr Wesen.

Abschnitt II: Der Kosmos. – Kap. 3: (1–10) Das Denken der Ersten Ursache brachte von Ewigkeit her einen Intellekt hervor, das Denken dieses Intellekts ei-

https://doi.org/10.1515/9783110535945-004

nen weiteren Intellekt (durch die Erkenntnis seines Ursprungs) sowie eine himmlische Sphäre (durch die Selbsterkenntnis). Durch die Wiederholung dieses Vorgangs entstand die ewige und vollkommene kosmische Hierarchie, die aus zehn Intellekten und neun Sphären besteht (gestirnlose Sphäre, Fixsterne, Saturn, Jupiter, Mars, Sonne, Venus, Merkur, Mond).

Abschnitt III: Die sublunare Welt. – Kap. 4: (1–3) Die sublunaren Dinge sind vergänglich und defektiv und bedürfen der Aktualisierung ihrer Potenzen. – Kap. 5: (1–6) Grund dafür ist ihre Zusammensetzung aus Materie und Form. – Kap. 6: (1) Die Anordnung der Seienden in der sublunaren Welt. (2) Die Hierarchie der zehn getrennten Intellekte und neun Sphären in der supralunaren Welt. Jeder getrennte Intellekt (3) ist einzigartig und (4) ohne Gegensatz, (5) denkt sich selbst und die Erste Ursache und (6) empfindet dabei Freude. – Kap. 7: (1) Die Himmelskörper sind in neun Sphären angeordnet, (2) die jeweils eine eigene Spezies bilden, (3) aber gemeinsam zur Gattung der Körper gehören. (4) Alle haben aktualisierte Formen (Intellekte), (5) empfinden Freude und (6) besitzen eine vorzügliche Gestalt. (7–9) Sie vollziehen eine Ortsbewegung und befinden sich in unterschiedlichen Relationen, (10) weshalb sie Gegensätze aufweisen. (11) Aber sie haben auch eine gemeinsame Natur, da sie jeweils im Lauf eines Tages eine Kreisbewegung vollenden. – Kap. 8: (1) Diese verschiedenen Aspekte spiegeln sich in ihren Wirkungen auf die sublunare Welt wider und haben zur Folge, dass dort ebenfalls Gemeinsamkeiten (z. B. eine gemeinsame 'prima materia') und Unterschiede (Vielfalt von Substanzen usw.) entstehen. (2) Zunächst bilden sich die Elemente und ihnen verwandte Körper, (3) dann komplexere Mischungen: (4) Mineralien, Pflanzen, Tiere, Menschen. (5) Jede dieser Spezies ist mit eigenen Tätigkeitsmerkmalen ausgestattet, so dass sich supralunare und sublunare Kräfte in dieser Welt mischen. – Kap. 9: (1–7) Die sublunaren Dinge unterliegen der Veränderung, weil sowohl die einfachen als auch die komplexen Körper unterschiedliche Formen annehmen können. Durch diesen Wechsel werden alle Kombinationsmöglichkeiten auf gerechte Weise berücksichtigt. Das Werden und Vergehen betrifft nur die Individuen, während die Arten und Gattungen bestehen bleiben.

Abschnitt IV: Der Mensch. – Kap. 10: (1) Die Vermögen der Seele: (2) Ernährungsvermögen, (3) Wahrnehmungsvermögen, (4) Vorstellungsvermögen, (5) Denkvermögen, (6) Begehrungsvermögen. (7) Ihre Verteilung im Körper. (8) Ihr Zusammenwirken bei Wahrnehmungen, Vorstellungen und Erkenntnissen. (9) Ernährungs-, Wahrnehmungs-, Vorstellungs- und Denkvermögen bilden eine Hierarchie und verhalten sich jeweils zueinander wie Materie und Form; das Begehrungsvermögen begleitet sie wie die Hitze das Feuer. – Kap. 11: Die Organe des Körpers: (1–5) Das Herz als erstes und das Gehirn als zweites leitendes Organ; ihre Funktionen und Wirkweisen mittels Lebenswärme (Herz), Kälte und Feuchtigkeit (Gehirn); Nerven und Rückenmark; (6) Leber, Milz und Fortpflanzungsorgane; (7) Lunge. (8) Die Organe entstehen in der Reihenfolge ihrer Bedeutung. – Kap. 12: Die Fortpflanzung: (1–2) Sie wird vom Herzen gelenkt und von den spezifischen Organen ausgeführt. Dabei leistet die Frau den materiellen (i. e. das Blut in der Gebärmutter) und der Mann den formenden Beitrag (i. e. der hinzukommende Samen). (3) Entstehung und Weg des Samens. (4) Der Samen als Instrument des Mannes. (5) Nach der Befruchtung entsteht zuerst das Herz, dann die anderen Organe; das Geschlecht des Fötus wird durch die Dominanz des Blutes (=weiblich) oder des Samens (=männlich) bestimmt. (6) Bei Pflanzen und manchen Tieren sind das materielle und das formende Prinzip der Fortpflanzung verbunden, (7) beim Menschen sind sie auf Frau und Mann verteilt. Zwischen Frau und Mann bestehen auch sonst Unterschiede, (8) aber hinsichtlich Wahrnehmungs-, Vorstellungs- und Denkvermögen sind beide gleich. – Kap. 13: Das Denken: (1) Unterscheidung von reinen Formen (z. B. die Intellekte) und Formen in Materie; Sonderstellung des potentiellen Intellekts des Menschen: Zunächst nur eine Disposition in einem Körper, wird er durch das Denken selbst zum Intellekt. (2) Anleitung des Denkens durch den Aktiven Intellekt; Vergleich mit der Sonne, deren Licht uns das Sehen ermöglicht. (3) Ausgangspunkt des Denkens: die *prima intelligibilia* (i. e. die Prinzipien aller Wissenschaften). (4) Movens des Denkens: unser Wille (*irāda*) bzw. unsere freie Wahl (*iḫtiyār*). (5–7) Ziel des Denkens: das Glück (*sa'āda*). Es wird von unserem theoretischen Denkvermögen erkannt, von unserem Willen erstrebt und durch gute Handlungen erreicht. – Kap. 14: Vorstellungsvermögen und Prophetie: (1–6) Das Vorstellungsvermögen bewirkt dreierlei: (a) die Vermittlung zwischen den anderen Vermögen der Seele (während des Wachseins); (b) Träume (während des Schlafes); (c) die Nachahmung (*muḥākāt*) von Erkenntnissen, Sinneseindrücken, seelischen und körperlichen Zuständen. (7–11) Aufgrund dieser Fähigkeiten empfängt es vom Aktiven Intellekt *intelligibilia* und *sensibilia*. Das führt zu (a) wahren Träumen, (b) Wahrsagungen, (c) der Gabe der Prophetie, d. h. der Vorhersage von Ereignissen und der Einsicht in das Göttliche (bei Menschen mit aussergewöhnlicher Vorstellungskraft), sowie zu (d) falschen Vorstellungen (bei Menschen mit psychischen bzw. physiologischen Defekten).

Abschnitt V: Der Staat. – Kap. 15: Die Bedeutung vortrefflicher Staaten: (1) Notwendigkeit von Staaten; (2) drei Arten vollständiger (*kāmil*) Staaten: Weltgemeinschaft, Nation, Stadt; alle kleineren Zusammenschlüsse (Dorf usw.) können nur Teil einer größeren Einheit sein. (3) Vortreffliche Staaten fördern das Glück ihrer Mitglieder, (4–6) sind hierarchisch geordnet und gleichen einerseits einem funktionierenden Körper, andererseits dem Kosmos. Der Gründer und Lenker eines solchen Staates (7) muss von Natur aus und hinsichtlich seines Charakters geeignet sein, (8–9) braucht ein außerordentliches Vorstellungsvermögen und einen vollkommen aktualisierten (d.h. erworbenen) theoretischen und praktischen Intellekt, (10) erhält vom Aktiven Intellekt eine göttliche Offenbarung, durch die er Philosoph (theoretischer Intellekt), klug (praktischer Intellekt) und Prophet (Vorstellungsvermögen) wird, und (11) weiß, wie das Glück erreicht wird; (12) er besitzt von Geburt an zwölf hervorragende Eigenschaften. (13) Seine Nachfolger brauchen nur einen Teil dieser Qualitäten (14) und können sich gegebenenfalls die Herrschaft teilen, wobei immer ein Philosoph unter ihnen sein sollte. (15) Im Gegensatz zu vortrefflichen Staaten stehen (16–18) unwissende Staaten (mit unwissenden Herrschern), (19) verdorbene Staaten (mit verdorbenen Herrschern) und (ab)irrende Staaten, die von wissenden, aber betrügerischen Herrschern in die Irre geführt worden sind. – Kap. 16: Lohn und Strafe im Jenseits: (1) In einem vortrefflichen Staat sind die Seelen der Herrscher wie eine Seele; gleiches gilt für jede Klasse (*martaba*) ihrer Bürger. (2) Sie alle nähern sich dem Glück durch ihre Erkenntnisse und ihre guten Handlungen, die teils gemeinsam, teils klassenspezifisch sind. (3–5) Nach dem Tod erreichen sie den Zustand des Glücks, der von ihnen in unterschiedlicher Intensität erfahren wird. (6) In anderen Staaten erleiden die Seelen der Bürger Deformationen, was gravierende Folgen hat: (7) bei unwissenden Staaten die Vergänglichkeit, (8) bei verdorbenen Staaten ewige Strafe, (9–10) bei (ab)irrenden Staaten Vergänglichkeit (für die Bürger) und Strafe (für den Herrscher). (11) Lebt ein Bürger eines vortrefflichen Staates gezwungenermaßen in einem schlechten Staat, so kann er seine Seele vor Schaden bewahren. – Kap. 17: Philosophie und Religion: (1) Die Bürger eines vortrefflichen Staates sollten alles, was bislang gesagt wurde, wissen. (2) Die Philosophen erkennen es realiter (d.h. mit dem Intellekt), und haben dafür universal gültige Beweise. Andere erfassen es nur in Symbolen und Gleichnissen (d.h. mit dem Vorstellungsvermögen), was zu unterschiedlichen Repräsentationen führt. (3) Beweise sind unangreifbar, Symbole kann man zurückweisen. (4) Manche tun dies in guter Absicht: Sie wollen angemessenere Symbole finden. (5–6) Andere tun es, weil sie eigennützige Ziele (Ehre, Reichtum, Lust) verfolgen oder unverständig sind.

Abschnitt VI: Ansichten von Bürgern mangelhafter Staaten. – Kap. 18: Unwissende Staaten: (1) Hier wie in (ab)irrenden Staaten basiert die Religion auf falschen Annahmen, die von den Vorfahren tradiert wurden. (2–3) Beispiele für solche Annahmen: (a) das Sein wandelt sich konstant und hat keine substantielle Struktur; (b) es besteht aus gegensätzlichen Kräften, die sich ständig bekämpfen. (4–14) In unwissenden Staaten wird dieses Konfliktmodell häufig auf die Sphäre des menschlichen Zusammenlebens übertragen. (15–18) Manche gehen auch von der Friedensliebe der Menschen aus, ohne wirkliche Einsicht in unser Wesen zu besitzen. – Kap. 19: (Ab)irrende Staaten: (1–4) Sie suchen zwar nach dem (jenseitigen) Glück, verfehlen es aber auf verschiedene Weisen. Manche lehnen das

Leben in dieser Welt (d. h. die Verbindung der Seele mit einem Körper) grundsätzlich ab. (5–7) Andere lehnen die Affekte der Seele ab. (8–9) Wieder andere behaupten, es gebe keinerlei gesicherte Erkenntnis über die uns umgebende Welt (d. h. über Substanzen, deren Beschaffenheit und deren Wirkungen).

2.2 Die Struktur

Wie diese Übersicht zeigt, ist al-Fārābīs Buch reich an Fragestellungen und thematischen Perspektiven. Gleichzeitig macht der detaillierte Blick auf den Inhalt deutlich, dass es sorgfältig angelegt und präzise durchkomponiert ist. Dabei bildet die Einteilung in sechs große Abschnitte, die al-Fārābī später hinzugefügt hat, ein wichtiges Strukturmerkmal. Sie verbindet das Werk mit der anderen großen 'Summe' aus seiner Feder, i. e. *Die Lenkung des Gemeinwesens* (*Kitāb as-Siyāsa al-madaniyya*) mit dem Beinamen *Die Prinzipien der seienden Dinge* (*Mabādiʾ al-mawǧūdāt*). Dort werden in absteigender Folge die sechs Stufen des Seienden vorgestellt: Erste Ursache, kosmische Zweitursachen, Aktiver Intellekt, menschliche Seelen, Form und Materie einschließlich der verschiedenen Formen menschlicher Gemeinschaften (Werkbeschreibung: Rudolph 2012b, 400; Edition: Fawzī M. Naǧǧār 1964; dt. Übers.: Dieterici 1904; vgl. oben S. 9). Dem entspricht hier eine verwandte Themenfolge, die mit der Ersten Ursache beginnt und über den Kosmos, die sublunare Welt und den Menschen (Seele und Körper) bis hin zu vortrefflichen und mangelhaften Staaten führt.

So gesehen thematisieren die *Prinzipien* sämtliche Bereiche des Seins sowie den Bereich des Sollens. Das Werk erscheint dem Betrachter mithin als ein enzyklopädisches Kompendium, das allen Grundthemen der Philosophie nachgeht, von der Metaphysik (Abschnitt I) über die Physik bzw. die Naturphilosophie (Abschnitte II, III und IV) bis hin zu Ethik und Politik (Abschnitte V und VI). Dieser Eindruck wird noch durch die Tatsache verstärkt, dass al-Fārābī in seiner Darstellung häufig auf die Basistexte des philosophischen Unterrichts, d. h. das *Corpus Aristotelicum*, zurückgreift. Das gilt insbesondere für seine Darlegungen zur Naturphilosophie. Sie lesen sich über weite Strecken wie ein Gang durch die Themen, die Aristoteles in den einschlägigen Schriften untersucht hatte. Dazu gehören – in der Abfolge, die in den Abschnitten II–IV aufscheint – die Bücher *Über den Himmel* (*De caelo*), *Über Entstehen und Vergehen* (*De generatione et corruptione*), *Meteorologie* (*Meteorologica*), *Über die Entstehung der Lebewesen* (*De generatione animalium*) und *Über die Seele* (*De anima*) sowie einige kleinere Texte, die als *Parva naturalia* bekannt sind, insbesondere *Über die Träume* (*De insomniis*) und *Über die Weissagung im Traum* (*De divinatione per somnum*) (ausführliche

Beschreibungen der aristotelischen Werke zu Naturwissenschaft und Psychologie bei Flashar 2004, 245–261).

Die große Nähe, die al-Fārābīs Darstellung zur philosophischen Tradition aufweist, erklärt aber nicht die Struktur seines Werkes (zum Folgenden Rudolph 2008, 4–9). Denn die *Prinzipien* mögen noch so viele Bezüge zu Schriften von Aristoteles und anderen griechischen Philosophen erkennen lassen – die Art und Weise, wie sie verarbeitet und gewichtet sind, unterscheidet diesen Text von allen Schriften, die wir aus der Antike kennen. Das beginnt damit, dass al-Fārābī die Trennung zwischen theoretischer und praktischer Philosophie, die traditionell respektiert wurde, in seinem Buch aufhebt, indem er beide Bereiche behandelt. Hinzu kommt, dass sein Werk in formaler Hinsicht keiner der literarischen Gattungen wie Kommentar, Einführung, Abhandlung, Quaestio usw. entspricht, die im philosophischen Unterricht der Spätantike oder zu seiner eigenen Zeit in Gebrauch waren (zu den literarischen Formen des philosophischen Diskurses Endress 1987, 460–473). Darüber hinaus fällt bei genauerer Betrachtung auf, dass selbst die Einteilung des Textes in sechs große Abschnitte Fragen aufwirft. Sie schlägt zwar die Brücke zur anderen ‚Summe' al-Fārābīs und betont dabei die Konventionalität der Themen, die im Text behandelt werden. Gleichzeitig verdeckt sie aber, dass die *Prinzipien* auch verschiedene innovative Akzente setzen. Sie reichen von der Modifikation einzelner Themen und Schwerpunkte bis hin zu Fragestellungen, die zuvor nicht in dieser Form in philosophischen Texten thematisiert wurden. Letzteres gilt zum Beispiel für das Prophetentum, das in Kapitel 14, und die Religion, die ab Kapitel 17 behandelt werden.

Nimmt man diese Innovationen ernst, so müssen sie ihren angemessenen Niederschlag in der strukturellen Analyse des Werkes finden. Dann erscheinen die *Prinzipien* nicht mehr als ein traditioneller Text über die aristotelische Einteilung des Seins, sondern als eine Abhandlung, die eine klassische ontologische Untersuchung mit neuen Zugängen und Fragen zum Thema verbindet. Die Gesamtstruktur des Buches, die beide Perspektiven einschließt, lässt sich wie folgt wiedergeben (vgl. Rudolph 2008, 5–9, mit Modifikationen):

Der Aufbau der *Prinzipien*

A. Die Erste Ursache
   1. Ihre Wesenseigenschaften, z. B. Vollkommenheit, Einheit, Unvergleichbarkeit, Wissen (Kap. 1)
   2. Ihre Wirkungen (z. B. Emanation/*fayḍ*) und ihre Relationen (z. B. Gerechtigkeit/*ʿadl*) zu anderen Seienden (Kap. 2)

B. Die Welt
   1. Das Hervorbringen der supralunaren Welt, d. h. des Kosmos (Kap. 3)

2. Die sublunare Welt, ihre Vergänglichkeit und Zusammensetzung aus Materie und Form (Kap. 4–5)
3. Der Aufbau der supralunaren Welt (Kap. 6–7)
4. Der Einfluss der supralunaren Welt auf die sublunare Welt und die Ausbildung von Elementen, Mineralien, Pflanzen, Tieren und Menschen (Kap. 8)
5. Entstehen und Vergehen in der sublunaren Welt vollziehen sich auf gerechte Weise (*ʿadl^{an}*), d. h. unter Berücksichtigung aller Kombinationsmöglichkeiten (Kap. 9)

C. Der Mensch
1. Die Seele und ihre Vermögen (Ernährungs-, Wahrnehmungs-, Vorstellungs-, Denk- und Begehrungsvermögen); ihr Zusammenwirken bei Wahrnehmungen, Vorstellungen und Erkenntnissen (Kap. 10)
2. Der Körper und seine Organe; die Fortpflanzung (Kap. 11–12)
3. Der menschliche Intellekt (*ʿaql*) und seine Stufen; unser Denken vollzieht sich unter Anleitung des Aktiven Intellekts; Movens des Denkens: unser Wille (*irāda*) bzw. unsere freie Wahl (*iḫtiyār*); Ziel des Denkens: unser Glück (*saʿāda*) (Kap. 13)

D. Das Prophetentum
Menschen mit außergewöhnlichem Vorstellungsvermögen empfangen durch den Kontakt mit dem Aktiven Intellekt die Gabe der Prophetie, d. h. der Vorhersage von Ereignissen und der Einsicht in das Göttliche (Kap. 14)

E. Der Staat bzw. die Staatsleitung
Der vortreffliche Staat; seine Ausrichtung auf das Glück; sein Gründer und erster Lenker (Philosophen-Prophet); nachfolgende Herrscher; Unterschiede zu mangelhaften Staaten (Kap. 15)

F. Lohn und Strafe im Jenseits
Glück(seligkeit) der Bürger als Ziel und Ergebnis vortrefflicher Staaten; Vergänglichkeit oder ewige Strafe als Ergebnis mangelhafter Staaten (Kap. 16)

G. Die vortreffliche Religion
Die Menschen streben nach Wissen, das in der Philosophie auf demonstrativem Weg und in der vortrefflichen Religion mittels wahrer Symbole und Gleichnisse erreicht wird (Kap. 17)

H. Mangelhafte Staaten und falsche Religionen
In mangelhaften Staaten basiert die Religion auf falschen Annahmen und überkommenen Irrtümern, obwohl die Menschen auch dort nach dem Glück streben (Kap. 18–19)

Mit Blick auf diese Analyse wird deutlich, wie sehr sich al-Fārābīs Werk im Aufbau von anderen philosophischen Schriften unterscheidet. So erklärt sich auch, warum alle Versuche der Forschung, ein formales Modell dafür im Bereich der Philosophie zu identifizieren, bislang ergebnislos waren (Walzer 1985/1998, 5). Die *Prinzipien* lassen sich, was die Struktur betrifft, weder auf griechische noch auf ältere arabische Vorbilder (al-Kindī u. a.) zurückführen, sondern stellen innerhalb der philosophischen Literatur ein Werk *sui generis* dar.

2.3 Der Kontext

Das bedeutet jedoch nicht, dass die Schrift intellektuell isoliert wäre. Ganz im Gegenteil: Gerade die *Prinzipien* dürften eine unmittelbare und sehr konkrete Auseinandersetzung al-Fārābīs mit dem intellektuellen Diskurs seiner Epoche sein. Die thematischen Innovationen und die ganze Struktur des Textes legen es nämlich nahe, in ihm eine bewusste Reaktion auf die Herausforderung durch die zeitgenössische islamische Theologie zu sehen.

In der islamischen Theologie wurde seit dem 9. Jahrhundert eine Textgattung gepflegt, die al-Fārābīs Buch formal so nahesteht, dass sie ihm als Muster gedient haben dürfte. Gemeint sind Werke, in denen systematisch „die Prinzipien der Religion" (*uṣūl ad-dīn*) erörtert wurden und die deswegen mit einigem Recht als theologische Summen bezeichnet werden können. Entwickelt wurde dieser Texttyp in der Muʿtazila, der ersten großen theologischen Schule, die im 9. Jahrhundert weitgehend das Feld dominierte (Gimaret 1993). Einer ihrer wichtigsten Vertreter namens Abū l-Huḏayl (gest. um 840 oder um 850) dürfte der Gelehrte gewesen sein, der festlegte, dass die charakteristischen Lehren seiner Schule in „fünf Prinzipien" (*al-uṣūl al-ḫamsa*) zusammengefasst werden können (zu Abū l-Huḏayl allgemein van Ess 1991–1996, III 209–297, zur Festlegung der fünf Charakteristika ebd. III 222–223). Diese Prinzipien lauten: (1) „die Ein(s)heit" (*at-tawḥīd*), betreffend das Wesen und die Eigenschaften Gottes; (2) „die Gerechtigkeit" (*al-ʿadl*), betreffend Gottes Verhältnis zur Schöpfung und zu den Menschen; (3) „die Verheißung und die Drohung" (*al-waʿd wa-l-waʿīd*), betreffend Lohn und Strafe der Menschen im Jenseits; (4) „die Zwischenstellung" (*al-manzila bayna l-manzilatayn*), womit gemeint war, dass ein Muslim, der eine große Sünde begangen hat, weder als Gläubiger noch als Ungläubiger gelten sollte; (5) „Gebieten, was recht ist, und Verbieten, was verwerflich ist" (*al-amr bi-l-maʿrūf wa-n-nahy ʿan al-munkar*), womit die Frage nach der öffentlichen Ordnung und der richtigen Leitung der muslimischen Gemeinschaft gestellt war.

Die systematische Diskussion dieser Fragen führte noch im 9. Jahrhundert zur Entstehung von theologischen Summen. Dabei sind die Themenfelder, die mit den „fünf Prinzipien" markiert wurden, durchaus breit zu verstehen. Ging es etwa um das Prinzip „Ein(s)heit", so konnte die Erörterung nicht einfach mit dem Wesen

Gottes einsetzen; zuvor musste seine Existenz bewiesen werden, was wiederum eine Reflexion über die Welt voraussetzte, aus der Abū l-Hudayl einen Gottesbeweis *e contingentia mundi* abgeleitet hat (van Ess, 1991–1996, III 229–232). Ging es um das Prinzip „Gerechtigkeit", so konnten die Überlegungen ebenfalls nicht bei Gott stehenbleiben; sie mussten Fragen aufgreifen wie die menschliche Willensfreiheit oder die Notwendigkeit eines Prophetentums, mittels dessen sich Gott den Menschen mitteilt (ein ausführlicher Überblick zu den behandelten Themen bei Gimaret 1993, 786b-791b; vgl. auch van Ess 1991–1996, IV 358).

Infolge dieser breiten thematischen Auffächerung entstanden umfangreiche theologische Abhandlungen. Manche von ihnen trugen den Titel *Das Buch über die fünf Prinzipien* (*Kitāb al-Uṣūl al-ḫamsa*), so ein Werk des Muʿtaziliten Abū ʿUmar al-Bāhilī (gest. 913; zu ihm van Ess 1991–1996, IV 244–245, und Rudolph 1997, 175). Daneben kamen aber auch anderslautende Buchtitel auf. Als das neue Textgenre von Theologen aufgegriffen wurde, die mit den Muʿtaziliten konkurrierten, hüteten sich diese nämlich, von „fünf (muʿtazilitischen) Prinzipien" zu sprechen und wählten stattdessen Überschriften, die den Bezug zu den „Prinzipien der Religion" (*uṣūl ad-dīn*) auf andere Weise herstellten.

Die ältesten Beispiele für diese Textgattung sind leider verloren. Die Liste der erhaltenen Bücher beginnt aber bereits im 10. Jahrhundert, d.h. noch zu Lebzeiten al-Fārābīs. Sie ist im Übrigen sehr lang, wobei in unserem Kontext lediglich Beispiele aus dem 10. und 11. Jahrhundert von Interesse sind. In dieser Zeit behielt das Genre nämlich seinen ursprünglichen – für al-Fārābī maßgeblichen – Charakter, wohingegen es in späteren Jahrhunderten gravierende Erweiterungen und formale Veränderungen erfuhr (vgl. die diachrone Übersicht bei Gardet/Anawati 1948/1981, 136–186).

Drei Werke aus der Frühzeit sollen im Folgenden kurz vorgestellt werden, die jeweils als Vergleichstexte zu al-Fārābīs *Prinzipien* dienen können. Dabei handelt es sich um

(a) *Das Buch der Schlaglichter zur Widerlegung der Irrenden und der Häretiker* (*Kitāb al-Lumaʿ fī r-radd ʿalā ahl az-zayġ wa-l-bidaʿ*) von Abū l-Ḥasan al-Ašʿarī (gest. 935), dem Gründer der ašʿaritischen Schule (Thiele 2016, 225–229), der zeitgleich mit al-Fārābī im Irak wirkte;
(b) *Das Buch über die Ein(s)heit Gottes* (*Kitāb at-Tawḥīd*) von Abū Manṣūr al-Māturīdī (gest. 944), dem Gründer der māturīditischen Schule (Rudolph 2016, 285–290), einem weiteren Zeitgenossen al-Fārābīs, der wie er aus dem Nordosten der islamischen Welt stammte;
(c) *Das Buch der Anleitung zu den zwingenden Beweisen hinsichtlich der Prinzipien des Glaubens* (*Kitāb al-Iršād ilā qawāṭiʿ al-adilla fī uṣūl al-iʿtiqād*) von Abū l-Maʿālī al-Ǧuwaynī (gest. 1085), der ebenfalls aus Nordostiran stammte,

zur aš'aritischen Schule gehörte und als letzter bedeutender Vertreter der frühen islamischen Theologie gelten kann (Thiele 2016, 234–237).

Der Aufbau von al-Aš'arīs *Buch der Schlaglichter*
(Edition und engl. Übersetzung von McCarthy 1953. Die Kapitelzählung folgt McCarthys Ausgabe, die thematische Einteilung in fünf große Abschnitte wurde von mir hinzugefügt.)

A. Gott
   1. Seine Existenz: Beweis *e contingentia mundi* (Kap. 3–6)
   2. Seine Eigenschaften
      1.1 Unvergleichbarkeit, Einheit, Unkörperlichkeit, Macht u. a. (Kap. 7–9 u. 12–26); thematischer Einschub über die Gültigkeit rationaler Spekulation (Kap. 10–11)
      1.2 Wissen und Wille (Kap. 27–48)
      1.3 Sein Wille umfasst alle Dinge (Kap. 49–67)
      1.4 Gottes Schau im Jenseits (Kap. 68–81)

B. Gott und die Handlungen der Menschen
   1. Die Handlungen werden von Gott bestimmt (*qadar*) und erschaffen (*ḫalq*) und von den Menschen erworben (*iktisāb*) (Kap. 82–121)
   2. Das Handlungsvermögen (*istiṭā'a*) des Menschen (Kap. 122–164)
   3. Die Gerechtigkeit (*'adl*) Gottes (Kap. 165–179)

C. Glaube und Sünde (Kap. 180–185)

D. Lohn und Strafe im Jenseits (Kap. 186–192)

E. Herrschaft und Leitung der islamischen Gemeinschaft

Der Aufbau von al-Māturīdīs *Buch über die Ein(s)heit Gottes*
(Seitenangaben nach der Edition Topaloğlu/Aruçi 2003. Eine detaillierte Analyse des Werkes findet sich in Rudolph 1997, 223–225, wo allerdings noch eine ältere Ausgabe des arabischen Textes [Kholeif 1970] zugrunde gelegt ist.)

A. Erkenntnislehre (S. 3–21)

B. Die Welt
   Ihre physikalische Struktur und Geschaffenheit (S. 25–33)

C. Gott
   1. Beweise für Gottes Existenz (S. 34–36)
   2. Gottes Eigenschaften inkl. seiner Schau im Jenseits (S. 37–134)
   3. Widerlegung falscher theologischer Ansichten (S. 135–268)

D. Das Prophetentum (S. 271–340)

E. Gott und die Handlungen der Menschen
   1. Das Handeln Gottes (S. 343–351)
   2. Die Handlungen der Menschen (S. 351–457)

   3. Gottes umfassendes Wirken (S. 458–514)
F. Sünde und Strafe im Jenseits (S. 517–598)
G. Glaube (S. 601–642)

Der Aufbau von al-Ǧuwaynīs *Buch der Anleitung*
(Seitenangaben nach der Edition von Mūsā/ʿAbd al-Ḥamīd 1950/2002)
A. Erkenntnislehre (S. 3–16)
B. Die Welt
   Ihre physikalische Struktur und Geschaffenheit (S. 17–27)
C. Gott
   1. Beweise für Gottes Existenz (S. 28–29)
   2. Gottes Eigenschaften (S. 30–164)
   3. Gottes Schau im Jenseits (S. 166–186)
D. Gott und die Handlungen der Menschen
   1. Die Handlungen werden von Gott erschaffen (S. 187–214)
   2. Das Handlungsvermögen (*istiṭāʿa*) des Menschen (S. 215–256)
   3. Die Gerechtigkeit (*ʿadl*) Gottes (S. 257–301)
E. Das Prophetentum
   (einschließlich einer Reihe von Themen wie ‚Lebensfrist' und ‚Lebensunterhalt', die aus der religiösen Tradition stammen; S. 302–370)
F. Das Jenseits
   1. Nachweis seiner Existenz (S. 371–380)
   2. Lohn und Strafe der Menschen (S. 381–395)
G. Glaube und Umkehr (S. 396–409)
H. Herrschaft und Leitung der islamischen Gemeinschaft (S. 410–434)

2.4 Das Ziel

Wie dieser kurze Überblick erkennen lässt, bestehen zwischen den drei theologischen Texten und al-Fārābīs *Prinzipien* erhebliche inhaltliche und strukturelle Parallelen. In allen Fällen werden die zentralen Themen, die im Rahmen eines *uṣūl ad-dīn*-Werkes abgehandelt werden sollen, angesprochen und einer Sichtung unterzogen. Dazu gehören, um das noch einmal zu resümieren, Gott, die Welt, der Mensch, sein Erkennen und sein Handeln, das Prophetentum, die richtige Leitung des Gemeinwesens und das Schicksal der Menschen im Jenseits. Darüber hinaus könnte man geltend machen, dass selbst al-Fārābīs abschließende Ausführungen über mangelhafte Staaten (Kap. 16 [= in Abschnitt F der Übersicht] und Kap. 18–19 [= Abschnitt H]) nicht aus diesem konzeptuellen Rahmen fallen. Sie greifen zwar auf Begrifflichkeiten zurück, die in der platonischen Tradition stehen und in letzter Instanz auf die *Politeia* zurückgehen dürften. Das Besondere an al-Fārābīs Präsentation besteht aber darin, dass er diese Begriffe mit einer ausführlichen Kritik an mangelhaften Religionen kombiniert. Das erinnert sehr stark an Widerlegungen von Häresien und falschen religiösen Vorstellungen, wie sie in vielen theologischen Traktaten und hier etwa in al-Māturīdīs *Buch über die Ein(s)heit Gottes* (vgl. dort Abschnitt C.3) zu finden sind.

Die Parallelen hinsichtlich Inhalt und Struktur sind aber nicht das einzige Indiz, das die *Prinzipien* mit den *uṣūl ad-dīn*-Schriften aus dieser Epoche verbindet. Einen weiteren Hinweis verdanken wir al-Fārābī selbst, der an anderer Stelle in seinem Oeuvre ausführlich über das Verhältnis von philosophischem und theologischem Räsonnement nachgedacht hat. Der *locus classicus* für diese Thematik ist sein *Buch der Religion* (*Kitāb al-Milla*).[1] Darin erörtert er ausführlich, was eine vortreffliche Religion (*milla fāḍila*) auszeichne und wie sie innerhalb eines Gemeinwesens realisiert werden könne. Bevor die Erörterung beginnen kann, müssen jedoch die theoretischen Voraussetzungen geklärt sein. Deswegen macht al-Fārābī am Anfang des *Kitāb al-Milla* deutlich, von welchem Religionsbegriff er bei seinen Überlegungen zum Thema ausgegangen ist (ausführliche Werkbeschreibung: Rudolph 2012b, 396–397; zum Folgenden Rudolph 2008, 9–11).

Die Erläuterungen beginnen mit dem Satz: „Eine Religion besteht aus Ansichten (*ārāʾ*) und Handlungen (*afʿāl*), die festgelegt sind und Bedingungen unterliegen, welche der erste Herrscher seiner Gemeinschaft vorschreibt" (*Kitāb al-Milla* 43,3–4). Wenig später folgt dazu die Ergänzung: „In einer vortrefflichen Religion gibt es Ansichten über theoretische Dinge (*ašyāʾ naẓariyya*) und Ansichten über Dinge, die den Willen betreffen (*ašyāʾ irādiyya*)" (*Kitāb al-Milla* 44,14–15). Im Anschluss daran erklärt al-Fārābī, was mit diesen Ansichten konkret gemeint sei. Dabei entwirft er eine Liste von Fragen, die im Rahmen einer Religion beantwortet werden müssen. Der Themenkatalog, der auf diese Weise entsteht, ist detailliert und gliedert sich in zwei Teile, i.e. Ansichten zu theoretischen und Ansichten zu praktischen Fragen.

Die Themen des ersten Teils lauten:[2]

(A) – die Beschreibung Gottes

---

1 Ed.: *Kitāb al-Milla* 41–66; franz. Übers.: Mallet 1989, 117–145; engl. Übers.: Butterworth 2001, 93–113.

2 Die Liste findet sich im arab. Text des *Kitāb al-Milla* auf S. 44,15–45,20; die Gliederung mittels Buchstaben (A, B...) ist von mir hinzugefügt worden, um die Parallelen zum Aufbau der *Prinzipien* hervorzuheben.

(B)	–	die Beschreibung der geistigen (kosmischen) Wesen (*rūḥāniyyūn*) und ihres Wirkens
	–	Entstehung und Aufbau der (sublunaren) Welt
	–	die Entstehung der materiellen Körper
	–	das Zusammenwirken und die gerechte Ordnung der Dinge
	–	ihre Verbundenheit mit Gott und den geistigen Wesen
(C)	–	die Entstehung des Menschen
	–	seine Seele und sein Denken
(D)	–	Prophetentum (*nubuwwa*) und Offenbarung (*waḥy*)
(F)	–	Glück (*saʿāda*) als jenseitiger Lohn und Unglück als jenseitige Strafe

Die Themen des zweiten Teils lauten:

(E/F)	–	Propheten, vorzügliche Könige (*mulūk*) und fromme Herrscher (*ruʾasāʾ*) in Vergangenheit und Gegenwart
	–	Berichte über ihre guten Taten
	–	ihr Schicksal und das Schicksal der Gemeinschaften, die ihnen folgen, im Jenseits
(F/H)	–	niedrige und sündige Herrscher in Vergangenheit und Gegenwart
	–	Berichte über ihre schlechten Taten
	–	ihr Schicksal und das Schicksal der Gemeinschaften, die ihnen folgen, im Jenseits

Die Liste der Themen liest sich wie ein Inhaltsverzeichnis der *Prinzipien*. Insofern bestätigt das *Buch der Religion*, was sich bereits beim Vergleich mit den *uṣūl ad-dīn*-Werken abzeichnete: Der thematische Zugriff und die gesamte Anlage der *Prinzipien der Ansichten der Bewohner der vortrefflichen Stadt* sind von der Agenda der Theologie bestimmt. Das macht aus dem Buch aber noch kein theologisches Werk. Denn auch der Umstand, dass al-Fārābī darin zentrale Fragen der Religion reflektiert hat, besagt nicht, dass er sich auf die Methoden und die Interessen der Theologen eingelassen hätte. Das wird noch deutlicher, wenn er mit seinen Ausführungen zum Religionsbegriff im *Buch der Religion* fortfährt.

Dort heißt es nämlich, Ansichten (*ārāʾ*), die zu einer Religion gehören, könnten auf zweierlei Weise bestimmt werden (*taḥdīd*): entweder mittels Bezeichnungen, die ihnen *wirklich* zukommen und die auf *sie selbst* hinweisen – dann handelt es sich um die Wahrheit (*ḥaqq*); oder mittels Bezeichnungen, welche die Ansichten nur nachahmen – dann haben wir es mit einem Abbild der Wahrheit (*miṯāl al-ḥaqq*) zu tun. Beides sei unverzichtbar, so al-Fārābī, wenn die Gläubigen nicht dem Irrtum (*ḍalāla*) anheimfallen sollen. Deswegen müssten in einer vortrefflichen Religion stets beide Zugänge garantiert sein, jener zur

Wahrheit und jener zu deren Abbild. Von Wahrheit könne man aber nur sprechen, wenn wir etwas mit Gewissheit wüssten (*tayaqqana*), sei es aufgrund eines primären Wissens, das in uns angelegt ist, oder infolge eines Beweises (*Kitāb al-Milla* 46,15–21).

Aus diesen Überlegungen folgert al-Fārābī, dass „eine vortreffliche Religion der Philosophie ähnelt" (*fa-l-milla*^{tu} *l-fāḍila*^{tu} *šābiha*^{tun} *bi-l-falsafa*; ebd. 46,22). Beide besitzen nämlich einen theoretischen (*naẓarī*) und einen praktischen (*ʿamalī*) Teil. Allerdings mit einem gravierenden Unterschied: Die Philosophie liefert sowohl in ihren theoretischen als auch in ihren praktischen Teildisziplinen Beweise (*barāhīn*) und Universalia (*kulliyyāt*). Die Religion hingegen ist partikular, kennt keine Beweise im eigentlichen Sinn und kann die Universalia lediglich mit Einschränkungen wiedergeben, so dass sie in beiden Bereichen der Philosophie untergeordnet ist (ebd. 46,22–47,17; zur Sache Druart 1997, 406–409).

Damit sind alle wesentlichen Punkte, die der Vergleich mit den theologischen Werken ergeben hatte, bestätigt. Denn was al-Fārābī hier ausführt, macht nochmals deutlich, wie er seine Schrift über die *Prinzipien* verstanden wissen möchte: Ihre Aufgabe ist es, die religiöse Agenda aufzugreifen und sämtliche Themen der *uṣūl ad-dīn* zu behandeln. Aber das soll nicht aus der eingeschränkten Perspektive der Theologie geschehen, sondern auf der Grundlage der Universalia und der Demonstrationen, die allein in der Philosophie herausgearbeitet werden.

So erklärt sich zu guter Letzt auch der Titel des Werkes, der auf den ersten Blick eher sperrig wirken dürfte. Denn er enthält eine subtile semantische Unterscheidung, mit der die Zielsetzung des Buches bereits angedeutet ist. Zum einen spricht al-Fārābī von Ansichten (*ārāʾ*), die Bürger eines vortrefflichen Staates (*ahl al-madīna al-fāḍila*) vertreten. Damit verweist er auf die Ebene der Meinungen (δόξα, *opinio*, *raʾy*), d. h. der bloßen Überzeugungen. Sie gründen auf Abbildern der Wahrheit, die von den Anhängern einer Religion geglaubt und von den Theologen mit den Mitteln der Dialektik verteidigt werden (vgl. oben S. 11). Zum anderen macht al-Fārābī im Titel deutlich, dass sein Werk nicht die Ansichten (*ārāʾ*), sondern die Prinzipien der Ansichten (*mabādiʾ al-ārāʾ*) behandelt. Damit distanziert er sich von allen vorläufigen und partikularen Meinungen und verweist ausdrücklich auf die Universalia, die allein von der Philosophie erkannt und bewiesen werden. Das Buch über die *Prinzipien der Ansichten der Bewohner der vortrefflichen Stadt* liefert also die philosophische Grundlage für das, was der theologische Diskurs über die *uṣūl ad-dīn* zu bieten hatte. Es tut dies auf allgemein verständliche Weise, denn al-Fārābī verzichtet in seiner Darstellung auf komplexe Formen der Logik und setzt auf eine rhetorische Argumentation, der viele Leser folgen können (zur Struktur der Argumentation vgl. unten Kap. 10). Gleichwohl bleibt sein Ziel klar: Er will – auch und gerade in diesem Buch – die Philosophie als demonstrative Wissenschaft in Geltung setzen, indem er unser Wissen auf universal gültige Prinzipien zurückführt, seien es die Prinzipien des Seins (*mabādiʾ al-mawǧūdāt*)[3], die Prinzipien der Erkenntnis (*mabādiʾ al-maʿrifa*)[4] oder die Prinzipien der Ansichten, die in einer vortrefflichen Gemeinschaft vertreten und befolgt werden (*mabādiʾ ārāʾ ahl al-madīna al-fāḍila*).

Literatur

Van Ess, Josef 1991–1996: *Theologie und Gesellschaft im 2. und 3. Jahrhundert Hidschra. Eine Geschichte des religiösen Denkens im frühen Islam*, I–VI, Berlin/New York.

Gardet, Louis/Anawati, M.M. 1948/1981: *Introduction à la théologie musulmane. Essai de théologie comparée*, Paris 1948. – 3. Aufl. 1981.

Gimaret, Daniel 1993: Muʿtazila, in: C.E. Bosworth et al. (Hrsg.), *The Encyclopaedia of Islam.* New Edition, I–XI (1960–2005), Leiden/New York, VII 783a-793b.

McCarthy, Richard J. 1953: *The Theology of al-Ashʿarī*, Beirut, 3–83 (arab. Text) u. 3–116 (engl. Übers.).

Mūsā, M.Y./ʿAbd al-Ḥamīd, A.A. 1950/2002 (Hrsg.): *Abū l-Maʿālī al-Ǧuwainī. Kitāb al-Iršād ilā qawāṭiʿ al-adilla fī uṣūl al-iʿtiqād*, Kairo, 1950. – 3. Aufl. 2002.

Rudolph, Ulrich 1997: *Al-Māturīdī und die sunnitische Theologie in Samarkand*, Leiden u.a.

Rudolph, Ulrich 2016: Ḥanafī Theological Tradition and Māturīdism, in: S. Schmidtke (Hrsg.), *The Oxford Handbook of Islamic Theology*, Oxford, 280–296.

Thiele, Jan 2016: Between Cordoba and Nīsābūr. The emergence and consolidation of Ashʿarism (fourth-fifth/tenth-eleventh century), in: S. Schmidtke (Hrsg.), *The Oxford Handbook of Islamic Theology*, Oxford, 225–241.

Topaloğlu, Bekir/Aruçi, Muhammed 2003 (Hrsg.): *Ebû Mansûr el-Mâtürîdî. Kitabü't-Tevhîd*, Ankara.

---

3 So der Untertitel von al-Fārābīs zweiter philosophischer Summe, *Die Lenkung des Gemeinwesens* (*as-Siyāsa al-madaniyya*), in der die verschiedenen Bereiche des Seins behandelt werden; vgl. oben S. 9.

4 Die „Prinzipien der Erkenntnis" werden in *Der Beweis* erörtert, al-Fārābīs zusammenfassender Betrachtung über Aristoteles' *Zweite Analytiken* (vgl. *Kitāb al-Burhān* 60,11–13 u. 70,15–17).

Thérèse-Anne Druart

3 God as the First Cause (ch. 1–2)

3.1 Introduction

The beginning of *Principles* is rather puzzling: (1) There is no introduction. (2) The text begins with and flows from a basic assumption, expressed in a single proposition: "The First Existent is the First Cause of the existence of all the other existents" giving neither an argument to defend it nor the faintest justification. (3) Despite this very first sentence, the first and by far longer chapter of this section focuses on the First as such and not as a cause. The second and much shorter chapter briefly explores the notion of the First as first cause of all existents. (4) Though the whole section focuses on God's attributes, it is only at the very end that al-Fārābī gives us a methodology to deal with the names of God as God's attributes are called in the religious tradition. And (5) though this section clearly focuses on God, it never uses the word "God" or the religious term, the "Lord", but rather metaphysical expressions such as the First Existent or the First Cause.

(1) There is no introduction. This lack of introduction makes it difficult for the reader to determine the purpose of this text or its intended audience. For some texts, such as his *(Long) Commentary on Aristotle's* De interpretatione (*Šarḥ al-Fārābī li-Kitāb Arisṭūṭālīs fī l-ʿIbāra*), the Second Master provides lengthy introductions that follow an Alexandrian tradition, but for others, such as *The Book of Letters* also known as *The Particles* (*al-Ḥurūf*), the book *On Ruling the Community* (cf. below pp. 34–35) and this book, the *Principles*, he dives into the topic without further ado. The reader himself needs to determine the purpose of the book as Rudolph does above in ch. 2.3. The need for the reader to determine the purpose of the book and the intricacies of the arguments in this section indicate that this text is not addressed to mere beginners in philosophy.

(2) The very first sentence of the whole text and of this section makes a bold claim: "The First Existent is the First Cause of the existence of all other existents." No proof for God's existence or its causation is given and there is no reference to some other text in which we could find such proofs. This reminds us of the Neoplatonic approach highlighted by Walzer (1985/1998) and of the way the *Liber de causis* or *Book of the pure Good*, based on Proclus' *Elements of Theology* proceeds (see below, ch. 10.3). On the other hand, in ch. 2.2 Rudolph convincingly argues for some structural parallelism between *Principles* and theological texts of *Principles of Religion* (*uṣūl ad-dīn*) (cf. Rudolph 2008), but the specific texts he

https://doi.org/10.1515/9783110535945-005

refers to as well as most basic treatises of Islamic theology (*kalām*) include an argument for God's existence and creation. Here the Second Master assumes the reader already knows of these arguments and accepts them. The whole of this section on God seems to flow from this initial sentence, but, of course, involves further assumptions the reader must spot and accept or consider as already argued for in some other texts.

(3) Though the first sentence asserts that "The First Existent is the First Cause of all other existents" the very lengthy first chapter of this section does not deal with God as Cause, but rather with God and Its attributes, when one simply considers It in Itself. Other existents get mentioned but simply to offer a contrast between the way terms apply to God and the way they apply to other existents. As Ferrari indicates, the first chapter mainly presents a negative theology (Ferrari 2009, 155). At first blush some of the attributes, such as "knowing", one of the traditional ninety-nine beautiful names of God, given in the Qur'an and dear to Muslims (see for instance, al-Ghazālī 1992: *The Ninety-nine Beautiful Names of God*), seem to involve God's awareness of other existents. Al-Fārābī interprets the Qur'anic terms not as implying God's awareness of its creation, but rather simply as self-knowledge or self-cognition. His God is solipsist.

In the second chapter of this section the Second Master briefly speaks of the process of emanation, which makes of God the First Cause of all existents. This chapter will point to a contrast between how philosophy treats of God's causation of all other existents, though it will not clarify what emanation exactly means, and the religious concept of God's creation.

(4) The whole first section goes through a philosophical understanding of God's attributes either in Itself in chapter 1 or in relation to the other existents of which It is the first cause in chapter 2, but it is only at the very end that al-Fārābī explains how we should understand the various names of God. We would expect him to first explain his methodology to deal with God's attributes and then go through the various attributes, but he first goes philosophically through God's attributes and only at the end explains how the principles which guided his philosophical presentation of God's attributes must guide the interpretation of the traditional religious names of God. This, of course, shows how religion imitates what the Second Master takes to be the truth, i.e., philosophical truth.

(5) Though the whole section clearly speaks of God, it never uses this word as to emphasize that religious expressions are only imitations of philosophical truth.

Finally, it is important to indicate that al-Fārābī wrote another text, the book on *On Ruling the Community* (*as-Siyāsa al-madaniyya*) also known as *The Princi-*

ples of The Existing Things (*Mabādiʾ al-mawǧūdāt*) that exhibits some features and arguments similar to those of *Principles* (see above ch. 1.3). For instance, it has no introduction and contains no proof for the existence of God, and McGinnis and Reisman's footnotes to their translation of the first part of that text show that the similarity in content and argumentation is particularly striking for this first section. On the other hand, Miriam Galston points to some interesting differences between these two texts, such as the more practical approach in our text, with an emphasis on the bodily aspects of the human being (Galston 2015). She thinks *as-Siyāsa al-madaniyya* is more philosophical, but, as Rudolph claims in ch. 1 , at least for this first section, *Principles* often offers more intricate and precise arguments. *As-Siyāsa al-madaniyya* goes through God's attributes in the same order as *Principles* does, but skips three of them, n. 9, "real and true", n. 10, "living and life", and n. 12, which deals with God's "greatness, majesty and glory".

3.2 Chapter 1: The Basic Principles Involved in the Deduction of The First Existent's Attributes and the Derivation of these Attributes

As the whole deduction of the First Existent's attributes flows from what is asserted in the first paragraph (1.1), I am presenting a literal commentary of it. The very first sentence "The First Existent is the First Cause of the existence of all other existents" already implies some claims. "The First Existent" may only be so called if there are other existents and they are somehow secondary to the First. It is noteworthy that the very first time al-Fārābī speaks of God he calls It "the First Existent" with all the metaphysical connotations of such an expression, in contrast to simply calling It "The First". "The First" is one of the ninety-nine beautiful names of God. Later on, our author to abbreviate will often refer to God simply as the First. He has thrown a philosophical mantel over the religious name. Recall that this whole section will never refer to the First as God, which our author seems to avoid as a purely religious term.

Besides being the First Existent, this First Existent is the First Cause of the existence of all other existents. If It is the First Cause and not simply The Cause, it follows that for al-Fārābī there are secondary causes and hence, that he is no occasionalist as many Ash'arites were (cf. Perler/Rudolph 2000, 51–62). From these claims, the Second Master immediately goes to contrast the First Existent to the other existents and embarks on a negative theology that goes step by step. The First is free from deficiency, whereas all other existents exhibit at least one deficiency. Thus, Its existence is the most excellent and precedes or is prior to every other existence. Clearly the priority in question is not temporal but rather ontological. We know that for our author the world is eternal. He wrote a partially lost treatise *On Changeable Things* (*Fī l-Mawǧūdāt al-mutaġayyira*), in which he defends the eternity of the world (Rashed 2008). From this follows that It has "the most elevated rank". We find here another basic assumption that will run through the whole text, i.e., that all existents are organized hierarchically. Being fully perfect, the First's existence and substance cannot in any way be affected by non-being and, hence, it does not have potentiality and there is no possibility It could not exist. Notice that the Second Master does not reserve the word substance to the sublunary world or to the caused existents but does not hesitate to use it for the First. Since the First has no potentiality and must exist, It is without beginning and everlasting or eternal *a parte ante* and *a parte post* and does not need any other existent to maintain It in existence. Its substance is perfectly self-sufficient. As all other existents have at least one deficiency or lack, there is no other existent similar to It or of the same rank. This long informal sorite leads to the conclusion that the First is uncaused. Al-Fārābī spells out what that means: It has no formal, efficient, or final cause. It also is no matter nor does it subsist in a matter or substratum. Here the Second Master, very much in command of what he will say later on in the text, is making the point not only that the First is immaterial, but that it does not subsists in a matter, as does the immaterial human soul for instance. He does specify neither in matter nor in a substratum since he thinks that the celestial bodies do not have prime matter or form in the strict sense, but something "like" matter, which he calls a substratum. From there referring to the Aristotelian hylomorphism, he argues that, since the First has no matter, It cannot have a form[1] since having both matter and form would render the First dependent on its parts and this dependence would imply its being caused, whereas It is uncaused. As uncaused, It cannot have purpose or aim, as then this purpose or aim would be a cause for Its existence and, therefore, It would not be the First Cause. As uncaused It did not derive Its existence from something prior to It and even less from something inferior to It.

Having settled all this our author, more or less now setting aside the Aristotelian concepts used in 1, will move in 1.2 to 1.5 to argue that the First is one in

1 Al-Fārābī is very precise. The First does not have a form, but this does not exclude being a form. N. 6 implies that the First is a form in its argument to show that the First is intellect.

various meanings of this term, as one is said in many ways. "The One" is not only one of the beautiful names, but also at the heart of Islam, as the basic formulation of Islamic faith begins with "There is no God but God." On the metaphysical level al-Fārābī always claims that being or existent and one are convertible and the most two basic concepts (Vallat 2019b and Janos 2017). We can see that he begins his derivation of the first Existent's attributes in addressing at the same time one of the two most important metaphysical concepts and the core religious claim of Islam.

The derivation of the various meanings of "one" applicable to the First Existent begins in 1.2. with the affirmation that the "First Existent differs in Its substance from everything else". I take this affirmation to be equivalent to what Janos calls oneness-in-quiddity, a meaning of "one" Aristotle did speak about (Janos 2017, 116–22). Such being the case, the First is also one as unique of its kind and species (1.2); it is one and unique in having no contrary (1.3); it is one in not being divisible into parts, be they quantitative or not, and so being simple (1.4); and finally, being distinct from any other existent, it is one in substance, as Its existence is not distinct from Its essence (1.5). This subsection ends with the following conclusion: "The First ... deserves more than any other one the name and meaning (of 'the one')." Al-Fārābī much more developed the meanings of "one" than Aristotle did. He wrote a short treatise on *The One and Oneness* (*Al-Wāḥid wa-l-waḥda*) which begins to receive the attention it deserves (Janos 2017). Vallat (2019b) uses this little treatise to argue that al-Fārābī invented the technical doctrine of the transcendentals at least in what concerns being or existent and one.

This section on the First as one fits well with the structure of *kalām* treatises since often one refers to *kalām* as *ʿilm at-tawḥīd*, i.e., the science that proclaims and defends God's oneness or uniqueness. Having argued for the First's unicity, simplicity, and oneness, al-Fārābī moves in 1.6 to arguing that the First is intellect and from there will deduce further attributes in 1.7–1.10 and 1.13–1.14. As being an intellect constitutes the First's perfection or essence, what concerns greatness, majesty and glory (1.12) as well as love of and pride in Its essence (1.15) will also follow from Its being intellect, even if the arguments for them do not use that word.

The First not being matter nor having matter must be intellect in act, as what prevents a form from being intellect and actually thinking is the matter in which the thing exists. As the First does not need matter in any way, It is in Its substance intellect in act as well as both intelligible in Its substance and intelligized in act (the same past participle in Arabic may be used to indicate potentiality and actuality, i.e., in this case "intelligible" and/or actually "intelligized"). That whose identity is intellect is intelligible and intelligized by that whose identity is intellect. In other words, the First being intellect in act is continuously intelligizing itself, as It does not need any external object of intellection. “Thus, It is intellect and intelligized and intelligizing, all this being one essence and one indivisible substance” in contrast to the human being, who is only potentially intelligible. On the other hand, human beings think with an intellect which does not constitute their substance. They are not in a continuous state of self-intellection and often need an external object in order to think.

As the First in Its substance is self-intellection, al-Fārābī then can deduce further attributes. Some of them are among the traditional Islamic beautiful names of God, but the Second Master will interpret them in a solipsist way alien to their Qur'anic origin. He first focuses on “knowing” (1.7), a beautiful name traditionally used to speak of God's omniscience. In order to know the First is in no need of an essence other than its own. It is self-sufficient to know and be known. Omniscience gets reduced to self-knowledge. The same goes for “wise”, another beautiful name (1.8). It too gets reduced to self-knowledge. “Real and true” as Walzer translates the beautiful name “*al-ḥaqq*” (1.9) leads to a more complex approach as al-Fārābī distinguishes two meanings of that expression. “Real and true” may mean what is most perfect. As we saw in 1.1 the Second Master claims that there is no deficiency in the First and that It occupies “the most elevated rank of perfect existence.” “Real and true” may also mean that it is intelligible in itself, independently of being intelligized by anything else. The First self-intellection ensures Its continuous, realized intelligibility, independently of anything else. The same goes for “living”, another beautiful name, and “life” (1.10). One may wonder why to the beautiful name “living” al-Fārābī has added “life” even if he says that “living” and “life” have the same meaning. He is here subtly putting together a Qur'anic term applied to God and a passage from Aristotle's *Metaphysics*, i.e. XII 7, 1072b26–29 dealing with the prime mover's intellection: “God is also life, for the act of the intellect is life and He is the act and the intellect which is by itself and possesses a perfect and eternal life; we say that God is living, eternal and most perfect. He is life, He is continuous and eternal” (Genequand 1984, 157). Our author, therefore, claims that the primary meaning of living refers to apprehension. The First is living in that “It intelligizes the most excellent intelligible through the most excellent intellect”, i.e., Its continuous self-intellection. In contrast we are first called living, thanks to our sense-perception, which is our lowest mode of apprehension. There is also a metaphorical meaning for “living” that can be applied to non-animals which have reached their ultimate perfection and so “living” in the metaphorical sense may also be predicated of the First. In conclusion, the First Existent is the one. which most deserves to be called “living” and “life”.

Having linked three of the most beautiful names to the First's self-intellection, al-Fārābī feels the need to increase our understanding of the First's self-intellection in carefully distinguishing It from our intellection of the First (1.11) before proceeding further. On the one hand, our intellection of something may be deficient because the object of our intellection is a deficient existent, as is the case for instance, for motion, time, the indefinite and privation. In the case of more perfect existents, such as mathematical objects, our intellection will be more perfect. As the First is the most perfect existent, we would expect that our intellection of It would be most perfect, but this is not so. The quality of intellection is determined not only by the quality of its object, but also by the quality of the intellect. Our intellect is associated with matter and non-being and, therefore, weak. Just as light itself makes things visible but the stronger it is, the more it blinds us because our eyesight is weak, so the First, which is the most intelligible in Itself, dazzles us and becomes very difficult for us to apprehend (this reminds us of Aristotle's statement in *Metaphysics* II 1, 993b9 – 11). Yet, we can improve our apprehensions of It, in getting closer to separating ourselves from matter as any connection to matter hinders the intellect. When we reach complete separation from matter, we will have the best possible apprehension of the First. Here our author does not tell us more about our possible separation from matter, but *Selected Aphorism* (*Fuṣūl muntaza'a*), § 81 tells us more: "the meaning of the soul's being separated is that for its constitution it does not need the body to be its matter, nor in anything pertaining to its actions does it need a tool that is a body or use a faculty in a body... That pertains only to the soul characteristic of the human being, namely, the theoretical intellect. For when it comes to this state, it becomes separated from the body regardless of whether that body is living.... Then, its forming a concept of the essence of the first principle will be more perfect, since the intellect will have seized its essence without needing to form a concept of it by means of an analogy or similitude." (Butterworth 2001 with a couple of modifications). Al-Fārābī in this aphorism seems to indicate that we can reach separation from the body already in this life, if we no longer need sensory perception or imagination to think, thereby rejecting Aristotle's famous dictum that we can never think without an image (*De anima* III 7, 431a16). He also seems to claim that we have access or at least some access to the First's essence. Of course, for him contemplation of the First Existent constitutes the aim of philosophy and of the philosophical life, i.e., true happiness.

Returning now to other attributes and following his having coupled "living", a beautiful adjectival name with the Aristotelian abstract term "life", al-Fārābī in 1.12, focuses on three abstract terms "greatness", "majesty" and "glory", which are each linked to a beautiful name of God: "The Great One", "The Majestic" and

"The Glorious." Such terms are mostly said of us when referring to the perfection of some accidental property, but they are said of the First referring to Its perfect essence. The Second master hadds that, as in the case of the First what possesses greatness, majesty and glory is Its essence, it does not matter whether anybody, praises It or not. This implies that in our case greatness belongs to us only in so far as it is acknowledged by someone else, whereas the First's essence suffices to ensure Its own greatness, majesty, and glory.

In 1.13 moving on from the beautiful names, al-Fārābī presents a Platonic and Plotinian series of attributes centered on beauty and including brilliance and splendor. He argues that such attributes indicate that something is in its most excellent state of existence and has reached its ultimate perfection. For us beauty refers to some accidental quality of our soul or body or because of some external things, such as possessions, but not to our essence. In contrast the First being perfect in Its essence and Its thinking, Its beauty surpasses the beauty of anything else. The Second Master adds a point he began to make in 1.6 about the First being intellect. In the First intellect, intelligizing and being intelligized are one essence and one indivisible substance. In the same way, in the First the beautiful and beauty are nothing but one essence. Our author carefully works to maintain that the diversity of attributes in no way detracts from the First's simplicity.

Al-Fārābī returns to an Aristotelian approach in 1.14, which deals with the First's pleasure, delight, and enjoyment. In *Metaphysics* XII 7, 1072b16–26, Aristotle explains that God is always in a state of self-intellection and, therefore, of pleasure. In the *Nicomachean Ethics* VII 15, 1154b25, in its Arabic version, Aristotle claims that "God delights always in a single, simple pleasure" (Akasoy/Fidora 2005, 422), whereas all our pleasures are temporary and multiple. This short sentence uses the first two terms. One finds the third term "enjoyment" in *Nicomachean Ethics* X 8, 1178b7–21, "the activity of God which excels in enjoyment will be reflection and the human activity resembling this activity is happiness" (Akasoy/Fidora 2005, 567). As the First's apprehension of Its own essence is most accurate and its knowledge of its own substance is most excellent, then, Its pleasure is far beyond our understanding and Its intensity escapes us. Our pleasure in our own self-apprehension is limited and only for a short time. Al-Fārābī concludes that our pleasure and the First's pleasure have nothing in common.

From there the Second Master moves to a Plotinian theme (Walzer 1985/1998, 352) in 1.15, where he claims that the more one takes pleasure in one's own essence, and delights in it and enjoys it, the more one loves one's essence, cherishes it, and takes pride in it. In the First what It loves and what loves are one and the same, but in us this is not so. We need something external to love us, but for the First it makes no difference whether anybody loves It or not.

Once again, the text emphasizes the First's perfect self-sufficiency. This point marks the abrupt ending of this first chapter. The first chapter lacked an introduction, but it also lacks any conclusion.

From what is affirmed in the very first paragraph al-Fārābī has argued that the First Existent is one in every meaning of that word—at least the ones spelled out in this text—and is intellect, understood as pure self-intellection. Quite often he has given a philosophical interpretation of some beautiful name of God and thereby purified and corrected the ordinary or traditional meaning of such name, by contrasting the ordinary meaning to that which should be applied to God. Obviously, he is most concerned to incite the reader to a better understanding of the First Existent, as proper understanding of It leads to happiness. Everything rests on the First's self-sufficiency and self-intellection, independently of any external object.

3.3 Chapter 2: The First Existent as Cause of All Other Existents

Having dealt with the attributes of the First considered in Itself, independently of Its being a cause, al-Fārābī moves to treat the attributes linked to Its being the first cause of all other existents. He simply tells us that "The First is that from which existence comes." He immediately specifies that such emanation is necessary, except for that which comes into existence through human will and choice. Here again, we have an indication that the First is not the only cause, but we also have an affirmation of human freedom. In his commentary on Aristotle's *De interpretatione* I 9, the second master champions human freedom against the views of some of the theologians (Zimmermann 1981, 82–96). In other texts he also condemns some aspects of astrology that would undermine human freedom (Janos 2012, 50; Abram 2020). Emanation brings forth all the other existents, some of which are observed through sense perception and others are known only by demonstration. Among the latter we may find the ten intelligences of his cosmological system as Janos explains in the next chapter. Caused existence comes by means of emanation, but the Second Master does not tell us much about what he means by emanation, except that it ensures that what is caused differs from the First, respecting Its "oneness-in-quiddity", and is in no way a cause of the First. It is not an aim or purpose for the First, as we saw at the very beginning of the text in 1.1, and it does not provide and add some kind of perfection to It as we saw earlier. The First is uncaused and prior to all else. It only exists for Its own sake. In contrast to us for whom substantification of our essence is distinct from our causing something external such as writing, the First's essence in Itself and its Emanating existence upon other existents are not two distinct things but one and the same. This non-distinction preserves the First's simplicity. We need some new state or tool to bring writing into existence —we have to learn to write and we need a writing implement—, but not so the First. Its essence suffices for Its emanating activity and Its emanating activity does not add anything to Its perfection. Not only does emanation not require anything external to the First, but also nothing can prevent it either in the First or apart from It. Our author has clarified what emanation is not, but does not indicate what exactly it is. For instance, he does not tell, whether it is or involves efficient, final or a formal causality or even all of them at once. One may wonder whether the First knows Itself as emanating.

In 2.2 al-Fārābī makes good use of his second assumption already expressed in the first paragraph of the whole section. The First's substance emanates existence in ranking and ranks. He then links this ranking and ranks to an important Qur'anic notion, that of "allotted share" or *qisṭ*. The emanation proceeds from most perfect to least perfect and ends only when it reaches the level of that which cannot possibly exist. This seems to imply some form of a principle of plenitude, i.e., that somehow all possible must be realized, but again the text offers no further precision. From all this al-Fārābī derives two more attributes: 2.1 The First is "generous"—generous is not one of the beautiful names but is very present in Muslim piety—and 2.2 The First is "just"—just is one of the beautiful names. That the Second Master includes justice among the attributes, though specifying that the First's justice is not apart from Its essence and does not involve a relation to something external is rather interesting. In *Nicomachean Ethics* X 8, Aristotle had claimed that it would be ridiculous to attribute just acts to the gods, as this implies they have commercial relationships and money (*dīnār*), i.e., a relation to or a need for external things (Akasoy/Fidora 2005, 564). To Aristotle's absolute rejection of the term to speak of the gods, he substitutes a radical re-interpretation of the term that frees it from any external need. Notice that once again al-Fārābī reduces a religious attribute, which seems to imply a relation to something external, to mere self-sufficiency.

Al-Fārābī in this chapter derives only two attributes and as in the whole section he has used some ten of the beautiful names, one wonders why he does not treat of the "merciful" and the "misericordious", which are most ubiquitous in Islamic tradition as they appear at the beginning of every text, at least in the Middle Ages, and at the beginning of the official prayers. The final reflections in this chapter may hint to why.

Not only are the caused existents ranked and ordered but they form a unified whole (2.3). Some of them are connected in their substances but others simply by some state of their substances such as love. This leads al-Fārābī to tell us some more about emanation. Emanation does not simply give rise to existence but also to substance and the states by means of which they are connected, united, and harmonized. He makes these claims, but does not justify them, though he uses them to show parallels in this text and other texts, such as *The Political Regime*, between the cosmological structure of the world, the constitution of the body, and the organization of the state (El-Fekkak 2017).

The section ends with a summation of how we should understand the First's attributes or names. He distinguishes two types of names: 1. Names denoting some perfection in the best of the caused existents, even if, when applied to the First, such names do not denote the customary perfection but rather something unique to the First. This explains why often al-Fārābī does not simply present an attribute but also includes a contrast to the way it is ordinarily understood. Besides, there are many names, but they do not refer to a multiplicity of perfections in the First, but rather denote one indivisible substance and existence. The Second Master carefully indicates that the multiplicity of names does not imply a multiplicity of perfections and, in so doing, as usual, protects the First's simplicity (2.4). 2. Some of the names refer in our world to some essential property of something, such as "existent" "one" and "living" but others refer to a non-essential property, i.e., a relation to something else. Such is the case for "just" and "generous". When we apply the latter to the First, we should not consider that they imply a relation to something external, but rather that the relation flows from the very substance of the First. The emanation causes the relation, but the relation is not the cause of a new property the First would acquire. If denotation of such names would include the relation, then, the First would not be perfectly self-sufficient, simple, and uncaused (2.5). We may wonder whether this explains why al-Fārābī does not treat of "merciful" and "misericordious".

3.4 Conclusion

The lack of introduction to the whole section focuses the reader's attention on the implications of the very first sentence and what it entails, thanks to some further assumptions, for our understanding of the First's attributes and, therefore, for a better conceptualization of the First Existent. As *as-Siyāsa al-madaniyya* focuses more on the political implications, at times it goes less in detail in what concerns the First's attributes and skips some of them, if they do not seem helpful to develop its political philosophy. *Principles* does not offer a proof for the existence of God, but assumes it, since it wishes to focus on the kind of concept of God we need and which we will acquire by means of a better understanding of

Its attributes. Wanting us to have a better understanding of what God is, since such is the aim of human life, al-Fārābī does not hesitate to weave together religious terms, such as some of the ninety-nine beautiful names, and philosophical terms such as cause in order to correct what he takes to be too much of an anthropomorphic conception of God expressed through ordinary religious terms. He is purifying religious terms from their anthropomorphic connotations and in particular from any relational aspect in order to emphasize God's simplicity conceived as requiring solipsism. The Second Master goes step by step through a purification of the understanding of the First's attributes or names to give the reader time to assimilate what he said and, therefore, to be ready at the end of this section to accept the principles which ground this purification. The careful reader can now use these principles to deal with other names of God. In order to achieve this purpose, al-Fārābī uses sophisticated metaphysical distinctions.

Bibliography

Akasoy, Anna A./Fidora, Alexander 2005 (ed.), Dunlop, Douglas M. (transl.): *The Arabic Version of the* Nicomachean Ethics, Leiden/Boston.

al-Ghazālī 1992: *The Ninety-nine Beautiful Names of God,* Burrell, David B./Daher, Nazih transl., Cambridge.

Perler, Dominik/Rudolph, Ulrich 2000: *Occasionalismus. Theorien der Kausalität im arabisch-islamischen und im europäischen Denken*, Göttingen.

Damien Janos

4 Formation and Structure of the Cosmos (ch. 3 and 6–7)

4.1 General Presentation

Chapters 3 and 6–7 of *Principles* are devoted to a description of the "superlunary world" (this expression is explained below) and of al-Fārābī's cosmology. More specifically, the aim of these sections is to explain the ontological causation, structure, and general characteristics of the heavens, as well as their influence on the sublunary world characterized by generation and corruption. As such, they complement the other sections of the work focusing either on God as the First Cause or on the sublunary beings and so provide the link between al-Fārābī's theology, on the one hand, and his anthropology, biology, and political thought, on the other.

Al-Fārābī's cosmology (it should be noted that there is no single Arabic word used by al-Fārābī to express this notion) is grounded in astronomy, physics, and metaphysics. It continues an ancient philosophical trend aimed at explaining heavenly phenomena in light of these three disciplines. In the context of al-Fārābī's thought, cosmology fulfils two main functions. First, it constitutes the background for his theory of "emanation" (*fayḍ*) (already introduced in ch. 2) and lays out a vertical emanative scheme designed to explain the existence and causation of the various celestial and terrestrial beings. Second, it provides a descriptive account of the various phenomena occurring in the heavens, such as celestial motion and light, as well as the influences that the celestial bodies exercise on sublunary beings as a result of their variegated movements. This cosmological picture in turn serves as the background for the subsequent discussions of human cognition, prophecy, biology, physiology, and political thought that are deployed in the rest of the book. These theories are only intelligible if they are contextualized within the broader cosmological framework articulated by the Second Master, which links the heavens with the realm of human affairs, and which explains human knowledge as well as the end of human life as a cognitive ascension towards the higher principles that are responsible for the reality and existence of the world. As the title of the work suggests, the "views" (*ārāʾ*) of the people of the virtuous city must have their source in the ontological and epistemological "principles" (*mabādiʾ*) of the universe, which ultimately derive from the First Cause itself. As a result, the order and harmony that govern the heavens should (ideally) be reflected in the organization of human societies as well, that

https://doi.org/10.1515/9783110535945-006

is, when societies are just or virtuous (*fāḍil*). There is therefore a vertical ontological continuum that connects the First Cause (God) to the celestial beings and the latter to the sublunary beings. The harmony of the heavens is reflected in the biological and psychological makeup of the human being, whose rational soul ensures the balance and harmony of its various parts, as well as, in theory, in the virtuous city that is founded by an enlightened philosopher-king. In light of these remarks, chapters 3 and 6–7 are central to al-Fārābī's philosophical project in this work, which consists in outlining the gnoseological and ontological principles of the world. To a large extent, these correspond to the separate intellects that act as eternal causes for the existence of the material cosmos and to the celestial bodies and souls that influence sublunary beings and the world of becoming.

Al-Fārābī's cosmological model as described in *Principles* is characterized by three key features. The first is its endorsement of a geocentric astronomical model that places the earth at the center of the universe and posits a plurality of corporeal spheres arranged in concentric fashion around the immobile earth. In upholding such a model, al-Fārābī was following and building on various ancient authorities. One should mention in particular Aristotle's *Metaphysics* XII and *On the Heavens*, Ptolemy's (d. c. 170 C.E.) *Almagest* and *Planetary Hypotheses*, as well as Alexander of Aphrodisias's (fl. 200 C.E.) *On the Principles of the Cosmos*. These works were translated into Arabic during the ninth and tenth centuries C.E. and laid the foundations of Arabic cosmology and astronomy. The last work in particular, which is preserved only in Syriac and Arabic versions, provides a cosmological synthesis that combines astronomical, physical, and metaphysical aspects, and which bears many similarities with al-Fārābī's account in *Principles* (for this text and an analysis of it, see Genequand 2017). In addition, it is likely (as we shall see below) that the Second Master also included eccentric and epicyclic devices as part of his celestial kinematics, which he would have found in the Ptolemaic works. In this connection, the Arabic bibliographers such as Ibn al-Qifṭī (d. 1248 C.E.) and Ibn Abī Uṣaybiʿa (d. 1270 C.E.) credit al-Fārābī with a commentary (*šarḥ*) on Ptolemy's *Almagest*, which would explain his apparent familiarity with many astronomical doctrines in *Principles*. However, it remains unclear whether this commentary has survived in its entirety, and for the time being, only parts of it (on books X–XIII) are known to be extant (on this issue, see Thomann 2010 – 2011, 2015; and Rudolph 2017, 566 – 567). Finally, al-Fārābī, like many other Arabic philosophers, posited nine main celestial spheres and presumably ascribed this theory to Ptolemy as well, in spite of the fact that it was a late-antique cosmological development and that Ptolemy himself mentions only eight spheres (see Hullmeine 2020).

The second key feature is a scheme of immaterial unmoved movers, which harks back to Aristotle's *Metaphysics* XII 7–8, as well as to the commentatorial tradition on this text. Al-Fārābī explicitly identifies the Aristotelian unmoved movers as separate intellects and elaborates on the mode of their intellection, both in *Principles* and in some of his other works, such as *Ruling the Community* (*as-Siyāsa al-madaniyya*), also called *The Principles of the Existing Things* (*Mabādi' al-mawǧūdāt*). Unlike Aristotle, however, al-Fārābī sharply distinguishes these unmoved movers or separate intellects (*ʿuqūl*) from the souls (*anfus*) of the celestial bodies. The latter are also rational, but they inhere in the celestial bodies and have a relation to these bodies that is comparable to that between the human soul and the human body, whereas the former bear no relation to matter or corporeality whatsoever. Moreover, in al-Fārābī's system, unlike in Aristotle's, the unmoved movers are not only instrumental in causing celestial motion; they are also efficient causes responsible for the existence of other intellects and celestial bodies. In both *Principles* and *Ruling the Community*, al-Fārābī devotes much space to discussing the intellection and self-intellection of the separate intellects and celestial souls, which contemplate either their essence or God *qua* First Cause. In the case of the separate intellects, intellection is directly linked to immaterial causation or emanation. This connection between intellection (and self-intellection) and causation or emanation was inspired by Neoplatonic noetics and metaphysics. In elaborating these views, al-Fārābī was relying chiefly on the Arabic translation and adaptation of works by Plotinus and Proclus: the *Theology of Aristotle* (*Kitāb Uṯūlūǧiyā Arisṭūṭālīs*) and especially the *Book of Pure Good* (*Kitāb al-Ḫayr al-maḥḍ*, the *Liber de Causis* of the Latin scholastics), Arabic adaptations of *Enneads* IV–VI and Proclus's *Elements of Theology* respectively. What is noteworthy is that al-Fārābī applies these Neoplatonic noetical and causal theories to the unmoved movers inherited from the Aristotelian cosmological tradition (for the Arabic Plotinus and the Arabic Proclus, see Adamson 2003; D'Ancona 2011; and Wakelnig 2011).

Finally, the third feature that characterizes al-Fārābī's cosmology is the idea that the various celestial beings have an impact on sublunary phenomena. This is in line with ancient and medieval theories about the role of the celestial bodies in causing processes of physical change, which were usually discussed in commentaries on some of Aristotle's physical works, notably *On the Heavens*, *On Generation and Corruption*, and *Meteorology*. Alternatively, the influences of the planets and spheres on earthly bodies and human affairs were investigated in astrological works inspired by Ptolemy's *Tetrabiblos*, which was also translated into Arabic. Al-Fārābī himself was a critic of many aspects of astrology and certainly opposed the astrologers who were active during his time, as is attested by two treatises he wrote on the topic: the *Treatise on Admissible and Inadmis-*

sible Judgements [Based on the Observation] of the Stars (*Maqāla fīmā yaṣiḥḥu wa-mā lā yaṣiḥḥu min aḥkām an-nuǧūm*) and the *Treatise on the Sense in which it is Admissible to Speak of Judgements [Based on the Observation] of the Stars* (*Maqāla fī al-ǧiha allatī yaṣiḥḥu ʿalayhā al-qawl fī aḥkām an-nuǧūm*) (for these works as well as al-Fārābī's views on astrology, see Druart 1978, 1979, 1981; Janos 2012; and Rudolph 2017 for the bibliographical information). In spite of this, following and building on late-antique commentaries on Aristotle as well as Alexander's *On the Principles of the Cosmos*, he held to the general physical tenet that the celestial bodies influence natural processes and phenomena here on earth and hence that causal connections exist between the superlunary and sublunary planes, which can be studied by physics and metaphysics.

The three elements underlined above (the Aristotelian-Ptolemaic geocentric model, Aristotle's metaphysical theory of the unmoved movers combined with Neoplatonic noetical and causal theories, and ancient "celestial physics," i.e., the study of the celestial bodies and their impact on the lower beings) constitute the backbone of al-Fārābī's cosmology and are some of the salient features discussed in these sections (and other related sections) of *Principles*. Al-Fārābī weaves them into a single integrated account in a way that seems novel and unprecedented in the early Arabic philosophical tradition. This synthesis of Aristotelian, Ptolemaic, and Neoplatonic material in *Principles*, which could have been achieved originally for didactic purposes, appears to be one of al-Fārābī's major contributions to philosophy. It was destined to have a profound impact on many generations of Muslim thinkers. In particular, this "Fārābian" cosmological model became very influential in the later philosophical tradition, because it was adopted by Avicenna (Ibn Sīnā; d. 1037 C.E.) and, through him, by many Avicennian philosophers who flourished during the late classical and early postclassical periods (cf. below ch. 12).

Given the later influence and philosophical ramifications of al-Fārābī's cosmology, it is not surprising that modern scholars have been intent on identifying the sources underpinning his theories. As scholars have shown on repeated occasions, the Second Master relied either directly or indirectly on an array of Greek philosophical and scientific works, some of which were mentioned above, and which consisted mostly of works by Aristotle and his Peripatetic commentators (especially Alexander of Aphrodisias and Themistius), Ptolemy and possibly other Alexandrian astronomers of late antiquity, as well as Neoplatonic thinkers. Al-Fārābī had access to this corpus of texts during his stay in Baghdad, which was the epicenter of the various translation movements from Greek, Syriac, and Pahlavi patronized by the Abbasid caliphs, as well as a dynamic hub of astronomical activity (on the teaching of astronomy in Baghdad during this time, see Thomann 2014). In addition to this ancient legacy, it is possible that al-Fārābī was familiar with works stemming from the circle of the Arabic and Syriac Christian philosophers of Baghdad, whom he frequented as a member of the "Baghdad School" or "Baghdad Aristotelians" (on this school, see Endress/Ferrari 2017). Some of his cosmological theories share striking similarities with those of his Christian counterparts (Janos 2012), thereby suggesting mutual influences as well as reliance on a common set of sources channeled through the Syriac philosophical tradition to which al-Fārābī was connected. These points notwithstanding, no single extant Greek, Syriac, or Arabic source can be pinpointed that anticipates the complex synthesis al-Fārābī achieves in his work, even though many of its features are prefigured in the earlier Greek philosophical and scientific tradition. Whatever the case may be, al-Fārābī's cosmology as exposed in *Principles* marks an important stage in the reception and "naturalization" (Sabra 1987) of ancient science and philosophy in classical Islam.

Overall, then, al-Fārābī's cosmological account in chapters 3 and 6–7 of *Principles* serves to explain the ontological origin of the heavens (through causation and emanation), its motion (through a theory of celestial kinematics), as well as its unceasing influence on the sublunary world (through a metaphysical and physical account). Nevertheless, these sections of *Principles* also raise intricate technical problems. One of them concerns the exact structure of the Second Master's astronomical model and whether it integrates Ptolemaic kinematic models (notably eccentrics and epicycles). Another issue pertains to how the separate intellects, which are immaterial, relate to the celestial bodies, which are material, both in terms of causation (how can an immaterial principle cause a material effect?) and of kinematics (in what sense are the separate intellects and celestial souls and bodies causes of motion?). In sum, the main interpretive challenge is to make sense (on al-Fārābī's behalf, given that his remarks are laconic on the topic) of how his metaphysical theories interconnect with his physical and astronomical ones with regard to celestial kinematics and causation.

4.2 Chapter 3: The Causation of the Intellects and Celestial Spheres

Chapter 3 details the causation of the hierarchy of separate intellects and celestial bodies that together constitute the realm of existents between God and the sublunary world of generation and corruption. The expressions "superlunary world" and "sublunary world" refer to the structure of the geocentric model endorsed by al-Fārābī, which is composed of a series of concentric spheres surrounding the earth: first, the spheres of the four elements (earth, water, air, and fire), which are located below the sphere of the Moon; then the main spheres of the seven "wandering" planets in the following ascending order: the Moon, Mercury, Venus, the Sun, Mars, Jupiter, and Saturn; then "the sphere of the fixed stars," so-called because the distant stars are all permanently fixed upon it and have relations to one another that do not change; and, finally, the outermost sphere, which encompasses all the other spheres, is free of stars and planets, and marks the physical boundary of the universe. The sphere of the Moon therefore signals the division between the lower world of perishable beings, of generation and corruption (the sublunary world), and the supernal or superlunary world of the unchanging and incorruptible celestial bodies and immaterial beings.

Al-Fārābī provides in this section an account of how the heavens are formed and structured, which relies on the key notion of emanation (*fayḍ*) and causation (*luzūm*). This account puts forth a chain of causes and effects emanating from the First Cause and unfolding in a gradually descending order of beings. The First Cause or God, Who is absolutely one and simple, causes only a single effect to occur, which corresponds to an immaterial and intellectual being known as "the second," i. e., the second intellect after the First. This caused existent is an immaterial substance (*ǧawhar*) and an intellect (*ʿaql*); it also stands in relation to what comes before it as an effect and to what comes after it as a cause. This separate being in turn causes another immaterial intellect and a celestial sphere by thinking the First and by thinking itself respectively. It should be noted that although there is no mention of celestial souls in this chapter (these are introduced only in ch. 6–7), the first caused intellect produces both a celestial body (the outermost sphere, or the "First Heaven" (*as-samāʾ al-ūlā*), as al-Fārābī calls it) and a celestial soul (the soul of the outermost sphere) as a result of its self-intellection. This rule applies also to all the subsequent intellects. The sole activity of these immaterial beings is abstract thought, which consists of two aspects (intellection and self-intellection) theorized along Neoplatonic noetical lines. Each one of the separate intellects is characterized by this dual intellection or *noesis*, which results each time in the dual causation of another intellect and a sphere. This process of intellection of the First and self-intellection continues until one reaches the tenth separate intellect, which does not emanate other beings, but rather influences the affairs of the sublunary world. In particular, this last separate intellect, named the Agent Intellect (*al-ʿaql al-faʿʿāl*), accounts for the actualization of intelligibles in the human mind. As al-Fārābī puts it: "it is the cause (*as-sabab*) that makes the potential intelligibles become actual and the potential intellect become actual" (*Principles*, 14.7).

All in all, then, there is a total of ten separate intellects in addition to the First Cause. Because they are immaterial, these ten beings are essentially "intellects and intelligibles" (*ʿuqūl wa-maʿqūlāt*; *Principles*, 3.10). The premise underlying this view is that an intellect automatically has an essential awareness and intellection of itself. What intellects also necessarily self-intellects, and rational thought is to some extent also reflexive (on these intellects, see Janos 2012; and Vallat 2012). Although based loosely on Aristotle's description of God's reflexive intellection in *Metaphysics* XII 9, there is little doubt that al-Fārābī relied heavily on late-antique Neoplatonic sources to articulate these cosmological and noetical theories, which echo the works of thinkers such as Plotinus (d. 270 C.E.), Syrianus (d. 437 C.E.), and Proclus (d. 485 C.E.) (Janos 2010). However, in spite of the fact that Walzer (1985/1998, 363) hypothetically posited a Greek precedent supposed to contain virtually all of the key features detailed by al-Fārābī in *Principles*, no source has yet come to light that puts forth an identical synthesis as the one proposed by the Second Master.

Scrutiny of al-Fārābī's cosmological description reveals that there is a relative symmetry between the intellection of the immaterial beings and their effects. To the nine separate intellects that come after the First correspond the nine celestial spheres, while the last separate intellect, the Agent Intellect, is responsible for governing the sublunary realm. Nevertheless, two ambiguous features of al-Fārābī's account should be highlighted. First, according to his cosmological model, a separate intellect is responsible for causing *both* a celestial body (e.g., the sphere of Mars) and a celestial soul (e.g., the soul of the sphere of Mars), in addition to another separate intellect, even though it possesses only two objects of thought (itself and the First). This represents a problematic feature of his exposition, and one that Avicenna was later going to modify by introducing the modalities of "the necessary" (*al-wāǧib*) and "the possible" (*al-mumkin*) in order to account for the threefold effects emanating from each separate intellect. According to Avicenna, each separate intellect contemplates (a) the First Cause, (b) itself as possible of existence, and (c) itself as necessary of existence through its cause, thereby re-establishing a stronger symmetry between the objects of its intellection and the effects it causes. The second point is that even though al-Fārābī limits the objects of intellection of each separate being to the First and its self (i.e., intellection of the First and self-intellection), it is quite obvious that these beings also contemplate their immediate cause, i.e., the separate intellect located above them that causes them to exist. Indeed, this knowledge necessarily arises out of the kind of Neoplatonic scheme that al-Fārābī endorses, according to which self-intellection necessarily implies knowledge of one's cause.

Notice also that in al-Fārābī's and Avicenna's cosmological models the same being is *both* an effect and a cause: it is an effect of the being that essentially precedes it, and a cause of the beings that essentially follow it. In that sense, one appealing feature of al-Fārābī's discussion is the plurality of conceptual distinctions it introduces within the intellection of these beings. There is to begin with a distinction between "self-intellection" and "intellection of another" (i.e., the First). This in turn is translatable into a distinction between "subject" and "object," as well as "thinker" (*ʿāqil*) and "object of thought" (*maʿqūl*). Finally, there is a metaphysical distinction between "cause" and "effect," which, as we saw above, is interchangeable, since all causes are also effects (with the exception of God, who is only a cause, and, in fact, the First Cause).

Now, as already noted by scholars (Walzer 1985/1998, 365–366; De Smet 1995, 275–276 and 284; and Janos 2012, 142–167), this scheme of nine main spheres and nine separate intellects or unmoved movers (excluding the First Cause and the Agent Intellect) reflects both metaphysical and astronomical considerations. For one thing, it is clearly meant to correspond to the Ptolemaic astronomical model to which al-Fārābī adhered (for the late-antique background of this model and its transmission to the Arabic world, see Hullmeine 2020). This model is geocentric in nature and (according to the variation that al-Fārābī promotes) posits nine main spheres: seven main spheres for each planet (including the Sun and Moon); one sphere for the "fixed stars" located beyond the seven wandering planets; and one sphere called "the outermost sphere," which is starless and planetless, and which encompasses the other spheres (and hence the entire material cosmos) and marks the outermost limit and boundary of the universe. This outermost sphere fulfills a kinematic role, as it was supposed to account for the daily westward motion of the entire heavens. On this model, the nine separate intellects (again, excluding both the First Cause and the Agent Intellect) are meant in one way or other to correspond to these nine main spheres of al-Fārābī's cosmology. There is indeed an explicit numerical concern at play here, as well as a preoccupation for symmetry. In that sense, *Principles* reflects the intention to reconcile Aristotle's theory of unmoved movers in *Metaphysics* XII 8 with the astronomical picture transmitted in Ptolemy's *Almagest* and *Planetary Hypotheses*. What is more, al-Fārābī's account of the number, activity, and causal function of the separate intellects is clearly meant to be descriptive and formal. It is an ontological and aetiological explanation of the structure of the heavens as he perceived it, which stems in part from a deductive approach, i.e., proceeding from higher principles to their effects. This is in line with the general layout of the work, which begins with the first principle, God, and proceeds downwards following a vertical scheme that encompasses lower principles and their effects. However, this vertical scheme also presupposes a minimum degree of compatibility with the known astronomical observations made from earth regarding the motions of the planets and the formal structure of the heavens, which al-Fārābī inherited from Ptolemy, so that his account is not entirely negligent of observational and physical considerations. Regarding the latter point, the fact that al-Fārābī composed a commentary on *Almagest* indicates that he paid heed to both philosophical principles (such as the perfection of the circular shape, or the idea that the First Cause can produce only one effect) as well as to inductive and observational knowledge. These two considerations are reflected in *Principles.*

4.3 Chapter 6: The Hierarchy of the Superlunary Beings

Chapter 6 reverts to the topic broached in chapter 3 and explains in more detail the ontological hierarchy of the heavens and the three classes of superlunary principles—the separate intellects (*ʿuqūl*), the celestial souls (*anfus*), and the celestial bodies (*ağsām*)—as well as how these principles relate to the beings of the sublunary world. Unlike in the previous section, however, al-Fārābī also lists here the various classes of existents that dwell in the sublunary realm. He proceeds from the lowest being to the most exalted one, enumerating them in hierarchical order: common prime matter (*al-mādda al-ūlā al-muštaraka*), the elements (i.e., earth, water, air, and fire), minerals, plants, non-rational animals, and rational animals or human beings. Likewise, the superlunary beings are arranged in a hierarchical order, but which is the inverse of the one found in the sublunary world: the First, Who is the noblest, then the separate intellects, then the celestial bodies. What is more, hierarchies also exist within the classes of separate intellects and celestial bodies, which range from the first one caused to the last one caused, and which therefore express a notion of *essential priority and posteriority.* These descriptions collectively encapsulate an important notion for al-Fārābī expressed by the Arabic term *martaba:* "ontological hierarchy" or "order." According to this notion, the entire universe is a *kosmos*, an ordered and harmonious whole, whose various parts fulfill a specific and determined function in the concatenation of beings stretching from the First Cause to common prime matter. In its vertical, causal, hierarchical arrangement, this scheme unmistakably recalls certain Neoplatonic models that arrange beings from highest to lowest based on their proximity to the rational and immaterial principles and, ultimately, the One. As in these Neoplatonic cosmologies, there is an important implication of al-Fārābī's account that needs to be emphasized: the rational animals, i.e., human beings, who are endowed with speech and thought, are the sublunary beings that are closest to the heavenly beings and rational principles of the heavens. All of these beings share reason and intellection. In this scheme, the highest ontological class of the sublunary world (i.e., human beings), and the lowest ontological class of the heavenly order (i.e., the planets and spheres) are both rational beings endowed with intellect and reason. This ensures a crucial ontological and epistemological continuity between the heavens and the earth. It also connects human intellection with heavenly intellection in an essential way.

Al-Fārābī's take on the well-known medieval issue of the nature of the celestial beings and universals is that each separate intellect and celestial body is the unique instantiation of its species (*naw*ʿ). It is the only member of its species ever to exist. In the case of the separate intellects, the reason is that they are immaterial, and since matter is the individuating principle for different members of a species, these intellects cannot be differentiated on the basis of matter or of having a substrate. Likewise, even though the corporeal bodies have something that is "like" (*ka-*) matter and something that is "like" form, they are not strictly speaking hylomorphic beings, since their substrate are not made up of the sublunary elements and cannot receive opposite forms. This makes the Sun, for example, a unique existent and the only instantiation of its species.

Finally, it is noteworthy that the last part of chapter 6 reads like a loose paraphrase of Aristotle's comments in *Metaphysics* XII 7. Each intellect thinks its essence and the First Cause, but it acquires its perfect excellence or nobility (*al-faḍīla al-kāmila*) and its joy (*iġtibāṭ*) only by intellecting the First. Accordingly, God is "the first object of love" (*al-maḥbūb al-awwal* and *al-ma*ʿ*šūq al-awwal*), as well as a final cause. He animates the entire heavens through love and by being the noblest object of thought contemplated by the separate intellects. This is an unmistakable reference to Aristotle's *Metaphysics* XII 7, 1072a26–27, which states that "the object of desire and the object of thought . . . move without being moved" (trans. W.D. Ross).

4.4 Chapter 7: The Structure, Constitution, and Motion of the Celestial Bodies

Chapter 7 elaborates on the structure of the heavens as well as on the nature and qualities of the celestial bodies. The celestial bodies have one genus, but differ in species, and they are the only representative of their species in existence, as mentioned above. However, their genus, i.e., "corporeal existents," is shared with sublunary beings as well, because, like them, they have "substrates" (sing., *mawḍū*ʿ) in which the forms can inhere. Al-Fārābī's brief comments on this topic raise the issue of celestial matter in an acute way. What kind of matter do the celestial bodies have? Ancient Greek and early Islamic views on this topic had varied greatly, with some thinkers ascribing a fifth special element known as "aether" to the heavens, while others regarded it as a blend of various elements or as being made mostly of fire. It is difficult to situate al-Fārābī precisely vis-à-vis this debate, but the scant evidence in *Principles* and other related texts (especially *Ruling the Community*), suggests that he was closer to the Aristotelian tradition that singled out the matter of the heavens as something special and essentially different from the sublunary elements. According to al-Fārābī, the heavenly bodies have something that merely "resembles" sublunary matter, but which is not identical to it and is not subject to corruption or change. What they have in common with sublunary existents is rather their corporeal nature and the fact that they possess physical qualities, such as light, position, and motion, albeit the most excellent ones. In spite of the ambiguity of al-Fārābī's views on celestial matter, it is quite clear that he regards the heavenly bodies as eternal (*abad*^{an}) and engaged in constant and unceasing (*dā'im*) activities, namely, intellection and motion (for al-Fārābī's views on the eternity of the world, see Rashed 2008 and Vallat 2011).

Unlike some of his Greek and Arabic peers, al-Fārābī construes the soul or form of the celestial body as being intellectual and limits its activity strictly to rational thought. He therefore shuns the view that these beings possess sense perception or other faculties apart from intellection, such as imagination. For the Second Master, then, the form of each celestial body is a rational soul deprived of the lower psychological and sense faculties. This view sets al-Fārābī apart from some late-antique Greek thinkers as well as some of his Arabic predecessors, who ascribed senses such as hearing or sight to the celestial bodies. (Al-Kindī, d. c. 870 C.E., for example, believed that the celestial beings were endowed with hearing and sight, while Avicenna ascribed to them an imaginative faculty.) The rational souls of the heavenly bodies are defined only by a threefold intellection: they think the First Cause, the separate intellect that caused them, as well as their own essence. Furthermore, they feel love and joy as a result of this intellection. On account of their rationality, the celestial bodies are comparable to human beings. In spite of the foregoing, each heavenly body "thinks with an intellect that is not identical with its entire substance" (*Principles*, 7.4), meaning that part of its substance is substrate, something "akin to" the material principle, and not pure intellect. This is the main difference between the celestial souls and the separate intellects.

In addition to this intellective activity, however, the celestial bodies have the most perfect corporeal qualities: light, circular motion, and the circular form. Indeed, the celestial bodies are characterized by circularity, both substantially (they are spheres or orbs) and kinematically (they move in circles). Yet, in spite of having the highest qualities among bodies, they are not completely deprived of potentiality and accidentality: the latter state is expressed in their motion, which unceasingly seeks to fulfill and actualize their substance. Hence, their movements are under one aspect "accidental," even though al-Fārābī tells us that they are the "lowest accidents" that can befall a body. Finally, and as mentioned previously, the celestial motions are also "constant" (*dā'im*) and "eternal" (*abad*[an]), subjected as they are to the unchanging laws of the higher immaterial causes.

Although al-Fārābī's description of the celestial bodies and of their qualities and motions in this section of *Principles* is relatively straightforward, it does raise some interpretive difficulties. One thorny question concerns the kind of astronomical model al-Fārābī adhered to and its affiliations to Aristotelian and Ptolemaic astronomy: does the Second Master posit only concentric spheres like Aristotle, or does he resort to epicyclic and eccentric models like Ptolemy? How many celestial bodies are there in total? Another related question focuses on how the astronomical aspects of al-Fārābī's account are reconciled with his theory of the separate intellects when it comes to explaining the motion of the heavens. In other words, how does celestial kinematics work according to al-Fārābī, and how many levels of causality are involved in his account? With regard to these questions, one can only propose tentative answers on account of the scant evidence found in *Principles* and the other extant al-Fārābian works.

Al-Fārābī is laconic on the issue of how his metaphysics interacts with his astronomy. He provides little insight in particular into the kind of kinematic models he endorsed, how these are supposed to work, and how they are reconcilable with the Aristotelian theory of the unmoved movers. As far as we know, only a section of al-Fārābī's commentary on *Almagest* has been preserved, and even that part has not been analyzed with regard to its content. But even then, one would not expect the Second Master to broach the question of the causes of motion in this astronomical commentary. As a result, his views on celestial motion have to be reconstructed almost entirely from his extant physical and metaphysical treatises. Since the evidence pertaining to this topic contained in *Principles* has been analyzed before (see notably Walzer 1985/1998, 362–367; and Janos 2012, ch. IV), I will limit myself here to evoking some of its salient features.

In chapter 7.1 of *Principles*, each one of the nine major spheres is described as a "system" (*ǧumla*). In light of the structural description of al-Fārābī's cosmology that was given above, this entails that a "system" consists either (a) of a planet and its corresponding spheres, which are conceived of as concrete bodies that carry the planet around; or (b) in the case of the sphere of the fixed stars, of the various stars as well as the sphere on which they are fixed; or (c) of the outermost starless sphere. These remarks testify to al-Fārābī's acquaintance with a trend in late-antique Greek and early Arabic cosmology that consisted in limiting (probably for didactic purposes) the description of the heavens to the main spheres alone and omitting to mention the additional astronomical devices they contain (see Bodnár 1997; Janos 2012, ch. II and IV). On the one hand, this approach enables al-Fārābī to conceive of the heavens as an integrated whole and to convey a simple and clear description of it. On the other hand, it does not preclude a breakdown of each "system" into its various constitutive parts (planet, eccentric and epicyclic spheres, main sphere). Regarding the latter point, the limited evidence at our disposal indicates that al-Fārābī may have adhered to Ptolemy's theories of the epicycles and eccentrics in order to explain the particular motions of the planets. The eccentrics are spheres that surround the earth but do not have the earth as their center. The epicycles are smaller circular devices integrated into the main spheres that have their own center and can account for some of the particular motions that characterize the planets. Conjointly, the eccentrics and epicycles were the devices used by ancient and medieval astronomers after Ptolemy to account for the set of particular motions proper to each planet. That al-Fārābī integrated elements of Ptolemaic planetary kinematics in his system is suggested by several hints. First, by his penning a commentary on *Almagest*. Second, by the reference in section 7.9 of *Principles* to "the spheres and corporeal circles." The latter expression is probably an awkward reference to epicycles, but regardless of their nature, these entities are "corporeal" (*muǧassama*) and distinct from the main spheres. Third, al-Fārābī's claim in sections 7.9 – 10 that the celestial bodies undergo accidental variations in speed, location, and relation, and that they keep changing positions with respect to one another. These statements are more adequately explained by means of a Ptolemaic kinematic model than by an Aristotelian model consisting solely of concentric spheres. At any rate, one point is certain: although al-Fārābī tells us in 6.2 that there are nine celestial bodies in total, this number is a simplification and is clearly not to be taken literally. It reflects an intention to convey a simple and schematic model, in line with the tenor of the work. When mentioned in that chapter, the number nine refers solely to the main spheres that are caused to exist by the separate intellects. But at the beginning of chapter 7, the planets and stars are also described as "bodies," which suggests that the Second Master applies this notion to the main spheres, the stars, and the planets, but not to the eccentrics and epicycles that constitute a celestial system together with each planet. The reason for this could be as follows: each planetary system is a single body, of which the eccentrics and epicycles constitute the parts, in a manner comparable to the limbs of an animal body. This point notwithstanding, the celestial bodies' accidental relations, combined with the fact that they have a substrate and undergo motion and hence have a kind of potentiality that must be actualized, make them relatively "deficient" when compared to the immaterial beings. Unlike the separate intellects, they are endowed with a degree of imperfection or lack (*naqṣ*). In spite of this, they are the least deficient kinds of bodies in the world, since, unlike sublunary bodies, their motion is circular and unceasing.

The fundamental causes of celestial motion in al-Fārābī's cosmology remain unclear. He mentions the "common nature" (*ṭabīʿa muštaraka*) of the celestial bodies in order to account for the commonality of movement of the various heavenly spheres: the heavens move as one unit in their daily motion (which lasts a day and a night). But it is more arduous to explain the causes underlying the specific motions of the spheres and planets. On the modified Aristotelian model al-Fārābī endorses, it seems that the separate intellects act as final causes of motion for each planetary system (in addition to being efficient causes of existence). On this account, the celestial souls reflect the immaterial principles, and it is the love and desire that these souls experience for the immaterial principles that cause the celestial bodies to move. In spite of this, it is unclear exactly how motion is actualized and transferred from the immaterial to the physical plane. The question of where the celestial souls are located (in the spheres or in the planets?) also remains unanswered. Nevertheless, some hints gleaned from the later Arabic philosophical tradition enable us to put forth the following hypothesis. Several later authors of the eleventh and twelfth centuries (including Avicenna and Averroes) describe a cosmological model that they attribute to some "earlier philosophers" in the Islamic tradition, and which is characterized by a hierarchy of ten separate intellects combined with Ptolemaic planetary devices. According to this kinematic model, the planets alone are ensouled and cause the motions of the other corporeal entities embedded within their respective "system" by intellecting the separate intellect that immediately corresponds to that system. Powers (*quwā*) are then transmitted from the planets to the other adjacent celestial devices (eccentrics and epicycles) connected with that system. According to this model, each planetary system functions as an integrated and harmoniously articulated animal body, whereby the planet is the seat of the soul and compared to the animal heart, and the eccentrics and epicycles the various limbs that move the planet around in the heavens. Since al-Fārābī, unlike many other Arabic philosophers, explicitly combines a ten-separate-intellect hierarchy with Ptolemaic astronomy and a cardiocentric theory in physiology (see ch. 15 of *Principles*), it is plausible that the person to whom these later accounts refer is none other than the Second Master himself. The plausibility of this hypothesis is also reinforced by al-Fārābī's description of planetary "systems" (*ǧumal*), each containing a body (*ǧism*) that corresponds to the planet and (presumably) to the eccentrics and epicycles that carry it around (on this issue, see Janos 2012, Ch. IV; and Janos, forthcoming).

4.5 Concluding Remarks

Principles represents a landmark in the history of Arabic cosmology. Most notably, it puts forth an integrated and original synthesis of Aristotelian, Ptolemaic, Neoplatonic, and Islamic ideas in order to explain the origin, structure, and existence of the heavens, as well as the main qualities of the superlunary bodies. It also serves a key purpose within the broader framework of al-Fārābī's philosophy, as it posits an essential connection between the divine and human worlds, between the activity of the celestial bodies and human affairs, and hence between the *kosmos* as an ordered and harmonious whole and the ideal political regimes on earth, which, in their optimal state, propound views (*ārā'*) that are aligned with the principles (*mabādi'*) of the universe. Al-Fārābī's cosmological model and his attempt to synthesize the various Greek and Islamic currents he tapped into later became characteristics of Avicenna's philosophy as well. The latter adopted many of the features found in al-Fārābī's treatises, although he also modified and elaborated on some of them, especially the intellection of the separate movers, celestial kinematics, and the idea that the heavenly bodies influence sublunary phenomena. It is this "Avicennized" Fārābian cosmological model that became well known in the later tradition and was the main object of al-Ġazālī's (d. 1111 C.E.) refutation in the *Incoherence of the Philosophers* (*Tahāfut al-falāsifa*).

Bibliography

De Smet, Daniel 1995: *La quiétude de l'intellect. Néoplatonisme et gnose ismaélienne dans l'œuvre de Ḥamîd ad-Dîn al-Kirmânî (X^e/XIe s.)*, Leuven.

Druart, Thérèse-Anne 1978: Astronomie et astrologie selon Fārābī, in: *Bulletin de philosophie médiévale* 20, 43–47.

Druart, Thérèse-Anne 1979: Le second traité de Fārābī sur la validité des affirmations basées sur la position des étoiles, in: *Bulletin de philosophie médiévale* 21, 47–51.

Druart, Thérèse-Anne 1981: Al-Fārābī's Causation of the Celestial Bodies, in: P. Morewedge (ed.), *Islamic Philosophy and Mysticism*, New York, 35–45.

Hullmeine, Paul 2020: Was there a Ninth Sphere in Ptolemy?, in: D. Juste et al. (eds.), *Ptolemy's Science of the Stars in the Middle Ages*, Turnhout, 79–96.

Janos, Damien 2010: The Greek and Arabic Proclus and al-Fārābī's Theory of Celestial Intellection and its Relation to Creation, in: *Documenti e studi sulla tradizione filosofica medievale* 21, 19–44.
Janos, Damien forthcoming: Ptolemy's Theory of the Psychic Powers of the Planets in Arabic Philosophy. Some Key Sources and Problems, in: E. Gannagé/A. Bowen (eds.), *The Philosophy of Ptolemy and its Greek, Arabic and Hebrew Reception*, Leiden.
Thomann, Johannes 2010–11: Ein al-Fārābī zugeschriebener Kommentar zum Almagest (Hs. Tehran Mağlis 6531), in: *Zeitschrift für Geschichte der Arabisch-Islamischen Wissenschaften* 19, 35–76.
Thomann, Johannes 2014: From Lyrics by al-Fazārī to Lectures by al-Fārābī. Teaching Astronomy in Baghdad (750–1000 C.E.), in: J. Scheiner/D. Janos (eds.), *The Place to Go. Contexts of Learning in Baghdad, 750–1000 C.E.*, Princeton, 503–525.
Thomann, Johannes 2015: Al-Fārābīs Kommentar zum Almagest in sekundärer Überlieferung bei Ibn al-Ṣalāḥ, in: *Asiatische Studien* 69, 99–113.

Andreas Lammer

5 Entstehung, Aufbau und Erhalt der sublunaren Welt (Kap. 4–5 und 8–9)

5.1 Grundlegendes

Die beiden Kapitelgruppen 4–5 und 8–9 bilden Anfang und Ende des dritten Abschnitts (*faṣl*) in den *Prinzipien* (zu den Abschnitten vgl. oben Kap. 2). Dieser Abschnitt ist den Grundlagen einer wissenschaftlichen Erklärung der sublunaren Welt gewidmet, also des gesamten Bereichs unterhalb des Mondes. Letzterer umfasst die Erdkugel sowie – nach heutigem Sprachgebrauch – die darüber liegende „Atmosphäre", bevor mit dem Mond der „Weltraum" beginnt.

Indem al-Fārābī eine *wissenschaftliche Erklärung* zu bieten beabsichtigt, wird deutlich, dass er die Erdkugel samt ihrer Atmosphäre als ein komplexes „Ökosystem" auffasst, welches eine Fülle verschiedener Geschöpfe aufweist und einer Vielzahl interner wie externer Einflüsse unterliegt. Er ist dabei überzeugt, dass man die Ursachen der sich „hier unten" darbietenden Phänomene identifizieren und in letzter Instanz aus den himmlischen Prinzipien „dort oben" ableiten kann. Indem er sich aber darauf beschränkt, lediglich die *Grundlagen* dieser wissenschaftlichen Erklärung vorzustellen, zeigt sich, dass er das, was er wissenschaftlich für möglich (wenn auch für aufwendig) hält, der didaktischen Intention seines Textes unterordnet, sich also auf einiges weniges beschränkt.

Die thematisch aus diesem Zusammenhang auf den ersten Blick herausfallende Kapitelgruppe 6–7 der *Prinzipien* (vgl. oben Kap. 4) ist dabei als inhärenter Bestandteil des dritten Abschnitts zu betrachten, obwohl sie sich vorrangig mit den Gegebenheiten des supralunaren Bereichs – also des „Weltraums" oberhalb und inklusive des Mondes – befasst. Nicht nur ist nämlich alles Sublunare letztlich aus dem Supralunaren hervorgegangen, auch die Komplexität des irdischen Ökosystems ist vielfach von den verschiedenen Konstellationen der himmlischen Sphären und Intellekte beeinflusst und bestimmt. Überdies bieten die Gegebenheiten oberhalb des Mondes auch einen anschaulichen Kontrast zum System der Erde, durch den sich einige sonst unverständliche oder fragwürdige Aspekte erhellen lassen.

Darüber hinaus lässt al-Fārābī, nach seiner Erläuterung des *Ausgangs* des Universums aus der Ersten Ursache (erster und zweiter Abschnitt = Kap. 1–3 der *Prinzipien*), nun mit dem dritten Abschnitt die aufstieghafte *Wiederkehr* zurück zur Ersten Ursache beginnen. Diese Wiederkehr nimmt ihren Anfang in der an sich gänzlich unwirklichen Materie und vollzieht sich über unbelebte und belebte

https://doi.org/10.1515/9783110535945-007

Naturkörper zum Menschen (vierter Abschnitt = Kap. 10 – 14), zu dessen organischem Aufbau und den seinem Intellekt entspringenden Möglichkeiten der Wiedervereinigung mit der Ersten Ursache, bevor al-Fārābī die gesellschaftlichen Bedingungen beschreibt, unter denen diese Wiederkehr vollends gelingen kann, wie auch solche, die sie vereiteln (fünfter bzw. sechster Abschnitt = Kap. 15 – 17 bzw. Kap. 18 – 19).

Der dritte Abschnitt der *Prinzipien* mit den beiden Kapitelgruppen 4 – 5 und 8 – 9 beinhaltet also einen grundlegenden – und damit auch kursorischen – Überblick, der dennoch eine große Anzahl an Themen anspricht, um so der Vielfalt des Irdischen und seiner Atmosphäre wenigstens näherungsweise gerecht zu werden. Im Kern geht es al-Fārābī darum, die Entstehung, den Aufbau und den Erhalt der sublunaren Welt aus den Bedingungen und Prinzipien des supralunaren Bereichs sowie den notwendigen Gegebenheiten alles Irdischen heraus zu erklären.

5.2 Eine doppelte Ordnung (Kap. 4)

Das vierte Kapitel bietet zunächst eine Übersicht der im sublunaren Bereich „existierenden Dinge" (*mawǧūdāt*; 4.1 – 2:106,2 – 6; dt. 34). Diese Übersicht wird in Abgrenzung von den im vorherigen Kapitel „aufgezählten" supralunaren Dingen vorgenommen. Die Abgrenzung eröffnet eine Doppelstruktur der hierarchischen Ordnung, die insbesondere für den Bereich unterhalb des Mondes von Bedeutung ist. Es gibt offenbar (a) eine hierarchische Ordnung auf Ebene der Spezies sowie (b) eine hierarchische Ordnung auf Ebene der Individuen.

Während der supralunare Bereich durch den Abstieg von dem in jeder Hinsicht in sich vollkommenen Ersten Seienden bis hin zum elften Seienden, dem Aktiven Intellekt, charakterisiert ist, ist die sublunare Welt durch den Aufstieg von der Materie und den vier Elementen (Erde, Wasser, Luft, Feuer) zu Pflanzen, Lebewesen und dem ebenfalls mit einem Intellekt ausgestatteten Menschen gekennzeichnet. Dies ist die eben genannte Ordnung (a), die sich auf der Ebene der *Spezies* vollzieht. Für den supralunaren Bereich ist diese Ordnung bereits oben in Kapitel 4 ausgeführt worden. Janos betont dort, dass die verschiedenen Intellekte und Himmelskörper individuell eine jeweils eigene Spezies repräsentieren und hierarchisch absteigend geordnet sind. Die Details des Aufstiegs der Spezies in der sublunaren Welt werden dann vor allem im achten Kapitel verhandelt, dessen letztes Wort den Kreis zu den „Himmelskörpern" (*samāwiyyāt*; 8.5:144,1; dt. 48) schließt (vgl. unten S. 67 ff.).

Für das vierte Kapitel hingegen ist die Ordnung (b) auf der Ebene der *Individuen* zentral, denn al-Fārābī erläutert, dass im Gegensatz zu den supralunaren

Dingen, die von Anfang an im Besitz der vortrefflichsten Perfektion (*kamālātuhā al-afḍal*) ihrer Substanzen sind und sich individuell nicht weiter vervollkommnen müssen, die sublunaren Dinge vom Zustand der Mangelhaftigkeit ausgehen und erst ihren schrittweisen Aufstieg (*tarqā šayʾan šayʾan*) vollziehen müssen, um die jeweils in ihrer Substanz lediglich angelegte Vollkommenheit zu entwickeln. Was al-Fārābī damit meint, ist, dass etwa eine Sonnenblume zu Beginn ihrer Existenz als Spross noch nicht vollständig entwickelt ist und erst durch Wachstum und Entfaltung später eine Blüte tragen und sich reproduzieren wird, während die Sonne schon immer mit voller Kraft das Universum erhellte und nicht erst wachsen musste.

Im Gegensatz zum supralunaren Bereich ist dem sublunaren also – „notwendigerweise", wie es im achten Kapitel wiederholt heißen wird – eine gewisse Dynamik zu eigen, die sich genau in dieser Ordnung vom Mangel zur Perfektion auf individueller Ebene gründet. Hier wird der bekannte platonische Kontrast zwischen dem immerwährenden Sein und dem dynamisch sich entwickelnden Werden ebenso deutlich, wie auch die Idee, dass durch das Werden dennoch eine Annäherung an das Sein vollzogen werden kann: Während die himmlischen Entitäten immer schon vollkommen sind, müssen die irdischen Dinge erst noch vollkommen werden – gleichwohl sind letztere dazu imstande und streben auf dieses Ziel hin. Ganz im Sinne Platons ist für al-Fārābī der Umstand, dass die Individuen der unteren Welt am Anfang unvollkommene Substanzen sind, kein von einer Ursache herrührender Mangel, der sich beheben ließe: „Diese Verfasstheit liegt in der Natur dieser Gattung [der sublunaren Dinge]", schreibt al-Fārābī, „und kommt nicht von etwas anderem von außen hinzu" (4.2:106,9 – 11; dt. 34). Es ist schlicht eine natürliche Notwendigkeit, dass sublunare Dinge – womöglich aufgrund ihrer Angewiesenheit auf Materie – zunächst unvollständig entwickelt sind (sogar sein *müssen*). Während eine Sonnenblume diese Entwicklung von selbst vollzieht, wird sich für den Menschen aus dieser Ordnung eine Art „Bildungsauftrag an sich selbst" ergeben (vgl. unten Kap. 9).

Darüber hinaus führt al-Fārābī eine weitere Unterscheidung ein. Manche sublunaren Dinge sind (i) „natürlich" (*ṭabīʿiyya*), andere (ii) „willentlich" (*irādiyya*), andere wiederum (iii) aus beidem „zusammengesetzt" (*murakkab ʿan aṭ-ṭabīʿiyya wa-l-irādiyya*; 4.2:106,11 – 12; dt. 34). Die Bedeutung dieser Einteilung wird allerdings nicht vollständig erklärt. Wie al-Fārābī ausführt, sind die einfachen, natürlichen Dinge Voraussetzung für komplexere willentliche Dinge. Natürliche Dinge sind solche, die aufgrund einer Natur bewegt werden. So fällt ein Stein aufgrund seiner Natur zu Boden, da seine schwere Natur zum Mittelpunkt des Universums strebt. Steine sind also (i) „natürlich" und verhalten sich immer invariant. Demgegenüber sind die „willentlichen" Bewegungen eines Pferdes vielfältig, ohne auf ein einziges Ziel ausgerichtet zu sein. Sie sind also grundsätzlich von den natürlichen Bewegungen eines leblosen Naturkörpers verschieden. Dennoch wäre es absurd, zu behaupten, ein Pferd bewege sich *nur* willentlich, denn auch ein Pferd würde aufgrund der (schweren) Natur seines materiellen Körpers eine Böschung hinabfallen. (Ebenso abwegig wäre es, zu behaupten, das Fallen eines Pferdes sei eine willentliche Bewegung.) Vielmehr ist wohl ein jedes Lebewesen (iii) „zusammengesetzt" aus einem in der Seele verorteten willentlichen Bewegungsprinzip und den natürlichen Bedingungen seiner körperlichen Konstitution. Somit bleibt an dieser Stelle offen, was (ii) nicht zusammengesetzte „willentliche" Dinge sind.

Wenn die Unterteilung in natürliche und willentliche Dinge die hierarchische Ordnung (a) auf Ebene der Spezies schon andeutete, so buchstabiert al-Fārābī sie abschließend direkt aus: Die sublunare Welt gliedert sich seinem Bericht zufolge in (1) die vier Elemente, welche die Grundlage aller weiteren Zusammensetzungen bilden; (2) sogenannte Ausdünstungen wie Dampf und Rauch, welche seit der Antike zur Erklärung meteorologischer Phänomene herangezogen werden; (3) mineralische Substanzen wie Steine und Kristalle, (4) Pflanzen; (5) nichtrationale Lebewesen und (6) rationale, vernunftbegabte (*nāṭiq*) Lebewesen, d. h. Lebewesen mit *logos.*

5.3 Metaphysische Grundlagen der Natur (Kap. 5)

In der aristotelischen Tradition stehend ist al-Fārābī ein Anhänger des sogenannten „Hylemorphismus": Alles, was körperlich existiert, ist zusammengesetzt aus einer zugrundeliegenden Materie und einer sie gestaltenden Form. Die Materie besitzt keine eigenständige Wirklichkeit und ist nur das Stück oder der stoffartige Ort, in den die wirklichkeitsgebende Form eingeht. Ein Liter Wasser in einem Topf besitzt also zwei Momente: die Materie und die Form des Wassers, die mit dieser Materie dort eine substantielle Einheit bildet. Der Grund, aus dem Materie nötig ist, ist der, dass es in Veränderungsprozessen immer etwas gibt, das bleibt und die Veränderung durchläuft, und dabei von einem „solchen" zu einem „anderen" wird: Ein Kind erlernt das Subtrahieren, d. h. ein und dasselbe Individuum war vorher von der Unkenntnis dieser Rechenart geprägt und nachher von deren Kenntnis. Das Kind ist also die zugrundeliegende, die Veränderung überdauernde „Materie". Dieses Grundmuster von Veränderungsprozessen trifft dabei auf eben beschriebene Eigenschaftsveränderungen ebenso zu wie auf substantielle Entstehungsprozesse: wenn sich ein Liter Wasser in einem Topf durch übermäßige Hitze in Luft verwandelt, gibt es auch hier das Zugrundeliegende (die „erste" Materie), das zunächst von einer Form (der des Wassers) geprägt war, hernach aber von einer anderen Form (der der Luft) geprägt ist. Zusätzlich dazu muss dem, was die Veränderung durchläuft, auch noch die Möglichkeit zukommen, von der einen Wirklichkeit in die andere überzugehen. Somit ist die Materie als Zugrundeliegendes immer auch mit der Möglichkeit beschrieben, Formen aufzunehmen. Materie ist also das Prinzip der Möglichkeit, Formen dagegen stehen für die in der Materie aufgrund dieser Möglichkeiten jeweils realisierte Wirklichkeit. Beides zusammen – Materie und Form – konstituiert die natürlichen Dinge, denen kraft der Materie die Möglichkeit zukommt, sich dynamisch zu entwickeln und zu verändern (und letztendlich auch zu vergehen).

Diese Lesart der Analyse von Veränderungsprozessen im ersten Buch der *Physik* des Aristoteles, insbesondere in den dortigen Kapiteln I 5 – 7, macht al-Fārābī zur Grundlage seiner kurzen Zusammenfassung am Anfang des fünften Kapitels der *Prinzipien.* Als Beispiel wählt er ein real existierendes hölzernes Bett, das seiner Analyse zufolge aus einem Material, nämlich dem Holz, und einer Gestalt, der Bettgestalt, besteht. Das Beispiel al-Fārābīs ist natürlich nur als Analogie zu verstehen. Holz ist keinesfalls das Material für alle natürlichen Dinge, stattdessen bestehen alle natürlichen Dinge aus einer eigenschaftslosen „Materie" (*mādda*) und einer sie ausgestaltenden substantiellen „Form" (*ṣūra*), die sich in der Konstitution des Dinges zueinander vergleichbar (*manzilatuhu minhu manzila*) verhalten, wie es Holz und Bettgestalt im genannten Beispiel tun und wie es dort augenscheinlich erkennbar ist (5.1:108,4 – 9; dt. 35).

Hierbei ist jedoch zu beachten, dass Materie und Form ontologisch keinesfalls gleichberechtigt sind. Vielmehr ist es die Materie, die das Zugrundeliegende *für* (*mawḍūʿa li-*) die Form ist: Die Materie existiert, damit die Form in ihr vorkommen kann. Gäbe es keine Formen, bestünde auch kein Bedarf an einer Materie. Der ontologische Vorrang der Form gegenüber der Materie wird durch ein zweites Argument gestützt: Von den zwei Existenzweisen eines Dinges, womit offenbar die Möglichkeit und die Wirklichkeit gemeint sind, sei letztere vollkommener, d. h. weniger mangelhaft, weshalb auch der Form eine gegenüber der Materie höhere Bedeutung zukommt.

In Walzers Kommentar (1985/1998, 372) wird der Rest des Kapitels als „selbstevident" bezeichnet, was bei näherem Hinsehen eine Übertreibung ist. Zwar orientiert sich al-Fārābī weiter an Aristoteles' Analyse, wonach es bei Veränderungsprozessen letztlich drei Faktoren gibt (eine zugrundliegende Materie sowie eine gegenwärtige und eine zukünftige Form). Zudem bestätigt al-Fārābī die Redeweise Aristoteles', dass die Formen als „Gegensätze" (ar. *mutaḍādd*, gr. *enantios*) anzusehen seien. Doch wird nicht deutlich, weshalb „die Formen dieser [natürlichen] Körper einander entgegengesetzt sind" (5.2:110,5; dt. 35). Wenn Wein zu Essig fermentiert, inwiefern ist die Weinform der Essigform entgegengesetzt? Das Problem liegt darin, dass al-Fārābī hier von *substantiellen* Formen – wie etwa der Form des Weines, des Essigs, des Menschen, der Sonnenblume – zu sprechen scheint, die aber laut Aristoteles' Analyse aus *Kategorien* 5, 35b24–25, keine Gegensätze haben. („Mensch" und „Sonnenblume" sind ebenso wenig Gegensätze wie „Wein" und „Essig" oder auch „Holz" und Asche".) Gegensätzliche Formen sind allein im Bereich der *akzidentellen* Eigenschaftsveränderung einsichtig, und schon Platon hat die Bedeutung der Teilhabe von Dingen an gegensätzlichen Formen wie „Kleinsein" und „Großsein" betont.

Eine Lösung könnte darin liegen, dass sich al-Fārābī sofort mit den vier Elementen beschäftigt, deren Formen er erneut als „einander entgegengesetzt" beschreibt (*al-usṭuqussāt arbaʿ wa-ṣuwaruhā mutaḍādda*; 5.3:110,10; dt. 35). Unter den substantiellen Formen stellen die Formen der vier Elemente tatsächlich eine Ausnahme dar, indem ihr Wesen zumeist mithilfe zweier gegensätzlicher Eigenschaftspaare beschrieben wird: Erde ist kalt-trocken, Wasser kalt-feucht, Luft heiß-feucht und Feuer heiß-trocken. Verwandelt sich nun beispielsweise das kaltfeuchte Wasser in heiß-feuchte Luft, geschieht das dadurch, dass sich der Formenbestandteil der Kälte in seinen Gegensatz Wärme bzw. Hitze wandelt. Auch wenn in dieser Beschreibung das Verhältnis einer elementaren Form zu den diese Form offenbar konstituierenden gegensätzlichen Eigenschaften im Detail unklar bleibt, entspricht al-Fārābīs Redeweise dem gängigen Deutungsmuster der zugrundeliegenden aristotelischen Theorie.

Die materiellen Bestandteile der Elementarkörper, in denen jeweils eine elementare Form vorkommt, werden von al-Fārābī als „erste Materien" (*al-mawādd al-ūlā*; 5.3:110,15; dt. 36) bezeichnet, denen selbst keine noch grundlegenderen Materien unterliegen. Die Materie ist prinzipiell dadurch gekennzeichnet, dass sie den Formen neutral gegenübersteht und somit diese Form ebenso wie eine ihr entgegengesetzte Form aufzunehmen (*qābila*) imstande ist. Tatsächlich besitzt die Materie keine intrinsische Präferenz für diese oder für jene Form, wovon noch im neunten Kapitel ausführlich die Rede sein wird (siehe unten S. 72).

Somit bestehen die vier Elemente aus einer ihnen allen gleichartigen, gemeinsamen ersten Materie und einer sie jeweils spezifisch bestimmenden Elementarform, die sich aus zwei gegensätzlichen Eigenschaftspaaren zusammensetzt. Verbinden sich die Elemente nun in verschiedenen Verhältnissen, können andere Naturkörper entstehen, indem sich die zugrundliegenden Materien vereinen, die ihnen innewohnenden Formen loslassen und eine andere gemeinsame Form, z. B. die Form des Steines oder die eines Kristalls, aufnehmen. Diese andere Form muss dann allerdings von anderswo eingegeben werden, wobei offenbleibt, woher sie stammt (vgl. unten S. 69 und schließlich S. 74 ff.).

5.4 Die Komplexität der sublunaren Welt (Kap. 8)

Wie schon erwähnt, widmet sich das achte Kapitel den existierenden sublunaren Dingen, insofern diese auf der Ebene der Spezies eine hierarchische Ordnung erfahren. Diese Ordnung wird als Resultat der supralunaren Einflüsse und des Zusammenspiels dieser mit den sublunaren Bedingungen hylemorpher Wirklichkeit vorgestellt. Die Art und Weise, in der die natürlichen Dinge des sublunaren Bereichs entstehen und sind, lässt sich also durch die dem Kosmos inhärenten Prinzipien erklären. Treffend gibt daher auch das sich anschließende, neunte Kapitel in einem kurzen Rückblick an, das achte Kapitel habe sich mit den „Weisen [beschäftigt], gemäß welchen die Existenz der natürlichen Dinge primär entsteht und ist" (9.1:144,3; dt. 48).

Das zentrale Unterthema hierbei ist die immense Vielfalt und Komplexität des irdischen „Ökosystems", die zu erklären ist und angesichts der scheinbar überschaubaren Gegebenheiten im himmlischen Weltraum durchaus einer Erklärung bedarf. Diese Komplexität wird von al-Fārābī mehrmals angesprochen, wenn er von „mehr" (*akṯar tarkīb^an^*) oder „weniger" komplexen (*aqall tarkīb^an^*) Zusammensetzungen spricht. Bestimmend für den Inhalt des gesamten Kapitels sind zudem der häufige Verweis darauf, dass es sich bei all dem um sich zwangsläufig – und somit notwendigerweise – ergebende Resultate (*fa-yalzamu*) handle, sowie der konstante Bezug auf verschiedene stets zu berücksichtigende Arten von Kräften (*quwan*).

Das Kapitel beginnt mit einer Aufzählung der Dinge, die sich sublunar aus verschiedenen Momenten der supralunaren Körper als Folge ergeben. Zuerst ist (a) „die Existenz der ersten Materie" (*al-mādda al-ūlā*) zu nennen. Sie resultiert „aus der den [Himmelskörpern] zukommenden *gemeinsamen* Natur" (*aṭ-ṭabīʿa al-muštaraka*; 8.1:134,9 – 10; dt. 45). Diese gemeinsame Natur wurde im siebten Kapitel ausdrücklich benannt und mit dem einheitlichen Rotationsmoment, alle 24 Stunden eine vollständige Kreisbewegung zu vollziehen, identifiziert (vgl. oben Kap. 4). Dies ist das grundlegende Bewegungsmoment des gesamten Himmels und wird von der äußersten Himmelssphäre an alle übrigen Himmelsphären und -körper weitergegeben, welche es dann mit den ihnen spezifisch zukommenden Bewegungsmomenten kombinieren. Den Beweis dafür, dass – und wie genau – die Materie von Körpern kraft eines einheitlichen gemeinsamen Bewegungsmoments erzeugt wird, bleibt uns al-Fārābī schuldig. Viel wichtiger ist ihm offenbar der systematisch-harmonische Aspekt, dass aus dem für den gesamten supralunaren Bereich Gemeinsamen (die fundamentale Kreisbewegung) auch das der gesamten sublunaren Welt Gemeinsame (die erste Materie) entsteht, während das

Entstehen der sublunaren Vielfalt in einer im Folgenden zu zeigenden supralunaren Vielfalt gründet.

Über die Materie hinaus gelangt in diesem Sinne nämlich auch noch (b) „die Existenz vieler in der Substanz verschiedener Körper" zur Entstehung. Diese resultiert „aus der Verschiedenheit in der Substanz" der Himmelskörper (8.1:134,10 – 11; dt. 45). Da es nur eine kleine Zahl an Himmelskörpern gibt – sieben, um genau zu sein – aber eine größere Anzahl an sublunaren Substanzen, scheint es sinnvoll, die nun folgenden weiteren Aspekte des himmlischen Einflusses als eine Aufgliederung von (b), d. h. als eine Ausdifferenzierung der allgemein gehaltenen „Verschiedenheit in der Substanz", zu lesen. Es ergeben sich also (b1) die Existenz „gegensätzlicher Formen" aus den „gegensätzlichen Verhältnissen und Relationen" der Himmelskörper zueinander; (b2) „der sukzessive Wandel ineinander von einander gegensätzlichen Formen in der ersten Materie" aufgrund des ebenso „sukzessiven Wandels der Verhältnisse und Relationen" der Himmelskörper; und (b3) „die Vermischung und Vermengung von Dingen, die gegensätzliche Formen haben", durch das „Eintreten gegensätzlicher Verhältnisse und unvereinbarer Relationen einiger Himmelskörper zu einem bestimmten Zeitpunkt" (8.1:134,12 – 17; dt. 45). Ferner entstehen (c) „viele Spezies von Körpern ... aus den verschiedenen Arten von Vermengungen" und letztlich merkt al-Fārābī noch an, dass (d1) die Existenz einiger dieser Spezies in kürzeren oder längeren Abständen wiederkehrt, je nachdem wie sich die Mischungsverhältnisse wiederholen, während (d2) manche Existenzen nach ihrem einmaligen Vorkommen, nicht wieder entstehen, da sich die Mischungsverhältnisse offenbar so nicht wieder ergeben (8.1:136,1 – 8; dt. 45).

Der Plan, den al-Fārābī offenbar verfolgt, führt den Leser also von der (a) Materie zu den (b1) einander gegensätzlichen Formen der Elemente. Aus dem fünften Kapitel wissen wir schon, dass al-Fārābī die Grundqualitäten der Elemente zwischen heiß und kalt bzw. feucht und trocken als „gegensätzliche Formen" beschreibt. So ist es naheliegend, auch hier im Einfluss der Himmelskörper zunächst einen qualitativen Einfluss auf diese zwei Paare von Grundqualitäten zu sehen, durch welche sich die vier Elemente konstituieren und aufgrund des (b2) „sukzessiven Wandels" dieser Eigenschaften auch ineinander übergehen: Aus kalt-feuchtem Wasser wird – durch die Sonneneinstrahlung etwa – warm-feuchtes Wasser und aus warm-feuchtem Wasser wird wenig später dann heiß-feuchte Luft. Zusätzlich zu den Elementen und ihren Qualitäten sowie ihrem Übergang ineinander kommt es durch den Einfluss der Himmelsbewegungen aber auch zu (b3) dazwischenliegenden Mischungsverhältnissen, aus denen dann (c) konkrete Spezies hervorgehen, deren Individuen (d1) in gewissen Abständen immer wieder vorkommen oder (d2) auch nur ein einziges Mal auftreten könnten.

Was al-Fārābī in dieser Erklärung leistet, ist der grundsätzliche Nachweis, dass den offensichtlich nur scheinbar überschaubaren Gegebenheiten des ewigen supralunaren Bereichs eine tatsächliche Vielzahl vor allem an Verhältnissen und Relationen (*nisab*, *iḍāfāt*) eignet, deren Zusammenwirken sehr wohl die Komplexität der sublunaren Formen und Arten zu erklären imstande ist. Um dies alles anschaulich zu machen, benennt al-Fārābī nun die Dinge, die hier zur Entstehung kommen. Es sind die im vierten Kapitel schon erwähnten vier Elemente sowie die ihnen nahestehenden Ausdünstungen wie Dampf und Rauch, welche das Vorkommen meteorologischer Phänomene wie die hier explizit genannten „Wolken" und „Winde" erklären (8.2:136,10 – 11; dt. 45). Diese Dinge – die Elemente, Dampf und Rauch sowie Wolken und Winde – verändern und vermischen sich weiter, sowohl untereinander als auch hinsichtlich ihrer qualitativen Eigenschaften („gegensätzliche Formen") und körperlich ausgedehnten „Größen", wobei al-Fārābīs Kernidee stets bleibt, dass die resultierenden Vermischungen an irgendeinem Punkt des Mischungsverhältnisses „notwendigerweise" zu (neuartigen) Körpern führen: Erst werden die Zutaten vermengt, die Eigenschaften der Zutaten bedingen sich gegenseitig, die Himmelskörper tun ihr Übriges, sodass alles ineinander aufgeht und ein neuartiger Körper entsteht, indem die nun vermengten Materien ihre früheren Formen loslassen und als vereinte Materie die Form des neuen Körpers erhalten. Wie schon in Kapitel 5 (vgl. oben S. 66) bleibt unklar, wo die Form des neuen Körpers herkommt und wer oder was diese verleiht. Einer Antwort am nächsten kommt al-Fārābī im Verlauf des neunten Kapitels, wie noch zu erörtern sein wird (vgl. unten S. 74 ff.).

Für die Ordnung der sublunaren Welt von Bedeutung ist der Hinweis, dass „einige Körper aus der ersten Mischung entstehen, manche aus der zweiten, andere aus der dritten und wieder andere aus der letzten" (8.4:140.8 – 10; dt. 47). Demnach unterscheidet al-Fārābī Mischungen in aufsteigenden, d. h. sich von der zugrundeliegenden ersten Materie schrittweise entfernenden (*tabʿadu bihā ʿan al-usṭuqussāt wa-l-mādda al-ūlā buʿd*[an] *akṯar*[a]) ersten, zweiten, dritten und letzten Ordnungen. Der Unterschied der Mischungen liegt dabei nicht allein in einer Entfernung von der Materie, sondern in einer Zunahme an Komplexität, von weniger (*aqall tarkīb*[an]) zu mehr (*akṯar tarkīb*[an]). Anschaulich macht dies al-Fārābī dadurch, dass er die zuerst im vierten Kapitel erwähnte und vorher schon fortgesetzte Liste hier schließlich komplettiert: Nach den Elementen und den meteorologischen Ausdünstungen bilden sich nun mineralische Substanzen wie Steine und Kristalle, die noch vergleichsweise nah bei den Elementen liegen, sodann Pflanzen und daraufhin nichtrationale Lebewesen, bis sich zuletzt der Mensch aus der letzten Mischung ergibt. Offenbar war das Aufzählen von vier Mischungen („erste ... zweite ... dritte ... letzte") kein Zufall, denn sie harmoniert mit der hier genannten Liste: „Mineralien ... Pflanzen ... Tiere ... Menschen“ (8.4:140,10 – 16; dt. 47).

Es fällt auf, dass al-Fārābī im achten Kapitel dreimal auf die in den sublunaren Körpern auftretenden oder auf sie einwirkenden Kräfte (*quwan*) verweist (8.2:136,14 – 138,1; 8.3:138,13 – 15; 8.5:142,1 – 3). Die Kräfte helfen ihm dabei, die sublunare Vielfalt noch besser zu erläutern, indem nicht nur die Komplexität himmlischer Einflüsse, sondern auch ein Reichtum sublunarer Wirksamkeit für die Veränderungen und Entstehungen verantwortlich zeichnet. Er nennt dabei stets (i) bewegende Kräfte sowie (ii) aktive und (iii) passive Kräfte.

Die Unterscheidung zwischen (ii) aktiven und (iii) passive Kräften geht auf Aristoteles zurück und scheint zu einem Gemeinplatz geworden zu sein. Hitze und Kälte sind dabei aktiv, Feuchte und Trockenheit passiv. Ob sich die aktiven bzw. passiven Eigenschaften in diesen vier Grundqualitäten erschöpfen oder ob sich al-Fārābī zufolge auch andere Beschaffenheiten den aktiven und passiven Kräften zuweisen lassen, bleibt an dieser Stelle unklar. Vermutlich ist dies zu bejahen, denn al-Fārābī beschreibt die aktiven als „Kräfte, durch welche einige Körper auf andere einwirken“ (*quwan yafʿalu bihā baʿḍuhā fī baʿḍ*), und die passiven als „Kräfte, durch welche einige Körper eine Wirkung von anderen erhalten“ (*quwan yaqbalu bihā baʿḍuhā fiʾl baʿḍ*). Somit dürften auch Eigenschaften der Gestalt (z. B. „spitz“), der Oberfläche (z. B. „rau“) oder der Festigkeit (z. B. „weich“) die Art und Weise bedingen, wie natürliche Körper auf andere einwirken oder deren Wirkungen aufnehmen.

Insbesondere die aktiven und passiven Kräfte unterscheiden sich auch insofern voneinander, als die auf sie zurückführbaren Wechselwirkungen entweder meistens (*ʿalā l-akṯar*), selten (*ʿalā l-aqall*) oder ebenso häufig wie nicht (*ʿalā t-tasāwī*) erfolgen, wodurch dann auch das bloße Zustandekommen von Veränderung im sublunaren Bereich von dynamischen Faktoren im Zusammenspiel der Kräfte abhängig ist, von denen sich manche förderlich (*yurfidu*), andere hinderlich (*yuḍāddu*) auswirken (8.5:142,4 – 9). Letztlich unterliegt die hierdurch geschaffene Komplexität sublunarer Wirksamkeit abermals dem zusätzlichen Einfluss der Himmelskörper, die ihrerseits manch eine Veränderung befördern oder verhindern mögen und sogar einen Vorgang, den sie unter gewissen Umständen einmal gefördert haben, unter anderen Bedingungen auch verhindern könnten – und *vice versa*. Das Resultat, um al-Fārābī mit seinen eigenen Worten sprechen zu lassen, sind „Wirkungen verschiedenster Art“ (*aṣnāf al-afʿāl*) deren Kombinationen (*iqtirānātuhā*) „äußerst vielfältige“ (*kaṯīr^an^ ǧidd^an^*) Mischungen und Mischungsverhältnisse produzieren, aus denen „viele stark voneinander verschiedene“ (*kaṯīra muḫtalifa ǧidd^an^*) Einzeldinge entstehen (8.5:142,13 – 144,1; dt. 47 – 48). Die verwendeten Superlative sind kein Zufall: Al-Fārābī bemüht sich in diesem Kapitel deutlich, die Vielfalt der sublunaren Natur trotz der eigentlich überschaubaren Anzahl an Prinzipien zu begründen. Was er beschreibt, stellt jedoch keine *chaotische* Vielfalt dar, denn mit dem letzten Wort des Kapitels erinnert uns al-Fārābī, dass wir an das Ende eines hierarchisch *geordneten* Aufstiegs gelangt sind: Aus den hylemorphen Prinzipien von Materie und Form sowie den einfachen vier Elementen Erde, Wasser, Luft und Feuer sind wir Schritt für Schritt bis zu dem komplexesten aller sublunaren Wesen gelangt, dem Menschen, durch dessen Vernunftbegabung der Kreis zu den ebenfalls mit Vernunft ausgestatteten Himmelskörpern (*samāwiyyāt*; 8.5:144,1; dt. 48) der supralunaren Region geschlossen wird.

Al-Fārābī wird sich mit dem Menschen ab dem zehnten Kapitel befassen. Das nun folgende Kapitel 9 beschreibt dagegen, nach der Entstehung und dem Aufbau der sublunaren Welt, die Gesetze, nach denen sie erhalten bleibt.

5.5 Eine platonische Unmöglichkeit (Kap. 9)

Die Frage lautet nun also, wie die natürlichen Dinge weiterbestehen können und erhalten bleiben (*tabqā wa-tadūma*; 9.1:144,4; dt. 48). Dabei wird sofort deutlich, dass es um zwei verschiedene Typen des Erhalts gehen wird: einmal den individuellen Bestand, solange dieser möglich ist, und einmal den überindividuellen Erhalt der Gattungen und Arten. Das Kapitel gliedert sich grob in fünf Teile: (a) eine Einleitung, welche die grundlegende Problematik des Verfalls und Vergehens darstellt (9.1 – 2); (b) die Beschreibung von Verfall und Vergehen (9.3); Abschnitte über (c) den individuellen Erhalt durch die ernährende Kraft in organischen Körpern (9.4) und (d) den überindividuellen Bestand von Gattungen und Arten (9.5); und (e) ein etwas längerer Rückbezug des Gesagten auf die einleitend vorgestellte Problematik, wobei das Motiv einer kosmischen Gerechtigkeit stärker in den Vordergrund rückt (9.6 – 7).

Insgesamt scheint sich al-Fārābī hier einem Themenkomplex zu widmen, der oben schon kurz angedeutet wurde und v. a. aus Platons *Timaios* bekannt ist. Darin findet sich der göttliche Handwerker bei der Weltschöpfung mit dem offenbar unauflösbaren Problem konfrontiert, dass sich das unveränderliche und ewige *Sein* der Ideen, die für den Schöpfungsakt die Vorlage bilden, nicht in einem Kosmos realisieren lässt, der zwangsläufig dem *Werden* unterliegen wird. Das Sein und das Werden sind einander konträre Kategorien, indem das, was Sein hat, nicht wird, während das, was im Werden begriffen bleibt, niemals ganz und gar ist. Platons Weltschöpfer findet sich somit außerstande, den Idealzustand umzusetzen, und muss sich mit einer Annäherung zufriedengeben. Dasselbe Thema blitzt im *Timaios* auch später mehrfach auf, wenn die physischen Gegebenheiten des materiellen Kosmos der idealen Vollkommenheit im Wege stehen.

Ähnliches beschreibt al-Fārābī in den ersten Sätzen des neunten Kapitels anhand eines Konflikts divergierender Ansprüche. Demnach kommt es der Form zu, in Existenz zu sein und, indem sie einer Materie inhäriert, in Aktualität zu bleiben, wohingegen die Materie danach trachtet, die Möglichkeit zur Veränderung zu realisieren und ihre bisherige Form abzulegen, um eine neue Form anzunehmen. Beiden gleichermaßen gerechtfertigten Ansprüchen kann die hylemorphe Wirklichkeit sublunarer Körper jedoch nicht zugleich (*maʿan fī waqt wāḥid*) gerecht werden: entweder *bleibt* der Körper mit seiner Form bestehen oder er *wandelt* sich (und geht als solcher zugrunde), indem sich die eine Form löst und die Materie eine neue Form annimmt. Dazu kommt, dass die Materie *allen* Formen gemeinsam ist, sie also keiner einen Vorzug zu geben imstande ist und alle Formen aufnehmen kann, während allen Formen das gleiche grundsätzliche Recht zukommt, realisiert zu werden. Die Körper der sublunaren Natur sind also schon durch die sie konstituierenden Prinzipien Materie und Form von einem Konflikt geprägt, der – wie bei Platon – nicht ideal, sondern nur näherungsweise durch einen Kompromiss aufgelöst werden kann. Dieser Kompromiss besteht darin, dass die Form zumindest eine Zeitlang (*muddat^{an} mā*) in der Materie verwirklicht bleibt, sie dann aber notwendigerweise (*lazima ḍarūrat^{an}*) vergehen muss, damit eine andere, ihr entgegengesetzte Form (*mutaḍādd*) in der Materie realisiert werden kann (9.1:144,11–13; dt. 48). Al-Fārābī beschreibt diesen Vorgang zweimal, wie es scheint einmal aus Sicht der Form und einmal aus Sicht der Materie. In beiden Fällen betont er die letztlich unaufhörlich fortdauernde Folge (*abadan, yuʿāqabu, dāʾiman*; 9.1:144,15; 9.2:146,8 u. 14; 9.2:148,8; dt. 48–49) des individuellen Entstehens, des zeitweisen Bestehens, und schließlich des endlichen Vergehens verbunden mit dem Entstehen eines anderen Individuums. Dabei betont er, dass Ewigkeit (*dahr*) nicht als Einzelnes, sondern nur insgesamt als Art erreicht werden kann (9.2:148,1–2; dt. 49).

Nicht alle natürlichen Körper vergehen indes auf gleiche Weise. Auch im Verfall gilt es, eine Komplexität der Vorgänge und Mechanismen zu beachten. Al-Fārābī benennt zunächst (i) die vier Elemente, deren Vergehen nur von außen herbeigeführt werden kann und die mithin nicht aufgrund innerer Kräfte oder Prozesse dem Verfall anheimgestellt sind. Natürliche Dinge, denen eine „wenig komplexe Mischung“ zugrunde liegt (*kāʾin ʿan iḫtilāṭ aqall tarkīb^{an}*), unterteilt er sodann in (ii) solche, deren Vergehen ebenfalls nur von außen verursacht wird, und (iii) geringfügig komplexere, die durch ihre eigenen widerstrebenden Kräfte (*al-muḍāddāt ... wa-quwāhā*) – wenngleich in geringem Maße und nur unter Zuhilfenahme weitere Einflüsse von außen – dem Verfall unterliegen. Natürliche Dinge einer (iv) noch komplexeren Zusammensetzung, die eine größere Anzahl widerstrebender Kräfte beinhalten, verkommen zugleich durch Einflüsse von außen wie durch Antagonismen von innen (9.3:148,9–150,13; dt. 49–50).

Was al-Fārābī hier vermitteln möchte, ist an sich erneut eine hierarchische Ordnung. Sie reicht von einfachen und robusten Körpern wie Steinen und Bergen, die praktisch unvergänglich sind und nur sehr langsam und ausschließlich durch äußere Gewalteinwirkung der Veränderung und dem Vergehen unterworfen werden können, bis zu pflanzlichen und tierischen Körpern wie Holz oder Knochen, die vergleichsweise beständig, aber inneren Prozessen des Zerfalls ebenso wie äußeren Bedingungen des Verwitterns preisgegeben sind. Noch nicht abgestorbene Pflanzen und lebendige Lebewesen sind darüber hinaus (als hinreichend komplexe organische Körper) mit einer ernährenden Kraft (*quwwa ġāḏiya*; 9.4:152,11; dt. 50) ausgestattet, ohne welche sie sich nicht über einen längeren Zeitraum hinweg erhalten und überleben könnten. Dank der ernährenden Kraft sind sie in der Lage, andersartige Körper als Nahrung aufzunehmen, ihrer jeweiligen Form zu entkleiden und an entsprechenden Stellen des eigenen Körpers zu integrieren. Was al-Fārābī hier beschreibt ist nichts anderes als das, was heutzutage „Stoffwechsel" genannt wird. Der organische Körper ist aufgrund seiner inneren, einander widerstrebenden Kräfte stets in einem gewissen Maße dem Verfall ausgesetzt, während die ernährende Kraft durch Nahrungsaufnahme und die Umwandlung von z. B. Brot in Blut und Muskeln diesem natürlichen Verfall entgegenwirken kann. Allerdings „wird diese Kraft im Laufe der Zeit schwächer" (*taḫūru hāḏihī l-quwwa fī ṭūl al-mudda*), sodass der Organismus irgendwann an den Punkt gelangt, an dem diese Kraft nicht mehr länger imstande ist, den natürlich gegebenen Verfall vollständig auszugleichen: Der Körper zehrt sich aus und vergeht nach und nach (*fa-yatlafu ḏālika l-ğism*; 9.4:152,15 – 154,1; dt. 50 – 51).

Alle natürlichen Dinge können also individuell vergehen, manche sehr langsam, andere deutlich schneller. Es gibt somit Gattungen und Arten, von denen wohl gelten kann, dass immer mindestens eines ihrer Individuen existiert, wie etwa „Steine und Sand" (9.4:150,16; dt. 50). Je komplexer der organische Körperbau, desto stärker scheinen die divergierenden Kräfte im Inneren und desto größer die Angriffsfläche für Einflüsse von außen zu sein. Je nachdem, wie stark und ausdauernd die ernährende Kraft operiert, können auch die Individuen der Arten nebeneinander bzw. gleichzeitig bestehen. Doch ist es keinesfalls garantiert, dass es immer mindestens einen Menschen, ein Pferd oder eine Sonnenblume gibt, um den Bestand der Art zu sichern. Al-Fārābī geht diesen Punkt direkt an und beschreibt zwei Möglichkeiten, in denen Arten überindividuell erhalten bleiben: entweder (a) durch örtliche wie überörtliche Kontinuität oder (b) durch zeitlich versetztes Wiederentstehen. Im ersten Falle (a) pflanzen sich die Individuen einer Art stets weiter fort, wodurch lokal weitere Individuen derselben Art entstehen, und selbst wenn es geschehen sollte, dass beispielsweise in Australien alle Pferde aussterben, dürften sie doch zumindest „an einem anderen Ort" (*fī makān āḫar*) – etwa in Europa – weiterbestehen, wie al-Fārābī betont. Indes lesen wir im zweiten Falle (b) ausdrücklich, die Individuen einer Art könnten durchaus auch erst „nach einiger Zeit“ (*baʿda zamān mā*) wieder auftauchen; es gibt dann also „eine Zeit, ohne dass irgendwelche Individuen dieser Art existieren“ (9.5:154,6 – 15; dt. 51).

Dies ist eine bemerkenswerte Passage.[1] Nicht nur beinhaltet sie die spannende Frage, ob Lebewesen und Pflanzen ohne Eltern entstehen können, eine genauere Betrachtung der Passage führt auch zur oben schon mehrfach angesprochenen Problematik zurück, von woher die Formen natürlich entstehender Körper kommen (vgl. oben S. 66 und S. 69).

Während nach Aristoteles „ein Mensch einen Menschen zeugt“ und die Form als Artprinzip – möglicherweise unter dem zusätzlichen Einfluss planetarer Körper wie der Sonne – von Eltern auf eine solche Weise an ihre Nachkommen weitergegeben wird, dass ununterbrochene Abfolgen von Menschen existieren, lässt es al-Fārābī im neunten Kapitel offen, ob eine direkte Weitergabe der Form eine notwendige Voraussetzung für die Entstehung von Individuen einer Art ist. Damit scheint er die aristotelische Annahme einer Ewigkeit der Arten in Frage zu stellen, die er eben noch im Sinne eines überindividuellen Bestands bekräftigt hat. Eine mögliche Motivation al-Fārābīs für diesen Schritt könnte darin bestanden haben, dass hierdurch die Entstehung von Wundern – etwa wenn sich ein Holzstab in eine Schlange verwandelt – leicht erklärbar wäre. Außerdem könnte sich ein Philosoph und Wissenschaftler, der für die Ewigkeit der Welt eintritt und sich der Möglichkeit geologischer und meteorologischer Veränderung von Landmassen in globalem Ausmaß bewusst ist, durchaus genötigt sehen, zum Beispiel nach einer großen Flut ein sogenanntes „spontanes Wiederentstehen“ von Leben zu Lande einzuräumen. Die für das Entstehen von belebten wie leblosen Naturkörpern nötigen Formen scheinen für al-Fārābī der gegenwärtigen Passage zufolge also insgesamt entweder (i) von Eltern vermittelt und weitergegeben zu werden oder – mitunter erst „nach einiger Zeit“– ohne diese aufzutreten, indem sie (ii) emergent entstehen in dem Sinne, dass sich nach einer ausreichend vorbereiteten materiellen bzw. elementaren Mischung von alleine stabile Formen einstellen, oder indem sie (iii) von einem außerhalb der sublunaren Welt liegenden Prinzip eingegeben werden. Das in dieser letzten Option genannte Prinzip wird gemeinhin mit dem Aktiven Intellekt (*al-ʿaql al-faʿʿāl*) identifiziert, einer himmlischen Entität unterhalb des Mondes, dessen Rolle als Formgeber al-Fārābī in den *Prinzipien* allerdings nur in seiner epistemologischen Funktion ausdrück-

1 Ich danke Rotraud Hansberger für eine kritische Lektüre meiner ersten Gedanken zur Interpretation dieser Passage.

lich einführt (insb. 13.2:202,6 – 8; 3.10:104,6 – 11; vgl. auch unten Kap. 7). Wenn wir aktiv die Form beispielsweise einer Sonnenblume denken und somit wissenschaftlich verstehen, was eine Sonnenblume ist, dann wurde unser menschlicher Intellekt dadurch aktualisiert, dass in ihm die epistemologische Form der Sonnenblume auftritt. Die philosophisch ebenso wie im Sinne der Aristotelesexegese schwierige Frage, woher diese Form nun auf einmal in unseren Intellekt gelangt, wird von al-Fārābī mit einem Verweis auf ein „überirdisches", d. h. supralunares, Prinzip beantwortet: Wenn wir „Sonnenblume" denken, hat uns der Aktive Intellekt die Form „Sonnenblume" eingegeben.

Der etwa dreißig Jahre nach al-Fārābīs Tod geborene Avicenna (Ibn Sīnā) wird neben dem „Aktiven Intellekt", den er von al-Fārābī als *epistemologisches* Prinzip übernehmen wird, auch noch von einem „Geber der Formen" (*wāhib aṣ-ṣuwar*) sprechen, der substantielle Formen nach ausreichender materieller bzw. elementarer Vorbereitung in die Materie eingibt. Entsteht also irgendwo eine Sonnenblume, so wurde ein ihr zugrundeliegendes Materiestück dadurch aktualisiert, dass in ihm die substantielle Form der Sonnenblume vorliegt. Folglich stellt sich – analog zum gerade skizzierten Denkakt – auch hier die Frage, woher diese Form in das Materiestück gelangt. Avicenna beantwortet diese Frage mit dem „Geber der Formen", den er als ein *ontologisches* Prinzip versteht, das bei sublunaren Entstehungsprozessen die nötigen Formen in die ausreichend vorbereiteten Materien gibt. Dieser „Geber der Formen" ermöglicht es Avicenna, die Kosmologie und Metaphysik von Entstehungsprozessen neu zu denken (und er verwendet ihn auch, um das oben erwähnte „spontane Wiederentstehen" von Arten nach einer globalen Naturkatastrophe zu erklären). Gemeinhin geht die Forschung davon aus, dass die beiden Prinzipien – der „Aktive Intellekt" und der „Geber der Formen" – in Avicennas System miteinander zu identifizieren sind und nur aufgrund der doppelten Funktion mit zwei Namen versehen wurden.

Ebenfalls geht die Forschung davon aus, dass auch al-Fārābī den Aktiven Intellekt mit dieser Doppelfunktion betraut hat, wobei dann gerne auf die hier besprochene Stelle aus dem neunten Kapitel der *Prinzipien* verwiesen wird, häufiger aber noch auf Passagen aus der *Lenkung des Gemeinwesens* (*as-Siyāsa al-madaniyya* 54,18 – 55,12; engl. 48 – 49) und der *Philosophie des Aristoteles* (*Falsafat Arisṭūṭālīs* 129,9 – 130,8; engl. 128). Keiner dieser Texte ist allerdings aussagekräftig genug, um die Frage zu klären, woher die Formen natürlicher Dinge stammen. Auch in den *Prinzipien* erfahren wir dazu lediglich, dass es neben natürlichen Dingen, die eine Kraft oder Fähigkeit zur Fortpflanzung besitzen und die dann aufgrund dieser Kraft – unter förderlicher oder auch hinderlicher Einwirkung der Himmelskörper – zur Entstehung gelangen, auch solche gibt, die dieser Kraft ermangeln und von den himmlischen Körpern allein (oder durch andere Elemente vermittelt) „erschaffen werden" (*yukawwinuhu*; *Prinzipien* 9.5:156,1). Von einer

Form bzw. der Eingabe einer Form ist hier weder in der Beschreibung der Fähigkeit zur Fortpflanzung noch in Bezug auf die Aktivität der Himmelskörper die Rede, auch wenn das verwendete Verb *kawwana-yukawwinu* vergleichsweise deutlich einen Akt der herbeigeführten Entstehung bezeichnet, der allerdings auch durch eine emergente Entstehung der Form zu einem Abschluss gebracht werden könnte, d. h. ohne Eltern oder einen „Geber der Formen". Allein in seiner *Epistel über den Intellekt* (*Risāla fī l-ʿAql*) drückt sich al-Fārābī, wenn auch knapp, etwas direkter aus und schreibt, der Aktive Intellekt „gibt der Materie die Abbilder dessen, was in seiner Substanz war", und „bringt die Formen als Formen in die Materien" (*Risāla fī l-ʿAql* 29,6 – 31,3; dt. 77).

Während es, wie es scheint, eine offene Forschungsfrage bleiben muss, wie sich diese knappe Aussage zu seinen ausführlicheren Werken – wie etwa den *Prinzipien* – verhält, ist die Passage hier im neunten Kapitel doch aufgrund zweier Punkte bemerkenswert: Erstens scheint in al-Fārābīs Ausführungen die Frage offen zu bleiben, ob die Beteiligung der Eltern bei der Entstehung von Pflanzen und Lebewesen eine notwendige oder nur eine hinreichende Bedingung darstellt, d. h. ob mithilfe der Himmelskörper Pflanzen und Lebewesen letztlich auch ohne Eltern entstehen könnten, so wie es al-Fārābī offenbar für solche natürliche Dinge erlaubt und vorsieht, die nicht zur Fortpflanzung fähig sind. Die Frage wiegt umso schwerer, wenn man in al-Fārābīs Kosmologie tatsächlich einen „Geber der Formen" am Werke sieht. Zweitens wird, wie auch immer man die Passage liest, erneut die immense Bedeutung der Himmelskörper auch für sublunare Begebenheiten deutlich: sie verstärken oder behindern irdische Kräfte und können durch ihren Einfluss Entstehungsprozesse gleichermaßen fördern wie unterbinden oder (manche) sogar selbst herbeiführen (*Prinzipien* 9.5:156,5 – 13; dt. 51 – 52).

Das Ende dieses Kapitels bildet eine längere Passage, die mit einer Wiederholung der eingangs beschriebenen Problematik des Verfalls und Vergehens beginnt, diese dann aber in einen größeren kosmischen Kontext der Gerechtigkeit (*ʿadl*) einordnet und dabei nochmals einige Aspekte der Nahrungsaufnahme sowie des himmlischen Einflusses herauskehrt. Der sublunare Kreislauf ist komplex; im Einzelfall prägt ihn ein Widerstreit konkurrierender „Ansprüche" (*ḥaqq*) und „Rechte" (*istiʾhāl*) von Materie und Form, der zudem von himmlischen Gegebenheiten mitbestimmt wird. Aufs Ganze gesehen ergibt sich ein harmonisches, ausgleichendes Gefüge, in dem die erwähnte platonische Unmöglichkeit zwar nicht in idealer Weise aufgelöst wurde, der Gerechtigkeit aber in ausreichender Form Genüge getan werden kann (9.6:158.2 – 3; dt. 52; vgl. 9.2:146,15; dt. 49; 2.2:96,2; dt. 28).

5.6 Schlussbetrachtung

Die Hierarchie ist komplett; die sublunare Welt ist komplex, doch organisiert; auf der höchsten Stufe steht der Mensch zur Erörterung im folgenden Abschnitt schon bereit. Eines gilt es jedoch noch zu leisten, nämlich das Resultat kurz zu beurteilen. In den vier hier besprochenen Kapiteln hat al-Fārābī die Struktur der sublunaren Welt erläutert, indem er stark auf die ihr inhärente Ordnung abhob. Doch: Was ist dies für eine Ordnung?

Obgleich Gott in höchstem Maße gut, die Welt aus Ihm hervorgegangen und sie selbst geordnet ist, überwiegen in den Kapiteln 8 – 9 Aussagen, dass sich die Strukturen „aus Notwendigkeit ergeben" (*yalzamu, lazima … ḍarūrat*^{an}; 8.1:134,9; 8.3:138,6; 9.1:144,12; 9.2:146,6; 9.6:158,4). Vor allem im neunten Kapitel wird zudem deutlich, dass diese Notwendigkeit keine ist, die sich aus der Güte des ersten Prinzips ableitet, sondern der Mangelhaftigkeit alles Irdischen entspringt. Es sind die sublunaren Gegebenheiten, die in hylemorphen Komplexen aus Materie und Form gründen, die der natürlichen Ordnung die Notwendigkeit aufzwingen, sich mit dem zufrieden zu geben, was umsetzbar ist und eine Ausgewogenheit erreicht. Es stimmt: Al-Fārābīs Gott ist vollkommen und gut, und die Welt resultiert aus Ihm als dem Ersten Prinzip. Ebenso stimmt es, dass die Welt eine Ordnung hat und keinesfalls von einer chaotischen Vielfalt geprägt ist. Doch die Ordnung, die entsteht, kommt nach einer sublunaren Maßgabe und den Bedingungen von Materie und Form zustande: Die Welt ist, wie sie ist – und al-Fārābī war erfolgreich, die Vielfalt der sublunaren Kosmologie didaktisch ansprechend zu erläutern –, doch bestimmen sublunare Gegebenheiten die Gestalt, die Dynamik und letztlich auch den Grad der Güte, den diese gute Welt erreichen kann.

Rotraud Hansberger

6 Der Mensch als Seele und Körper (Kap. 10 – 12)

6.1 Einleitung: Das Thema im Kontext des Werkes

Mit dem 10. Kapitel wendet al-Fārābī sich dem Menschen zu, der dann für den Rest des Werkes im Mittelpunkt stehen wird – zunächst (*Prinzipien* 10 – 14) als körperlich-seelisch verfasstes Wesen mit seinen diversen Vermögen, später (*Prinzipien* 15 – 19) als soziales Wesen, das seine Anlagen und sein Ziel, die Glückseligkeit, nur in Gemeinschaft mit anderen verwirklichen kann. Während Kapitel 13 und 14 die zwei höchsten seelischen Vermögen, Vernunftvermögen und Vorstellungskraft, behandeln, sind Kapitel 10 bis 12 der Darstellung der Gesamtheit der seelischen Vermögen des Menschen und deren Zusammenspiel mit den körperlichen Organen gewidmet. Dabei liegt der Schwerpunkt in Kapitel 10 auf den seelischen Vermögen, in Kapitel 11 hingegen auf den körperlichen Organen. Kapitel 12 wiederum befasst sich gesondert mit dem Fortpflanzungsvermögen und dessen Organen.

Nach den in *Prinzipien* 9 angestellten eher grundsätzlichen Überlegungen zu Form und Materie, Werden und Vergehen scheint der Einstieg ins Thema „Mensch“ in Kapitel 10 recht abrupt zu erfolgen („Entsteht dann der Mensch...“, Ferrari 2009, 55). In Bezug auf Ordnung und Entstehung des Kosmos knüpft das Narrativ des Kapitels am ehesten an *Prinzipien* 8.4 an, wo al-Fārābī in knapper Form darlegt, dass die diversen Arten von sublunaren Körpern und Lebewesen aus zunehmend komplexen Mischungen entstehen, gipfelnd im Menschen (vgl. oben Kap. 5). Dass al-Fārābī nicht weiter auf das Pflanzen- und Tierreich eingeht – an einigen wenigen Stellen wird auf Pflanzen und Tiere Bezug genommen, vornehmlich im Rahmen der Diskussion über Fortpflanzung in Kapitel 12 – mag auf den ersten Blick verwundern; schließlich ist der Mensch nicht das einzige beseelte Wesen. Doch hinsichtlich der belebten Natur betreffen die „Prinzipien“, auf die es für die vortreffliche Stadt ankommt, offensichtlich vordringlich den Menschen. Dies ist einer der Punkte, an dem deutlich wird, dass sich al-Fārābī bei Themen und Struktur der *Prinzipien* auf Werke des theologischen Genres der „Prinzipien der Religion“ (*uṣūl ad-dīn*) bezieht, die sich an dieser Stelle ebenfalls auf den Menschen (und insbesondere auf seine Fähigkeit, zu handeln) beschränken (Rudolph 2008; vgl. oben Kap. 2). Das heißt selbstverständlich nicht, dass es keine inhaltlichen und philosophischen Gründe für eine solche Fokussierung auf den Menschen gäbe. Es geht al-Fārābī im Kontext der *Prinzipien* eben nicht um einen

https://doi.org/10.1515/9783110535945-008

Abriss der Naturphilosophie; die seelische und körperliche Verfasstheit des Menschen zu kennen, ist vielmehr eine konkrete Voraussetzung dafür, über die Frage nachzudenken, wie dieses Wesen bzw. eine Gemeinschaft solcher Wesen Vollkommenheit erlangen kann. So wird in der von al-Fārābī rezipierten griechischen Tradition der Selbsterkenntnis besondere Bedeutung für die Erreichung der Glückseligkeit beigemessen. Am Anfang von Alexander von Aphrodisias' Schrift *De anima*, ein Text, zu dem die Kapitel 10 – 12 generell viele inhaltliche Parallelen aufweisen (Walzer 1985/1998, 383 – 384), wird diese Selbsterkenntnis als eine Kenntnis der Verfasstheit des Menschen bzw. der menschlichen Seele interpretiert (Alexander, *De anima* 1 – 2, Caston 2012, 31 u. 71 – 74). Die Beschränkung auf die menschliche Manifestation auch derjenigen Seelenvermögen, die der Mensch mit Tieren und Pflanzen teilt, erlaubt al-Fārābī außerdem eine stringentere Darstellung der Hierarchie dieser Vermögen, die auf die menschliche Vernunft als ihren Gipfelpunkt ausgerichtet ist. Auch in Hinsicht darauf, dass in späteren Kapiteln der menschliche Körper als Analogie für den organischen Aufbau der vortrefflichen Stadt herangezogen wird (15.4 – 5), ist es unabdingbar, Zusammenspiel und Interdependenz der Vermögen und Organe im menschlichen Lebewesen zu beleuchten, wohingegen eine Ausweitung auf andere Lebewesen die Darstellung verunklaren würde. Die Grundlegung dieser Analogie, die in al-Fārābīs Argumentation eine unübersehbare Rolle spielt (vgl. unten Kap. 10), ist vielleicht der wichtigste Aspekt von *Prinzipien* 10 – 12. Hier wird dem Leser verdeutlicht, dass sämtlichen körperlichen Organen Funktionen zugesprochen werden können, die den seelischen Vermögen zuordenbar sind, und dass das hylemorphische Kompositum Mensch mit seinen Vermögen und Organen eine sinnvoll angelegte, harmonische und funktionierende Einheit bildet, die ihren Zweck erreichen kann, sofern sie sich von der ihr innewohnenden höchsten Instanz regulieren lässt.

Der Gedanke einer hierarchischen Ordnung, die sich sowohl unter den seelischen Vermögen als auch unter den körperlichen Organen manifestiert, zieht sich durch alle drei Kapitel. Es ist eine Hierarchie der Wertigkeit sowie des funktionalen Aufbaus. Sie wird von al-Fārābī darüber hinaus als eine Ordnung der zeitlichen Abfolge formuliert. Dies trifft sowohl auf die Auflistung der grundlegenden Vermögen in Kapitel 10.1 zu als auch auf die Schilderung der Entwicklung der Organe in Kapitel 11.8. Dabei schreitet die Entstehung der Vermögen vom niedrigeren zum höheren voran, während es bei den Organen umgekehrt ist: das zentrale, primäre Organ, das Herz (*qalb*), entsteht als erstes.

Die beiden Stränge der Hierarchie – Vermögen auf der einen, Organe auf der anderen Seite – greifen ineinander, insofern die Organe, in denen die Vermögen lokalisiert sind, in ihrer Entstehung durch die Ausbildung der entsprechenden Vermögen bedingt werden. Dass dies trotz der gegenläufigen zeitlichen Abfolge nicht zu Widersprüchlichkeiten führt, ist dem Umstand zu verdanken, dass das Herz, welches den Sitz aller grundlegenden Seelenvermögen darstellt, von Anfang an vorhanden ist (12.5).

Damit ist ein weiterer prominenter Zug des Textes angesprochen, der in allen drei Kapiteln, besonders aber in Kapitel 11 und 12 zur Geltung kommt: al-Fārābīs Kardiozentrismus, der das Herz als primären Sitz der Seelenvermögen begreift. Auch in anderen Schriften verteidigt al-Fārābī den aristotelischen Kardiozentrismus gegen die platonisch-galenische Lehre, welche den rationalen, muthaften und begehrenden Seelenteil jeweils im Gehirn, im Herzen und in der Leber ansiedelt (vgl. Zimmermann 1976; El-Fekkak 2017). Im Kontext der *Prinzipien* erhält die kardiozentrische Position jedoch eine Signifikanz, die über Seelenlehre und Physiologie hinausreicht: Als Ort, an dem alle Seelenkräfte zusammengeführt und gebündelt werden, versinnbildlicht das Herz im Rahmen der Analogie zwischen Körper und Staat die zentrale und alles entscheidende Rolle des Herrschers der vortrefflichen Stadt. Gleichzeitig weist die Lokalisierung aller Seelenkräfte im Herzen darauf hin, dass al-Fārābī die Seele – trotz der Ausdifferenzierung ihrer Vermögen – als eine einheitliche verstanden wissen will.

6.2 Kapitel 10: Die seelischen Vermögen (*al-quwā an-nafsāniyya*) des Menschen

Die von al-Fārābī in Kap. 10 vorgestellte psychologische Theorie ist inhaltlich eng an der aristotelischen Seelenlehre bzw. an deren Ausformung in der späteren griechischen Tradition orientiert; eine besondere Nähe besteht zu Alexanders Schrift *De anima* (Walzer 1985/1998, 383 – 384). Diese Provenienz zeigt sich schon an al-Fārābīs Identifizierung der grundlegenden Seelenkräfte, welche die diversen Lebensfunktionen des Menschen tragen: Nährvermögen (*al-quwwa al-ġāḏiya*), Fortpflanzungsvermögen (*al-quwwa al-muwallida*), Wahrnehmungsvermögen (*al-quwwa al-ḥāssa*), Vorstellungsvermögen (*al-quwwa al-mutaḫayyila*), Strebevermögen (*al-quwwa an-nuzūʿiyya*) und Vernunftvermögen (*al-quwwa an-nāṭiqa; Prinzipien* 10.9; 12; vgl. z. B. Alexander Aphrodisiensis: *De anima libri mantissa* 92 – 94). Wie schon angedeutet, legt al-Fārābī jedoch besonderes Augenmerk darauf, die hierarchische Ordnung der Vermögen herauszuarbeiten und ihr Verhältnis untereinander als eines zu beschreiben, in dem die Vermögen als beherrschend bzw. dienend aufeinander bezogen sind.

Diese hierarchische Ordnung hat zwei Ebenen. Zum einen unterscheidet al-Fārābī „dominante“ (*raʾīs*) von „unterhaltenden“ Vermögen (*rawāḍiʿ wa-ḫadam*), die dem jeweiligen dominanten Vermögen zuarbeiten (10.2). Die untergeordneten

Vermögen teilen also Zweck und Funktion des übergeordneten; diese Funktion wird aber in diversen Prozessen in unterschiedlichen Organen realisiert. Eine etwas anders gelagerte Hierarchie besteht hingegen zwischen den grundlegenden Vermögen (die nur zum Teil unterhaltenden Vermögen vorstehen). Sie stehen ebenfalls in einer geordneten Rangfolge des Dienens und Herrschens, die al-Fārābī auch als Form-Materie-Verhältnis beschreibt (10.9): So bildet das Nährvermögen gleichsam die Materie (*šibhu l-mādda*) für das Wahrnehmungsvermögen, während das Wahrnehmungsvermögen Form (*ṣūra*) in ihm bzw. für es ist; ein analoges Verhältnis besteht zwischen Wahrnehmungsvermögen und Vorstellungsvermögen bzw. zwischen Vorstellungsvermögen und Vernunftvermögen. Anders als bei der ersten Ebene der Hierarchie tragen die jeweils untergeordneten Vermögen nicht direkt zur Ausübung der Funktion des übergeordneten bei, indem sie dessen Aktivität konstituieren. Vielmehr schaffen sie erst die Vorbedingungen für die Ausführung seiner Funktion; sie bieten die „Materie", in der sich seine Form verwirklichen kann. So kann das Vorstellungsvermögen nicht ohne voraufgegangene Wahrnehmungen arbeiten, während das rationale Vermögen auf die im Vorstellungsvermögen gespeicherten Wahrnehmungsbilder zurückgreift (*Prinzipien* 10.4, 12.8, vgl. 13.2 und 14, sowie unten Kap. 7 und 8).

Die grundlegenden Vermögen sind allesamt im Herzen angesiedelt (gleichgültig, ob sie unterhaltende unter sich haben oder nicht), während die unterhaltenden Vermögen anderen Organen zugeordnet sind. Hier können mehrgliedrige Abfolgen des Herrscher-Diener-Verhältnisses bestehen. So herrscht das Nährvermögen unter anderem über die Leber (*kibd*), die ihrerseits Gallenblase und Nieren unter sich hat; den Nieren dient wiederum die Harnblase.

Es fällt auf, dass al-Fārābī hier von Organen (*aʿḍāʾ*) spricht, obwohl es eigentlich um die Ordnung von Vermögen (*quwā*) geht. Dies wird damit zu tun haben, dass es keine gängigen Namen für die Vermögen der untergeordneten Verdauungsorgane gibt (auch wenn sie sich konkret beschreiben lassen könnten). Andererseits wird hier auch signalisiert, dass allen Organen des Körpers eine Funktion zugewiesen werden kann, die sich mit einem Seelenvermögen in Verbindung bringen lässt. Es wird z. B. dem Nährvermögen eben nicht nur eine Anzahl an Organen zugeteilt, die gemeinsam in unbestimmter Weise für den Stoffwechsel zuständig sind. Jedem einzelnen Verdauungsorgan lässt sich – zumindest im Prinzip – eine spezifische Unterfunktion des Nährvermögens und damit auch ein genauer Begriff zuweisen. Alle Organe lassen sich in diese Ordnung einbinden; sie ist vollständig, ist in ihren Funktionen differenziert und weist keine überflüssigen Elemente auf, getreu dem aristotelischen (aber gerade im Hinblick auf den menschlichen Körper auch von Galen geteilten) Prinzip, dass die Natur nichts umsonst hervorbringt (s. z. B. Aristoteles, *De anima* III 9, 432b21; III 12,

434a31). Auch dieser Aspekt erhält im Kontext der *Prinzipien* in Bezug auf die Analogie zwischen Körper und Staat besondere Signifikanz.

Ein weiteres Vermögen, das in ein dominantes und mehrere unterhaltende Vermögen geteilt ist, ist das der Sinneswahrnehmung (10.3). Anders als das Nährvermögen, bei dem die unterhaltenden Vermögen zumindest teilweise wieder untereinander angeordnet sind, gebietet das Wahrnehmungsvermögen über die auf einer Ebene stehenden fünf Sinne (*ḥawāss*), von denen jeder in einem eigenen Organ angesiedelt ist und einen eigenen Wahrnehmungsgegenstand hat; das dominante Vermögen ist dafür zuständig, die Wahrnehmungen der Einzelsinne zu sammeln. Al-Fārābī vergleicht es mit einem König, dem von seinen Botschaftern Nachrichten aus dem gesamten Königreich überbracht werden (vgl. auch unten Kap. 10 u. 11). Dieser und ähnliche Vergleiche existieren schon in der griechischen Tradition und finden sich im Anschluss an al-Fārābī mit Variationen auch bei weiteren arabischen Autoren, so bei den Iḫwān aṣ-Ṣafāʾ, Ibn Sīnā und al-Ġazālī (Walzer 1985/1998, 388 – 389; Silverstein 2007, 137 – 140). Dass al-Fārābī ihn sich im Kontext der *Prinzipien* gerne aneignet, liegt auf der Hand. Gerade im Hinblick auf die verschiedenen Varianten dieses Vergleiches bei anderen Autoren ist interessant, wie al-Fārābī die Position des Empfängers der Nachrichten interpretiert (als König, nicht etwa als untergeordneter Postmeister) und besetzt (mit dem dominanten Vermögen der Wahrnehmung, nicht mit Vernunft oder Vorstellungskraft). Nach der Beschreibung seiner Aufgabe, nämlich das zu sammeln oder zu bündeln, was die Einzelsinne erfasst haben, ist das dominante Vermögen der Wahrnehmung, dem hier die königliche Rolle zugedacht ist, nichts anderes als eine bestimmte Version des sog. „Gemeinsinns" (*al-ḥiss al-muštarak*). Aristoteles führt ein solches übergeordnetes Wahrnehmungsvermögen ein, um einige mit der Wahrnehmung verbundene Phänomene zu begründen, die mit den Einzelsinnen allein nicht erklärt werden können; darunter fällt neben der Wahrnehmung der „gemeinsamen Sinnesobjekte", die mehreren Einzelsinnen zugänglich sind (wie Zahl, Gestalt, Größe oder Bewegung), auch die Zusammenführung der Wahrnehmungen der Einzelsinne zu einem einheitlichen Gesamtbild sowie die Wahrnehmung, dass wir wahrnehmen. Dazu gesellen sich aber auch Operationen, die eher in den Bereich der Erinnerung und Vorstellungskraft fallen – welche von Aristoteles aber der Wahrnehmung im weiteren Sinne zugeordnet werden (*De anima* III 1 – 2; *De somno* 454a22 – 24; *De insomniis* 459a21 – 22; vgl. Gregoric 2007, 31 – 34 u. 54 – 58). In der peripatetischen Tradition, und vornehmlich bei Alexander, wird der Begriff des Gemeinsinns jedoch auf die Funktion reduziert, die mit der Sammlung und Vereinheitlichung der Wahrnehmungen der Einzelsinne zu tun hat (Gregoric 2007, 125). Es ist diese reduzierte Version des Gemeinsinns, die wir in al-Fārābīs dominantem Wahrnehmungsvermögen wiederfinden – was auch daran deutlich wird, dass er das Vorstellungsvermögen explizit vom Wahrnehmungsvermögen trennt (10.4). Dass al-Fārābī dem dominanten Wahrnehmungsvermögen hier die Rolle des Königs zuspricht, lässt sich zum einen so interpretieren, dass er den Vergleich nur auf den konkreten Bereich des Wahrnehmungsvermögens anwendet, ohne dessen Beziehung zu Vorstellungs- oder Vernunftvermögen mit einzubeziehen. Doch gerade wegen der Signifikanz der Körper-Staat-Analogie in den *Prinzipien* sollte man in Erwägung ziehen, dass es al-Fārābī hier tatsächlich darauf ankommt, auf eine regulierende Funktion des übergeordneten Wahrnehmungsvermögens hinzuweisen.

Das ebenso im Herzen angesiedelte Vorstellungsvermögen ist nicht nur vom Wahrnehmungsvermögen getrennt, sondern steht überhaupt allein für sich; al-Fārābī sagt explizit, dass es keine ihm zuarbeitende Vermögen in den anderen Organen besitze (10.4). In dieser Unabhängigkeit vom Körper weist es eine gewisse Ähnlichkeit zum Vernunftvermögen auf, das in der Rangordnung ja auch direkt über ihm folgt. Es fungiert einerseits als sensitives Gedächtnis, das die wahrgenommenen Formen auch in Abwesenheit des Wahrnehmungsgegenstands bewahrt, andererseits kann es die so gespeicherten Wahrnehmungen auf beliebige Weise trennen und zusammensetzen (10.4; 12.8). Dies interpretiert al-Fārābī zwar durchaus als eine Form der Kontrolle und Herrschaft (10.4). Aber das Vorstellungsvermögen bestimmt nicht direkt die Akte des Wahrnehmungsvermögens, wie dies bei den über untergeordnete Vermögen herrschenden Vermögen der Fall ist. Mit der in der griechischen Tradition keineswegs selbstverständlichen dezidierten Trennung zwischen Sinnesvermögen und Vorstellungsvermögen zeigt al-Fārābī wieder seine Nähe zu Alexander (Walzer 1985/1998, 389), aber auch zur arabischen Fassung der aristotelischen *Parva Naturalia* (*Kitāb al-Ḥiss wa-l-maḥsūs*, s. Hansberger 2019). Letzterer Text trennt scharf zwischen dem Bereich der mit Körperlichkeit assoziierten Sinneswahrnehmung und dem Bereich der „geistigen Kräfte“ der Vorstellung, des Denkens und der Erinnerung – mit deutlichen Einflüssen der galenisch-platonischen Theorie der geistigen Vermögen, die selbige in den Ventrikeln des Gehirns lokalisiert (in ähnlicher Form bei Nemesios, Synesios und Johannes von Damaskus zu finden; vgl. z. B. Parry 2018). Außerdem widmet diese Adaption ganz besondere Aufmerksamkeit der Rolle, die diese geistigen Vermögen bei der Weissagung durch Träume spielen (Hansberger 2019, 60–62), und hat womöglich entscheidende Anregungen für al-Fārābīs Ausarbeitung der Rolle der Vorstellung in *Prinzipien* 14 geliefert (Hansberger 2008, 73–74).

Über die Funktionsweise des Vernunftvermögens, die ja Gegenstand von *Prinzipien* 13 ist (s. unten Kap. 7), verliert al-Fārābī im 10. Kapitel noch weniger Worte als über diejenige des Vorstellungsvermögens. Es wird hier nur hinsichtlich seiner Position als End- und Zielpunkt der Hierarchie der Vermögen vorgestellt (10.1). Al-Fārābī betont seine Unabhängigkeit und seine Abgrenzung von körperlichen Aktivitäten: Es gibt keine „unterhaltenden“, in körperlichen Organen angesiedelte Vermögen, deren Aktionen seine Tätigkeit konstituieren würden (10.5). Stattdessen herrscht es im Sinne der zweiten Hierarchieebene über alle anderen Vermögen; es ist Form für alle voraufgehenden Formen (10.9). Damit ist in erster Linie angesprochen, dass das Vernunftvermögen – bzw. die Ausübung seiner Tätigkeit – den höchsten Zweck für das gesamte menschliche Lebewesen vorgibt (in Kapitel 13.7 erwähnt al-Fārābī explizit, dass es auch über den Körper gebietet); erst das Vernunftvermögen macht die menschliche Seele zu einer solchen, und das entsprechende hylemorphe Kompositum zu einem Menschen. Allerdings fügt al-Fārābī in Kapitel 10.5 an, dass das Vernunftvermögen insbesondere über das Vorstellungsvermögen gebietet; damit spricht er die enge Beziehung der beiden Vermögen an, die sich in der Beteiligung des Vorstellungsvermögens am reflexiven Denken bzw. seiner Fähigkeit, Denkobjekte bildlich nachzuahmen, zeigt (*Prinzipien* 13.7 u. 14; s. unten Kap. 7 u. 8).

Dass al-Fārābī zusätzlich bemerkt, dass ein besonderes Herrschaftsverhältnis zu allen dominanten Vermögen bestehe – wobei er die Aufzählung dann aber auf Vorstellungsvermögen, Wahrnehmungsvermögen und Nährvermögen beschränkt – scheint zunächst nicht viel mehr auszusagen, als dass die Vernunft die untergeordneten Vermögen nicht direkt, sondern mittelbar durch die ihnen vorstehenden Vermögen beherrscht. Angesichts des Aufbaus der Hierarchie wäre dies nicht überraschend. Doch al-Fārābī betont damit noch einmal, dass die Vernunft von den Vermögen, die sich körperlich manifestieren, getrennt bleibt. Sie tritt lediglich mit den übergeordneten Vermögen in Verbindung, die zwar im Herzen angesiedelt sind, dort aber – mit Ausnahme des Nährvermögens – keine eigenen körperlichen Aktionen hervorrufen (s. unten Abschnitt 6.3). Ob das Vernunftvermögen selbst im Herzen zu lokalisieren ist, bleibt in Kapitel 10.5 dabei offen.

Wie die Vernunft ihre Herrschaft über die anderen Vermögen konkret ausübt – jenseits der Tatsache, dass sie den Zweck darstellt, um dessentwillen die anderen bestehen – bleibt ebenfalls vage. Während al-Fārābī in *Prinzipien* 13.7 (s. unten Kap. 7) erklärt, wie die von der Vernunft erkannten Zwecke durch die übrigen Vermögen umgesetzt werden, und auch auf die Möglichkeit des Scheiterns (sei es der Erkenntnis des richtigen Zwecks oder ihrer Umsetzung) eingeht, scheint es ihm in Kapitel 10 – 12 eher darauf anzukommen, ein Idealbild der Ordnung der Vermögen zu zeichnen: Er stellt sie vor als eine grundsätzlich harmonische und zweckgerichtete, die aus sich selbst heraus reibungslos funktioniert. Dies zeigt sich auch an der Behandlung des Strebevermögens in *Prinzipien* 10.6 – 8.

Hinsichtlich der ersten Hierarchieebene entspricht das Strebevermögen in seiner Struktur den anderen dominanten Vermögen: Als übergeordnetes Vermögen ist es im Herzen verortet; es ist für die Ausbildung des Willens (*irāda*) bzw. des Triebes (*nuzūʿ*) zuständig (10.6). Seine unterhaltenden Vermögen, die in Muskeln und Nerven (bzw. Sehnen) der Gliedmaßen angesiedelt sind, besorgen die Ausführung dieses Willens (10.7). Auf der zweiten Ebene fällt das Strebevermögen hingegen aus der Ordnung: Da es mit allen drei kognitiven Vermögen in Zusammenhang steht, auf deren Objekte es sich mit Verlangen oder Abneigung richtet, lässt es sich weder in die zeitliche Entwicklung noch in die Materie-Form-Hierarchie eindeutig einpassen. Stattdessen, so al-Fārābī, existiert es „wie die Hitze im Feuer", die „von der Substanzialität des Feuers abhängt" (10.9; dt. 59). Dieser Vergleich, der womöglich auf eine Diskussion in der Bagdader Schule zu Substanz und Akzidenz Bezug nimmt (vgl. Benevich 2017), suggeriert erstens, dass das Strebevermögen nicht unabhängig von den kognitiven Vermögen existieren kann, und zweitens, dass es deren Aktivitäten stets begleitet. Somit besteht ein deutlicher Unterschied dazu, wie z. B. das Vorstellungsvermögen auf vorausgegangene Wahrnehmungen zugreift, nämlich in einem weiteren, mit der Wahrnehmung nicht notwendig verbundenen Schritt. Und so erklärt sich auch, warum al-Fārābī das Strebevermögen in Kapitel 10.5. nicht unter den Vermögen nennt, über die das Vernunftvermögen gebietet: Die Willensausrichtung der Vernunft geschieht bereits zusammen mit der ihr eigenen Aktivität.

Wie sich der Wille angesichts der Vielzahl seiner möglicherweise auch konfligierenden Gegenstände ausbildet, oder wie gar das Phänomen der Willensschwäche einzuordnen wäre, wird von al-Fārābī an dieser Stelle nicht angesprochen. Man könnte sogar meinen, dass er dort, wo er genauer auf die Funktionsweise des Vermögens eingeht, das Thema absichtlich umschifft. Zwar erwähnt er eingangs in Kapitel 10.6., dass sich der Wille auf die Dinge richtet, die von Vernunft, Wahrnehmung oder Vorstellung schon erfasst worden sind. Diesen Punkt greift er aber erst später, in Kapitel 13.7, wieder auf. In Kapitel 10.8 hingegen werden der Wille und seine tatsächliche Ausführung nur im Hinblick auf die Ausübung der kognitiven Vermögen selbst betrachtet: Es geht um das Streben danach, etwas zu wissen (mag dies ein Gegenstand der Vernunft oder der sinnlichen Wahrnehmung sein) bzw. sich vorzustellen. Dies ist auch insofern ein interessanter Punkt, als die Ausführung hier nicht in erster Linie auf körperlicher Bewegung beruht, wie es durch die Benennung von Nerven und Muskeln als unterhaltende Vermögen in Kapitel 10.7 suggeriert wird. Im Falle des Denkens wird das Ziel durch einen rein seelischen Akt erreicht, und zwar durch das Denkvermögen (*al-quwwa al-fikriyya*), das al-Fārābī als Teil des rationalen Vermögens begreift (es ist „innerhalb des Vernunftvermögens": *Prinzipien* 10.8; dt. 58). Auch im Bereich der Vorstellungen drückt sich das Streben in rein seelischen Akten aus, die alle drei kognitiven Vermögen einbeziehen können. Eine Sinneswahrnehmung hingegen wird durch eine Tätigkeit erlangt, die aus einem körperlichen und einem seelischen Akt zusammengesetzt ist. Hier besteht ein deutlicher Bezug zu Aristoteles, der die in den Traktaten der *Parva Naturalia* behandelten Phänomene wie etwa Sinneswahrnehmung, Erinnerung oder Traum als „Seele und Körper gemeinsam“ charakterisiert (*De sensu* 436a6 – 11). Aber während Aristoteles mit dem körperlichen Anteil der Sinneswahrnehmung durchaus auf den direkten Beitrag der Sinnesorgane zur Wahrnehmung abzielt, bezieht al-Fārābī ihn auf vorbereitende Akte wie das Zugehen auf ein Objekt oder das Anheben der Augenlider. Damit gelingt es ihm, den Aspekt des Strebens einzufangen; es hat aber den unerwarteten Nebeneffekt, dass er die Wahrnehmung (ebenso wie die Tätigkeiten der Vorstellungskraft) selbst als rein seelischen Akt verbucht.

Abgesehen von der Verlegung der ausführenden Aktionen in die Seele unterscheidet sich das Streben hier vom eigentlich paradigmatischen Fall darin, dass es sich nicht auf einen äußeren, durch die kognitiven Vermögen nur vorgestellten Gegenstand bezieht, sondern auf die kognitive Tätigkeit selbst. Damit wird das Streben zu einer Voraussetzung, nicht zu einer möglichen Folge der kognitiven Funktion. (Die damit verbundenen, schon aus Platons *Menon* bekannten Schwierigkeiten – in welcher Form kann sich das Strebevermögen den erstrebten kognitiven Gegenstand „vorstellen“? Dies sollte ja eben von den kognitiven Vermögen geleistet werden – werden von al-Fārābī hier nicht angesprochen.) Im Kontext des 10. Kapitels hat die ausschließliche Betonung dieses Falls erstens zur Folge, dass das Strebevermögen als etwas erscheint, was jeweils innerhalb der kognitiven Vermögen wirksam wird. Es tritt nicht als eigene Instanz auf, die auf die Resultate der kognitiven Aktivitäten reagiert oder gar zwischen ihnen vermittelt. Zweitens hebt al-Fārābī damit noch einmal die kognitiven, letztlich auf die Vernunft ausgerichteten Tätigkeiten hervor: Das hier thematisierte Streben richtet sich weniger auf die Erhaltung des Lebewesens, sondern gleich auf seine Perfektion. Beides führt dazu, dass sich das Strebevermögen besser in die geradlinige Hierarchie der Vermögen der Wahrnehmung, Vorstellungskraft und Vernunft einfügt, die al-Fārābī in *Prinzipien* 10 vorstellt.

Außerdem bietet sich hier eine besondere Perspektive auf die Regulierung der Vermögen und Aktivitäten. Die Situation, die den Lesern hier vor Augen geführt wird, ist eben nicht eine, in der die kognitiven Vermögen mehr oder weniger willkürlich oder zufällig Eindrücke sammeln, zu denen im Nachgang Zu- oder Abneigungen entwickelt werden, die dann wiederum von einem regulativen Prinzip sortiert werden müssten. Vielmehr wird nahegelegt, dass die Regulierung schon vorher ansetzt bzw. im Idealfall ansetzen kann: In einer wohlregulierten menschlichen Seele lassen sich über das den kognitiven Vermögen schon mitgegebene Strebevermögen deren Aktivitäten von vorneherein auf den von der Vernunft vorgegeben Zweck ausrichten. Dies lässt vielleicht auch den Vergleich des dominanten Wahrnehmungsvermögens mit einem über die Sinne eingesetzten König in besonderem Licht erscheinen. Im Kontext des Abschnittes, in dem die

Analogie zwischen menschlichem Körper und Staat vorbereitet wird, wird einmal mehr der Eindruck eines wohlorganisierten, stringent funktionierenden einheitlichen Ganzen vermittelt. Das Zentrum, von dem aus die Regulierung aller Vermögen und Aktivitäten erfolgt, ist der Sitz der Seelenvermögen, das Herz.

6.3 Kapitel 11: Die Ordnung der körperlichen Organe und die Rolle des Herzens

Nicht von ungefähr beginnt das der Ordnung der körperlichen Organe gewidmete Kapitel 11 mit dem Wort „Herz" (*qalb*). Das gesamte Kapitel ist von al-Fārābīs Anliegen geprägt, einen aristotelischen Kardiozentrismus aufrechtzuerhalten (vgl. Lopez-Farjeat 2020). Dieser muss nicht nur gegen die platonische Seelenlehre verteidigt werden, sondern vor allem auch gegen die mit dem Namen Galens verbundene, auf anatomische Erkenntnisse hellenistischer Ärzte zurückgehende medizinische Theorie, welche die mentalen Funktionen des Denkens, Vorstellens und Erinnerns in den Ventrikeln des Gehirns verortet (vgl. oben). Demgegenüber betont al-Fārābī, dass die grundlegenden seelischen Vermögen im Herzen angesiedelt sind; genannt werden konkret die dominierenden Teile des Nährvermögens (10.2), Sinnesvermögens (11.3), Strebevermögens (10.7, 11.3) und Fortpflanzungsvermögens (12.1, 12.4) ebenso wie das Vorstellungsvermögen (10.4, vgl. 11.4) und die Aktivitäten des Vernunftvermögens wie Denken und Überlegen (*fikr, rawiyya*, 11.4). Die übrigen Organe sind dem Herzen untergeordnet und beherbergen die den dominierenden jeweils unterstellten Vermögen.

Gerade dort, wo die Funktionen bzw. Vermögen gemeinhin eindeutig mit anderen Organen assoziiert werden, muss al-Fārābī erklären, ob und wie sich die Rolle des Herzens in physiologischen Prozessen spiegelt, und begründen, warum die Aktivitäten der untergeordneten Organe, die ja auf den ersten Blick die eigentlichen Funktionen z. B. der Ernährung oder der Fortpflanzung darstellen, als denjenigen des Herzens lediglich dienend eingestuft werden sollten. Besonderes Augenmerk legt al-Fārābī in Kapitel 11 dabei darauf, die Funktionen des Gehirns (*dimāġ*) von denen des Herzens abzugrenzen und seinen untergeordneten Status zu bestimmen.

Physiologisch gesehen fungiert das Herz vor allem als Quelle der angeborenen Wärme (*al-ḥarāra al-ġarīziyya*), die gewissermaßen die Grundlage des Lebens darstellt (*Prinzipien* 11.2; vgl. z. B. Galen, *De Usu Partium* I 318 Kühn; engl. Übers. in May 1968, 292). Insofern ist das Herz ein plausibler Kandidat für den Sitz des Nährvermögens, das sich auf die ganz grundsätzlichen Lebensfunktionen bezieht, zumal Wärme auch für den Stoffwechsel benötigt wird (vgl. Aristoteles, *De partibus animalium* 650a3 – 15). Auch andere Funktionen der im Herzen angesiedelten Vermögen lassen sich mit Rückgriff auf diese Wärme erklären. Darüber hinaus ist sie auch ein entscheidender Faktor in der Rollenverteilung zwischen Herz und Gehirn.

Al-Fārābīs Position vermittelt insofern zwischen Kardio- und Enzephalozentrismus, als das Gehirn im Dienste des Herzens alle anderen Organe dominiert. Anders als Organen wie Leber oder Milz wird ihm keine konkrete Funktion zugeschrieben, die einem einzelnen Seelenvermögen zuzuordnen wäre; das Gehirn dient dem Herzen in allgemeiner Weise, wie ein Hausverwalter dem Hausherrn (11.1). Auf physiologischer Ebene wird dieser Status – mit Rückgriff schon auf Aristoteles – so erklärt, dass das Gehirn die im Herzen entstehende angeborene Wärme, welche sich vom Herzen ausgehend über den Lebensgeist (*ar-rūḥ al-ḥayawānī al-ġarīzī*) im gesamten Körper verteilt, den Bedürfnissen der unterschiedlichen Körperteile entsprechend reguliert (11.2). Eine zweite Funktion des Gehirns besteht darin, die Nerven – zuständig zum einen für Wahrnehmung, zum anderen für Bewegung – zu unterstützen bzw. in ihrer Funktionalität zu erhalten (11.3). Wie das geschieht, bleibt vage, wird von al-Fārābī aber mit der Tatsache in Verbindung gebracht, dass die Nerven im Gehirn bzw. im mit dem Gehirn verbundenen Rückenmark wurzeln (11.5). Auch dies hat mit der Regulierung der Wärme des Herzens zu tun, die das Gehirn leistet; es sorgt dafür, dass die verschiedenen Arten der Nerven den jeweils richtigen Grad an Feuchtigkeit sowie die richtige (nämlich nicht „rauchige“) Art von Geist besitzen. Im Unterschied zum Gehirn ist die Lunge (11.7) dafür zuständig, diesen angeborenen Geist mit Luft zu versorgen und den Anteil an Rauchigem im Herzen gering zu halten. Damit erfüllt sie zwar auch einen auf den ersten Blick recht ähnlichen allgemeinen Dienst am Herzen. Doch ihre Tätigkeit ist direkt nur auf das Herz bzw. den in ihm entstehenden Geist bezogen, während das Gehirn den Geist für die Nerven vervollkommnet und damit deren Aktionen erst ermöglicht.

Mittels seiner Unterstützung der Nerven ermöglicht das Gehirn zum einen die Funktion der Sinne bzw. Sinnesorgane, zum anderen die willentliche Bewegung der Gliedmaßen. Da das dominierende Wahrnehmungsvermögen und das Strebevermögen im Herzen lokalisiert sind, kann al-Fārābī dies als Dienst des Gehirns am Herzen beschreiben, auch wenn – anders als bei der ersten Funktion – hier keine direkte physiologische Aktivität des Herzens auszuweisen ist, der die Nerven und das Gehirn zuarbeiten würden.

Erst als dritte Funktion des Gehirns nennt al-Fārābī diejenige, um die es bei der Rivalität zwischen Kardiozentrismus und Enzephalozentrismus eigentlich geht: seine Unterstützung der mentalen Aktivitäten (11.4). Weit entfernt davon, als Sitz oder gar Organ des Vernunftvermögens aufzutreten, wird dem Gehirn auch hier eine rein dienende Funktion zugesprochen, die sich darin erschöpft, die

Wärme des Herzens auf das richtige Maß zu regulieren. Betroffen sind zum einen die Tätigkeit des Vorstellungsvermögens, zum anderen die Denk- und Überlegungstätigkeit (*fikr*) des Vernunftvermögens, sowie das Bewahren (*ḥifẓ*) und Wiedererinnern (*taḏakkur*). Laut *Prinzipien* 10.8 und 14.1–2 sind die zwei letzteren dem Vorstellungsvermögen zuzurechnen (was in *Prinzipien* 11.4 textlich nicht ganz klar wird). Die Reihung dieser Aktivitäten – Vorstellen, Denken, Erinnern – erinnert allerdings stark an die galenisch-medizinische Tradition, die diese Tätigkeiten in eben dieser Abfolge dem vorderen, mittleren und hinteren Gehirnventrikel zuteilt. Noch eindrücklicher spiegelt sie sich in der Bemerkung wider, dass unterschiedliche Areale des Gehirns für die den diversen Aktivitäten angemessene Temperierung zuständig seien (11.4). Damit trägt al-Fārābī den postaristotelischen anatomischen Erkenntnissen Rechnung, ohne das Gehirn als Sitz der Vermögen anerkennen zu müssen. Dennoch entsteht an einigen Punkten der Eindruck, dass es al-Fārābī nicht ganz leichtgefallen sein könnte, seinen Kompromiss zwischen aristotelischem Kardiozentrismus und galenischer Anatomie auszuarbeiten. So wirkt doch eher kontraintuitiv, dass das Herz zum einen ständig die „stark[e] und übermäßig[e]“ (Ferrari 2009, 61) Wärme produziert, gleichzeitig aber für die Ausführung anderer Funktionen von einer gemäßigteren Wärme erfüllt sein soll – noch dazu in je nach Aktivität unterschiedlicher Temperierung (wobei im Übrigen nicht ausgeschlossen ist, dass die Aktivitäten gleichzeitig stattfinden können). Dass diese Temperierung in den Gehirnventrikeln stattfinden, aber im Herzen wirksam werden soll, erscheint auch nicht unmittelbar plausibel.

Auf dieses Problem geht al-Fārābī in Kapitel 11.6 selbst ein. Er weist darauf hin, dass Vermögen körperliche oder seelische Funktionen haben können. Im Falle der körperlichen Funktionen, bei denen „körperliche Formen“ von einem Organ zu einem anderen transferiert werden, müssen zwischen diesen Organen Verbindungen bestehen – wie dies bei den Verdauungsorganen der Fall ist, aber auch bei der Instandhaltung der Nerven durch das Gehirn. Ist die Aktivität hingegen eine seelische, muss solch ein „Kanal“ (*masīl*) zwischen den beteiligten Organen nicht unbedingt gegeben sein. Hier nennt al-Fārābī konkret die Einwirkung des Gehirns auf das Herz als Beispiel. Dass die Kühlfunktion des Gehirns ohne das Übermitteln körperlicher Formen auskommen sollte, bleibt dennoch befremdlich. Al-Fārābīs Ausführungen unterstreichen jedoch, dass die Wärme des Herzens lediglich als Voraussetzung für die kognitiven Aktivitäten formuliert wird (11.4); die kognitiven Tätigkeiten erfolgen nicht als physiologische Prozesse im Herzen, auch wenn die Vermögen dort ihren Sitz haben.

Dies ist vor allem in Bezug auf das Vernunftvermögen von Bedeutung. Tatsächlich hält sich al-Fārābī auffallend bedeckt, was den Sitz des Vernunftvermögens anbelangt. Während er alle anderen grundlegenden Vermögen explizit im

Herzen verortet, unterlässt er dies im Falle der Vernunft. Walzer (1985/1998, 387; s. jedoch dagegen Vallat 2019a u. Lopez-Farjeat 2020) ist der Ansicht, dass al-Fārābī (gegen Alexander, aber mit Aristoteles) das Vernunftvermögen überhaupt nicht im Körper lokalisiere. Aber al-Fārābī verbindet das (reflexive) Denken, das in Kapitel 10.8. im Vernunftvermögen verankert wird, in gleicher Weise mit dem Herzen wie die Aktivität des dort lokalisierten Vorstellungsvermögens (11.4). Auch in der „Epistel über die Widerlegung Galens" (*Risāla fī r-Radd alā Ǧālīnūs* 85) sagt al-Fārābī im Zuge seiner Verteidigung des aristotelischen Kardiozentrismus deutlich (wenn auch nicht ganz korrekt), dass Aristoteles den vernünftigen Seelenteil im Herzen ansiedle. Demgegenüber ist die Zurückhaltung, mit der al-Fārābī sich in dieser Beziehung in den *Prinzipien* ausdrückt, bemerkenswert. Angesichts der Tatsache, dass später im Werk auch die Möglichkeit der rationalen Seele, unabhängig vom Körper zu existieren, verhandelt wird (*Prinzipien* 16), lässt sich vermuten, dass al-Fārābī den Eindruck vermeiden wollte, dass im Falle des rationalen Vermögens bzw. des menschlichen Intellekts ein Form-Materie-Verhältnis im regulären Sinne vorliege (s. Vallat 2019a, 216 – 223 für eine ausführliche Diskussion dieser Frage). – Unmissverständlich klar ist hingegen, dass das Vernunftvermögen seinen Ort jedenfalls nicht im Gehirn hat.

Dass al-Fārābī bei seiner Diskussion der Organe im 11. Kapitel vor allem die Verteidigung des Kardiozentrismus und die Klärung der Rolle des Gehirns am Herzen liegt, scheint selbst in denjenigen Abschnitten auf, die vordergründig nicht mit dem Herzen zu tun haben. So fällt auf, dass al-Fārābī die Rangfolge der Organe eher kurz und oberflächlich behandelt; im entsprechenden Zusammenhang (11.6) werden gar nicht alle Organe aufgeführt, die in den übrigen Abschnitten im Gespräch sind. An herausragender Stelle wird hingegen die Leber genannt, die als drittes Organ nach dem Gehirn folgt. Dies erweckt den Anschein, als habe al-Fārābī vor allem die Reihung der in der platonischen Tradition entscheidenden Organe Herz, Gehirn und Leber herausarbeiten wollen.

Auch die Reihenfolge der vorgeburtlichen Entstehung der Organe, die in Kapitel 11.8 kurz abgehandelt wird, ist dazu geeignet, den Primat des Herzens zu unterstreichen: Es entsteht als erstes Körperteil, wohingegen das Gehirn erst an zweiter Stelle folgt. Al-Fārābī erwähnt explizit auch hier weiterhin nur noch die für das Nährvermögen besonders signifikanten Organe Leber und Milz, sowie die Fortpflanzungsorgane. Im Zusammenhang mit letzteren weist er vor allem darauf hin, dass sie ihre Funktion erst später im Leben ausbilden und generell eine untergeordnete Rolle spielen. Dies mag ihre Nachrangigkeit im Vergleich zum Herzen als dem eigentlichen Sitz des Fortpflanzungsvermögens betonen – ebenso wie der Hinweis darauf, dass die Funktion der Hoden darin bestehe, die „männliche Wärme" und den „männlichen Geist" zu bewahren, die wiederum ihren Ursprung im Herzen haben.

Mit der starken Betonung der Rolle des Herzens, die auch in *Prinzipien* 12 fortgeführt wird, untermauert al-Fārābī nicht nur seinen aristotelischen Kardiozentrismus, sondern bereitet auch den Boden für seine Analogie zwischen Körper und Staat, in der das Herz für die zentrale, für alles verantwortliche Position des Herrschers stehen wird.

6.4 Kapitel 12: Das Fortpflanzungsvermögen

Obwohl das Fortpflanzungsvermögen als ein dominierendes Vermögen mit Sitz im Herzen gekennzeichnet ist (12.1), wird es im Rahmen der Gesamtdarstellung der Hierarchie der Seelenkräfte in Kapitel 10 ganz übergangen. Stattdessen wird es vergleichsweise ausführlich in dem ihm eigens gewidmeten Kapitel 12 besprochen. Diese auffällige Sonderbehandlung mag diverse Gründe haben. Möglicherweise spielt hinein, dass, wie Walzer (1985/1998, 392) anführt, dem Thema auch unter den Aristotelischen Schriften ein eigenes Werk gewidmet ist (und es natürlich auch in der medizinischen Tradition einen eigenen Themenkomplex bildet); aber es liegt nahe, anzunehmen, dass hier eher inhaltliche Überlegungen zugrunde liegen. Schließlich folgt al-Fārābī in den *Prinzipien* auch sonst nicht streng der Struktur des aristotelischen Corpus.

Nun war es al-Fārābī in Kapitel 10 ja daran gelegen, die Ordnung der Vermögen als eine stringente, auf das höchste Vermögen ausgerichtete Hierarchie darzustellen. Hier ließ sich das Fortpflanzungsvermögen schwer in die Folge der Vermögen einordnen: es trägt weder direkt noch mittelbar zur Entwicklung der kognitiven Vermögen bei und lässt sich nicht als ein in irgendeiner Weise auf die Tätigkeit der Vernunft ausgerichtetes Vermögen beschreiben. Das könnte erklären, warum al-Fārābī dort davon absieht, es überhaupt zu nennen. Auch seine traditionelle Zuordnung zum Nährvermögen, die al-Fārābī im Übrigen nur am Rande streift (im Zusammenhang mit der gleichzeitigen Entstehung der Vermögen, 12.5), würde keinen Anknüpfungspunkt bieten: das Fortpflanzungsvermögen ist dem Nährvermögen ja nicht als ein Vermögen untergeordnet, das ihm zuarbeiten würde wie die Vermögen von Leber oder Milz. So behandelt al-Fārābī es auch als unabhängiges dominierendes Vermögen mit Sitz im Herzen.

Dem Fortpflanzungsvermögen kommt in der Tat eine bedeutende Rolle zu, wenn auch nicht im Kontext der Vervollkommnung des einzelnen Menschen. Es ist vielmehr dafür zuständig, die Ewigkeit der lebendigen Spezies zu garantieren (vgl. Walzer 1985/1998, 398), und trägt somit maßgeblich zur Balance und „Gerechtigkeit" im sublunaren Bereich des Kosmos bei (*Prinzipien* 9.2, 9.5; s. oben Kap. 5). Die besondere Aufmerksamkeit, die al-Fārābī ihm widmet, ist daneben vielleicht auch den speziellen Anforderungen geschuldet, die das Fortpflanzungsvermögen an das Erklärungsmodell stellt. Auch hier ist der Sitz des dominierenden Vermögens im Herzen zu rechtfertigen; zusätzlich besteht die Eigenheit, dass dieses Vermögen im Menschen sowie den meisten Tieren in zwei Geschlechter differenziert ist. In dieser Beziehung gilt es außerdem – wie beim Kardiozentrismus auch – eine aristotelische Position gegen eine ihr entgegengesetzte medizinische zu verteidigen (vgl. Connell 2000): Al-Fārābī lehnt die galenische Lehre vom weiblichen Samen ab und nimmt die Aufteilung in einen männlichen und weiblichen Beitrag mit Aristoteles entlang der Form-Materie-Unterscheidung vor: Während die Form des Lebewesens allein durch den männlichen Samen weitergegeben wird, besteht der weibliche Beitrag darin, die Materie zu Verfügung zu stellen, indem das Blut in der Gebärmutter für die Aufnahme der Form vorbereitet wird (12.1– 3).

Der Gebärmutter entsprechen als erstes „unterhaltendes" Vermögen auf männlicher Seite die Gefäße im Schambereich, die den Samen produzieren (12.3). Al-Fārābī zieht einen medizinischen Vergleich (12.4): Der Samen ist ein separates Instrument des Fortpflanzungsvermögens, analog dem Heilmittel, das nach Verabreichung auch in Abwesenheit des Arztes seine Wirkung entfaltet. Die Gefäße, die den Samen hervorbringen, werden hingegen mit der Hand des Arztes verglichen. Sie produzieren den Samen „unter dem dominierenden Vermögen ... das im Herzen sitzt" (12.4; dt. 66); im Vergleich würde dem Herzen also der Arzt selbst entsprechen, der die ärztliche Kunst besitzt. So ist das Herz der Akteur, der „diese Gefäße [verwendet]", um dem Samen das Vermögen zu verleihen, die Form im Blut der Gebärmutter entstehen zu lassen (ebd.).

Auch hinsichtlich der zeitlichen Entwicklung hat das Herz eine Vorrangstellung: es ist ja vom allerersten Anfang an vorhanden, während die Fortpflanzungsorgane sich erst bilden, sobald zusammen mit dem Nährvermögen entweder das weibliche oder das männliche Fortpflanzungsvermögen entstanden ist (12.5). Diese Unterscheidung hängt in der Tat wiederum mit der ureigenen Funktion des Herzens zusammen, der Produktion der angeborenen Wärme: Die männlichen Vertreter der Spezies sind wärmer als die weiblichen (12.7; vgl. z. B. Aristoteles, *De generatione animalium* 765b7– 766a4). Es fällt allerdings auf, dass al-Fārābī die Trennung in zwei Geschlechter in ihrer Bedeutung eher herunterspielt, was ebenfalls in gewisser Weise dazu beiträgt, die Vorrangigkeit desjenigen Organs zu unterstreichen, das beiden Geschlechtern gemeinsam ist. So betont er, dass eine solche Trennung keineswegs notwendig ist: bei vielen Pflanzen und manchen Tieren liegt sie gar nicht oder nur in unvollkommener Weise vor (12.6). Auch in Bezug auf den Menschen macht al-Fārābī klar, dass sie nicht fundamental ist. Es lassen sich zwar weitere Unterschiede zwischen Frauen und Männern feststellen, die nicht direkt mit den Fortpflanzungsorganen zu tun haben: neben größerer Wärme und größerer körperlicher Stärke der Männer nennt al-Fārābī die

Tendenz zu bestimmten Emotionen („seelischen Akzidentien“: *ʿawāriḍ nafsāniyya*, 12.7) wie Erbarmen (Frauen) oder Zorn (Männer), die mit Schwäche bzw. Kraft assoziiert sind. Doch sind letztere erstens keine notwendige Erscheinung; es gibt Ausnahmen von der Regel. Zweitens hebt al-Fārābīs Hinweis auf ihre Verbindung zu Stärke bzw. Schwäche hervor, dass es sich um hauptsächlich körperliche Unterschiede handelt. In der aristotelischen Fortpflanzungslehre bewanderten Lesern wäre zudem bewusst gewesen, dass diese Unterschiede, insofern sie mit der größeren Wärme der Männer assoziiert werden können, direkt mit der Funktion der Fortpflanzung in Zusammenhang stehen. Vor allem aber bleiben, wie al-Fārābī zu Anfang von Kapitel 12.8 eigens betont, die kognitiven Vermögen von dem Geschlechterunterschied vollkommen unberührt.

Al-Fārābī nutzt diesen Punkt, um eine etwas überraschende Überleitung zu Kapitel 13 anzuschließen, in der er die stringent aufeinander aufbauende Funktionsweise der kognitiven Vermögen bis hin zum Vorstellungsvermögen rekapituliert.

6.5 Seelenvermögen und Körper-Staat-Analogie

Sowohl die Seelenvermögen als auch die körperlichen Organe des Menschen werden von al-Fārābī als streng hierarchisch geordnet präsentiert. Auf den ersten Blick lässt dies vermuten, dass die beiden Hierarchien parallel angelegt sind. Dies ist aber nur bedingt der Fall. Genauer gesagt trifft es nur auf die erste Hierarchieebene zu, auf der dominierende und unterhaltende Vermögen angeordnet sind. Hier lassen sich die Vermögen prinzipiell in Untervermögen einteilen, denen jeweils Organe entsprechen, die in einer parallelen Hierarchie aufeinander folgen. Auf der zweiten Hierarchieebene, welche die Anordnung der grundlegenden Seelenvermögen betrifft, besteht diese Parallelität jedoch nicht: hier sind ja alle Vermögen, auf die es ankommt, gemeinsam im Herzen versammelt.

Dies ist besonders im Hinblick auf die von al-Fārābī entwickelte Analogie zwischen Körper und Staat interessant, innerhalb derer das Herz dem Herrscher entspricht (*Prinzipien* 15.5, vgl. unten Kap. 10 und 11): Es bedeutet, dass diese Analogie tatsächlich nur auf den Körper hin ausgelegt ist und sich nicht einfach in einem weiteren Schritt auf die Ordnung der Seelenkräfte übertragen lässt. Besonders deutlich lässt sich dies an der Rolle des Gehirns ablesen, das von al-Fārābī explizit mit einem Hausverwalter verglichen wird: dieses im Rang zweithöchste Element hat keine bestimmte Entsprechung unter den prominenten Seelenfunktionen; es unterstützt das Herz in seinen Funktionen und vermittelt zwischen ihm und den Organen (11.1). Wenn man die Seele in die Analogie miteinbeziehen will – was ja insofern durchaus möglich ist, als das Herz als Sitz der

Seelenvermögen bestimmt ist –, so ergibt sich daraus, dass das Herz als Sitz der gesamten Seele das regulative Prinzip bzw. den Herrscher darstellt, nicht nur als Sitz des Vernunftvermögens. Die enge Verschränkung zwischen Herz und Organen über die erste Hierarchieebene der Seelenkräfte impliziert wiederum, dass der Herrscher der Gemeinschaft nicht als etwas ganz Andersgeartetes gegenübersteht. Auch die untergeordneten Organe sind Sitz von Seelenkräften; auch die Glieder der Gemeinschaft haben Anteil an und Verantwortung für ihre Lenkung, wenn auch in ausführender Funktion. Sie sind keine bloßen Instrumente.

Für die Analogie heißt dies außerdem, dass sie flexibel genug ist, nicht nur den Idealfall (gesunder Körper mit vernunftbestimmter Seele, wohlorganisierte Stadt mit perfektem Herrscher) abzubilden, sondern auch Abweichungen vom Ideal einfangen kann, auch und gerade wenn diese dem Herrscher anzulasten sind (vgl. *Prinzipien* 16.9 – 10). Eine Analogie, in der allein das Vernunftvermögen dem Herrscher korrespondierte, könnte hingegen nur präskriptiv bzw. als Illustration des Ideals verstanden werden. Aber auch für den Idealfall bietet das Herz als Sitz aller Seelenvermögen eine überzeugendere Parallele zu al-Fārābīs Darstellung der Herrscherfigur (*Prinzipien* 15.7, 15.12), die nicht allein durch Wissen und praktische Vernunft besticht, sondern auf allen möglichen Gebieten Exzellenz zeigt, angefangen mit ihrer körperlichen Konstitution.

Umgekehrt ergeben sich aus der Analogie auch Hinweise zu al-Fārābīs Auffassung der Seele. Dass er nicht nur alle wesentlichen Seelenvermögen im Herzen versammelt, sondern diesem in seiner Analogie die Rolle des Hegemons zuspricht (dem zudem auf der kosmischen Seite das durch Einheit gekennzeichnete Erste Seiende entspricht, vgl. *Prinzipien* 1.2– 5 und oben Kap. 3), lässt erkennen, dass er trotz der Ausdifferenzierung ihrer Vermögen die Seele als eine einheitliche Instanz begreift. Auch wenn das Vernunftvermögen das oberste regulative Prinzip ist (bzw. idealerweise sein soll), hat es diese Funktion nicht in Isolation. Wie sich schon im Zusammenhang des Strebevermögens angedeutet hat, sind alle kognitiven Seelenkräfte an der mehr oder weniger erfolgreichen Lenkung des menschlichen Lebewesens beteiligt, genau wie der ideale Herrscher zum Wohle seiner Stadt alle seine Begabungen einsetzen muss.

Literatur

Connell, Sophia M. 2000: Aristotle and Galen on Sex Difference and Reproduction. A New Approach to an Ancient Rivalry, in: *Studies in History and Philosophy of Science* 31, 405 – 27.

El-Fekkak, Badr 2017: Cosmic, Corporeal and Civil Regencies. Al-Fārābī's Anti-Galenic Defence of Hierarchical Cardiocentrism, in P. Adamson/P.E. Pormann (Hrsg.), *Philosophy and Medicine in the Formative Period of Islam*, London, 255 – 68.

Hansberger, Rotraud 2019: The Arabic *Parva Naturalia*, in M. Sebti/D. De Smet (Hrsg.), *Noétique et théorie de la connaissance dans la philosophie arabe du IXe au XIIe siècle*, Paris, 45 – 75.

Silverstein, Adam J. 2007: *Postal Systems in the Pre-Modern Islamic World*, Cambridge.

Patric O. Schaerer

7 Intellekt und Denken (Kap. 13)

7.1 Inhaltlicher Überblick und Einordnung der Intellekt-Thematik innerhalb des Werkes

In Kapitel 13 der *Prinzipien* behandelt al-Fārābī die Voraussetzungen und Funktionsweisen des menschlichen Denkens sowie die damit zusammenhängenden kognitiven Prozesse wie Erkennen, Wollen oder Entscheiden. Ungeachtet seiner Kürze ist dieses Kapitel überaus dicht und gehaltvoll, widmet es sich doch mit der Entwicklung einer komplexen Intellekt- und Erkenntnislehre einer der zentralen Fragen der philosophischen Tradition.

Die Erörterung dieser Thematik in den *Prinzipien* liegt aber nicht bloss hinsichtlich ihrer Position ungefähr in der Mitte des Werkes, sondern sie bildet darüber hinaus einen zentralen inhaltlichen Dreh- und Angelpunkt innerhalb der Komposition und des Argumentationsverlaufs des gesamten Textes. Bereits auf den ersten Blick leuchtet ein, dass in einem philosophischen Kontext der Frage nach Denken und Erkennen eine prioritäre Bedeutung zuerkannt werden muss; hinzu kommt aber noch, dass durch den geschickt komponierten Aufbau des Werkes die vorangehenden und nachfolgenden Teile des Textes auf mannigfaltige Weise miteinander verwoben und in Beziehung gesetzt werden: Indem er die (vollendete) intellektive Erkenntnis als Voraussetzung für die menschliche Glückseligkeit versteht, legt al-Fārābī das Fundament für die nachfolgenden Erörterungen zu Ethik (moralischem Handeln), Politik (Staatswesen) und jenseitiger Glückseligkeit, weil er sowohl für das gute menschliche Handeln als auch für die gerechte Leitung eines Staates eine zur Vollendung gelangte Erkenntnis und Einsicht in die jeweiligen Prinzipien und Normen voraussetzt. Andererseits schlägt er aber auch eine Brücke zu den davorliegenden Kapiteln, welche der Metaphysik (insbesondere der Einen, Ersten Ursache), der Kosmologie (dem Aufbau der Welt sowie der himmlischen Sphären) und verschiedenen naturwissenschaftlichen Themen (Seelenlehre, Biologie, Physiologie) gewidmet sind, indem er dem Aktiven Intellekt (*ʿaql faʿʿāl*) – dem untersten der separaten kosmischen Intellekte – auch im Rahmen des menschlichen Erkenntnisprozesses eine fundamentale Rolle zuweist; und ebenso, indem sein Gedankengang an die Behandlung des in den *Prinzipien* 10.5 bereits eingeführten rationalen Vermögens der menschlichen Seele (*quwwa nāṭiqa*) anschließt und um eine ausführliche Intellekt-Lehre erweitert wird. Das Kapitel 13 erweist sich so in gewissem Sinne als ein zentrales Bindeglied, das die vorhergehenden und die nachfolgenden Teile

https://doi.org/10.1515/9783110535945-009

sowohl thematisch als auch argumentativ miteinander verknüpft; es erfüllt damit also eine eigentliche Scharnier-Funktion innerhalb des gesamten Werkes.

Auffallend und auf den ersten Blick nicht ganz naheliegend ist allerdings, dass al-Fārābī seine Erörterungen zum Thema Intellekt in Kapitel 13 nicht abschließt, sondern gleichsam in der Mitte innehält und zunächst dazu übergeht, in den Kapiteln 14 und 15 die Prophetie sowie daran anschließend die Grundlagen und Ausprägungsformen des gemeinschaftlichen menschlichen Zusammenlebens zu erläutern (siehe Näheres dazu unten in den Beiträgen 8 und 9 dieses Bandes). Erst in der zweiten Hälfte von Kapitel 15 kommt al-Fārābī wieder auf die Intellekttheorie im engeren Sinne zurück und vervollständigt diese. Die Behandlung der Intellekttheorie umschließt die dazwischenliegenden Teile also wie eine Art Klammer. Allerdings handelt es sich bei den genannten Einschüben nicht um sachfremde thematische Exkurse, sondern sie weisen eine deutliche inhaltliche Verknüpfung zum Intellekt-Thema auf: Die Prophetie etwa dadurch, dass sie als Einwirkung des Aktiven Intellekts auf das Vorstellungsvermögen (*quwwa mutaḫayyila*) des Menschen gedeutet wird; es handelt sich bei den betreffenden Passagen also um eine Fortsetzung und Weiterentwicklung der vorangegangenen Ausführungen über den Aktiven Intellekt. Und die Erläuterungen zu den verschiedenen Formen von staatlichen Gemeinschaften führen über die Person des bestmöglichen Leiters einer Gemeinschaft und dessen Eigenschaften schließlich wieder zum Intellekt-Thema zurück, da sich insbesondere bei ihm die höchste Stufe des menschlichen Intellekts in paradigmatischer und vollendeter Weise realisiert, welche bei al-Fārābī die Bezeichnung „angeeigneter oder erworbener Intellekts“ (*ʿaql mustafād*) trägt.

Dass diese beiden Teilstücke zum Thema Intellekt letztlich zusammengehören und eine inhaltliche Einheit bilden, ergibt sich überdies aus der Tatsache, dass al-Fārābī denselben Themenkomplex noch in weiteren Werken behandelt. Einerseits in dem mit unserem Text nahe verwandten Werk *Die Lenkung des Gemeinwesens* (*as-Siyāsa al-madaniyya* 71–79, franz. Übers. 130–157, dt. Übers. 52–62). Andererseits in seinem Traktat *Über den Intellekt* (*Risāla fī l-ʿAql*), welcher ausschließlich diesem Thema gewidmet ist; hier geht al-Fārābī von der Frage aus, in wie vielen unterschiedlichen Bedeutungen der Begriff „Intellekt“ verwendet wird. Er unterscheidet die folgenden sechs Verwendungen: i) gemäß dem Verständnis der breiten Masse, d.h. im allgemeinen Sinne von „klug handeln“ (*taʿaqqul*), ii) gemäß dem Gebrauch der islamischen Theologen (*mutakallimūn*), die laut al-Fārābī unter diesem Begriff ein Kriterium für moralisch gutes Handeln verstehen; im restlichen und grössten Teil des Traktats folgen dann Erklärungen dazu, in welchen Bedeutungen der Begriff (gemäß al-Fārābīs Deutung) in verschiedenen Werken des Aristoteles zur Anwendung kommt, nämlich iii) in den *Analytica posteriora*, iv) in der *Nikomachischen Ethik*, v) im Traktat *Über die Seele*

(*De anima*) und vi) in der *Metaphysik* (siehe dazu Rudolph 2012b, 394 u. 426f., sowie ausführlich Vallat 2012a). Im Großen und Ganzen decken sich seine Ausführungen mit denjenigen in unserem Text, allerdings gibt es in einigen Punkten auch gewisse Abweichungen. Diese Differenzen lassen sich einerseits dadurch erklären, dass der *Intellekt-Traktat* vermutlich ein eher frühes Werk al-Fārābīs ist, während es sich bei den *Prinzipien* wohl um ein Spätwerk handelt, sodass es naheliegend ist, dass al-Fārābī sich in bestimmten Punkten anders besonnen oder seine Ansichten weiterentwickelt haben kann. Andererseits unterscheiden sich die beiden Werke auch in ihrer exegetischen Perspektive: Während der *Intellekt-Traktat* eher den Charakter eines doxographischen Werkes hat, in dem al-Fārābī das unterschiedliche Verständnis von Intellekt bei verschiedenen Gruppen von Autoren (hauptsächlich Aristoteles und dessen Kommentatoren) behandelt, treten die *Prinzipien* als selbstständiges Lehrwerk auf, das die eigenen Ansichten des Autors präsentiert; auffallend und bezeichnend ist in diesem Zusammenhang auch der Umstand, dass darin explizite Verweise auf andere Autoren oder Werktitel gänzlich fehlen.

7.2 Die Ursprünge der Diskussion bei Aristoteles

Nach diesen strukturellen und werkgeschichtlichen Vorbemerkungen soll im Folgenden der Versuch unternommen werden, al-Fārābīs Konzeption des menschlichen Erkenntnisprozesses anhand der relevanten Textpassagen aus den *Prinzipien* zu umreißen. Um seine dichten und oft schwierigen Ausführungen dazu besser nachvollziehen und philosophiegeschichtlich einordnen zu können, ist es hilfreich, zuerst einmal danach zu fragen, auf welcher Grundlage al-Fārābī seine Überlegungen zur Seelen- und Intellektlehre anstellte. Hierfür muss bis zu Aristoteles (384–322 v.Chr.) zurückgeblendet werden; dieser hat in seiner Schrift *Über die Seele* (*De anima*) im dritten und letzten Buch einige kurze Abschnitte dem Intellekt (νοῦς) gewidmet (*De anima* III 4–8). Dabei handelt es sich allerdings nicht um eine ausgefeilte Lehre, sondern um eine Zusammenstellung von mehr oder weniger kryptischen und oft mehrdeutig auslegbaren Passagen, die zudem vielfach aporetisch formuliert sind (was für Aristoteles jedoch nichts Ungewöhnliches ist, da die uns erhaltenen Werke größtenteils nicht seine für das breite Publikum verfassten Schriften, sondern vielmehr unveröffentlichte, interne Arbeits- und Vorlesungsunterlagen sind).

In *De anima* versteht Aristoteles die Seele als „Wesenheit/Substanz (οὐσία), insofern sie Form (εἶδος) eines natürlichen Körpers ist, der potentiell Leben hat" (*De anima* II 1, 412a19). Und da er die Form und somit Wesenheit/Substanz als eine Vollendung oder Aktualität (ἐντελέχεια) betrachtet, ergibt sich einige Zeilen später die erweiterte begriffliche Bestimmung (λόγος) der Seele als „erste Entelechie (oder: Vollendung) eines natürlichen, organischen Körpers“ (*De anima* II 1, 412b6); dabei versteht er die Seele als etwas an sich Unkörperliches, das jedoch mit dem Körper in Wechselwirkung steht. In Abgrenzung dazu versteht er den Intellekt, mit dem „die Seele nachdenkt und Annahmen macht“, als etwas ganz und gar Unkörperliches, das separabel (χωριστός), leidensunfähig (ἀπαθής) und mit Körperlichem unvermischt (ἀμιγής) ist, d. h. für sein Dasein nicht prinzipiell auf ein anderes Seiendes, in dem es subsistiert, angewiesen und nicht durch körperliche Einwirkungen betroffen oder mit etwas Körperlichem vermischt ist (*De anima* III 4, 429a23 und III 6, 430a17).

Für Aristoteles ist der Intellekt (νοῦς) oder, wie er auch sagt, die intellektiv erkennende bzw. rationale Seele (ψυχή νοητική) gewissermaßen der „Ort der (intelligiblen) Formen“ (τόπος εἰδῶν), wobei der Intellekt die intelligiblen Formen nicht *in actu* d. h. in Wirklichkeit ist, bevor er sie erfasst, sondern lediglich *in potentia* d. h. in Möglichkeit. Um dies zu verdeutlichen, benutzt er das Bild der Schreibtafel, auf welcher die Schriftzeichen bloß *in potentia* vorhanden sind, solange sie noch nicht beschrieben ist; erst durch den Schreibvorgang wird die Schreibtafel sozusagen zu den Schriftzeichen *in actu*. In Analogie dazu wird für Aristoteles der Intellekt durch den Erkenntnisprozess gewissermaßen selbst zu seinen Erkenntnisobjekten; oder anders gesagt, der Intellekt wird nach erfolgreichem Vollzug eines Erkenntnisprozesses als identisch mit den aktuell erkannten *intelligibilia* (νοητά oder νοήματα, d. h. den Erkenntnisgegenständen bzw. den Erkenntnisinhalten) verstanden (*De anima* III 4, 429a29 ff.).

Indem Aristoteles die von ihm häufig als Analyseinstrument eingesetzte Unterscheidung zwischen der formlosen Materie (ὕλη) – also dem rein Potentiellen, Inaktiven und somit Passiven – einerseits und andererseits der wirkenden bzw. aktivierenden Ursache (αἴτιον ποιητικόν), worunter er in der Regel das formgebende Prinzip versteht, auf die Gegebenheiten der Seele anwendet, kommt er alsbald zum Schluss, dass diese Differenzierung auch in Bezug auf den Intellekt Gültigkeit haben wird, und dass es somit einen Intellekt gibt, der so geartet ist, dass er vermöge seiner materiellen Potentialität alles werden kann (πάντα γίνεσθαι), und einen, der so geartet ist, dass er alles zu bewirken oder zu schaffen vermag (πάντα ποιεῖν), und der seinem Wesen nach Wirklichkeit bzw. Aktualität (ἐνέργεια) ist. Als erklärender Vergleich dafür dient ihm das Licht, welches die *in potentia* vorhandenen Farben zu *in actu* seienden Farben macht. Das Kapitel kulminiert schließlich in der Feststellung, dass allein dieser Intellekt unsterblich und ewig sei, während der passive oder erleidende Intellekt (νοῦς παθητικός) vergänglich sei (*De anima* III 5).

Da Aristoteles seinen knappen Ausführungen in diesem Kapitel keine weiteren Erklärungen folgen lässt, ergeben sich verschiedene weitreichende Fragen;

etwa, was man sich unter dem wirkenden bzw. aktiven Intellekt einerseits und dem erleidenden, passiven Intellekt andererseits genau vorzustellen hat und in welchem Verhältnis diese beiden Instanzen zueinander stehen; weiter, wie sich ihr Zusammenspiel und die Aufgabenteilung in einen passiven und aktiven Part im Einzelnen gestaltet und insbesondere, ob es sich bei den zwei unterschiedenen Erscheinungsformen von Intellekt um jeweils immanente oder externe (und möglicherweise auch transzendente) Instanzen handelt und inwiefern Unsterblichkeit und Ewigkeit auf den Intellekt überhaupt zutreffen kann (zu all diesen Fragen, und insb. zu beiden konkurrierenden Interpretationsansätzen [immanent/extern] vgl. die gute Übersicht in Shields 2016, 312–329). Die vielen Deutungsschwierigkeiten und Probleme, die sich aus diesem Kapitel ergeben, haben in den folgenden Jahrhunderten unzählige Kontroversen um eine adäquate Interpretation dieser unklar und mehrdeutig formulierten Passagen ausgelöst, wobei ihrem Autor Aristoteles auch noch von modernen Autoren eine „zur Weißglut treibende Knappheit und Dunkelheit (infuriating brevity and obscurity)" attestiert wird (Adamson/Pormann 2012, 94); ein weiteres Fazit dazu lautet: „Es gibt kein Stück der antiken Philosophie, das wie die halbe Seite dieses Kapitels eine solche Masse von Erklärungen hervorgerufen hat. Seine Dunkelheit und übermäßige Kürze sind berüchtigt." (Theiler 1968, 142).

Um die Unklarheiten dieser gedrängten Ausführungen in *De anima* auszudeuten, haben sich die Aristoteles-Interpreten der folgenden Jahrhunderte damit zu helfen versucht, dass sie andere Stellen aus dem *Corpus Aristotelicum* beizogen, in denen Aristoteles ebenfalls auf den Intellekt zu sprechen kommt. Dabei handelt es sich in erster Linie um Passagen aus den folgenden vier Werken:

i) Gegen Ende der *Zweiten Analytiken*, seinem Werk über den wissenschaftlichen Beweis und die Wissenschaftslehre, thematisiert Aristoteles die Rolle des Intellekts (νοῦς) und weist ihm die Aufgabe zu, die ersten, unvermittelten Prinzipien zu erfassen, welche die Grundlage und den Ausgangspunkt für jede weitere wissenschaftliche Tätigkeit bilden (*An. post.* II 19, 99b15–100b17).

ii) In einer ähnlichen Weise bestimmt Aristoteles die Rolle des Intellekts auch in Buch VI seiner *Nikomachischen Ethik* im Rahmen der Erörterung der Tugenden des Denkens. Dort wird der Intellekt als eine derjenigen fünf seelischen Instanzen aufgeführt, mit denen die Seele zu wahren Erkenntnissen kommt, neben der Kunstfertigkeit (τέχνη), der wissenschaftlichen Erkenntnis (ἐπιστήμη), der praktischen Klugheit (φρόνησις) und der Weisheit (σοφία). Als die spezifische Aufgabe des Intellektes nennt Aristoteles auch hier das intuitive Erfassen der ersten, allgemeinsten Prinzipien im Rahmen einer bestimmten Wissenschaft (*Nikomachische Ethik* VI 3–6, 1139b15–1141a8).

iii) Eine davon sehr verschiedene Charakterisierung des Intellekts findet sich hingegen in seinem zoologischen Werk *Die Entstehung der Lebewesen* (*De Generatione animalium*). Ausgehend von der Frage, wann, wie und woher denjenigen Lebewesen, die darüber verfügen, der Intellekt überhaupt zuteil wird, kommt Aristoteles nach Abwägung der verschiedenen Antwortmöglichkeiten zum Schluss, dass im Gegensatz zu allen übrigen seelischen Vermögen „allein der Intellekt von außen her (θύραθεν) Eingang findet und er allein etwas Göttliches (θεῖον) ist“ (*De Gen. anim.* II 3, 736b5 – 736b29). Was jedoch genau unter dem „von außen her eintretenden Intellekt (νοῦς θύραθεν)“ zu verstehen ist und auf welche Weise sich dieses Eintreten vollzieht, darüber sagt Aristoteles nichts weiter (vgl. für eine detaillierte Analyse dieses Themas z. B. Moraux 1955). Ähnlich wie die bereits oben referierten Stellen aus *De anima* hat daher auch diese Passage aufgrund ihrer enigmatischen Kürze bei den Kommentatoren mannigfaltige Spekulationen über deren Auslegung ausgelöst.

iv) Besonders einflußreich wurden schließlich auch Überlegungen, die Aristoteles in seiner *Metaphysik* anstellt. In diesem Werk erörtert er in Buch XII die Frage nach dem ersten Seinsprinzip des Weltalls (το πάν) und kommt zum Schluss, dass es notwendigerweise eine erste, der sinnlichen Wahrnehmung unzugängliche, immaterielle, ewige und unveränderliche Wesenheit (οὐσία) geben muss; er identifiziert diese mit dem göttlichen ersten Bewegenden, das selbst unbewegt und reine Aktualität ist. Und da das, was bewegt, ohne selbst bewegt zu sein, in erster Linie das Intelligible ist, schließt Aristoteles daraus, dass es sich beim göttlichen, ersten Prinzip, das unbewegt bewegt, um etwas Intelligibles (oder: Intellektives) handeln muss; da weiter die intellektiv erkennende Instanz durch den Akt des Erkennens mit dem erkannten intelligiblen Gegenstand identisch wird, ist für Aristoteles der göttliche Intellekt dasjenige, das sich ewig selbst denkt und selbst erkennt, mit anderen Worten, die göttliche Wesenheit ist Intellekt in reiner Aktualität, die gleicherweise Erkenntnistätigkeit und zugleich ihr eigener Erkenntnisgegenstand ist.

7.3 Rezeption und Interpretationen bei den griechischen Aristoteles-Kommentatoren und in der frühen arabischen Philosophie vor al-Fārābī

Die nachfolgenden griechischen Interpreten des Aristoteles versuchten auf Grundlage dieser hier kurz skizzierten Gedanken, die ihnen bei der Rekonstruktion der aristotelischen Intellekttheorie gleichsam als Bausteine dienten, sowie unter dem Einfluss weiterer Schulrichtungen der antiken Philosophie (Neuplatonismus, Stoa), eine ausformulierte Intellekttheorie zu entwerfen, die in ihren Augen diejenige des Aristoteles wiedergeben sollte, wobei sich die Lösungsvorschläge der verschiedenen Autoren zum Teil jedoch erheblich voneinander unterschieden. In diesem Zusammenhang hervorzuheben und insbesondere für die spätere Rezeption im arabisch-islamischen Kulturraum von großer Bedeutung sind der Aristoteles-Kommentator Alexander von Aphrodisias (*fl.* um 200 n. Chr.) mit seinem eigenen Werk *Über die Seele* und dem unter seinem Namen überlieferten kurzen Traktat *Über den Intellekt* (*De intellectu*) sowie etwas später auch Themistios (gest. nach 388) mit seiner interpretierenden *Paraphrase* von Aristoteles' Werk *Über die Seele* (zu diesen spätantiken Rekonstruktionen der aristotelischen Konzeption und ihrer Wirkung vgl. ausführlich Davidson 1992, 7–43; insb. zu Alexanders maßgeblichem Einfluss auf al-Fārābī vgl. Geoffroy 2002); möglicherweise übte auch der *De anima*-Kommentar des Johannes Philoponos (gest. um 575) oder eine spätere Bearbeitung davon einen gewissen Einfluss auf die nachfolgende arabische Rezeption aus (dazu Jolivet 1971). Im Zuge der griechisch-arabischen Übersetzungsbewegung wurden diese Kommentarwerke ebenso wie die aristotelischen Primärtexte, auf die sie sich bezogen, im Laufe des 9. und 10. Jh. ins Arabische übersetzt (zur griechisch-arabischen Übersetzungsbewegung vgl. ausführlich Gutas 1998; zu den arabischen Aristoteles-Übersetzungen im Einzelnen vgl. Peters 1968).

Eine für die Rezeption bei al-Fārābī besonders einflussreiche Weichenstellung, die auf Alexander zurückgeht, war die Tatsache, dass er den „Intellekt, der alles wirkt" (aus Aristoteles' *De anima* III 5) mit dem als Intellekt verstandenen göttlichen ersten Prinzip aus *Metaphysik* XII gleichsetzte und diesen damit zu einer transzendenten Instanz außerhalb des menschlichen Individuums machte; zugleich findet sich bei ihm für diesen „Intellekt, der (alles) wirkt" auch die kompaktere Bezeichnung „Aktiver (oder: schaffender) Intellekt" (νοῦς ποιητικός), die bei Aristoteles in genau dieser Form noch nicht vorgekommen war. Ein weiteres, wirkungsgeschichtlich bedeutendes Element kam durch die Übersetzung von Alexanders *De intellectu* ins Arabische hinzu, indem der Intellekt, den Aristoteles in *Die Entstehung der Lebewesen* (*De gen. anim.* II 3) als „von außen her (eintretend)" (θύραθεν) charakterisiert hatte, im Arabischen mit der Wendung *ʿaql mustafād* wiedergegeben wurde, was soviel wie „erworbener (oder: angeeigneter) Intellekt" bedeutet (vgl. dazu Finnegan 1956, 171–178). Während in der direkten Gegenüberstellung von griechischem Original und arabischer Übersetzung die Äquivalenz von „von außen her (hinzutretend)" und von „(von außen her) erworben oder angeeignet" noch durchaus naheliegend oder zumindest nachvollziehbar ist, verblasste in der arabischen Übersetzung der ursprüngliche semantische Kontext nach und nach, sodass sich der „erworbene Intellekt“ in der arabischen Tradition alsbald zu einer eigenen Instanz von Intellekt wandelte, für die es im Rahmen einer ausformulierten Intellekttheorie einen passenden Platz zu finden galt.

Der erste philosophische Autor, der dies im arabisch-islamischen Raum versuchte, war Abū Yūsuf al-Kindī (gest. um 870), der auch als Begründer der Philosophie in arabischer Sprache schlechthin zu gelten hat. Er widmete dem Thema „Intellekt“ einen eigenen kleinen Traktat und streifte die Thematik in einigen weiteren Werken. Allerdings blieben seine Ausführungen skizzenhaft und fragmentarisch. Zudem liegt der Text des Traktates in einem relativ schlechten Überlieferungszustand vor, was die Rekonstruktion der Position al-Kindīs zusätzlich erschwert. Jedenfalls findet sich bei ihm bereits ansatzweise eine Konzeption mit vier verschiedenen Instanzen von Intellekt, die erkennen lassen, dass sich al-Kindī mit den einschlägigen Texten griechischen Ursprunges beschäftigt und versucht hat, daraus eine eigene Intellekttheorie zu entwerfen (zu al-Kindī und seinem Intellekt-Traktat vgl. Endress 2012, insb. 109 u. 131–133; für eine plausible Rekonstruktion von al-Kindīs Position vgl. Adamson/Pormann 2012, 93–98 u. Jolivet 1971). Ob al-Fārābī diesen Text von al-Kindī gekannt hat, lässt sich nicht mit Sicherheit beantworten (zumeist wird heute in der Forschung davon ausgegangen, dass al-Fārābī mit Texten von al-Kindī oder aus seinem Umfeld bekannt war); jedoch gibt es keine Anzeichen, dass al-Fārābī durch den Text al-Kindīs stark beeinflusst worden wäre.

Dies war also die Ausgangslage, wie sie sich al-Fārābī in der ersten Hälfte des 10. Jahrhunderts präsentierte. Und obwohl al-Fārābī in den *Prinzipien* darauf verzichtet, explizit auf frühere Autoren zu verweisen, werden darin viele der soeben skizzierten Elemente und Fragen in der einen oder anderen Form wieder erscheinen.

Eine kurze, aber wichtige Vorbemerkung für die nachfolgenden Ausführungen betrifft noch die Terminologie: Bereits im Griechischen ist der für unseren Zusammenhang zentrale Begriff νοῦς schillernd und schwierig zu übersetzen; häufige Übersetzungen sind „Verstand, Vernunft, Einsicht, Sinn, Denken, Erkennen“. Der arabische Terminus *ʿaql* übernimmt dieses umfangreiche semantische Potential weitgehen. Da die deutschen Begriffe „Vernunft“ und „Verstand“ in verschiedenen philosophischen Kontexten bereits mit variierenden (und teilweise geradezu entgegengesetzten) Konnotationen verwendet worden sind, wird in diesem Beitrag dafür die neutraler erscheinende Übersetzung „Intellekt“ bevorzugt. Gleiches gilt für die von *ʿaql* abgeleiteten Wortformen, insbesondere für *maʿqūl* (pl. *maʿqūlāt*): morphologisch ein Partizip passiv, bezeichnet es wörtlich das vom Intellekt Erfasste, kann also mit „Begriff, Idee, rationaler Gedanke, Denkinhalt, Erkenntnisgegenstand“ wiedergegeben werden; analog zum griechischen νοητόν kann damit aber auch eine passivische Möglichkeit gemeint sein, was dann mit „erkennbar, denkbar, konzeptuell, geistig, intelligibel (oder: dem Intellekt zugänglich)“ übersetzt werden kann. Um diese Bedeutungsvielfalt auch im Deutschen anzuzeigen, soll hier dafür jeweils die aus dem Lateinischen entlehnte Bezeichnung *intelligibile* (pl. *intelligibilia*) verwendet werden.

7.4 Grundzüge des Erkenntnisprozesses gemäß al-Fārābī: potentieller (bzw. materieller) Intellekt, Intellekt *in actu* und Aktiver Intellekt

Auf die eigentliche Behandlung des Themas „Intellekt“ in den *Prinzipien* wird bereits im letzten Absatz von Kapitel 12 übergeleitet, wo al-Fārābī nach der Besprechung der Unterschiede zwischen männlichen und weiblichen Lebewesen und der Physiologie ihrer Fortpflanzung konstatiert, dass im Falle des Menschen zwischen Männern und Frauen keinerlei Unterschiede in Bezug auf das sensible Vermögen (*quwwa ḥāssa*) und das Vorstellungsvermögen (*quwwa mutaḫayyila*) bestehen und dass sich Mann und Frau auch hinsichtlich des rationalen Vermögens (*quwwa nāṭiqa*) nicht voneinander unterscheiden.

Daran anschließend wird am Anfang von Kapitel 13 die initiale Frage aufgeworfen, auf welche Weise das rationale Vermögen überhaupt zu intellektiven Erkenntnissen bzw. *intelligibilia* (*maʿqūlāt*) kommen kann. Die Antwort darauf entfaltet al-Fārābī nach und nach, indem er zur Beschreibung eines mehrstufigen Prozesses ansetzt: Der menschliche Intellekt (*ʿaql insānī*) liegt zu Beginn seiner Entwicklung als eine Art materielle Naturanlage (*hayʾa fī mādda*) vor, die dazu disponiert ist, die „Umrisse“ oder „Abdrücke“ von intellektiven Erkenntnissen (*rusūm al-maʿqūlāt*) zu erlangen; diese Ausgangsebene kann man als den **potentiellen Intellekt** (*ʿaql bi-l-quwwa*) oder **materiellen Intellekt** (*ʿaql hayūlānī*) bezeichnen. Die Gegenstände, die zum Objekt des Denkens werden können und ihrerseits in Materie vorliegen, selbst Materie sind oder Materie besitzen, sind noch nicht *in actu* intellektive Erkenntnisse (*maʿqūlat bi-l-fiʿl*), sondern vorerst nur *in potentia* (*bi-l-quwwa*) solche. Sie können jedoch zu etwas Erkanntem *in actu* werden; allerdings vermögen sie nicht aus sich selbst heraus zu intellektiven Erkenntnissen *in actu* werden. Ebenso verfügt auch das rationale Vermögen nicht kraft seiner Naturanlage über die Voraussetzungen, um von sich selbst aus zu **Intellekt *in actu*** (*ʿaql bi-l-fiʿl*) zu werden; sondern es ist ein Agens erforderlich, das es aus dem potentiellen in den aktuellen Zustand überführt. Es wird also genau dann zum Intellekt *in actu*, wenn sich die intellektiven Erkenntnisse in ihm realisieren; und die anfänglich lediglich potentiellen Erkenntnisse werden zu aktuellen Erkenntnissen, indem sie dem Intellekt *in actu* als erkannte oder gedachte vorliegen (*Prinzipien* 13.1).

Das dafür erforderliche Agens, das die Überführung aus der Potentialität in die Aktualität erbringt, identifiziert al-Fārābī nun mit dem untersten der zehn kosmischen Intellekte, dem sogenannten **Aktiven Intellekt** (*ʿaql faʿʿāl*); dieser ist in seiner Substanz reiner Intellekt und gänzlich frei von Materie (*mufāriq li-l-mādda*). Um diesen „Aktualisierungsvorgang" zu verdeutlichen, nimmt al-Fārābī einen bildlichen Vergleich zu Hilfe, indem er das intellektive Erkennen mit dem Sehen vergleicht: Vom Aktiven Intellekt geht etwas aus, das dem Licht der Sonne entspricht, und gelangt zum materiellen Intellekt, der anfänglich nur Intellekt *in potentia* ist und sich analog zur Sehkraft (*baṣar*) verhält. Das Verhältnis des Aktiven Intellekts zum materiellen Intellekt ist also vergleichbar mit demjenigen der Sonne zur Sehkraft, denn die Sehkraft ist wie der potentielle bzw. materielle Intellekt ein Vermögen und eine materielle Naturanlage, welche, bevor sie tatsächlich sieht, Sehkraft *in potentia* ist, während gleichzeitig die Farben, bevor sie gesehen werden, Gesehenes und Sichtbares *in potentia* sind. Und es liegt nicht in der Substanz des Sehvermögens im Auge, von sich allein aus Sehkraft *in actu* zu werden, ebenso wenig, wie es nicht in der Substanz der Farben liegt, von sich allein aus Sichtbares und Gesehenes *in actu* zu werden. Vielmehr ist es die Sonne, die dies mit ihrem Licht, mit dem sie die Farben und auf diesem Weg mittelbar auch das Auge bescheint, erst möglich werden lässt. Die Sehkraft wird so vermöge des Lichts, das sie von der Sonne her aufnimmt, *in actu* sehend und ebenso werden die Farben *in actu* gesehene und sichtbare, nachdem sie dies zuvor lediglich *in potentia* waren. In analoger Weise wie die Sonne mit ihrem Licht wirkt der Aktive Intellekt also im Rahmen des Erkenntnis- und Denkvorganges sozusagen „aktivierend" auf den potentiellen Intellekt ein und bringt ihn auf diese Weise in den Modus des aktuellen Erkennens, weshalb dieser dann als aktueller Intellekt oder Intellekt *in actu* bezeichnet wird (*Prinzipien* 13.2).

Gelegentlich findet sich bei al-Fārābī nebst den bereits genannten Intellekt-Instanzen auch noch eine weitere Bezeichnung, nämlich der sogenannte **passive** oder genauer **passivische Intellekt** (*ʿaql munfaʿil*), insbesondere im Kontext der Besprechung des erworbenen Intellekts (mehr dazu unten in Abs. 7.6). Die arabische Wortform *munfaʿil* bringt zum Ausdruck, dass es sich beim Bezeichneten um etwas handelt, das nicht ausführende Instanz (*agens*) einer Handlung oder eines Einflusses ist, sondern erleidende Instanz (*patiens*). Wichtig für das Verständnis ist dabei, dass „passiv" in diesem Kontext nicht als „untätig sein" zu verstehen ist, sondern vielmehr im Sinne von „einer Einwirkung ausgesetzt sein"; in diesem Sinne käme als Übersetzung dafür auch „(durch etwas anderes) affiziert werden" infrage. Die Verwendung der Bezeichnung ist bei al-Fārābī nicht ganz einheitlich, meist scheinen damit der potentielle bzw. materielle Intellekt sowie der Intellekt *in actu* gemeinsam angesprochen zu sein, insofern beiden ein passivischer Aspekt im Verhältnis zu den übergeordneten Intellekt-Instanzen zukommt. Manchmal kann damit aber auch nur der potentielle Intellekt allein gemeint sein, etwa, wenn gleich anschliessend der Intellekt *in actu* als nächst höhere Instanz erwähnt wird. Ausschlaggebend ist dabei also hauptsächlich die Perspektive des „einer Einwirkung Unterliegens", wie dies etwa für den potentiellen Intellekt und den Intellekt *in actu* vonseiten des Aktiven Intellekts der Fall ist, der in Bezug auf diese beiden „tieferen" Instanzen als die einwirkende bzw. aktive Komponente fungiert.

7.5 Die Erkenntnisgegenstände

Zur Verdeutlichung des soeben Gesagten ist es hilfreich, auch die Erkenntnisgegenstände, welche durch den Intellekt erfasst werden, noch ausführlicher zu betrachten: In al-Fārābīs Vergleich werden sie repräsentiert durch die von der Sehkraft erfassten Farben und Formen der materiellen Dinge. Wenn wir versuchen, das Beispiel auf den Erkenntnisprozess zu übertragen, wird ein weiteres aristotelisches Grundkonzept zentral, nämlich die Unterscheidung zwischen Form und Materie. Aristoteles hatte begonnen, bei der gedankliche Analyse von Dingen jeweils einen materiellen und einen formalen Aspekt zu unterschieden: Bei einem Tisch beispielsweise lassen sich die bloße, unstrukturierte Materie (ὕλη), also das Holz, und sein jeweiliges erkennbares Strukturprinzip, oder eben die Form (μορφή oder εἶδος), unterscheiden; während es sich bei der Materie um das gänzlich Unbestimmte handelt, ist es erst die Form des Tisches, die ihn zu einem Tisch macht und somit sein Was-Sein konstituiert. Im Anschluss an Aristoteles und die aristotelische Tradition übernahm auch al-Fārābī diese Unterscheidung in sein begriffliches Instrumentarium, insbesondere auch im Rahmen seiner Analyse des Erkenntnisprozesses; die Unterscheidung zwischen Form und Materie ganz allgemein wird von al-Fārābī in den *Prinzipien* schon früher im Rahmen eines eigenen kurzen Kapitels eingeführt und erläutert (vgl. dazu *Prinzipien* 5.1–3).

Während er sich in den *Prinzipien* nur knapp und summarisch über die Rolle der intelligiblen Form (*ṣūra*) im Rahmen des Erkenntnisprozesses äussert, erläutert er die zugrundeliegende Konzeption im Traktat *Über den Intellekt* etwas ausführlicher: Der potentielle Intellekt ist etwas, das je nach Auffassung verstanden werden kann als ein bestimmter Typ von Seele, als ein Teil der Seele, als ein Vermögen der Seele oder insbesondere als etwas, das dazu disponiert ist, das

Was-Sein oder die Essenz (*māhiyya*) einer Sache, also dasjenige, was ihr eigentliches Wesen ausmacht, zu erfassen; und genau dies ist seine intelligible Form (*ṣūra*), die im Rahmen des Erkenntnisprozesses von der stofflichen Materie der betreffenden Sache losgelöst wird. Die in einer materiellen Sache vorliegende Form, die anfänglich lediglich etwas potentiell Erkanntes ist (*maʿqūl bi-l-quwwa*), wird durch den Erkenntnisprozess also zu etwas aktuell Erkanntem (*maʿqūl bi-l-fiʿl*); und ebenso wird der Intellekt dadurch, dass er über die zuvor lediglich als potentielle *intelligibilia* vorliegenden Formen nun als aktuell erkannte und gedachte *intelligibilia* verfügt, zum Intellekt *in actu* (*Risāla fī l-ʿAql* 12–15, engl. Übers. 71–73, franz. Übers. 20–24).

Für die Erklärung der Funktion von Materie und Form im Rahmen des Erkenntnisprozesses wurde im vorangehenden Abschnitt insbesondere von sinnlich wahrnehmbaren Körpern gesprochen, seien dies nun von Menschenhand geschaffene Objekte wie ein Tisch oder ein Stuhl, aber auch natürliche Gegenstände wie ein Stein oder ein Baum. Darüber hinaus legt al-Fārābī jedoch gleich zu Beginn von Kapitel 13 Wert darauf zu betonen, dass es sich bei den *intelligibilia*, die durch das rationale Vermögen bzw. den Intellekt des Menschen erfasst werden können, auf der einen Seite zwar durchaus um solche handelt, welche nicht rein aufgrund ihrer eigenen Substanz (*ǧawhar*) schon *intelligibilia in actu* sind, wie eben Steine und Pflanzen, oder allgemeiner gesagt alle physischen Körper und alles, was sich in und an einer Sache befindet, die mit Materie in Verbindung steht oder selbst reine Materie ist, da diese alle per se lediglich potentielle *intelligibilia* sind und erst dann, wenn sie tatsächlich von menschlichen Intellekt erfasst und gedacht werden, zu aktuellen *intelligibilia* werden können. Auf der anderen Seite gibt es aber auch solche *intelligibilia*, die ihrer Substanz nach schon Intellekt *in actu* (*ʿaql bi-l-fiʿl*) und zugleich *intelligibilia in actu* (*maʿqūlāt bi-l-fiʿl*) sind (*Prinzipien* 13.1). Darunter sind diejenigen Dinge zu verstehen, die gänzlich frei und unabhängig von Materie sind, also im Besonderen die kosmischen Intellekte, zu denen auch der erwähnte Aktive Intellekt gehört. Diese sind ihrer Substanz nach *intelligibilia*, weil sie gänzlich frei von Materie sind und unentwegt sich selbst und andere Intellekte *in actu* zum Gegenstand der Erkenntnis haben und ihrerseits von diesen erkannt werden. Aber auch solche reine und der Materie gänzlich enthobene *intelligibilia* können dem menschlichen Erkennen zugänglich sein, allerdings nur unter der Voraussetzung, dass der menschliche Intellekt zuvor alle (oder zumindest fast alle) übrigen *intelligibilia* erfasst hat; erst dann ist es ihm möglich, diese höchste Stufe des Erkennens zu erreichen (mehr dazu unten in Abs. 7.6; vgl. auch al-Fārābīs *Risāla fī l-ʿAql* 21–24, franz. Übers. 33–41, engl. Übers. 73–74).

Eine besondere Art von intellektiven Erkenntnissen bzw. Erkenntnisprinzipien, die sich in gewissem Sinne in der Mitte zwischen den beiden gerade genannten Polen befindet und die für den menschlichen Erkenntnisvorgang von grundlegender Bedeutung sind, hebt al-Fārābī indessen noch gesondert hervor: Wenn der Aktive Intellekt auf das rationale Vermögen des Menschen einzuwirken beginnt, dann bilden sich dort bestimmte *intelligibilia*, die al-Fārābī als „erste *intelligibilia*" (*maʿqūlāt uwal*) oder auch als „primäre Erkenntnisse" (*maʿārif uwal*) bezeichnet. Diese primären *intelligibilia* sind allen Menschen gemeinsam bzw. für alle Menschen dieselben; als Beispiele dafür nennt al-Fārābī etwa die Einsicht, dass das Ganze größer als der Teil ist, oder dass Größen, die etwas Drittem gleich sind, auch untereinander gleich sind. Aus dieser Passage erhellt, dass für al-Fārābī also nicht nur begriffliche Erkenntnisse wie die von den materiellen Gegenständen abstrahierten, immateriellen Formen bzw. das Was-Sein oder die Essenz eines Dinges (*māhiyya*) zu den *intelligibilia* zu zählen sind, sondern auch propositionale Denkinhalte wie die als Beispiele aufgeführten Grundprinzipien bzw. Axiome (*Prinzipien* 13.2–13.3).

7.6 Der erworbene Intellekt

Ausgehend von diesen soeben eingeführten „ersten *intelligibilia*" und einer systematischen Zergliederung derselben geht al-Fārābī dann im restlichen Teil des Kapitels 13 zunächst einmal dazu über, anhand einer Analyse der verschiedenen appetitiven und praktischen Seelenvermögen eine Theorie der praktischen Rationalität zu skizzieren. Erst nach der Behandlung der Vorstellungskraft und der damit zusammenhängenden Prophetie in Kapitel 14 und ersten Überlegungen zum Aufbau von vortrefflichen staatlichen Gemeinschaften am Anfang von Kapitel 15, welche dann in die Beschreibung des vortrefflichen Staatslenkers münden, kommt al-Fārābī schließlich in der Mitte von Kapitel 15 nochmals auf die Behandlung des Intellekts im engeren Sinne zurück, indem er auf einen weiteren Entwicklungsschritt oder Vervollkommnungsgrad des Intellekts zu sprechen kommt.

Al-Fārābī beginnt das Kapitel 15 damit, den idealen Aufbau einer staatlichen Gemeinschaft zu erläutern, indem er diese in Analogie setzt mit dem menschlichen Körper einerseits und dem Kosmos als Ganzem andererseits, in der Absicht, die Parallelitäten zwischen allen dreien hervorzuheben; dabei zeigt er auf, dass es analog wie beim Kosmos mit der Ersten Ursache und beim Körper mit dem Herz so auch bei einem Staat eine höchste, leitende und herrschende Instanz geben muss, die sämtliche vortrefflichen Eigenschaften in vollendeter Weise in sich vereint. Diese Instanz ist der oberste Staatslenker, Fürst oder König, der sich eben nicht nur im Bereich der praktischen, politischen und ethischen Eigenschaften durch höchste Vollkommenheit auszeichnet, sondern auch in Bezug auf seine intellektuellen Eigenschaften. Aus dieser Perfektionierung seiner kognitiven Vermögen resultiert unter anderem auch die Fähigkeit zur Prophetie, die al-Fārābī durch die vollendete Beschaffenheit seiner Vorstellungskraft (*istikmāl quwwatihi al-mutaḫayyila*) erklärt, mittels derer er (prophetische) Einsichten in partikuläre Sachverhalte (*ǧuzʾiyyāt*) oder zumindest deren bildhafte Gleichnisse (*mā yuḥākīhā*) direkt vom Aktiven Intellekt übermittelt erhält (vgl. zur Prophetie unten Kap. 8).

Für die damit einhergehende, vollendete Perfektion des Intellekts im engeren Sinne verwendet al-Fārābī im Folgenden dann die Bezeichnung **„erworbener Intellekt“** (*ʿaql mustafād*, lat. *intellectus adeptus* oder *acquisitus*). Dies ist die Stufe der Vervollkommnung, auf welcher der davor als passiv charakterisierte Intellekt (zu diesem vgl. oben, Ende Abs. 7.4) soweit zur Vollendung gelangt ist, dass er ohne Einschränkung über sämtlich *intelligibilia* verfügt und auf diese Weise vollkommen Intellekt *in actu* und Intelligibles *in actu* (*maʿqūl bi-l-fiʿl*) geworden ist, oder anders ausgedrückt, dass er sowohl Subjekt des Denkens und ebenso auch Gegenstand des Denkens geworden ist. Aus der Tatsache, dass al-Fārābī die Behandlung dieser höchsten Stufe des menschlichen Intellekts nicht unmittelbar auf die Darstellung der vorhergehenden bzw. „tieferen“ Intellektinstanzen folgen lässt, deren Besprechung bereits an früherer Stelle erfolgt ist, sondern erst hier im Kontext der Beschaffenheit des vollendeten Staatslenkers, lässt erkennen, dass es sich dabei um etwas handelt, das sich nicht bei jedem Menschen und unter allen Umständen einstellt, sondern nur bei ausgewählte Individuen und nur, wenn ganz bestimmte Voraussetzungen erfüllt sind. Allerdings grenzt al-Fārābī die Möglichkeit für eine solche intellektuelle Vervollkommnung aber auch nicht strikt auf den Staatslenker allein ein; dies deutet die Formulierung an, mit welcher al-Fārābī seine detaillierte Beschreibung des erworbenen Intellekts einleitet, denn er sagt: „Für irgendeinen Menschen, dessen passiver Intellekt (*ʿaql munfaʿil*) Vollkommenheit erlangt hat (*istakmala*) aufgrund (des Erfassens oder Erkennens) sämtlicher *intelligibilia* und sowohl *in actu* Intellekt als auch *in actu* Intelligibles geworden ist, und (überdies) die erkannten *intelligibilia* ihrerseits Gegenstand der erkennenden Tätigkeit des Intellekts geworden sind, ergibt es sich, dass sich bei diesem (Menschen) *in actu* ein Intellekt realisiert, dem ein höherer Rang als der des passiven Intellekts zukommt und der vollständiger und noch mehr von Materie getrennt ist als der passive Intellekt; und dies nennt man den erworbenen Intellekt (*ʿaql mustafād*)“ (*Prinzipien* 15.8). Gemäß al-Fārābī sind also für die Realisierung des erworbenen Intellekts zwei Kriterien erforderlich: Einerseits müssen alle *intelligibilia* erkannt sein, mit anderen Worten, der Intellekt muss ein allumfassendes und uneingeschränktes Wissen erworben haben und darüber souverän verfügen können; und andererseits müssen diese *intelligibilia* auch selbst zum Gegenstand des Erkennens geworden sein, was bedeutet, dass der Intellekt, nachdem er alle diese verschiedenen Erkenntnisinhalte erworben hat, sich selbst auf diese Erkenntnisse und seinen Erkenntnisprozess richtet und dabei seine erworbenen Erkenntnisse als faktisch erkannte erkennt. Man könnte also sagen, dass sich das Denken dabei im Sinne einer Reflexion auf sich selbst als Denkgegenstand zurückwendet und sich selber erkennt oder denkt (insofern ergibt sich hier auch eine Analogie mit den kosmischen Intellekten, welche al-Fārābī ebenfalls als Intellekt (*ʿaql*), intellektiv Erkennendes (*ʿāqil*) und Erkanntes (*maʿqūl*) charakterisiert (vgl. dazu *Prinzipien* 1.6).

Um das Verhältnis des erworbenen Intellekts zu den übrigen Intellekten zu verdeutlichen, fährt al-Fārābī folgendermaßen fort: „Dem erworbenen Intellekt kommt eine mittlere (oder auch: vermittelnde) Stellung zwischen dem passiven Intellekt und dem Aktiven Intellekt zu, ohne dass sich zwischen ihm und dem Aktiven Intellekt noch etwas anderes befinden würde. Der passive Intellekt stellt so gleichsam die Materie und das zugrundeliegende Substrat für den erworbenen Intellekt dar; und der erworbene Intellekt stellt die Materie und das zugrundeliegende Substrat für den Aktiven Intellekt dar. Das rationale Vermögen schließlich, das einer Disposition und einer Naturanlage entspricht, stellt die zugrundeliegende Materie für den passiven Intellekt dar, der bereits *in actu* ein Intellekt ist" (*Prinzipien* 15.8). Al-Fārābī bringt die verschiedenen Realisierungsstufen oder Instanzen von Intellekt also in ein Gefüge, bei dem in aristotelischer Manier die jeweils niedrigere Stufe als Materie für die nächst höhere verstanden wird; dass dabei die jeweils höhere ihrerseits als Form für die tiefere fungiert, ist an dieser Stelle nicht explizit erwähnt, schwingt jedoch implizit mit. Bereits an früherer Stelle verwendet al-Fārābī eine solche Materie-Form-Analogie zur Beschreibung der geordneten Rangfolge der verschiedenen Vermögen der Seele (*Prinzipien* 10.9); diese Schilderung lehnt sich an einen Gedanken an, der etwa auch in der bereits erwähnten *De anima-Paraphrase* von Themistios zu finden ist (vgl. dazu z. B. Davidson 1992, 26–27).

Auf Grundlage dieses Gefüges geht al-Fārābī schließlich dazu über zu erläutern, wie sich die Realisierung eines idealen Erkenntnisprozesses abspielt: „Die erste Entwicklungsstufe, mit welcher der Mensch zum Mensch wird, besteht darin, dass sich jene aufnahmefähige Naturanlage bildet, die dazu angelegt ist, Intellekt *in actu* zu werden. Diese Stufe ist allen Menschen (gleicherweise) gemeinsam. Zwischen ihr und dem Aktiven Intellekt liegen zwei weitere Stufen; diese bestehen darin, dass (erstens) der passive Intellekt sich *in actu* verwirklicht und dass sich (zweitens) der erworbene Intellekt verwirklicht. [...] Wenn sich nun der passive Intellekt zusammen mit der natürlichen Anlage vollständig zu einer einzelnen Sache verwirklicht hat – in demselben Sinne wie das, was aus Form und Materie zusammengesetzt ist, eine einzelne Sache ist – und wenn man den *in actu* verwirklichten passiven Intellekt als die Form des Menschseins versteht, dann verbleibt nur noch eine Stufe zwischen diesem und dem Aktiven Intellekt. Wenn man nun also die natürliche Anlage als Materie für den passiven Intellekt, der sich zum Intellekt *in actu* fortentwickelt hat, annimmt und den passiven Intellekt als Materie für den erworbenen Intellekt und weiter den erworbenen Intellekt als Materie für den Aktiven Intellekt und man schließlich all das als eine einzige Sache betrachtet, dann handelt es sich bei diesem Menschen um jemanden, in dem sich der Aktive Intellekt verwirklicht[1] hat" (*Prinzipien* 15.9). Diese ideale Realisierung oder Verwirklichung ist etwas, das gemäß al-Fārābī in paradigmatischer Weise auf den obersten Leiter einer Gemeinschaft zutrifft, doch die Formulierung lässt es auch zu, dass diese ebenfalls für weitere Individuen erreichbar ist, sei es auch bloß in geringerem Maße; denn eine ganz ähnliche Überlegung bildet auch die konzeptuelle Grundlage für die Erlangung der höchsten Glückseligkeit für die Menschen, wie sie von al-Fārābī in den späteren Kapiteln der *Prinzipien* beschrieben wird.

7.7 Al-Fārābīs Synthese

Nachdem in diesem kurzen Aufriss die wichtigsten Elemente zu al-Fārābīs Intellekt-Konzeption vorgestellt worden sind, soll abschließend noch versucht werden, die verschiedenen darin enthaltenen Elemente zueinander in Beziehung zu setzen und zu kontextualisieren; insbesondere soll auch nach der besonderen Bedeutung gefragt werden, die al-Fārābīs Theorie des Intellekts innerhalb der *Prinzipien* zukommt.

Aus dem bisher Gesagten geht hervor, dass al-Fārābīs Ausführungen zum Intellekt in den *Prinzipien* kein vollkommen neues Material präsentieren, sondern dass es sich zu einem großen Teil um thematische Elemente handelt, die bereits aus der antiken Tradition bekannt waren und schon dort ausgiebig diskutiert wurden: Mit seiner Gliederung der verschiedenen Realisierungsformen oder Instanzen von Intellekt in a) den materiellen oder potentiellen Intellekt, b) den Intellekt *in actu* (welche beide er gelegentlich auch unter der Bezeichnung des passiven Intellekts anspricht), c) den erworbenen Intellekt und d) den Aktiven Intellekt übernimmt er Vorgaben, die so bereits bei Aristoteles angelegt sind und später von dessen Kommentatoren gesammelt, ausformuliert und weiterentwickelt wurden. Al-Fārābīs besondere Leistung ist darin zu sehen, dass er die verschiedenen Typen von Intellekt, wie sie in der griechischen Kommentarliteratur

1 Im Arabischen entweder „*ḥalla*", dt.: innewohnen, sich niederlassen (Walzer/Nādir) oder „*ḥaṣala*", dt.: sich realisieren, sich einstellen, resultieren (so in verschiedenen Manuskripten).

kontrovers diskutiert und durch die nachfolgenden Übersetzungen ins Arabische zum Teil noch diversifiziert wurden, zu einem einheitlichen Entwurf verbindet und in einen größeren Kontext stellt; hierbei stützt er sich vor allem auf die einschlägigen Werke des Aristoteles-Kommentators Alexander von Aphrodisias sowie weiterer Autoren wie etwa Themistios. Auf diese Weise gelingt es ihm, die verschiedenen disparaten und teils auch widersprüchlichen Angaben über die Beschaffenheiten des Intellekt bei Aristoteles zu einer konsistenten Konzeption zusammenzuführen, wobei er wie gezeigt vielfach auf Leistungen seiner griechischen Vorgänger zurückgreift: Wie bereits Alexander deutet er etwa den Aktiven Intellekt als transzendente Wesenheit; aber während Alexander diesen mit Gott selbst gleichsetzte, identifiziert al-Fārābī ihn mit dem untersten der zehn kosmischen Intellekte in seiner stark durch neuplatonische Einflüsse geprägten Kosmologie und ist dadurch in der Lage, seine Seelen- und Intellektlehre auf elegante Weise in sein kosmologisches Weltbild zu integrieren.

Ebenso bedeutsam ist aber auch die Einbindung in die Staats- und Gesellschaftstheorie und in seine Konzeption von Religion und Prophetie: Indem er die paradigmatische Realisierung eines vollendeten Erkenntnisprozesses in der Person des obersten Staatslenker verkörpert sah, untermauerte er den wechselseitigen Bezug zwischen der theoretischen und der praktischen Philosophie; und durch die ausschlaggebende Rolle, die er dem Aktiven Intellekt bei der Erklärung der Prophetie gab, wurde die Seelen- und Intellektlehre zum unverzichtbaren Bestandteil bei der Erklärung religiöser Phänomene. Somit liegt die herausragende Leistung al-Fārābīs in den *Prinzipien* eben genau darin, dass er mithilfe seiner Konzeption des Intellekts alle diese unterschiedlichen Komponenten und Teilbereiche zu einem kohärenten Weltbild oder – etwas prononcierter gesagt – zu einem universellen Welterklärungsmodell verbinden konnte.

Literatur

Finnegan, James 1956: Texte arabe du Περὶ νοῦ d'Alexandre d'Aphrodise, in: *Mélanges de l'Université Saint Joseph* 33/2, 159 – 202.

Geoffroy, Marc 2002: La tradition arabe du Περὶ Νοῦ d'Alexandre d'Aphrodise et les origines de la théorie farabienne des quatre degrés de l'intellect, in: C. D'Ancona (Hrsg.), *Aristotele e Alessandro di Afrodisia nella tradizione araba*, Padova, 191 – 231.

Moraux, Paul 1955: A propos du νοῦς θύραθεν, in: *Autour d'Aristote. Recueil d'études de philosophie ancienne et médiévale offert à Monseigneur Mansion*, Louvain, 255 – 295.

Cleophea Ferrari

8 Philosophie, Prophetie und Religion (Kap. 14 und 16 – 17)

8.1 Überblick

Die den Kapiteln 14, 16 und 17 zugrundeliegenden Themen sind die Verwirklichung der göttlichen Ordnung im diesseitigen Gemeinwesen, die Vermittlung der Erkenntnis der göttlichen Ordnung an den Menschen, der die Herrschaft innehat, und die Basis, die der Mensch dafür zur Verfügung hat. Im Mittelpunkt steht die menschliche Seele: al-Fārābī stützt sich bei ihrer Beschreibung auf die in griechischer Tradition überlieferte Seelenlehre. Dabei spielt deren neuplatonische Interpretation – wie sie primär durch die arabische Rezeption Plotins überliefert worden ist –, aber auch Alexander von Aphrodisias und dessen Interpretation von Aristoteles' *De anima* eine große Rolle. Für die neuplatonische Interpretation der aristotelischen Seelenlehre charakteristisch sind Vorstellungen über die Natur der Seele, insbesondere ihre Präexistenz, ihre Getrenntheit vom Körper und ihre Substanzhaftigkeit.

Im Neuplatonismus ist die Seele im Unterschied zur aristotelischen Definition, wo sie als Form des Körpers bestimmt wird, transzendente Substanz, d. h. eine körperlose, separate Substanz (*choristê ousia*). So wird sie auch bei den neuplatonisch geprägten arabischen Autoren wie al-Kindī beschrieben (Endress 1994, 181, 186 u. bes. 199). Charakterisiert wird sie, wie Plotin es dargestellt hat, durch die Fähigkeit zur Selbstbeziehung. Sie ist ein durch sich selbst bestehendes Sein (*ousia authypostatos*), das in der Darstellung Plotins die Fähigkeit hat, zu sich selbst zurückzukehren (Halfwassen 1998, 501 f.; vgl. Proklos, *Elementatio theologica* §§ 40 – 49 u. 51 sowie §§ 15 – 17).

Aus der platonisch-aristotelischen Tradition stammt auch die Konzeption der Seele als einer Substanz, die verschiedene ‚Vermögen', gemeint sind Fähigkeiten, hat. Traditionell sind diese das Muthafte, das Triebhafte und, als Krönung, das Rationale (vgl. oben Kap. 7 in diesem Band). Von al-Fārābī diesem traditionell überlieferten Modell hinzugefügt wird das Vorstellungsvermögen, und zwar unter zwei Aspekten: Zum einen geht es um das Vermögen, Vorstellungen zu haben, zum anderen, Vorstellungen in anderen Menschen zu wecken.

In Kapitel 14 geht es hauptsächlich um die Eigenschaften dieses besonderen Seelenvermögens, das die notwendige Voraussetzung für prophetische Aktivitäten ist. Das Vorstellungsvermögen ist für al-Fārābīs Theorie des menschlichen (Zusammen-) Lebens fundamental. Da es die Bedingung der Möglichkeit der Pro-

https://doi.org/10.1515/9783110535945-010

phetie ist, ist es auch die Bedingung für das menschliche Leben in der Gesellschaft, weil ihr das göttliche Regelwerk und Ordnungsprinzip durch die Prophetie vermittelt wird. Damit ist das Vorstellungsvermögen aber auch eine Bedingung für die Existenz in der göttlichen Ordnung. In Kapitel 16 richtet al-Fārābī das Augenmerk nicht mehr auf den Staat (das Gemeinwesen) als Ganzes, sondern auf dessen Bewohner im Hinblick auf deren Glückseligkeit im Diesseits wie im Jenseits. Im Fokus steht jedoch auch hier die Aufgabe, die der Seele bzw. ihren einzelnen Vermögen zukommt, um ein vollkommenes – glückliches – Leben in der menschlichen Gemeinschaft zu ermöglichen. Dies wird in Kapitel 17 spezifiziert, indem auf die Stufen der Erkenntnisarten eingegangen wird: Die Weisen/die Philosophen erfassen die Wahrheit direkt aufgrund von universalen Beweisen, alle anderen Menschen durch deren Vermittlung auf eine ihrem Verständnis angemessene Weise. Hier differenziert al-Fārābī noch einmal: Es gibt diejenigen Individuen, die bei den Weisen lernen und die Wahrheit dabei erkennen, und es gibt diejenigen, die den Weisen einfach glauben und vertrauen, die Erkenntnis aber nicht selbst hervorbringen können. Des Weiteren gibt es aber auch Menschen, die sich diesen Erkenntnissen widersetzen – seien es solche, die mit den gebotenen Lehren nicht zufrieden sind und weiter nach der Wahrheit suchen, solche, die ein anderes Ziel als die vortreffliche Stadt verfolgen, und solche, die aus Mangel an Verstand und aus Verunsicherung jede Erkenntnis zurückweisen.

Dass das Denken nicht nur der transzendente Ursprung des Kosmos (der Kosmos wird durch die Aktivität des Intellekts strukturiert, Gott ist tätiger Intellekt), sondern auch die Basis der in der Welt wirkenden menschlichen Existenz ist, legt al-Fārābī in verschiedenen Schriften dar, zum Beispiel im *Buch der Partikeln* (*Kitāb al-Ḥurūf*). Philosophie, Prophetie und Religion werden bei al-Fārābī als drei verschiedene Funktionen des Intellekts verstanden. Ihre gemeinsame Basis ist seiner Ansicht nach das Denken in verschiedenen Formen.

Dabei ist es der Anspruch sowohl der Religion als auch der Philosophie, die Erkenntnis der Wahrheit zu vermitteln. Der Philosophie ist es allerdings vorbehalten, die universalen und beweisbaren Wahrheiten zu erkennen und zu vermitteln, während die Religion sich mit deren "Abbildern", Symbolen und Gleichnissen, behelfen muss. Zentraler Gedanke al-Fārābīs ist, dass es zwischen der begrifflichen Erkenntnis und ihrer symbolischen Repräsentation eine Übereinstimmung gibt. Diese wird nach seiner Ansicht dadurch gewährleistet, dass beides auf einen einzigen Urheber zurückgeht, nämlich den ersten Herrscher, der seinerseits die philosophische Einsicht durch die Einwirkung des Aktiven Intellekts gewinnt. Aber auch die Bewohner der vortrefflichen Stadt haben dabei ihre Aufgabe. Sie verrichten einerseits gemeinsame Dinge, andererseits Dinge, die jede Klasse ausschließlich für sich selbst tut. Glückseligkeit wird erlangt durch diese zwei Aktivitäten, nämlich durch das, was eine Gruppe mit den anderen gemeinsam hat, und durch das, was die Personen der einzelnen Klassen für sich alleine haben; denn das Glück ist dem Menschen nicht als Individuum erreichbar, sondern nur in der Gemeinschaft mit anderen Menschen (Lehrern/Führern). Indem al-Fārābī an dieser Stelle den aktiven Intellekt aller "Philosophen" betont, zielt er besonders darauf, dass die Philosophen Anteil an der Konjunktion, der Verbindung mit dem Aktiven Intellekt haben, die dann im Glück (Eudaimonie) kulminiert. Das Gemeinwesen oder der "Staat" als das Werk aller seiner Bewohner: Dieser Gedanke findet sich bei Aristoteles im Ausdruck "Gemeinschaft des guten Lebens", die nicht nur Gemeinschaft des Ortes oder Vermeidung von unrechtem Handeln gegeneinander bedeutet (vgl. Aristoteles, *Politik* III 9, 1280b30 ff.).

Den Gedanken, dass (nur) aus dem Zusammenwirken der Einzelnen eine entwicklungsfähige Gemeinschaft entstehen kann, hat al-Fārābī nicht nur im Zusammenhang mit der "Wissenschaft vom Gemeinwesen" (*ʿilm madanī*), sondern auch als eine Historie des menschlichen Denkens im Modell einer gestuften Entwicklung der Kultur beschrieben, und zwar in seinem bereits erwähnten *Buch der Partikeln.* Darin zeigt er eine umfassende historische Perspektive auf das System der universalen Wissenschaft und die Eigenschaften der sprachlichen und religiösen Gemeinschaft auf (vgl. auch oben Kap. 1.4). In dieser Darstellung haben die verschiedenen Denk- und Wissensformen, nämlich Dialektik, Sophistik, Philosophie, Religion, Theologie und Rechtswissenschaft sowohl eine hierarchische als auch eine chronologische Reihenfolge. Vor Platon wurden Grammatik, Poetik und Rhetorik für die sprachliche Verständigung unter den Mitgliedern der Gesellschaft entwickelt. Mit durch die Sprache vermittelten Bildern und Vorstellungen konnten sich die Menschen untereinander verständigen und die Regeln und Ziele ihrer Gemeinschaften herausbilden und ausdrücken. In der Darstellung von al-Fārābī entstanden die mathematischen und physikalischen Wissenschaften als Reaktion auf die Tatsache, dass das von den Menschen erworbene Wissen immer mehr und immer komplexer wurde. Platon gründete seine politische Wissenschaft auf der didaktisch angelegten Ethik seiner Dialoge. Mit der auf Beweisen gründenden Wissenschaft von Aristoteles, die in dieser Auffassung gleichzeitig Ziel- und Endpunkt der Entwicklung der Wissenschaften darstellen, gewinnen die Kriterien rationaler Erkenntnis zentrale Bedeutung. Aber erst die wahre Religion, die nach Aristoteles erschien, und die auf der wahren Philosophie basiert, ermöglichte es, Kriterien für das Handeln des perfekten Staates zu entwickeln. Hier zeigt sich die in der Sicht unseres Autors ethische und sogar politische Dimension der rationalen Erkenntnis in der philosophischen Seelenlehre.

In den *Prinzipien* legt al-Fārābī den Fokus auf den Menschen selbst, auf seine Existenz, seine Struktur und sein Handeln und erweitert auf diese Weise das Themenspektrum. Er zeigt nämlich, dass auch der menschliche Kosmos - Mikrokosmos des Organismus im Makrokosmos des Weltganzen, menschliches Denken und Handeln - durch den Intellekt strukturiert wird, weil das reale Leben und Zusammenleben von Menschen auf Aktivitäten des Intellekts beruhen: Der durch Logik demonstrierte Logos ist Grundlage der Sprache, der Metaphysik (Religion) und Ethik, der Biologie und Naturphilosophie (Kosmologie). Durch diese Auffassung wird die "Philosophie" – denn die eben aufgezählten Disziplinen sind zur Zeit al-Fārābīs ihre Teilgebiete – die Basis des Weltverständnisses.

Nachdem sich al-Fārābī in mehreren Werken über das Verhältnis von Philosophie und Religion geäußert hat, erhält seine diesbezügliche Konzeption in den *Prinzipien* eine tragende Rolle bei der Beschreibung eines idealen Gemeinwesens. Prägend für die Idee desselben ist der Grundgedanke, dass alles Seiende in der Welt in einer bestimmten Ordnung zu allem anderen steht, dass der ganze Kosmos, also göttliche, intellektuelle und sinnlich wahrnehmbare Konzepte von den Himmelskörpern bis zu den Körperorganen, und umgekehrt der Vorgang der Erkenntnis von den realen Dingen bis hin zu den Universalien des menschlichen Denkens, in festgefügten Daseins- und Handlungsregeln zueinanderstehen. Es ist der Gedanke vom Mikrokosmos im Makrokosmos.

Weil bei al-Fārābī auch der menschliche Denkvorgang, das Abstrahieren und die daraus entstehenden Denkobjekte Teil dieses geordneten Kosmos sind, stehen Philosophie und Religion, Denken und göttliche Ordnung, in einem engen Verhältnis zueinander. Zwischen den beiden hat die Prophetie im Verständnis al-Fārābīs die Funktion eines Bindeglieds oder eines Kuriers, aber sie beruht selbst im Wesentlichen auf der Voraussetzung der Tätigkeit bestimmter Seelenvermögen. Nachdem im vorausgehenden Kapitel 13 das rationale Denkvermögen der Seele behandelt wurde, unternimmt es unser Autor in Kapitel 14, das Vorstellungsvermögen als Brücke zwischen den nichtrationalen Seelenvermögen und der Ratio zu spezifizieren.

8.2 Vorstellungsvermögen, Vorstellungsevokation und Nachahmung

Al-Fārābī beschreibt die Aktivitäten des Vorstellungsvermögens ausführlich. Es steht in seiner Konzeption der Seelenvermögen zwischen dem Sinnesvermögen und der Vernunft und hat drei Funktionen: Es bewahrt die empfangenen Eindrücke, verbindet diese untereinander und ahmt (*muḥākāt*) in Bildern nach, wodurch es sich von den anderen Kräften der Seele unterscheidet. Manchmal ahmt es das nach, was durch die fünf Sinne wahrgenommen wurde; manchmal ahmt es Objekte des Denkens nach, manchmal das nährende oder das appetitive Vermögen. Es kann jedoch auch die im Körper befindliche Mischung nachahmen; so – dies als Beispiel des Textes – die Abbildung der Hitze des Körpers, wenn dessen Mischung gerade heiß ist, in Zuständen der Seele. Zwar hat auch in der aristotelischen Seelenlehre das Vorstellungsvermögen qua *phantasia* eine wichtige Aufgabe, es tritt aber nicht als eigenständiges Seelenvermögen auf. Das Vorstellungsvermögen (*phantasia*) ist jedoch mit dem Strebevermögen (*orektikon*) in Verbindung, was für das Prophetie-Konzept Fārābīs wichtig ist, wie wir sehen werden.

In seinen Werken hat sich al-Fārābī an vielen Stellen intensiv mit dem Themenbereich der Vorstellung und der Vorstellungsevokation auseinandergesetzt (dazu Heinrichs 1978, 252–298). Im *Buch über die Dichtung* (*Kitāb aš-Šiʿr*) stellt er zum Beispiel fest, dass der Dichter mit seinem Werk im Hörer oder Leser eine bestimmte Vorstellung evozieren will. Al-Fārābī war der erste im arabisch-islamischen Bereich, der die Verknüpfung von Dichtung mit dem Vorgang des Hervorrufens von Vorstellungen thematisierte. Dies tat er im Rahmen einer Dichtungstheorie, deren unmittelbare griechische Vorgänger wir nur bruchstückhaft kennen.

Dass die Verbindung von nachahmender Abbildung und Vorstellung nicht unmittelbar im Bereich der Dichtung auftauchte, hängt mit der Rezeption und dem Platz von Poetik und Rhetorik im arabisch-islamischen Raum zusammen. Letztere zählten, wie in der Spätantike, zur Logik (als die nicht-demonstrativen Formen von Schlüssen) und waren damit Teil der Philosophie, was nicht folgenlos blieb für al-Fārābīs Verständnis von *taḫyīl* (Vorstellungsevokation). Es gab jedoch zu seiner Zeit in Bezug auf die Frage, ob die Poetik eine Teildisziplin der Philosophie sei, auch andere Ansichten. So lehnte Abū Bakr ar-Rāzī (gest. 925) Poetik und Rhetorik als Disziplinen der Philosophie ab, weil nur der demonstrative Syllogismus wahr sei. Auch Abū Bakr ar-Rāzī spricht zwar von einem "vortrefflichen Philosophen", der den universalen Beweis führen kann und sich in seinem Handeln vom Verstand leiten lässt (*ar-rağūl al-faylasūf al-fāḍil*), lehnt jedoch die Vorstellung eines Propheten ab, der dank einer besonderen Begabung die Menschen durch die Kraft der Vorstellungsevokation leiten könne (*aṭ-Ṭibb ar-rūḥānī* 43,5–6; engl. Übers. 45). Diese Ansicht stieß wiederum auf Kritik und Ablehnung, weil damit die Prophetie Muḥammads in Frage gestellt wurde. Aber die Debatte, soweit sie überliefert ist, erlaubt die Beobachtung, dass die Diskussion über die Funktion von Prophetie und Philosophie im Sinne der demonstrativen Wahrheitsfindung zur Zeit al-Fārābīs lebhaft war.

Al-Fārābī selbst hatte an der Einführung der *Poetik* als eines Teils der aristotelischen Philosophie einen wesentlichen Anteil. Er ist der Verfasser einer Epitome, eines Abrisses der aristotelischen Schrift über die Poetik mit dem Titel *Kitāb aš-Šiʿr (Buch über die Dichtung*; vgl. Rudolph 2012b, 388). Darin werden alle drei maßgeblichen Begriffe verwendet, nämlich *šiʿr* (Dichtung), *taḫyīl* (entspricht gr. *phantasia* und wurde von den Übersetzern der aristotelischen Werke für den peripatetischen Begriff der *phantasia* im Sinne der Vorstellungsevokation verwendet) und *muḥākāt* (Nachahmung, gr. *mimesis*). Sie wirken zusammen in seiner integralen Theorie über Wesen und Zweck der Dichtung. Dadurch, dass nach al-Fārābīs Ansicht Vorstellungen, wenn sie wirksam sind, den Menschen zum Streben nach oder Ablehnen von schönen oder hässlichen Dingen bewegen können, bekommt die Vorstellungskraft einen besonderen Stellenwert. Indem al-Fārābī die Auffassung vertritt, dass die Menschen in ihren Handlungen häufig Vorstellungen folgen und nicht ausschließlich reinem, demonstrablen Wissen (Heinrichs 1978, 255), wird der Fähigkeit der Vorstellungsevokation eine große Bedeutung zugewiesen, die auch ethische Komponenten enthält. Laut *Kitāb al-Ḥurūf* wird die Menge mittels der Religion über die theoretischen und praktischen Dinge belehrt, welche in der Philosophie deduziert wurden, in einer Art und Weise, die der Menge den Weg zu deren Verständnis bereitet, sei es durch Überzeugung [mit den Mitteln der Rhetorik] oder durch Vorstellungsevokation [mit den Mitteln der poetischen Bildsprache] oder beides zusammen (*Kitāb al-Ḥurūf* 131, § 108).

Dass die Leitung des idealen Gemeinwesens auf diese Weise funktioniert, geschieht auf der Grundlage, dass unser Autor den Prozess der Vorstellungsevokation mit demjenigen der Nachahmung verknüpft. Damit ist gemeint, dass geistige Vorstellungen durch Nachahmung in sinnliche Vorstellungen umgesetzt werden (Heinrichs 1978, 255). Beide Tätigkeiten (Vorstellungsevokation und Nachahmung) beziehen sich seiner Auffassung nach primär auf ein sinnlich Wahrnehmbares und als solches Vorgestelltes, was dem galenischen Modell, dass die Affekte der Seele den Dispositionen des Körpers folgen, entspricht. Die körperlichen Wirkungen, die das Vorstellungsvermögen hervorruft, werden auch bei griechischen Ärzten beschrieben (zu Hippokrates u. a. vgl. Walzer 1985/1998, 417 u. Anm. 522). Daraus geht auch hervor, dass es sich dabei um angeborene Eigenschaften und Begabungen handelt, die vor allem von den individuellen physischen Dispositionen bestimmt sind. Dies weist auf den Zusammenhang der Beschaffenheit der Seele mit den physischen Dispositionen des Individuums, wie es Galen in seinem Traktat *Dass die Kräfte der Seele den Mischungen des Körpers folgen* beschrieben hat (arab. Text hg. von Biesterfeldt 1973). Für al-Fārābīs Theorie ist die Verbindung der Seelenvermögen mit der physischen Natur charakteristisch, was in den *Prinzipien* an verschiedenen Stellen aufscheint (wenn auch al-Fārābī, wie die Neuplatoniker vor ihm, den Materialismus der stoischen und galenischen Seelenvorstellung strikt ablehnt). Denn die Nachahmung bezieht sich sowohl auf sinnlich Wahrnehmbares als auch auf Intelligibles. Letzteres wird durch das platonische Konzept gestützt, dass die Realitäten der höheren Welt in Symbolen auf der Welt des Werdens und Vergehens manifestiert werden.

Aus der Tatsache, dass Vorstellungsbilder je nach der Disposition und sozialen Umgebung des Individuums variieren, erklärt al-Fārābī auch die Existenz verschiedener Religionen. Jede Gemeinschaft (*umma*) hat ihre eigenen Vorstellungen und Bilder, welche ihre jeweilige Religion prägen (*Prinzipien* 17.1 – 2, dt. 106 – 107). Dabei besteht er aber auf der Unterscheidung zwischen Philosophen und Nichtphilosophen. Für letztere ist es unmöglich, die metaphysischen Wahrheiten in der Weise der Philosophen zu verstehen, nämlich absolut und durch Beweis. Deswegen muss man diesen Menschen die Wahrheit in der Weise eingeben, dass sich die Bilder der Dinge als Vorstellung in ihrer Seele einprägen. Dabei bleiben die Wesenheiten immer dieselben, aber ihre Abbilder sind vielfältig. Auf diese Weise hat al-Fārābī den Begriff *taḫyīl* auch für eine Theorie der religiösen Sprache, Zeichen der Religion und des religiösen Gesetzes, in ihren verschiedenartigen Erscheinungsformen fruchtbar gemacht.

Die Vorstellungsevokation ist also das Mittel, um Nachahmung zu erreichen. Nachahmung kann sowohl platonisch (Mimesis als die Nachahmung der göttlichen Wirklichkeit) als auch aristotelisch (Mimesis eher als Nachahmung der Physis) verstanden werden. Beides fand Eingang in al-Fārābīs Erkenntnistheorie, die wiederum als Basis seiner Herrschaftstheorie fungiert. Ausführlich dargestellt wird dies in seinem *Buch der Partikeln*, als Teil der dort vorgestellten Kulturentstehungstheorie:

Demnach bedarf es der Gesetzgebung (*waḍʿ an-nawāmīs*) und der Unterweisung der Menge in den theoretischen Dingen, welche schon entdeckt, abgehandelt und durch Beweise verifiziert sind, und in den praktischen Dingen, welche durch die Kraft der Verständigkeit (*taʿaqqul*, gr. *phronesis*) entdeckt worden sind. Die Kunst der Gesetzgebung besteht in der Fähigkeit, die theoretischen *intelligibilia* (Denkinhalte), welche die Menge sich nur schwer vorstellen kann, in gelungener Weise (durch Bilder) vorstellbar zu machen (*taḫyīl*), sowie eine jegliche staatsbürgerliche (*madanī*) Handlung, welche für die Erlangung der Glückseligkeit nützlich ist, in geeignetster Weise ausfindig zu machen [...] Wenn nun die Gesetze in diesen beiden Kategorien (theoret. und prakt. Dinge) niedergelegt worden sind und ihnen (außerdem) die Verfahren, mit denen die Menge überredet, belehrt und gebildet wird, hinzugefügt worden sind, so ist damit die Religion entstanden, durch welche die Menge belehrt, gebildet und zu allem, womit sie Glückseligkeit gewinnen kann, angehalten wird (*Kitāb al-Ḥurūf* 152,

§ 144; vgl. Heinrichs 1978, 283 f.; ebenso eine Stelle in *al-Alfāẓ* 88; vgl. Heinrichs 1978, 285).

Einen großen Anteil am Gelingen des Gemeinwesens hat demzufolge die Beschaffenheit des Vorstellungsvermögens des Herrschers als Instrument der Vorstellungsevokation. Ist sie ungenügend, kann der Menge die Wahrheit nicht nähergebracht werden und das Ziel der vortrefflichen Stadt, nämlich die Glückseligkeit, wird nicht erlangt. Das Vorstellungsvermögen ist jedoch– an dieser Stelle der aristotelischen Lehre entsprechend – auch dadurch gekennzeichnet, dass es das Vernunftvermögen nachahmen kann. Dadurch kann es die Denkobjekte als visuelle Bilder, die in ihm präsent sind, wiedergeben. Im Modell von al-Fārābī geschieht dies durch die vollkommenen Denkobjekte, beginnend mit der Ersten Ursache und dem Ersten Intellekt. Die Beschreibung dieses Vorgangs macht deutlich, dass abstrakte Wahrheit in visuelle Symbole verwandelt werden kann (vgl. auch die von Walzer 1985/1998, 419 Anm. 539 angegebene Parallele zu Johannes Philoponos).

8.3 Prophetie

Um die nach seiner Ansicht existierende Verbindung zwischen Philosophie und Religion systematisch sichtbar zu machen, hat al-Fārābī in den *Prinzipien* eine philosophische Theorie der Prophetie entworfen (vgl. zum Folgenden Griffel 2016, 388 – 391), die er vom System seiner Metaphysik, Kosmologie und Noetik (Intellektlehre) ausgehend darstellt. Dabei entwirft al-Fārābī das Konzept eines Staates, dessen Prinzipien, die auf den ersten Denkinhalten und -konzepten beruhen, der Philosoph erkennen und bewahren kann.

Da es nicht allen Menschen gegeben ist, diese Denkkonzepte in ihrer universalen Gültigkeit zu erfassen, für das Gelingen eines Gemeinwesens aber die Kenntnis der universalen Wahrheit unabdingbar ist, bedarf die Menge der Menschen einer Vermittlung. Nur wenn alle Menschen des Gemeinwesens die Prinzipien erkennen, können sie im politischen Leben beobachtet und verwirklicht werden.

Die Aufgabe der Vermittlung der Prinzipien hat der Leiter des Gemeinwesens, bei al-Fārābī der "erste Herrscher", der zugleich Gesetzgeber ist. Dieser Herrscher muss also einerseits die Fähigkeit haben, die ersten Prinzipien zu erfassen, um sie andererseits in verständlicher Form an die Menschen weiterzugeben. Der Gesetzgeber (*ar-raʾīs al-awwal, wāḍiʿ aš-šarīʿa*) muss durch die theoretische Philosophie die gottgewollte Ordnung des Seienden erkennen und die Universalbegriffe (*kulliyyāt*) der Religion aus der Philosophie ableiten. Damit ist es die Philosophie, respektive die demonstrativen Beweise, welche die Grundlage für das ideale Gemeinwesen bilden.

Der “Erste Herrscher” (*ar-raʾīs al-awwal*) muss jedoch gewisse Voraussetzungen erfüllen, um die Ersten Prinzipien erfassen zu können. Darunter fallen einige, die bereits Platon für den Philosophenkönig postuliert hat (Daiber 1986). An dieser Stelle zeigt sich, dass al-Fārābīs Intellektlehre in seiner Theorie des idealen Gemeinwesens eine konstitutive Rolle einnimmt. Die rationalen Fähigkeiten des Leiters oder Stifters des Gemeinwesens müssen nämlich vollständig aktualisiert und mit dem Aktiven Intellekt in Kontakt sein, damit das Ideal verwirklicht werden kann. Voraussetzung für das Erfassen der Prinzipien der Offenbarung (*waḥy*) ist die Vollkommenheit des rationalen Vermögens des Empfängers, des theoretischen wie des praktischen, damit durch den Aktiven Intellekt die göttliche Emanation an den passiven Intellekt und an das Vorstellungsvermögen weitergegeben werden kann.

Nicht nur wird der Mensch dadurch “zum Weisen und Philosophen” (*ḥakīm*^{an} *faylasūf*^{an}) und zu einem “Mann mit vollkommener Reflexion”, das Geschehen hat noch eine weitere Wirkung auf ihn: Durch die Emanation des Aktiven Intellekts auf sein Vorstellungsvermögen wird er zum Propheten (*nabiyy*^{an}), der Geschehnisse voraussehen und davor warnen, ebenso aber auch pragmatische Anleitung für die Gegenwart geben und vor allem das Gemeinwesen leiten kann (vgl. Heinrichs 1978, 292; *Kitāb al-Milla* 64, § 27 und Kap. 7 in diesem Band).

Das also ist für al-Fārābī der ideale Gründer und Herrscher des Gemeinwesens: Er ist zugleich Prophet und Philosoph. Erst durch diese Doppelqualifikation ist er in der Lage, die Wahrheit nicht nur begrifflich zu erfassen, sondern kann sie auch mittels Vorstellungen und Bildern ausdrücken und an die Menschen vermitteln.

Al-Fārābīs Theorie der Prophetie wird zum Angelpunkt des politischen Gemeinwesens, da sie den Schnittpunkt darstellt zwischen Philosophie, Religion und Politik; seine Erkenntnis erlangt der Prophet durch die Wirkung des Aktiven Intellekts auf seinen aktualisierten Intellekt. Sein Medium für die Vermittlung der Wahrheit an die religiöse Gemeinschaft sind die poetischen und rhetorischen Mittel einer Bildsprache der religiösen Botschaft.

Wichtig ist, dass zwischen der begrifflichen Erkenntnis und ihrer symbolischen Repräsentation eine Übereinstimmung besteht. Diese wird nach al-Fārābīs Ansicht dadurch gewährleistet, dass sie auf einen einzigen Urheber zurückgehen, nämlich den ersten Herrscher, der seinerseits die philosophische Einsicht unter Anleitung des Aktiven Intellekts gewinnt. Durch die Rückführung auf die Erfassung der *prima intelligibilia* durch den ersten Herrscher bekommt die Wissenschaft vom Gemeinwesen (*al-ʿilm al-madanī*) bei al-Fārābī den Status einer demonstrativen Wissenschaft, weil derjenige, der die Wissenschaft vom Gemeinwesen beherrscht, auch in der Lage sein muß, Universalien zu erkennen und beweisende Urteile zu formulieren.

In einem anderen Werk erläutert al-Fārābī, wie das Verhältnis von Religion und Philosophie in der Seele des wahren Philosophen und Gesetzgebers dargestellt wird (*Taḥṣīl as-saʿāda*, in: Mahdi 1962, § 59). Für den Herrscher ist das, was er empfängt, reine Philosophie, in den Seelen der Menge jedoch ist es Religion. Der Herrscher "verarbeitet" die philosophische Erkenntnis mithilfe seines Vorstellungsvermögens zur Religion, nämlich zu der Form, in der die Menge die Wahrheiten erfassen kann. Die religiösen Bilder, die der Gesetzgeber dadurch produziert, gelten nicht für ihn als Religion, sondern nur für die Menge. Ob man an dieser Stelle von einer philosophischen Formulierung der Lehre vom inneren und äußeren Sinn des Korans, von einer exoterischen und einer esoterischen Deutung des Korans ausgehen kann, bleibt Gegenstand weiterer Untersuchungen.

Interessant ist, dass in diesem Modell Philosophie und Offenbarung nicht im Hinblick auf die Gegensätzlichkeit von menschlich und göttlich gelesen werden. Denn sie entstehen beide in der Person des wahren Philosophen, der gleichzeitig Gesetzgeber (oder Religionsstifter) und Erster Herrscher ist. Philosophie und Religion unterscheiden sich durch ihre Adressaten: Die philosophische Einsicht kann nur beim Philosophen stattfinden, wohingegen die religiöse Offenbarung an die Menge gerichtet ist.

8.4 Religion und Philosophie

Das Verhältnis von Religion und Philosophie ergibt sich also aus al-Fārābīs Seelenlehre und seinem Verständnis von Erkenntnis. Dazu heisst es in den *Prinzipien* (17.1–6): "Die Dinge lassen sich auf zweierlei Weise erkennen: Sie prägen sich entweder so in die Seelen der Menschen ein, wie sie wirklich sind, oder aber durch Analogie (*munāsaba*) und Repräsentation (*tamṯīl*). Es ist die Aufgabe, aber auch die Fähigkeit der Philosophen, die Dinge durch Beweise und eigene Einsichten zu erkennen und an ihre Schüler weiterzugeben."

Wie sich die beiden Formen erkenntnistheoretisch zueinander verhalten, erklärt er u. a. im *Buch der Religion* (*Kitāb al-Milla*). Dort entwickelt er auch die formalen Prinzipien einer theokratisch-hierarchischen Staatsverfassung. Im Zentrum seines Interesses steht dabei, die Voraussetzungen des Idealstaates zu charakterisieren; sie hängen in seinem Verständnis unmittelbar mit der Beziehung zwischen Religion und Philosophie zusammen. Sichtbar wird die enge Beziehung zur politischen Dimension darin, dass nach Ansicht al-Fārābīs die Leitung des Gemeinwesens die Aufgabe philosophischer Erkenntnis hat (*Kitāb al-Milla* 65,14 – 66,13).

Dem ersten Herrscher ebenbürtige Nachfolger werden sein Werk vollenden (ebd. 48,6 – 50,3); die späteren aber suchen es zu bewahren und schaffen hierzu eine Gesetzeswissenschaft (*al-fiqh*), welche die überlieferten Normen sammelt und auslegt (ebd. 50,16 – 52,2). Auch der Rechtsgelehrte, der *faqīh*, ist der Philosophie verpflichtet, denn sie gibt ja die Grundlegung der Lehren und Gesetze, die er im einzelnen zu verfügen hat. Insbesondere folgt der "praktische" Teil des *fiqh* den Regeln des *ʿilm al-madanī*, der politischen Wissenschaft (*politikê*), und diese selbst untersteht ihrerseits wieder der praktischen Philosophie. Zentral ist für das Konzept al-Fārābīs, dass die Universalbegriffe (*kulliyyāt*) der Religion der Philosophie entstammen. Letztere ermöglicht es, ein dem Gesetz und der Vorstellung eines idealen Lebens gemäßes Leben im idealen Gemeinwesen zu führen.

In seinem Modell der philosophischen Staatsleitung weist al-Fārābī der Wissenschaft vom Gemeinwesen (*al-ʿilm al-madanī*) mithin den Status einer demonstrativen Wissenschaft zu, weil auch sie auf den *prima intelligibilia* gründet. Derjenige, der die Wissenschaft vom Gemeinwesen beherrscht, ist auch in der Lage, Universalien zu erkennen und beweisende Urteile nach aristotelischer Lehre zu formulieren. Die Philosophie hat folglich das Primat der Erkenntnis – vor der Religion. Die richtige Lebensform hängt von der Erkenntnis der Wahrheit ab, denn nur sie kann dazu verhelfen, das Glück und die Vollendung zu erlangen, welche die Vervollkommnung der menschlichen Natur bedeuten (man kann hier auch den Begriff der *Eudaimonie* anwenden). Auf diese Weise ist die Philosophie bei al-Fārābī also ein ‚politisches' Konzept.

Man könnte sich an dieser Stelle fragen, ob es bei al-Fārābīs Überlegungen zum Gemeinwesen um politische Philosophie oder um Ethik geht. Vielleicht lässt sich diese Frage am besten beantworten, indem man das Ziel von al-Fārābī ins Auge fasst, sich also die Frage stellt, wozu alle Erkenntnis-, Kommunikations- und Ordnungsbemühungen dienen sollen. Dieses Ziel hat er sehr deutlich formuliert, sogar eine eigene Schrift mit dem dazu passenden Titel verfasst: Es geht ihm um das Glück des Menschen im Diesseits und Jenseits, "Die Erlangung des Glücks" (*Taḥṣīl as-saʿāda*). Die rationale Wissenschaft ist als Wegweisung zur Glückseligkeit (Eudaimonie) legitimiert.

Um unsere Frage nach der Zielrichtung von al-Fārābīs Ausführungen besser beantworten zu können, lohnt es sich, den Zusammenhang von Ethik und Politik zu studieren. Die Bestimmung der Ethik ist das Glück der menschlichen Gesellschaft. So ist zu erklären, dass die Wissenschaft der praktischen Werterkenntnis bei al-Fārābī zu einer politischen Wissenschaft wird. Hier ist eine Entwicklung aus der älteren platonischen Ethik auszumachen; diese vertritt noch das Ideal einer Lebensweise, die die Angleichung an Gott (*homoiosis theô*) anstrebt.

Aber al-Fārābī nimmt die ethischen Haltungen des einzelnen auf dem Hintergrund der politisch-religiösen Institutionen ins Visier. In seinem Konzept hat das zur Folge, dass sich das Glück des Menschen nur im idealen Gemeinwesen, dem vortrefflichen Staat verwirklichen kann. Dieser Gedanke begründet die politische Ethik des al-Fārābī, der dabei von einem theokratisch-hierarchischen Staatsgebilde, in dem jedes Individuum der Pflichtenlehre der offenbarten Religion folgt, ausgeht. Die hier erfolgte Unterordnung des Einzelnen unter das Ganze spiegelt vielleicht den aristotelischen Gedanken wider, dass der Staat vor dem Individuum existiert, weil das Ganze früher existieren muss als der Teil – ohne Ganzes gibt es keinen Teil (Aristoteles, *Politik* I 2, 1253a20 ff.).

Den von al-Fārābī postulierten Zusammenhang von Ethik und Politik kann man als ein Modell lesen, das – ausgehend von einem tiefen Interesse an der menschlichen Natur – die Gottgegebenheit des Kosmos einschließlich der sublunaren Welt darstellt, wobei dem Intellekt eine besondere Rolle zukommt. Das Denken/die Erkenntnis hält die Welt zusammen und ordnet sie nach der göttlichen Ordnung. Deshalb ist es auch grundlegend, dass es dem Menschen möglich ist, durch den Aktiven Intellekt Anteil am göttlichen Intellekt zu haben.

Der Zusammenhang von Politik (oder der Verfasstheit der Leitung des Gemeinwesens) und Ethik (das individuelle Glück oder besser die Verfasstheit der individuellen Seelen) tritt deutlich hervor. Grundlage einer im philosophischen Sinn gelingenden menschlichen Existenz ist nach Ansicht al-Fārābīs die "Ausbildung" der Seele. Diese geschieht für die Menge durch den Herrscher in seiner Eigenschaft als Prophet mittels bildhafter Äußerungen. Für die Philosophen aber durch den Herrscher in seiner Eigenschaft als Philosoph, der dank seinen besonderen seelischen Begabungen und Anlagen aufzunehmen in der Lage ist, was durch die göttliche Emanation zu ihm herabgesandt wird. Philosophie, Prophetie und Religion sind somit alle drei mit dem rationalen Teil der Seele, mit der Vernunft, verbunden.

Literatur

Endress, Gerhard 1994: Al-Kindī über die Wiedererinnerung der Seele. Arabischer Platonismus und die Legitimation der Wissenschaften im Islam, in: *Oriens* 34, 174–221.

Griffel, Frank 2016: Philosophy and Prophecy, in: R.C. Taylor/L.X. López-Farjeat, *The Routledge Companion to Islamic Philosophy*, London/New York, 385–398.

Heinrichs, Wolfhart 1978: Die antike Verknüpfung von phantasia und Dichtung, in: *Zeitschrift der Deutschen Morgenländischen Gesellschaft* 128, 252–298.

ar-Rāzī, Abū Bakr: *aṭ-Ṭibb ar-rūḥānī*, in: Paul Kraus (ed.), *Rasā'il falsafiyya li-Abī Bakr ar-Rāzī*, Kairo 1939, 1–96. – Engl. Übers.: Arthur J. Arberry, *The Spiritual Physick of Rhazes*, London 1950.

Walzer, Richard 1962: Al-Fārābī's Theory of Prophecy and Divination, in: Ders. (Hrsg.), *Greek into Arabic*, Oxford, 206 – 219. [Zuerst erschienen in: Journal of Hellenic Studies 77 (to Sir David Ross on his 70th birthday), London 1957, 142 – 148.]

Georges Tamer

9 Vortreffliche und mangelhafte Gemeinwesen (Kap. 15 und 18–19)

9.1 Die vortreffliche Gemeinschaft und ihre vollkommene Leitung (Kap. 15.1–14)

Nachdem al-Fārābī in den ersten vierzehn Kapiteln seines Werkes prinzipielle Ansichten präsentierte, welche die Erste Ursache, den hierarchisch geordneten Aufbau der supralunaren und sublunaren Welt, den Menschen, seine Entstehung, die Art und Weise, wie er erkennt und imaginiert, und das höchste Ziel menschlichen Lebens thematisieren, wendet er sich in diesem und den folgenden Kapiteln der Gesellschaft zu. Von seinen antiken Lehrmeistern hat al-Fārābī gelernt, dass der Mensch ein soziales Wesen ist und deshalb auf die Gesellschaft angewiesen ist, um weiter zu existieren und seine Lebensziele zu realisieren – ein Thema, das ihn in mehreren Schriften beschäftigt. In diesem Kapitel der *Prinzipien* begründet er „am präzisesten" die Notwendigkeit der Gesellschaft (Rudolph 2012b, 435) und wendet sich unterschiedlichen Gemeinschaftsformen zu. Denn das Individuum kann die Vollkommenheit, das eigentliche Ziel menschlichen Daseins, nur in einer bestimmten Gemeinschaft erreichen, die al-Fārābī *al-madīna al-fāḍila* nennt und deren Entstehung, Ordnung sowie die Gesinnung ihrer Angehörigen er ausführlich beschreibt. Darüber hinaus geht er kurz auf entgegengesetzte Gemeinschaftsformen ein, einige von ihnen behandelt er nochmals ausführlicher in den letzten zwei Kapiteln seines Werkes.

Was ist „*al-madīna al-fāḍila*", die in diesem Kapitel erstmals behandelt wird und im Werk insofern eine Zentralstellung besitzt, als al-Fārābī in seinem Buch die Prinzipien der Ansichten der Bewohner dieser Gemeinschaft erfasst? Der Ausdruck besteht aus zwei arabischen Wörtern. Das arabische Nomen „*madīna*" bedeutet wörtlich „Stadt". Nach meiner Auffassung ist „*al-madīna*" in al-Fārābīs Philosophie eine metaphorische Bezeichnung für die menschliche Gesellschaft. Diese wird in Anlehnung an die antike Philosophie so konzipiert, dass sie ausreichende Existenzgrundlagen besitzt und über die Erfüllung lebensnotwendiger Bedürfnisse des Individuums hinausgeht, um als institutionalisierter sozialer Rahmen zum Streben des Menschen nach Glück zu fungieren. Wörtlich übersetzt bedeutet das arabische Adjektiv „*fāḍil*" (Feminin „*fāḍila*") „tugendhaft", wobei mit „Tugend" die griechische *Arete* gemeint ist, wie sie von Aristoteles in der *Nikomachischen Ethik* (I 6,13) als die Erfüllung des Zwecks, wozu ein Ding exis-

https://doi.org/10.1515/9783110535945-011

tiert, definiert wird. Dementsprechend bedeutet die Konzeption *al-madīna al-fāḍila* die Gemeinschaft, die ihren Zweck erfüllt: dass die Gesamtheit ihrer Angehörigen nicht nur materiell fortbesteht, sondern auch je nach individuellem Vermögen das höchste Lebensziel, nämlich das Glück, durch theoretisches Wissen und entsprechendes Handeln erreicht. Daher fasst al-Fārābī in diesem Buch die „Prinzipien der Ansichten" (*mabādiʾ ārāʾ*) zusammen, an denen sich die Angehörigen der vortrefflichen Gemeinschaft orientieren sollen, damit sie dementsprechend leben und das Glück erreichen können. Diese Ansichten können wiederum nur innerhalb dieser Gemeinschaft bestehen. Im Anhang zur inhaltlichen Zusammenfassung, die al-Fārābī dem Werk voranstellt, macht er deutlich, dass die vortrefflichen Ansichten (*al-ārāʾ al-fāḍila*), die im Buch dargestellt sind, die ideelle Identität der Angehörigen der vortrefflichen Gemeinschaft ausmachen (*Prinzipien* 50 – 55, dt. 10 – 11). Das sind die in den ersten 15 Kapiteln und weiteren entsprechenden Passagen entfalteten Lehren; sie bilden die geistige Grundlage der Gemeinschaftsform, die er in diesem Kapitel beschreibt.

Es geht al-Fārābī also keineswegs darum, eine realisierbare politische Struktur, sozusagen einen „Musterstaat" oder „Perfect State" zu entwerfen, wie irreführende Titelübersetzungen suggerieren (gemeint sind die deutsche Übersetzung von Dieterici 1900 und die englische Übersetzung von Walzer 1985/1998). Die sozialphilosophische Konzeption einer idealtypischen, den Zweck ihrer Existenz erfüllenden Gemeinschaft, die er in diesem Buch entwickelt, soll im Gegenteil zeigen, wie eine solche Gemeinschaft durch die grundsätzliche Verbindung von Philosophie und Offenbarungsreligion auf vollkommene Art und Weise geleitet und strukturiert werden kann. Kapitel 15 enthält daher al-Fārābīs zentrales Anliegen in den *Prinzipien*, nämlich die Beschreibung einer durch die Symbiose von Philosophie und Religion ihren Zweck erfüllenden Leitung einer ähnlich beschaffenen Gemeinschaft, in der jeder Einzelne den Sinn des Lebens, d.i. die Erlangung des Glücks, realisiert. Die vorherigen Kapitel liefern dazu Modelle aus der Natur und demonstrieren, wie der Makro- und der Mikrokosmos geordnet sind. Analog dazu ist die vortreffliche Gemeinschaft wohlgeordnet (dazu ausführlich Tamer 2004). Die der Metaphysik und Physik entnommenen Strukturen bilden den theoretischen Hintergrund, vor dessen Folie das Paradigma der vollkommen geleiteten und geordneten Gemeinschaft aufgerollt und später mit entgegengesetzten Entwürfen kontrastiert wird. Im Vergleich zu dem von der Natur vorgegebenen Aufbau der Welt und des Menschenkörpers bedarf der Aufbau der menschlichen Gemeinschaft allerdings nicht nur der natürlichen Fähigkeiten ihrer Angehörigen, sondern ebenfalls ihrer freiwilligen Entscheidung, an der Durchführung der Ordnung je nach Vermögen und Stellung in der hierarchischen Struktur mitzuwirken. Kapitel 15 fungiert im Werk daher wie eine

Schnittstelle zwischen natürlich gegebenen vollständigen Strukturen und der gesellschaftlichen Struktur, die der Mensch nach ihrem Abbild realisieren soll.

Im Folgenden möchte ich die einzelnen Abschnitte des Kapitels erläutern. Im zweiten Teil dieses Beitrags werden dann die entgegengesetzten Gemeinschaftstypen vorgestellt.

15.1: Das Kapitel beginnt mit der allgemeinen Feststellung, dass menschliche Individuen auf die Gemeinschaft angewiesen sind, um sowohl physisch fortzubestehen als auch die vortrefflichste Vollkommenheit (*afḍal kamālātihi*) zu erreichen. Sie ist das Ziel des Menschen von Natur aus, weshalb sich die Menschen vermehren und zahlreiche menschliche Gemeinschaften entstehen. Für al-Fārābī ist die Menschheit als Ganzes auf die Erreichung der Vollkommenheit ausgerichtet, die nur im Rahmen der Gemeinschaft möglich ist. Gesellschaften sind dementsprechend teleologisch begründete Ermöglichungsstrukturen menschlicher Vervollkommnung. Diejenigen Gemeinschaften, die dem erwähnten Ziel dienen, sind vollständig, die anderen nicht.

15.2: Ob eine Gemeinschaft vollständig ist, wird an ihrem Potential gemessen, die Existenz des Individuums sicherzustellen. In diesem Sinne vollständig sind die globale Gemeinschaft aller Erdbewohner (*al-maʿmūra*), die Nation (*al-umma*) und die Stadt (*al-madīna*). Mangelhafte Gemeinschaften sind das Dorf, das Viertel, die Straßengemeinschaft und das Haus. Alle genannten Gemeinschaften stehen im Inklusionsverhältnis zueinander: die kleineren sind Teil der größeren.

15.3: Im Mittelpunkt der menschlichen Gemeinschaften unterschiedlicher Größe steht die Stadtgemeinschaft.[1] Sie verfügt über die notwendige soziale und ökonomische Infrastruktur, sodass das Individuum nicht nur alles materiell zum Leben Erforderliche erhalten, sondern auch das höchste Gut (das Glück) und die äußerste Vollkommenheit erreichen kann. Al-Fārābī orientiert sich philosophiegeschichtlich selbstverständlich an Platon und Aristoteles, könnte aber dabei auch an real existierende ihm bekannte Städte wie Bagdad, Damaskus, Aleppo und Kairo gedacht haben. Im Anhang der Zusammenfassung, die al-Fārābī seinem Werk voranstellt, verbindet er die Stadt (*madīna*) mit Gehorsam und Unterwerfung einem vernünftigen Oberhaupt (*raʾīs*) gegenüber (*Prinzipien* 50 – 51, dt. 10). Diese Bedeutung der *madīna* ist zwar nicht identisch mit der Bedeutung, die ihr al-Fārābī in diesem Abschnitt verleiht, muss aber in diesem Zusammenhang so verstanden werden, dass sie Aspekte organisierter Vergesellschaftung

---

1 Al-Fārābī relativiert in seiner bereits erwähnten Anmerkung zu Beginn des Werkes die Bedeutung von *madīna*, indem er sie auch für kleinere Gemeinschaften gelten lässt (*Prinzipien* 52 – 53, dt. 10 – 11). Entscheidend ist für ihn, dass sich die Angehörigen solcher Gemeinschaften in „den vortrefflichen Ansichten“ (*al-ārāʾ al-fāḍila*) einig sind.

gegenüber nicht ansässigen und deshalb wenig strukturierten Gemeinschaftsformen hervorhebt.

Im Rahmen der Stadtgemeinschaft können das Gute und das Böse durch Wahl und Wille (*bi-l-iḫtiyār wa-l-irāda*) angeeignet werden. Deshalb ist nicht jede Gemeinschaft qualifiziert, dem Einzelnen als institutioneller Rahmen für das Streben nach Glück zu dienen. Diejenige Gemeinschaft, deren Angehörige harmonisch zusammenarbeiten, damit sie alle glücklich werden, hat den Zweck ihrer Existenz erfüllt und ist deshalb vortrefflich (*fāḍila*). Ähnliches gilt ebenso für die beiden größeren Gemeinschaften: die Nation und die Weltgemeinschaft.

15.4 – 5: In diesen beiden Abschnitten zieht al-Fārābī eine Analogie zwischen der vortrefflichen Gemeinschaft und dem vollständigen gesunden Körper. Obwohl sich die verschiedenen Körperorgane hinsichtlich ihrer Beschaffenheit und Stärke im Rang unterscheiden, arbeiten sie zusammen, damit das Lebewesen weiter existiert. Nach al-Fārābī ist das Herz das Hauptorgan; alle anderen Organe befinden sich je nach natürlicher Fähigkeit in einem hierarchisch geordneten Abhängigkeitsverhältnis zu ihm. Die Organe, die ihm unmittelbar untergeordnet sind, dienen ihm; sie werden von anderen, ihnen unmittelbar untergeordneten Organen bedient. Die auf den Dienst des jeweils höheren Organs ausgerichtete Hierarchie endet mit Organen, die nur dienen und überhaupt nicht beherrschen. Ähnlich verhält es sich mit der vortrefflichen Gemeinschaft: ihre Teile unterscheiden sich in der Veranlagung; einige sind besser als andere in der Disposition. Ihr Oberhaupt (*ra'īs*) ist ein Mensch; die Menschen, die den nächsten Rang zu ihm besetzen, folgen seinen Zielen. Ihnen sind Menschen niedrigeren Ranges untergeordnet, die wiederum ihren Zielen dienen. Die Teile der Gemeinschaft sind hierarchisch geordnet bis zum untersten Rang derjenigen, die nur Ranghöheren dienen. Im Unterschied zu den Körperorganen, die ausschließlich natürliche Fähigkeiten besitzen, besitzen die Teile der Gemeinschaft neben ihren unterschiedlichen angeborenen Fähigkeiten auch willentlich erworbene Dispositionen und Charaktereigenschaften und sind dementsprechend zum Handeln befähigt.

In Analogie zum Herzen ist das Oberhaupt der vortrefflichen Gemeinschaft ihr vollkommenster Teil; es übertrifft alle anderen Teile in allem, was es mit ihnen gemeinsam hat, und besitzt darüber hinaus exklusiv besondere Eigenschaften. Es entsteht als Erstes in der Gemeinschaft und ist die Ursache dafür, dass diese und ihre verschiedenen Teile sowie deren willentliche Charaktereigenschaften entstehen und nach Rängen geordnet werden. Es ist ebenfalls die Instanz, die jegliche Unordnung in der Gemeinschaft behebt. Und genauso wie es sich mit den Körpergliedern verhält, sind die höheren Teile der Gemeinschaft und ihre Tätigkeiten edler als die niedrigeren Teile und ihre Tätigkeiten.

15.6: Ähnlich wie al-Fārābī in den beiden vorherigen Abschnitten eine Analogie zwischen dem menschlichen Organismus (mit dem Herzen als Hauptorgan) und der vortrefflichen Gemeinschaft (mit ihrem Oberhaupt) zieht, wobei Ersteres als Nachahmungsparadigma fungiert, zieht er in diesem Abschnitt eine Analogie zwischen dem Oberhaupt der vortrefflichen Gemeinschaft, das nun erstmals im Werk „König“ (*malik*) und „Erstes Oberhaupt“ (*ra'īsihā l-awwal*) genannt wird und der Ersten Ursache aller Seienden. Die hierarchisch geordnete Struktur der vortrefflichen Gemeinschaft mit ihrem Ersten Oberhaupt an der Spitze dient hier als Illustration der kosmischen Ordnung mit der Ersten Ursache an deren Spitze. Al-Fārābī schreitet also in den Analogien, die er in diesem Zusammenhang bildet, vom menschlichen Körper bis zum Kosmos voran, mit der vortrefflichen Gemeinschaft in der Mitte, also von der kleinsten, erfassbaren bis zur größten, nicht erfassbaren ranggeordneten Struktur. Diese Methode der Analogiebildung erinnert an die in der islamischen Theologie befolgte Methode, Unsichtbares mit Sichtbarem zu vergleichen, um seine Existenz zu beweisen (*qiyās al-ġā'ib ʿalā š-šāhid*). Die Seienden werden hier so beschrieben, dass sie nach Kräften und jeweils gemäß ihrem Rang der Ersten Ursache folgen (*ta'ummuhu*, aus dem Verb wird das Wort Imam, d. h. Vorsteher, Führer, abgeleitet). Die Seienden, die von der Ersten Ursache durch jeweils höhere Zwischenursachen getrennt sind, folgen zunächst deren Zielen. Sie verfahren nach diesem Muster bis hin zu den höchsten Seienden, die der Ersten Ursache unmittelbar untergeordnet sind. Genauso wie alles im Sein dem Ziel der Ersten Ursache folgt, sollten auch alle Teile der vortrefflichen Gemeinschaft ihrem Rang entsprechend in ihren Taten dem Ziel ihres Ersten Oberhaupts nachstreben.

15.7: In diesem und den folgenden fünf Abschnitten beschreibt al-Fārābī ausführlich die zentrale Figur des Oberhaupts der vortrefflichen Gemeinschaft und dessen einzigartige Leitungsposition sowie die Kompetenzen, über die es verfügen muss. Al-Fārābī stellt prinzipiell fest, dass nicht jede Person geeignet ist, eine solche Funktion auszuüben, sondern nur diejenige, die von Natur aus dazu befähigt ist und gleichermaßen willentlich über entsprechende Leitungshabitus und -disposition (*al-hay'a wa-l-malaka al-irādiyya ar-ri'āsiyya*) verfügt. Ebenfalls eignet sich nicht jede Kunstfertigkeit für die Leitung der vortrefflichen Gemeinschaft. In ihr steht die Leitungskunst an der Spitze aller Kunstfertigkeiten.

15.8: Al-Fārābī beschreibt in diesem Abschnitt die Sonderstellung des Ersten Oberhaupts in der vortrefflichen Gemeinschaft. Es ist ein vollkommener Mensch, dessen Intellekt vollkommen geworden ist, indem er alle *intelligibilia* begreift und zur Einheit von Denken, Denkendem und Gedachtem geworden ist (*ṣāra ʿaqlan bi-l-fiʿl wa-maʿqūlan bi-l-fiʿl*). Ebenfalls ist sein Vorstellungsvermögen (*quwwatuhu al-mutaḫayyila*) von Natur aus derart vollkommen, dass es im Wachen oder im Schlaf die Partikularia, entweder wie sie sind oder in nachgeahmter Fassung, sowie die nachgeahmten *intelligibilia* empfängt. Ein solcher Intellekt, in dem Denken, Denkendes und Gedachtes eins sind, ist der erworbene Intellekt (*al-ʿaql al-mustafād*), der eine Zwischenstellung zwischen dem passiven Intellekt (*al-ʿaql al-munfaʿil*) des denkfähigen Menschen und dem Aktiven Intellekt (*al-ʿaql al-faʿʿāl*) besitzt, der seinerseits alle Erkenntnisarten emaniert und dem der erworbene Intellekt des Oberhaupts der vortrefflichen Gemeinschaft unmittelbar untergeordnet ist. Genauso wie der Aktive Intellekt unmittelbar auf den erworbenen Intellekt des Leiters einwirkt, wirkt dieser unmittelbar auf die passiven Intellekte der Angehörigen der Gemeinschaft ein, d. h. auf deren Denkvermögen.

15.9: Darauf folgt eine aristotelische Beschreibung der Rationalitätsstufen: Der Mensch besitzt eine natürliche, d. h. allgemeinmenschliche Veranlagung (passiver Intellekt), die durch Aktivierung zum aktuellen Intellekt wird, der wiederum durch die unmittelbare Wirkung des Aktiven Intellekts zum erworbenen Intellekt wird. Auf dieser höchsten Rationalitätsstufe, die nur vom Oberhaupt der vortrefflichen Gemeinschaft erreicht werden kann, wohnt der Aktive Intellekt dem menschlichen Intellekt inne.

15.10: In diesem durch die sonst im Buch rare religiöse Terminologie gekennzeichneten Kapitel erklärt al-Fārābī – über Aristoteles hinausgehend –, dass dieser Mensch Offenbarungen empfängt (*yūḥā ilayhi*), die von Gott (*Allāh*) durch die Vermittlung des Aktiven Intellekts emanieren (*yafīḍ*), wenn der theoretische und der praktische Teil des Vernunftvermögens und das Vorstellungsvermögen mit dem Aktiven Intellekt vereint sind. Durch die Emanation zum Intellekt wird der Mensch ganz vernünftig, weise, Philosoph; durch die Emanation zum Vostellungsvermögen wird er Prophet. Er warnt vor künftigen Ereignissen und berichtet über gegenwärtige praktische Erkenntnisse.

15.11: Ein solcher Mensch hat die vollkommenste Stufe des Menschseins und den höchsten Grad der Glückseligkeit erreicht, seine Seele ist beinahe eins (*ka-l-muttaḥida*) mit dem Aktiven Intellekt. Er weiß um jede Handlung, die zur Glückseligkeit führt, und besitzt die Redegewalt, sein Wissen verbal zu vermitteln. Er ist ebenfalls gut geeignet, die Menschen zur Glückseligkeit hin zu führen. Außerdem besitzt er die physische Stärke, die für Kriegsführung erforderlich ist. Mit solchen Eigenschaften ausgestattet, ist ein solcher Mensch das Erste Oberhaupt (*ar-raʾīs al-awwal*) der vortrefflichen Gemeinschaft, der Vorsteher (*imām*) und das Oberhaupt des vortrefflichen Nation und der vortrefflichen Weltgemeinschaft.

15.12: In Anlehnung an die Beschreibung des Philosophenkönigs in Platons *Politeia* stellt al-Fārābī zwölf Eigenschaften vor, die das Erste Oberhaupt der vortrefflichen Gemeinschaft haben muss. Gemeinsam machen sie seine physische, seelische, intellektuelle, pädagogische, rhetorische und ethische Vollkommenheit aus. Zusätzlich zu den platonischen Eigenschaften fügt er die von den Arabern hochgeschätzte Redegewandtheit hinzu.

15.13: Angesichts der Tatsache, dass all diese Eigenschaften äußerst selten bei einem einzigen Menschen zu finden sind, räumt al-Fārābī realistische Optionen ein, wie die vortreffliche Gemeinschaft geleitet werden kann, sollte ein vollkommener Mensch nicht vorhanden sein. Ihr Oberhaupt könnte in diesem Fall jemand sein, der die in den Abschnitten 10 und 11 aufgeführten Eigenschaften außer der Prophetie besitzt, da diese noch seltener als alle anderen Eigenschaften auftritt. Sollte auch ein solches Oberhaupt nicht vorhanden sein, wäre die vortreffliche Gemeinschaft von einem Menschen zu leiten, der die vom Ersten Oberhaupt eingeführten Religionsgesetze und Sitten (*aš-šarā'iʿ wa-s-sunan*) kennt und pflegt. Dazu muss er weise sein, in all seinen Handlungen seine vollkommene Vorgänger nachahmen, aus ihren Überlieferungen qualitativ gute Lehren ableiten, die aufgrund veränderter Umstände erforderlich geworden sind, und dabei das Wohl der Gemeinschaft im Sinne haben. Zudem muss er darin gut sein, die Menschen zu den Religionsgesetzen der Altvorderen hin zu führen: er muss schließlich die für Kriegsführung erforderliche zähe physische Verfassung haben und das Kriegshandwerk umfassend beherrschen.

15.14: Al-Fārābī ist ein pragmatischer Idealist. Er weiß, dass die in den vorherigen Abschnitten gezeichnete ideale Leitung der vortrefflichen Gemeinschaft nicht immer realisiert werden kann. Deshalb stellt er als letzte Option vortrefflicher Leitung ein Kollegium vor, das aus zwei oder mehreren Personen besteht, die zusammen die in § 11 erwähnten Eigenschaften besitzen. Allein die Weisheit darf in diesem Leitungskollektiv nicht fehlen; sollte dies geschehen, würde die vortreffliche Gemeinschaft ohne einen König bleiben. In Ermangelung der Weisheit, würde sie nach einer Weile untergehen.

9.2 Die entgegengesetzten Gemeinschaften (Kap. 15.15 – 20; Kap. 18 – 19; vgl. Kap. 16.7 – 11 und Kap. 17.5)

Nach Vorstellung der vortrefflichen Gemeinschaft, der prinzipiellen Ansichten ihrer Angehörigen und ihrer vollkommenen Leitung, die wesentlich in der Verbindung von philosophischen und religiösen Werten besteht, wendet sich al-Fārābī in den folgenden sechs Abschnitten entgegengesetzten Gemeinschaftstypen mit entsprechenden Gesinnungen zu, die er jeweils kurz beschreibt. Zwei von ihnen behandelt er in den letzten zwei Kapiteln des Werkes noch ausführlicher. Der vortrefflichen Gemeinschaft entgegengesetzt sind die ignorante (*al-ǧāhiliyya* bzw. *al-ǧāhila*) mit ihren unterschiedlichen Varianten, die sündhafte (*al-fāsiqa*), die veränderte (*al-mubaddala*) und die irrende (*aḍ-ḍālla*) Gemeinschaft sowie andersgesinnte Individuen, die al-Fārābī als „Unkraut der Gemeinschaften" (*nawābit al-mudun*)[2] bezeichnet (15.15), ohne näher darauf einzugehen. Wie sind die genannten Gemeinschaften beschaffen?

1. Die unwissende Gemeinschaft (*al-madīna al-ǧāhiliyya*) bzw. die Stadtgemeinschaften der Unwissenheit (*mudun al-ǧāhiliyya*) (Kap. 15.16–18; Kap. 18; vgl. Kap. 17.5)

Dieser Gemeinschaftstyp ist dadurch gekennzeichnet, dass seine Angehörige kein Wissen von der Glückseligkeit als Lebensziel besitzen, sondern materielle Güter wie Gesundheit, Wohlstand, Lustgenuss, die Befolgung von Leidenschaften und den Erhalt von Ehrung und Glorifizierung für wahres Glück halten und danach streben, all diese Güter zu besitzen; sollte das Gegenteil auftreten, sind sie im Unglück (*šaqāʾ*). Platon spricht im 8. und 9. Buch der *Politeia* von einer solchen Gemeinschaftsform. Dass al-Fārābī in diesem Zusammenhang von „*ǧāhiliyya*" (Unwissenheit) spricht, erinnert daran, dass dieser Terminus eine im Islam geläufige Bezeichnung der vorislamischen Epoche in Arabien ist (nach Koran 3:154; 5:50; 33:33; 48:26). Dennoch ist es wichtig zu beachten, dass sich al-Fārābī nicht nur in diesem Werk, sondern in seiner ganzen Philosophie nicht auf den islamischen Kontext beschränkt, sondern universal denkt und argumentiert.

Al-Fārābī gliedert den Grundtypus der unwissenden Gemeinschaft (*al-madīna al-ǧāhiliyya*) folgendermaßen:

1.a. Die Gemeinschaft der Notwendigkeit (*aḍ-ḍarūriyya/aḍ-ḍarūra*). Ihre Mitglieder beschränken sich im Leben auf den Erwerb des materiell Notwendigen wie Essen, Trinken, Kleidung, Wohnung und Geschlechtsverkehr.

1.b. Die Gemeinschaft der Verwerflichkeit (*an-naḏāla*). Ihre Angehörigen arbeiten zusammen, um materiellen Wohlstand und Reichtum als Lebensziel zu erreichen.

1.c. Die Gemeinschaft der Widerwärtigkeit und Niederträchtigkeit (*al-ḫissa wa-n-naḏāla*) (Er bezeichnet sie als „heruntergefallen" [*sāqiṭa*] in Kap. 18.18). Ihre Angehörigen teilen mit den Angehörigen der Gemeinschaft der Notwendigkeit das Ziel, die Freuden des Essens, Trinkens und Geschlechtsverkehrs zu genießen; sie gehen jedoch über sie hinaus, indem sie zusätzlich sinnliche und imaginierte Freuden haben und Scherz und Spiel betreiben.

---

2 In *Die Lenkung des Gemeinwesens* (*as-Siyāsa al-madaniyya* 104–107), beschreibt al-Fārābī die Gesinnungen solcher Individuen oder kleiner Gruppen, die sich in vortrefflichen Gemeinschaften befinden und ähnliche Ansichten wie die der entgegengesetzten Gemeinschaften vertreten (vgl. Crone 2016, 297–304).

1.d. Die Gemeinschaft der Ehre (*al-karāma*). Ihre Angehörigen interessieren sich lediglich für Ruhm und Ehre und dafür, dass sie sich gegenseitig rühmen und von den Völkern gelobt werden.

1.e. Die Gemeinschaft der Machtherrschaft (*at-taġallub*). Ihre Mitglieder empfinden Lust darin, andere Gemeinschaften mit Gewalt zu unterwerfen.

1.f. Die Demokratie (*al-ǧamāʿiyya*). Hier ist das Ziel der Menschen, in ihrem Tun und Lassen uneingeschränkt frei zu sein.

Im Gegensatz zur vortrefflichen Gemeinschaft, die von einem einzigen Oberhaupt geleitet wird, das einzig und allein daran interessiert ist, dass alle Mitglieder das höchste Glück erlangen, werden die unwissenden Gemeinschaften von zahlreichen Königen (*mulūk*) beherrscht und in den Dienst ihrer eigenen Leidenschaften und Triebe gestellt (15.18).

2. Die sündhafte Gemeinschaft (*al-fāsiqa*). Sie ist durch die Diskrepanz zwischen Wissen und Handeln gekennzeichnet. Ihre Angehörigen teilen mit den Angehörigen der vortrefflichen Gemeinschaft das Wissen um das wahre Glück, Gott (*Allāh*) und die himmlischen Sphären, sie verhalten sich jedoch wie die Mitglieder der unwissenden Gemeinschaft.
3. Die veränderte Gemeinschaft (*al-mubaddala*) tritt auf, wenn ihre Angehörigen die Ansichten und die Taten der Angehörigen der vortrefflichen Gemeinschaft durch andersgeartete Ansichten ersetzen.
4. Die irrende Gemeinschaft (*aḍ-ḍālla*) strebt das Glück ausschließlich im Jenseits an und vertritt korrupte Ansichten über Gott und die Welt. Ihr Oberhaupt ist ein Betrüger; er behauptet, Offenbarungen zu empfangen, seine Verkündungen sind aber Fälschung, Schwindel und Täuschung.

Al-Fārābī behandelt im 18. Kapitel in gewisser Ausführlichkeit die unwissenden Gemeinschaften (*al-ǧāhiliyya*), im 19. Kapitel die irrende (*aḍ-ḍālla*) Gemeinschaft. Warum gerade diese beiden Typen seine besondere Aufmerksamkeit finden, kann nicht eindeutig beantwortet werden. Man darf jedoch vermuten, dass sie unter den Gesinnungen, die mit den mangelhaften Gemeinschaftsformen verbunden sind, am meisten im Widerspruch zur Philosophie und deren Harmonie mit der Religion stehen. Al-Fārābī gibt zu Beginn des 18. Kapitels bekannt, dass beide Typen auftreten, wenn die Religionsgemeinschaft (*milla*) infolge von „alten korrupten Ansichten“ (*al-ārāʾ al-fāsida al-qadīma*) entstanden ist. Er könnte damit Ideen von griechischen Philosophen meinen, die mit den von Platon, Aristoteles und ihm selbst vertretenen Lehren nicht übereinstimmen und deshalb aus seiner Sicht nicht zu der einen wahren Philosophie gehören, die wiederum mit dem Islam kompatibel ist. Al-Fārābīs Behauptung über die Genese der unwissenden und irrenden Gemeinschaften bedeutet zugleich, dass die Religionsgemeinschaft generell der Ort ist, in dem Gemeinwesen – vortreffliche wie ihnen entgegengesetzte – zustande kommen. Die vortreffliche Gemeinschaft entspringt einer Religionsgemeinschaft, deren Ansichten vortrefflich sind. Eine solche Religionsgemeinschaft behandelt al-Fārābī in seinem *Buch der Religion* (*Kitāb al-Milla*).

Al-Fārābī distanziert sich in den beiden letzten Kapiteln mehrfach von den genannten „alten korrupten Ansichten", indem er wiederholt darauf verweist, dass sie aus anderen Quellen stammen (ohne diese namentlich zu erwähnen). Aber was sind solche alten korrupten Ansichten, die zur Entstehung unwissender und irrender Gemeinschaften im Kontext der Religionsgemeinschaft führen? Die erste dieser Ansichten (18.2) betrifft ein epistemologisches Durcheinander, das angeblich aus der Instabilität der Seienden resultiert: Sie änderten sich ständig und seien derart entgegengesetzt und auf die Zerstörung des jeweils Anderen ausgerichtet, dass sie nicht erkannt werden können. Ein solch chaotischer Zustand des Seins steht im diametralen Widerspruch zum wohlgeordneten Aufbau der supra- und sublunaren Welt aus Sicht der Angehörigen der vortrefflichen Gemeinschaft. Er wird noch schlechter, wenn Verhältnisse wie die in der Natur herrschen, in der das stärkere Tier das schwächere eliminiert, um weiter zu existieren. Hier gilt lediglich die auf bestialischer Macht beruhende Ordnung des Dschungels (18.3). Übertragen lässt sich dieser Zustand auf die mit Willen und Wahlvermögen ausgestatteten Lebewesen, d. h. auf die Menschen und ihre Gemeinschaften, die nach dieser Auffassung einander bekämpfen und unterwerfen sollten, wobei jede hierarchisierte Ordnung fehlt. Wer Gutes besitzt, behält es für sich in Isolation (*mutawaḥḥidan*) und versucht, das Gute bei den anderen mit Gewalt zu ergreifen. Denn der glücklichste Mensch ist der mächtigste in der Unterwerfung der Gegner (18.4).

Al-Fārābī beschreibt, wie diese Auffassung vielfältige unwissende Ansichten über die menschlichen Gemeinschaften hervorbringt. Solche Ansichten betreffen hauptsächlich die zwischenmenschlichen Verbindungen und deren Beweggründe. Grundsätzlich wird hier verneint, dass es zwischen den Menschen Zuneigung und Verbundenheit gibt, weder von Natur aus noch als Akt des Willens. Hass und Abneigung herrschen dagegen unter den Menschen. Die Verbundenheit dient lediglich der Erfüllung eigener Bedürfnisse und ist deshalb nur auf Zeit; in der menschlichen Gesellschaft sind lediglich Überlegene und Unterlegene miteinander verbunden. Al-Fārābī bezeichnet eine solche Ansicht als „raubtierhaft" (*sabuʿī*) (18.5; vgl. zum antiken Hintergrund dieser Bezeichnung Crone 2016, 305).

Von der bereits angedeuteten individualistischen Auffassung ausgehend, sehen einige andere Quellen die Notwendigkeit der menschlichen Zusammenkunft (*al-iǧtimāʿ*) darin begründet, dass der isolierte Einzelne (*al-mutawaḥḥid*) des

Beistands von Helfern bedarf, um seine Bedürfnisse zu erfüllen (18.6). Dies geschieht allerdings nicht auf eine friedliche Art, sondern mit Gewalt durch die Überwältigung und Versklavung von Menschen, die ihn wiederum unterstützen, andere zu überwältigen und zu versklaven. Es kommt bei dieser Vergesellschaftungsform auf physische Kraft und Waffenstärke an, die dem Stärksten ermöglicht, diejenigen, die sich zu ihm gesellen, nach seinem Wunsch zu instrumentalisieren (18.7).

Al-Fārābī rekurriert auf weitere Ansichten zu den Ursachen zwischenmenschlicher Verbundenheit und Zuneigung. Dazu gehören die genealogische Herkunft vom selben Ahnen; die Heirat zwischen verschiedenen Gruppen; die Beziehung zum selben Oberhaupt, von dem eine Gemeinschaft geleitet worden war, bevor sie in Unwissenheit fiel; das Band durch Eid, Schwur und Vertrag; die Ähnlichkeit der Charaktere und natürlichen Wesenszüge und die gemeinsame Sprache einzelner Völker (*al-umam*; Pl. von *umma*), die sich darin von anderen unterscheiden; der gemeinsame Wohnsitz und die Nachbarschaft. Zu diesen zufälligen Ursachen fügt al-Fārābī weitere Faktoren wie längeres Zusammensein, gemeinsames Essen und Trinken, die Ausübung desselben Berufs, die Anteilnahme und gemeinsames Schutzbedürfnis hinzu, die teilweise eine andere Art von Verbundenheit zwischen Individuen und einer kleinen Gemeinschaft herbeiführen (18.8 – 9).

Insofern die genannten Gesellschaftsarten dem Ensemble unwissender Gemeinschaften zuzurechnen sind, herrscht unter den dazugehörigen Stämmen, Gruppen, Bündnissen oder Völkern das Grundprinzip der gegenseitigen Bekämpfung und Unterwerfung. Dabei streben sie nichts Anderes an als Sicherheit, Ehre, Wohlstand und Lust sowie alles, was sie diesen Zielen näherbringt. Ihr Glück besteht folglich in der Überwindung anderer. Dieser Gesinnung zufolge macht genau das die Natur jedes Menschen oder jeder Gruppe aus; als gerecht gilt hier das, was als natürlich angesehen wird. Gerechtigkeit bedeutet demnach Überlegenheit durch Gewalt, die Versklavung und Ausnutzung der Besiegten und die Vernichtung der Schwächeren, damit nur die Stärkeren übrigbleiben. Nach dieser Auffassung ist eine solche natürliche Gerechtigkeit (*al-ʿadl aṭ-ṭabīʿī*) die Vortrefflichkeit selbst; alle daraus entstandenen Taten sind dementsprechend vortrefflich und dienen der Vermehrung der angestrebten materiellen Güter (18.10).

Ein solches Gerechtigkeitskonzept hebt den geläufigen Gerechtigkeitsbegriff auf: Gerechtigkeit im Handel und die Beachtung von Vereinbarungen und Verträgen sind lediglich Folge von Angst und Schwäche oder eine provisorische Maßnahme aufgrund der Unfähigkeit, den Besitz von Gütern mit Gewalt zu ergreifen; sobald sich die Machtverhältnisse ändern, sollte man bereits getroffene Vereinbarungen brechen und wieder Gewalt anwenden. Auch Allianzen zwischen Menschen oder Gruppen, die einer solchen Auffassung anhängen, werden je nach strategischer Lage geschlossen, um ein auswärtiges Übel abzuwenden; sobald dieses vergeht, kehren die Alliierten zu ihrem natürlichen Zustand der gegenseitigen Bekämpfung und Überwältigung zurück (18.11).

Die von der unwissenden Gesinnung unternommene Umkehrung sozialer Werte betrifft auch die Frömmigkeit samt ihren religiösen Praktiken und jenseitsorientierten Vorstellungen. Demzufolge sei es Schwindel und Betrug, Menschen zu überzeugen, auf begehrenswerte Güter in dieser Welt zu verzichten in der Hoffnung, nach dem Tod durch größere Güter belohnt zu werden, denjenigen dagegen, die den Genuss der Güter im Leben bevorzugen, mit jenseitigen Strafen im Jenseits zu drohen. Es handle sich dabei um die List von physisch Schwächeren, die die Güter nicht mit Gewalt in ihren Besitz nehmen können, weshalb sie solche Tricks verwenden, um ihr Ziel zu erreichen. Sie ähneln Jägern, die Raubtiere entweder im offenen Kampf oder durch Täuschung und List überwältigen. Wer andere verblendet und betrügt, um in den Besitz materieller Güter zu gelangen, wird von Menschen mit solcher Gesinnung als glücklich, erfolgreich und weise gelobt und verehrt. Wer sich dagegen mit seinem eigenen Bedarf an Gütern begnügt, ohne den Überfluss anzustreben, wird von solchen Menschen als elend, gescheitert und töricht verspottet und verachtet. Von gegenseitiger Täuschung geleitet betrügen die Angehörigen dieser Gemeinschaft einander aus Angst vor dem Stärkeren, der sie berauben könnte (18.12).

Im Gegensatz zu den unvergänglichen, weil geistigen Gütern, welche die Angehörigen der vortrefflichen Gemeinschaft besitzen oder anstreben, sind die mit Gewalt erworbenen Güter der Anhänger unwissender Gesinnung vom Schwinden gefährdet, wenn sie von ihnen nicht bewahrt und vermehrt werden (18.13). Über die Art und Weise, wie sie dies tun sollten, hegen sie verschiedene Meinungen: einige durch die Unterwerfung der Völker nacheinander, andere durch Handel innerhalb derselben Gemeinschaft und Unterwerfung anderer oder durch beides; einige andere teilen die Aufgaben auf die Geschlechter auf: während die Frauen handeln, kämpfen die Männer; andere überlassen die Bewahrung und Vermehrung der Güter fremden versklavten Völkern (18.14). Einer Ansicht zufolge besteht der Kampf um Unterwerfung (*at-taġālub*) nur zwischen den verschiedenen Arten (*al-anwāʿ*). Die Lebewesen, die zur selben Art gehören, sollten aufgrund dieses Bandes friedlich miteinander umgehen und Güter voneinander durch freiwilligen Handel erwerben, andere Arten hingegen sollten sie überwältigen und deren Güter mit Gewalt nehmen. Dies gilt auch natürlicherweise für die Menschen, die durch den Band des Menschseins (*al-insāniyya*) miteinander verbunden sind. Andere Menschen mit Gewalt zu überwältigen, ist deshalb ein Verstoß gegen die menschliche Natur. Da es Gruppen und Völker gibt, die genau das beabsichtigen, sind friedlich gesinnte Gruppen und Völker gezwungen, Verteidiger aufzustellen. Auf diese Weise erklärt al-Fārābī, wie Armeen entstehen, deren Aufgabe darin besteht, die eigene Gemeinschaft zu verteidigen und andere anzugreifen. Nach seiner Auffassung entstehen aus dieser Gesinnung friedliche Gemeinschaften (*al-mudun al-musālima*), die zu den bereits genannten Arten unwissender Gemeinschaften gehören. Ebenfalls räumt er die Entstehung friedlicher Gruppen innerhalb der Demokratie (*al-ǧamāʿiyya*) ein, die – im Unterschied zu den anderen Teilen der unwissenden Gemeinschaften mit jeweils einem einzigen Zweck – mehrere Zwecke (*himam*) verfolgt und deshalb offen für die Vielfalt der Ausrichtungen ist (18.15 – 18).

Im 19. Kapitel behandelt al-Fārābī die irrende Gemeinschaft (*aḍ-ḍālla*), nachdem er im vorigen Kapitel den machtbasierten Umgang zwischen Individuen sowie zwischen organisierten Gemeinschaften nach dem Faustrecht thematisiert hat. Al-Fārābī könnte dabei an ähnliche Verhältnisse zwischen arabischen Stämmen vor dem Islam oder bei anderen Völkern gedacht und sie damit indirekt kritisiert haben. In diesem letzten Kapitel stellt er die in der irrenden Gemeinschaft herrschenden Ansichten dar, in deren Mittelpunkt die individuelle Glückseligkeit nach dem Tode steht. Auch hier distanziert sich al-Fārābī von den dargelegten Ansichten deutlich. Wie oben angedeutet, stammen die Ansichten der irrenden Gemeinschaft von einem falschen Propheten, der in betrügerischer Absicht behauptet, Offenbarungen zu erhalten.

Zu den irrenden Ansichten dieser Gemeinschaft gehört die Lehre, dass die wahrnehmbare Existenz der Seienden – darunter selbstverständlich auch der Menschen – unnatürlicher Zwang ist und deshalb aufgehoben werden muss, damit die wahre Existenz erscheint und die aus deren Erkenntnis resultierende Vollkommenheit erreicht werden kann (19.1, 19.3). Einer anderen Ansicht zufolge ist die jetzige Existenz von der Korruption befallen, so dass die Menschen Dinge tun, die sie nicht tun sollten, und umgekehrt auch Dinge vernachlässigen, die beachtet werden sollen (19.2). Die Kulmination dieser Gesinnung besteht darin, den Menschen nur als Seele zu definieren, die vom Körper verdorben wird, und daraus zu schließen, dass auf den Körper verzichtet werden muss, wenn Vollkommenheit angestrebt wird (19.4). Einer anderen Auffassung zufolge gehört der Körper natürlicherweise zum Menschen, dessen Erlangung der Glückseligkeit lediglich von den „Akzidenzien der Seele" (*ʿawāriḍ an-nafs*) wie z. B. Zorn, Begehren, Eifersucht und Geiz gehindert wird, weil sie falsche Güter wie Ehre, physischen Wohlstand und Lüste zum Gegenstand haben. Deshalb müssen diese Akzidenzien willentlich außer Kraft gesetzt und abgetötet werden. Dagegen verorten andere Leute das Problem in der Entgegensetzung der Ursachen beider Bereiche. Al-Fārābī verweist dabei auf Empedokles (*Anbaduqlis*), der von zwei entgegengesetzten Verursachern spricht, sowie auf Parmenides (*Farmanidis*), der die Entgegensetzung in der Materie verortet sieht.[3] Seiner Ansicht nach handelt es sich um verdorbene (*fāsida*) Ansichten, die sich in den irrenden (*aḍ-ḍālla*) Gemeinschaften verbreiteten (19.5 – 7).

Die letzten zwei Abschnitte (19.8 – 9) scheinen auf den ersten Blick rätselhaft zu sein, wie bereits Walzer bemerkt hat (Walzer 1985/1998, 501). Das Werk hätte tatsächlich mit der Darstellung der Ansichten der irrenden Gemeinschaften abgeschlossen werden können. Stattdessen fügt al-Fārābī im Anschluss daran bekannte Ansichten des philosophischen Skeptizismus, der Sophistik und der islamischen dialektischen Theologie hinzu, welche die Bedingungen der Möglichkeit systematisch-philosophischen Denkens aufheben und somit grundsätzlich im Widerspruch zu der von ihm in den Kapiteln 1 bis 17 entwickelten Philosophie stehen. So berichtet al-Fārābī hier u. a. von denen, die das Sein im chaotischen Zustand von Werden und Vergehen sehen, der Definitionen unmöglich macht, sowie von denen, die an der Möglichkeit von intellektueller Erkenntnis und sinnlicher Wahrnehmung grundsätzlich zweifeln. Des Weiteren verweist er auf diejenigen, die jegliche Erkenntnis in Frage stellen sowie diejenigen, die Wirkungen von Ursachen für Zufall halten oder als Werk eines äußeren Agenten betrachten, der es beliebig nach seinem eigenen Willen, nicht nach immanenter Naturgesetzlichkeit in den Dingen hervorbringt.

Dass diese Besprechung am Ende des Werkes steht, ist m. E. kein Zufall. Ich vermute, dass al-Fārābī seine auf einer einheitlichen Konzeption von Philosophie basierte *Summe* absichtlich mit diesen Überlegungen beendet, um Meinungen, die deren streng logisch aufgebauten Inhalt in Frage stellen könnten, als Schlicht unphilosophisch zu degradieren und zu verwerfen. Sie sind nicht philosophisch, weil sie Illusionen als Wahrheit anerkennen, die gleichzeitige Existenz von sich widersprechenden Dingen zulassen, die Undefinierbarkeit von Substanzen und Akzidenzien behaupten, die Kausalität aufheben und somit alles für möglich halten – kurzum unlogisch sind und philosophischem Denken widersprechen. Solche falschen Behauptungen sollen zum Abschluss der prinzipiellen Ansichten der vortrefflichen Gemeinschaft als völlig absurd dargestellt und entkräftet werden.

Nach Auslegung der Kapitel 15, 18 und 19, in denen al-Fārābī unterschiedliche Arten der menschlichen Gesellschaft behandelt, möchte ich zum Schluss noch einige für das Verständnis seiner hier dargestellten Philosophie relevanten Themen erläutern: Die vortreffliche Gemeinschaft (*al-madīna al-fāḍila*), die al-Fārābī entwirft, ist eine metaphorische Bezeichnung wohl geordneter Gesellschaft, deren

3 Die beiden genannten Philosophen sind die einzigen, die al-Fārābī in seinem Werk mit Namen erwähnt. Empedokles sprach von entgegenwirkenden Prinzipien wie Freundschaft und Feindschaft; Parmenides von Feuer und Erde als kollidierenden Materien. Weitere Verweise dazu in Walzer 1985/1998, 499.

Angehörige nicht nur weiter existieren, sondern auch das Glück und mithin die Vollkommenheit erlangen, sofern sie sich in ihrem Denken und Handeln an den von al-Fārābī vertretenen Ansichten zu Gott, dem Universum, der Erfahrungswelt und dem Menschen orientieren. Denn eine solche Gemeinschaft ist eine Gesinnungsgemeinschaft, in der praktisches Tun und Lassen auf theoretischem Wissen beruht. Theorie und Praxis gehören in al-Fārābīs Philosophie untrennbar zusammen.

Al-Fārābīs Welt- und Gesellschaftsbild ist von der Analogie zwischen dem Mikro- und Makrokosmos auf der einen und der menschlichen Gesellschaft auf der anderen Seite geprägt. Nach Abbild himmlischer Ordnung sollen Gesellschaftsstrukturen hierarchisch geordnet werden, sodass jeweils ihre verschiedenen Teile harmonisch aufeinander bezogen und einander funktional über- bzw. untergeordnet sind. Das Ziel einer derart aufgebauten Gesellschaft ist es, dass jedes ihrer Mitglieder glücklich lebt. In dieser Gemeinschaft herrscht absolute Gerechtigkeit in dem Sinne, dass jedes Mitglied je nach natürlichem Vermögen und angeeigneten ethischen, wissenschaftlichen und technischen Qualifikationen seinen Beitrag in der Gesellschaft leistet und davon profitiert, wie es ihm gebührt.

Al-Fārābī erachtet es als Irrtum, das Glück lediglich im Jenseits zu suchen. Das höchste Glück besteht für ihn im Erwerb vollkommener Erkenntnis, die sich nicht auf philosophische Lehren beschränkt, sondern ebenfalls die Religion umfasst. Die Seele, die dieses Glück in diesem Leben erfährt, behält es auch im Jenseits. Al-Fārābīs philosophisches Verständnis des Glücks unterscheidet sich also grundsätzlich vom Verständnis desselben im Islam.[4] Das rechtfertigt aber nicht die Behauptung, er sei ein Atheist, wie Leo Strauss und dessen Schüler ihm vorwerfen (dazu Tamer 2001, 271–286).

Im Gegenteil. Die Konzeption der vollkommenen Leitung, die al-Fārābī mit dem Begriff des „ersten Oberhaupts", „*ar-ra'īs al-awwal*", prägt, schließt die zweifache Kompetenz der Philosophie und der Prophetie ein. Das erste Oberhaupt, dessen Stellung in der Gemeinschaft analog zur Stellung der ersten Ursache im Universum ist, besitzt einen vollkommenen Intellekt und ein vollkommenes Vorstellungsvermögen, wodurch er unmittelbar vom Aktiven Intellekt das universelle und partikulare Gegenstände umfassende Wissen erwirbt. Seine

4 Al-Fārābī behandelt in mehreren Schriften die Frage des Glücks als höchstes Ziel des Menschen. Zwei Werke sind explizit diesem Thema gewidmet: *Taḥṣīl as-saʿāda* (*Erlangung des Glücks*) und *at-Tanbīh ʿalā sabīl as-saʿāda* (*Die Weisung auf den Weg zum Glück*). Dabei dürfte *Taḥṣīl as-saʿāda* ein eigenständiges Werk sein und nicht Teil einer Trilogie, wie Leo Strauss und nach ihm viele Forscher behauptet haben. Eine ausführliche Argumentation dazu findet sich in Tamer 2001, 106–107.

vollkommene Fähigkeit, abstrakte Erkenntnisse durch Bilder und Gleichnisse Menschen zu vermitteln, die nicht zur Abstraktion fähig sind, zeichnet ihn dem Philosophen gegenüber aus. Die umfassende Leitungsvollkommenheit des „*ar-ra'īs al-awwal*" bringt al-Fārābī in verschiedenen Schriften zum Ausdruck, indem er ihn einen Philosophen (*faylasūf*), Propheten (*nabī*), König (*malik*) und nachzuahmenden Anführer (*imām*) nennt. Mit diesen Bezeichnungen werden die Komponenten festgehalten, aus denen al-Fārābīs Konzeption vollkommener Leitung unerlässlich besteht: die philosophische – theoretische und praktische –, die religiöse, die politische und die ethische Vollkommenheit. Daher erschöpft sich diese Konzeption nicht im Politischen, sondern betrifft alle Bereiche menschlicher Gemeinschaft (ausführlich dazu Tamer 2001, 156 – 163).

Literatur

Crone, Patricia 2016: Al-Fārābī's Imperfect Constitutions, in: Dies., *The Iranian Reception of Islam. The Non-Traditionalist Strands* (Collected Studies in three volumes. Vol. 2), hrsg. von H. Siurua, Leiden, 278 – 318.

Tamer, Georges 2001: *Islamische Philosophie und die Krise der Moderne. Das Verhältnis von Leo Strauss zu Alfarabi, Avicenna und Averroes*, Leiden.

Tamer, Georges 2004: Monotheismus und Politik bei Alfarabi, in: A. Al-Azmeh/J.M. Bak (Hrsg.), *Monotheistic Kingship. The Medieval Variants*, Budapest, 191 – 214.

Nadja Germann

10 Die Struktur der Argumentation

10.1 Zur Problematik

Auf den ersten Blick mag es überraschen, dass ein ganzes Kapitel dieses Buches der Argumentationsstruktur gewidmet ist. Erst bei näherem Hinsehen wird deutlich, wie zentral dieses Thema für einen Text wie die *Prinzipien* ist: In der Zeit al-Fārābīs besitzt die Argumentation in Wissenschaft und Philosophie eine ähnlich entscheidende Funktion wie heutzutage die Methode. Sie gibt zu erkennen, aus welcher Position heraus der Autor spricht, an welches Publikum er sich richtet und welche epistemischen Ziele er verfolgt. Die Argumentation bietet damit nichts geringeres als den hermeneutischen Schlüssel für den betreffenden Text. Obwohl dieses Charakteristikum auf einen Großteil der Werke zutrifft, die uns aus dem 10. Jahrhundert überliefert sind, zeichnet es in besonderem Maße die Schriften al-Fārābīs aus. Wie kaum ein anderer hat er über das Problem der Argumentation nachgedacht, wie sich nicht nur an der Fülle seiner Kommentare zu den logischen Schriften des *Corpus Aristotelicum* zeigt – diese Vorliebe teilt er mit den Bagdader Aristotelikern, dem Kreis um Abū Bišr Mattā, zu dem er ja selbst zeitweise gehörte –, sondern auch konkret an seinen Metareflexionen zur Logik, der Argumentationslehre *par exellence* seiner Zeit.

Philosophie betreiben heißt für al-Fārābī in einer bestimmten Weise argumentieren. Entscheidend ist dabei nicht, oder nicht primär, der Gegenstand der Betrachtung, sondern vielmehr dessen Behandlung, und das heißt: die Argumentationsform. In anderen Worten, Philosophie ist für ihn identifizierbar mit einem bestimmten Argumentationstyp (Germann 2017). Die Anwendung dieses Argumentationstyps setzt jedoch ein bestimmtes Publikum voraus, ein Publikum, das diese Form der Argumentation beherrscht, ihr also folgen kann und so das epistemische Ziel erreicht, das jedes wahrhaft philosophische Denken anstrebt: absolute oder perfekte Gewissheit (*yaqīn muṭlaq*, *yaqīn tāmm*). Daneben gibt es allerdings auch andere Argumentationsweisen, solche, die dieses höchste Ziel nicht erreichen; die zwar beispielsweise geeignet sind die Adressaten zu überzeugen, nicht aber sie zu absoluter, d.i. objektiver Gewissheit zu führen. Dennoch werden selbst diese Argumentationsformen in der Philosophie angewandt, dann nämlich, wenn das Publikum die philosophische Argumentation nicht beherrscht oder der Autor aus bestimmten Gründen ein anderes epistemisches Ziel verfolgt.

Wie argumentiert al-Fārābī also in den *Prinzipien?* Wie wir sehen werden, fällt die Antwort auf diese Frage aufgrund der Komplexität der Sachlage zwangsläufig

https://doi.org/10.1515/9783110535945-012

mehrschichtig aus. Mindestens zwei Ebenen sind bei der Analyse zu unterscheiden: (1) die nächstliegende, nämlich die Mikroebene. Hiermit beziehe ich mich auf das, worauf sich der Blick beim Stichwort ‚Argumentation' als erstes richtet: die Struktur individueller Argumente, die sich im Text finden, ihren Aufbau und ihre Eigenschaften. Argumente schweben jedoch nicht im luftleeren Raum. Sie sind eingebettet in Abschnitte, Kapitel, Bücher, die ihrerseits argumentative Strukturen aufweisen. Damit gelangen wir (2) zur Makroebene, also zur Frage danach, inwieweit ein ganzer Text als eine bestimmte Form von Argument oder Argumentation zu begreifen ist und mit welchen Kategorien er sich charakterisieren lässt. Um die Argumentationsstruktur der *Prinzipien* zu analysieren, müssen wir folglich diese beiden Ebenen in den Blick fassen und uns hierzu zunächst einen Eindruck verschaffen, von welchen theoretischen Vorannahmen al-Fārābī bei der Komposition seines Werkes ausging.

10.2 Al-Fārābīs Argumentationstheorie

Al-Fārābī hat sich in mehreren Schriften zur Argumentationsproblematik geäußert. Disziplinär gesehen handelt es sich dabei um einen Themenbereich der Logik, der sich mitsamt dem Kontext, in dem er betrachtet wird, bis auf die griechische Spätantike und insbesondere die Schule von Alexandria zurückverfolgen lässt (Gutas 1983). Erinnern wir uns: Philosophie wurde in der Spätantike an einzelnen Schulen (wie jener von Alexandria) unterrichtet, und zwar aufbauend auf dem *Corpus Aristotelicum*, den Schriften des Aristoteles in der Reihenfolge, in der Andronikos von Rhodos sie ediert haben soll (siehe hierzu auch Kapitel 11 in diesem Buch). Die logischen Bücher des *Organon* wurden insgesamt als eine Propädeutik verstanden; demnach vermittelten sie das Handwerkszeug, das in jeder philosophischen oder wissenschaftlichen Teildisziplin anzuwenden war. Bemerkenswert ist nun, dass das *Organon* als eine epistemologisch strukturierte Einheit begriffen wurde. Es umfasste in der alexandrinischen Tradition die *Kategorien*, *De interpretatione*, die *Ersten* und *Zweiten Analytiken*, *Topik*, *Sophistischen Widerlegungen* sowie die *Rhetorik* und *Poetik* und führte der Reihe nach in die Grundelemente der Logik – Begriff (*Cat*), Satz (*DInt*) und Schluss (*AnPr*) – sowie die verschiedenen Arten von Syllogismen ein – demonstrativer (*AnPo*), dialektischer (*Top*), Fehl- (*SophEn*), rhetorischer (*Rhet*) und poetischer Schluss (*Poet*) (vgl. Endress 2012, 291–295).

In dieser Tradition steht auch al-Fārābī. Ihm zufolge gibt es fünf verschiedene Argumentationsformen gemäß den fünf Arten von Syllogismen, welche die Schule von Alexandria unterschied (siehe hierzu beispielsweise seine *Einleitung in die Logik* [*at-Tawṭi'a fī l-manṭiq*, auch *ar-Risāla llatī suddira bihā l-manṭiq*]; eine

Übersicht über einen Großteil der Stellen, an denen al-Fārābī sich zu den fünf Argumentationsformen äußert, bietet Gutas 1983, Diagramm V). Syllogismen lassen sich demnach entsprechend ihrer epistemischen Kraft einteilen. Ihre Schlussfolgerungen sind je nach Aufbau (Figur) und Grundbausteinen (Terme) mehr oder weniger stark. Im Idealfall, bei den in den *Zweiten Analytiken* vermittelten demonstrativen Argumenten (*burhān*), führen sie zu absoluter, objektiver Gewissheit (*yaqīn muṭlaq*), dem in der Philosophie und bestimmten Wissenschaften angestrebten Ziel. Die übrigen Argumentationstypen bleiben hinter diesem Ziel zurück: topische (oder dialektische) Argumente resultieren lediglich in starker Meinung (*ẓann*), sophistische in Irrtum (*muġālaṭa*), rhetorische in Überzeugung (*iqnāʿ*) und poetische in bloßen Vorstellungsbildern (*ḫayāl*) (Rudolph 2012b, 413–422; Black 1990, 53–102).

Der Grund für diese epistemischen Unterschiede liegt in erster Linie in den Prämissen, aus denen die jeweiligen Schlüsse hergeleitet werden. So stützen sich demonstrative Argumente auf erste, selbstevidente Prinzipien, also auf Axiome wie ‚Das Ganze ist größer als der Teil'. Über das Schlussverfahren werden die Eigenschaften dieser Prämissen – ihre Wahrheit, Notwendigkeit und Ewigkeit (d.i. Unwandelbarkeit) – auf die Konklusion übertragen. An diesem Punkt zeigt sich der zweite wesentliche Faktor, der über die epistemische Stärke des Ergebnisses entscheidet: das Schlussverfahren, also die konkrete Verknüpfung der Prämissen, die Aristoteles in seinen *Ersten Analytiken* unter dem Stichwort der ‚Figuren' erörtert hatte (allgemein zu Aristoteles' Syllogistik s. Smith 2019). Wie die Diskussion dort erkennen lässt, sind ohnehin nur drei der theoretisch möglichen vier Figuren logisch produktiv, aber auch diese drei Figuren unterscheiden sich im Resultat erheblich voneinander, zum Beispiel hinsichtlich der Quantität (universaler *versus* partikulärer Schluss) und des Modus (notwendiges *versus* mögliches Urteil; zu al-Fārābīs Syllogistik s. Lameer 1994).

Dass Aristoteles zwischen demonstrativen und topischen Argumentationen differenziert, erscheint durchaus einleuchtend. Nicht jede Materie gestattet wahre, notwendige und ewige Schlüsse, wohl aber gegebenenfalls wissenschaftliche Aussagen. Das bekannteste Beispiel hierfür ist Aristoteles' Physik, die – seinen eigenen Überzeugungen zufolge – von veränderlichen Gegenständen handelt, nämlich Körpern, aber Gesetzmäßigkeiten folgt, die ‚in den meisten Fällen' zutreffen. Die Physik ist infolgedessen eine probable und keine notwendige Disziplin, aber eben trotzdem eine Wissenschaft. Doch wie steht es mit den übrigen Argumentationstypen? Die *Sophistischen Widerlegungen* machen immerhin mit Sophismen vertraut, dürften also eine geeignete Schule zu sein, um sich bei der Argumentation vor Fehlschlüssen zu schützen. Aber die Rhetorik und die Poetik scheinen im Zusammenhang von Wissenschaft und Philosophie keine Daseinsberechtigung zu besitzen. Folgt al-Fārābī mit ihrer Integration lediglich treu einer sachlich eher unbegründeten Tradition? Keineswegs. Vielmehr begreift er die Logik als ein universales Werkzeug nicht nur von Wissenschaft und Philosophie, sondern von jeder auf Überzeugung und Meinungsbildung abzielenden Kommunikation. Dabei geht er noch einen Schritt über Aristoteles und die spätantiken Kommentatoren hinaus, indem er einen ungewöhnlich starken Akzent auf die pragmatische Dimension von Logik legt (Germann 2015).

Dieser ‚pragmatic turn' verleiht al-Fārābīs Logik einen ganz besonderen Charakter: Sie wandelt sich von einer rein alethischen Methode (Wahrheitsfindung) zu einer veritablen Argumentations- oder Diskurstheorie (Wahrheitsvermittlung). In al-Fārābīs Konzeption wird die Logik als ein Medium verstanden, das letztlich immer in einem sozialen Setting zur Anwendung kommt. Selbst wenn wir uns um wissenschaftliche Einsichten bemühen, verwenden wir die Logik gewissermaßen in einem Selbstgespräch. Ganz offensichtlich bedienen wir uns ihrer in der Disputation, um die Position des Gegners zurückzuweisen und unsere Sicht der Dinge zu verteidigen. Aber mehr noch, *jede* Art von Informations- und Wissensvermittlung, auch die ‚unwissenschaftlichste', ist unweigerlich auf Logik angewiesen. Selbst wenn wir einfach Dinge behaupten, ohne Beweis oder weitere Begründung, greifen wir zwangsläufig auf die Minimalform logischer Argumente zurück, auf Urteile. Und da Argumente nur so gut sind wie das, was man mit ihnen erreicht – so ließe sich al-Fārābīs Einsicht zuspitzen –, muss sich die Logik eben auch mit den ‚unwissenschaftlichen' Argumentationsformen der Rhetorik und Poetik beschäftigen und mit der pragmatischen Frage, wie sich bestimmte Überzeugungen und Vorstellungen bei einem bestimmten Publikum hervorrufen lassen (Black 1990, bes. Kap. 4–7).

Zwar stellt sich diese pragmatische Frage für al-Fārābī letztlich bei jeder Art von Argumentation, sie tritt jedoch besonders deutlich bei rhetorischen und poetischen Argumenten zum Vorschein. Begründet ist dieser hohe Nachdruck auf der Pragmatik in al-Fārābīs Anthropologie; er trägt der Beobachtung Rechnung, dass Menschen unterschiedlich begabt sind. Selbst wenn es also wünschenswert wäre – und al-Fārābīs Auffassung vom Glück nach wäre es in der Tat höchst wünschenswert –, dass jeder Mensch zu demonstrativem Wissen über die Wirklichkeit, ihre Prinzipien und praktischen Implikationen gelangt, so besitzen doch nur wenige Individuen die hierzu erforderlichen intellektuellen Fähigkeiten. Die allermeisten hingegen sind zu solchen Leistungen nicht in der Lage. Die beiden Methoden nun, auch diese Menschen immerhin zu einer Art ‚Abbild' eines solchen Wissens zu führen, sind die Rhetorik und die Poetik. Für al-Fārābī stellen diese beiden Argumentationsformen daher die bevorzugten Methoden der Didaxe dar, die Demonstration hingegen eher die Ausnahme (vgl. z. B. *Kitāb al-Ḥurūf* II 143; wie sich dort zeigt, wäre auch die Dialektik prinzipiell eine für den Unterricht geeignete Methode, allerdings ergänzt al-Fārābī ausdrücklich, dass für die Vermittlung demonstrativ etablierter Wissensinhalte an ein allgemeines Publikum Rhetorik und Poetik adäquater seien).

Anders als die Demonstration verwendet die Rhetorik nicht (oder äußerst selten) Axiome, sondern stattdessen allgemein anerkannte Meinungen (*doxa*). Damit ähnelt sie der Dialektik, von der sie sich indes dadurch unterscheidet, dass ihre Prämissen epistemisch zumeist fragwürdiger und somit schwächer sind. Den Zuhörern, so die unausgesprochene Annahme, ist dies freilich nicht bewusst, sie sind völlig von den entsprechenden *doxa* überzeugt – man könnte hier von subjektiver Gewissheit sprechen (vgl. *Kitāb al-Ḫiṭāba* 41,11–14 sowie 43,14–16). Darüber hinaus hebt sich die rhetorische von der topischen Argumentation dadurch ab, dass sie gern auf unvollständige Syllogismen, die sogenannten Enthymeme zurückgreift. Beim Enthymem (*ḍamīr*) wird – gemäß al-Fārābīs etwas verkürzter Reformulierung der entsprechenden Erläuterungen in Aristoteles' *Rhetorik* – nur eine der beiden Prämissen angeführt, die zweite bleibt unerwähnt. Auf das unkundige Publikum, so die These, erziele das Argument in dieser Form dank seiner größeren Einfachheit einen stärkeren Effekt. In dieselbe Richtung weist der Gebrauch von Beispielen (*tamṯīl*). Diese dienen nicht einfach nur der Veranschaulichung, sondern entsprechen gewissermaßen der Induktion: Anhand des Beispiels – einer vermeintlichen Parallele – wird suggeriert, dass sich der vorliegende Fall wie das Vergleichsobjekt verhält und die vom Sprecher gezogene Konklusion daher zwingend sei (zur Sache al-Fārābī 1971: 63,3–65,10; Aouad 1992).

Mit der Poetik, so könnte man zunächst meinen, verlassen wir den Bereich der Argumentation. Nicht so für al-Fārābī. Zwar dürfte es wohl gerechtfertigt sein, sie als eine ‚Minimalform' der Argumentation im obigen Sinne zu bezeichnen, nichtsdestotrotz besitzt sie für ihn eine einzigartige Bedeutung. Sie bildet die Logik der Religion, die Sprache der Propheten (Schoeler 2005; Aouad/Schoeler 2002). Ihre Methode besteht nicht darin, Prämissen zu formulieren, diese zu Syllogismen zu verknüpfen und daraus Schlüsse zu ziehen, sondern durch die Kraft der übertragenen Redeweise (*maǧāz*) – der Bilder und Symbole – im Publikum bestimmte Vorstellungen zu evozieren; Vorstellungen, die deckungsgleich die mithilfe von Wissenschaft und Philosophie demonstrativ deduzierbaren Wahrheiten verkörpern oder repräsentieren – gewissermaßen wie Pantomimen. Sie sind damit ‚Abbilder' dieser Wahrheiten und das heißt der „allgemeinen Dinge", von denen „alle Bewohner der vortrefflichen Stadt" Kenntnis haben sollten (*Prinzipien* 17.1) – *alle Bewohner*, also auch diejenigen, die nicht die Voraussetzung für Wissenschaft oder Philosophie mitbringen. Dies führt uns zurück zu unserer Ausgangsfrage nach der Argumentationsstruktur der *Prinzipien*. Schauen wir uns zunächst das Werk als Ganzes an.

10.3 Zur Makrostruktur: die geometrische Methode

Wie Rudolph oben in Kapitel 1 und 2 zeigt, sind die *Prinzipien* sorgfältig durchkomponiert. Wir können also davon ausgehen, dass al-Fārābī sich sehr genau überlegt hat, wie er in den Text einsteigt und seinen Gedankengang entwickelt. Vor dem Hintergrund unserer vorausgehenden Ausführungen (10.2) müssen wir ferner annehmen, dass al-Fārābī sich Gedanken zu den von ihm anvisierten Adressaten wie auch zur Zielsetzung, zur Aussageabsicht seines Werkes gemacht hat. Wenden wir uns also dem Beginn der Schrift zu und damit jener Stelle, die wie das Aushängeschild eines Textes fungiert. Dementsprechend vielsagend ist seine Eröffnung: „Das Erste Seiende ist die Erste Ursache aller übrigen existierenden Dinge. Es ist frei von jeder Art von Unvollkommenheit, während alles außer ihm nicht frei sein kann von Unvollkommenheit, sei es von einer einzigen oder von mehreren; das Erste Seiende aber ist frei von allen, und so ist seine Existenz die beste und die erste" (*Prinzipien* 1.1, dt. 12, leicht modifiziert).

Argumentativ setzt al-Fārābī beim obersten Prinzip alles Seienden ein. Gleich in der ersten Aussage wird es sowohl selbst als Seiendes als auch als Erstursache aller übrigen existierenden Dinge beschrieben. Bemerkenswert ist jedoch, dass al-Fārābī – anders als die *uṣūl ad-dīn*-Werke, die in Kapitel 2 zum Vergleich herangezogen wurden (mit Ausnahme von al-Ašʿarīs *Buch der Schlaglichter*) – die Existenz dieses ersten ontologischen Prinzips nicht beweist, sondern voraussetzt, als wäre die Annahme einer solchen Erstursache selbstverständlich. So thematisiert er, wie die zweite, etwas komplexere Aussage im Zitat oben zeigt, im nächsten Schritt bereits die Attribute dieses Ersten Seienden, und zwar zunächst seine Vollkommenheit. Auch diese wird im Folgenden nicht deduziert, sondern daraufhin durchleuchtet, was ‚Vollkommenheit' in diesem Zusammenhang bedeutet (Semantik der Attribute). In den Worten al-Fārābīs: „Keine andere [Existenz] kann besser oder früher sein als sie. Demnach ist es in der Ausgezeichnetheit der Existenz in der höchsten Art und in der Perfektion der Existenz auf dem höchsten Rang. Deshalb können seine Existenz und seine Substanz nicht von Mangel beeinträchtigt werden. Es ist auch nicht möglich, dass es auf irgendwelche Art eine potentielle Existenz hat, und es gibt auch keine Möglichkeit dafür, dass es nicht existiert..." (*Prinzipien* 1.1, dt. 12).

‚Vollkommenheit' wird zunächst unter dem Blickwinkel von Priorität und Posteriorität der Existenz in den Blick gefasst. Da es nichts Besseres oder Früheres geben könne als das Erste Seiende, sei ihm der höchste Rang zuzusprechen. Daraus leitet al-Fārābī die Mangellosigkeit und mithin die Freiheit von jeder Form von Potentialität (also die reine Aktualität) ab. Dieser Gedanke führt ihn im Anschluss an das Zitat weiter zur Unendlichkeit („ohne Anfang und ohne Ende"), Ewigkeit („Fortdauer seiner Existenz"), Immaterialität („nicht aus Materie"), Form- und Ziellosigkeit („keine Form", „keinen Zweck und kein Ziel") sowie zur Unverursachtheit dieses obersten Prinzips im Sinne der Effizienzkausalität („hat sein Sein auch nicht aus einer anderen Sache abgeleitet"; alle Zitate ebd.).

Die Vorgehensweise bis zu diesem Punkt erinnert in erstaunlichem Maße an die pseudo-aristotelische Proklos-Paraphrase *Über das reine Gute* (*Kalām fī maḥḍ al-ḫayr*; s. hierzu D'Ancona 1995), auch bekannt als *Liber de Causis*. Mit dem einzigen Unterschied, dass das *Reine Gute* den Akzent auf die Ursächlichkeit legt und darauf, was es heißt, Erstursache im Unterschied zu Zweitursache zu sein, al-Fārābī hingegen auf das Sein und dessen Einzig(artig)keit. Schauen wir uns den Beginn des *Reinen Guten* an: „Jede Erstursache beeinflusst das von ihr Verursachte stärker als eine universelle Zweitursache, und wenn daher die universelle Zweitursache ihre Kraft von dem Dinge zurückzieht, so zieht die universelle Erstursache ihre Kraft doch nicht von demselben zurück. Der Grund liegt darin, dass die universelle Erstursache auf das von der Zweitursache Verursachte einwirkt, bevor die universelle Zweitursache, die ihr folgt, auf dasselbe einwirkt" (Bardenhewer 1882: 58,3–7 [§ 1], leicht modifiziert).

Auch hier wird die Existenz von Ursachen (und Ursächlichkeit) einfach vorausgesetzt. Und genauso wenig scheint die Idee, dass es vorrangige und nachgeordnete Ursachen gebe, eines Beweises zu bedürfen. Stattdessen rückt die Frage ins Zentrum, wie sich der Einfluss der beiden Ursachenarten unterscheidet, was es bedeutet, vorrangig zu sein, und in welcher Weise Ursachen tätig sind und ihre Kraft auf Verursachtes erstrecken bzw. von diesem zurückziehen. Es geht also ebenfalls letztlich um Begriffsklärungen, das Ausloten von Implikationen und das Erläutern von (postulierten) Sachverhalten, nicht um Beweise.

Die Argumentationsweise des *Reinen Guten* entspricht bekanntlich jener seiner Vorlage, der *Theologischen Grundlegung* (*Elementatio theologica*) des Proklos. Diese *Grundlegung* nun lässt sich in die Tradition von der mit Euklids *Elementen* assoziierten ‚mathematischen' oder ‚geometrischen' Methode einordnen (s. hierzu Onnasch/Schomakers 2015, bes. L-LIII). Charakteristisch für diese Vorgehensweise ist ihre formale Geschlossenheit: ausgehend von einer obersten Proposition werden hieraus folgende oder von dieser abhängige Gegebenheiten hergeleitet, die ihrerseits den konzeptionellen Rahmen für weitere Ableitungen oder Explikationen bilden. Zu betonen ist, dass es sich dabei nicht um demonstrative Deduktionen im aristotelischen Sinne handelt, sondern wie gesehen um Begriffsklärungen und Plausibilisierungen. Zwar kreisen diese inhaltlich um die ersten ontologischen Prinzipien, jedoch bildet die oberste Proposition oder der übergreifende Propositionen-Rahmen kein erstes, selbstevidentes logisches Prinzip oder kein Set solcher Prinzipien, auf das laut Aristoteles Wissen zurückführbar sein muss, wenn es als wahr, notwendig und ewig gelten soll. Damit eignet Werken wie dem *Reinen Guten* und der *Grundlegung* ein ausgesprochen hypothetischer Charakter, der daraus resultiert, dass die Gegenstände oder Sachverhalte, von denen in den obersten Sätzen die Rede ist, in ihrer Existenz lediglich vorausgesetzt und nicht bewiesen werden. Also nur unter der Annahme, *dass* es vorrangige Ursachen und Zweitursachen gibt, gilt auch, dass erstere „mehr Einfluß auf das von [ihnen] Verursachte" besitzen als letztere, wie es im *Reinen Guten* oben weiter heißt.

Derselbe hypothetische Zug kennzeichnet al-Fārābīs *Prinzipien*. Die Überlegung, dass das „Erste Seiende" Erstursache, vollkommen, frei von Mangel, immateriell usw. sei, scheint durchaus plausibel – *vorausgesetzt*, es gibt überhaupt ein Erstes Seiendes und so etwas wie Kausalität, Vollkommenheit und dergleichen. Und wie der anonyme Verfasser des *Reinen Guten* geht al-Fārābī auf der Makroebene ‚geometrisch' vor. So entfaltet sich sein Gedankengang konsequent aus dem im ersten Paragraphen eingeführten konzeptionellen Rahmen einer Seins- und Kausalitätshierarchie heraus, also zunächst gemäß dem neuplatonischen Emanationsschema (*prohodos*) vom ersten Prinzip des Seienden bis hinunter zum sublunaren Bereich, dann entsprechend der physikalischen Seinsleiter von den einfachsten (d.i. mangelhaftesten) Grundbausteinen, den Elementen, bis hinauf zum komplexesten (d.i. vollkommensten) Erdbewohner, dem Menschen, und schließlich von der Sphäre der Physis weiter zu jener der vom Willen abhängenden Dinge, also dem vom Menschen geschaffenen und gestalteten Reich von Ethik und Politik, dem nun seinerseits die der Emanation gegenläufige Logik der Rückkehr (*epistrophē*) mit der Glückseligkeit als ihrem Fluchtpunkt zugrunde liegt.

Angesichts der gewählten Perspektive – ausgehend von der Spitze der Seins- und Ursachenhierarchie und dieser Hierarchie ‚abwärts' folgend – lässt sich die Anordnung der einzelnen Themen der *Prinzipien* gut nachvollziehen. Damit ist jedoch nicht zugleich geklärt, weshalb al-Fārābī ‚geometrisch' und nicht demonstrativ argumentiert. Gerade wenn es ihm, wie Rudolph in Kapitel 2 vorschlägt, um eine *philosophische* Fundierung der Ansichten der Bewohner der vortrefflichen Stadt geht, würde man erwarten, dass er demonstrativ verfährt, also seine Schlüsse der Syllogistik der *Zweiten Analytiken* entsprechend aus ersten, selbstevidenten (logischen) Prinzipien deduziert. Blickt man vor diesem Hintergrund nochmals auf al-Fārābīs Argumentationstheorie zurück (10.2), erscheint diese Erwartung indes keineswegs zwingend. Angesichts der festgestellten Charakteristika der *Prinzipien* liegt es vielmehr nahe, dieses als ein expositorisches Werk zu begreifen, das heißt als eine Schrift, deren Zweck in der Wissensvermittlung (*ta'līm*) besteht (hierzu Germann 2020). Als Publikum richtet sie sich buchstäblich an jedermann, nicht nur an einzelne Hochbegabte, weshalb die Argumentation durchgehend rhetorisch und eben nicht demonstrativ gehalten ist.

Wir werden im Folgenden, wenn wir uns der Mikroebene zuwenden, auf weitere Stellen eingehen, aber als erster Beleg für al-Fārābīs rhetorische Vorgehensweise sei nochmals der oben zitierte Beginn des Werkes angeführt, der sich als Enthymem lesen lässt. Wie al-Fārābī in seiner Epitome der *Rhetorik* des Aristoteles erklärt, lässt sich ein Syllogismus der ersten Figur am effektivsten in ein Enthymem verwandeln, indem man seinen Obersatz, die Major-Prämisse, unterschlägt (*Kitāb al-Ḫiṭāba* 89,10 – 91,9). Und wie wir ja schon festgestellt haben, ‚fehlt' in der Tat in unserem Fall („Das Erste Seiende ist die Erste Ursache...") die alles begründende, übergreifende Prämisse, *dass* es tatsächlich ein Erstes Seiendes gibt. Anders als seine Kollegen in der Theologie (mit Ausnahme al-Ašʿarīs) bietet al-Fārābī *keinen* Beweis der Existenz eines ersten Seienden, sondern setzt diese Annahme kommentarlos voraus, woraus wir schließen können, dass er sie für eine allgemein anerkannte Meinung (*doxa*) hält. Ähnlich verhält es sich mit der dann eingeführten Eigenschaft der Vollkommenheit. Ohne die Prämisse zu erwähnen, dass dasjenige, das Erstes im Sein und in der Kausalität ist, über jeden Mangel erhaben ist, konstatiert er die Vollkommenheit des Ersten Seienden, die sich damit ebenfalls als ein Allgemeinplatz erweist. Betrachten wir die Argumentation der *Prinzipien* nun etwas kleinteiliger.

10.4 Zur Mikroebene: Enthymem und Vergleich

Der bei weitem überwiegende Teil des Buches ist in der zuletzt thematisierten expositorischen Form verfasst. Sofern den vorgetragenen Lehren Syllogismen zugrunde liegen, sind diese bis zur Unkenntlichkeit reduziert, zentrale Prämissen bleiben unerwähnt, förmliche Schlüsse fehlen. Umso mehr fallen diejenigen Stellen auf, an denen al-Fārābī von dieser Praxis abweicht und auf andere argumentative Mittel zurückgreift. Gerade wegen ihrer Seltenheit wirken diese gelegentlichen Methodenwechsel auf der Mikroebene wie Signale, welche die Aufmerksamkeit auf sich ziehen sollen. Zwei solche Methodenwechsel treten besonders hervor und sollen daher genauer besprochen werden.

Die erste dieser Stellen ist ungewöhnlich umfangreich und findet sich in der Nähe unseres obigen Zitates vom Beginn des Werkes. Sie beginnt mit dem Paragraphen 1.2 und leitet jenen Teil des Werkes ein, in dem al-Fārābī die Attribute des Ersten bespricht. Während er nämlich dessen Existenz in 1.1 wie gesehen einfach voraussetzt, fühlt er sich offensichtlich in der gleich anschließenden Attributenlehre bemüßigt, bestimmte Eigenschaften des Ersten nicht nur einzuführen, sondern auch zu begründen, wobei es sich genau genommen um eines seiner

Attribute handelt, und zwar die Einheit-*cum*-Einzigkeit (*tawḥīd*). So argumentiert al-Fārābī in 1.2, dass es keine zwei Ersten geben, in 1.3, dass das Erste „kein Gegenteil haben", und in 1.4, dass es „nicht teilbar durch Definition" sein könne. Die Argumentationsstruktur ist in allen drei Fällen klar und technisch nicht sehr anspruchsvoll. Al-Fārābī verwendet einfache *reductiones ad absurdum*, wie zum Beispiel gleich im ersten Absatz von 1.2: „Das Erste Existierende unterscheidet sich in seiner Substanz von allem anderen, was ist, und sein Sein kann nicht zu etwas anderem gehören. Denn es kann zwischen [etwas, das ein bestimmtes] Sein hat, und [einem] anderen, das auch [genau] dieses Sein hat, überhaupt keinen Unterschied und keine Verschiedenheit geben. Somit gibt es [in einem solchen Fall] nicht zwei Dinge, sondern nur ein einziges Wesen. Denn wenn es zwischen ihnen einen Unterschied gäbe, wäre das, worin sie sich unterschieden, nicht dasselbe wie das, was sie teilen, so dass das, worin sie sich eins vom anderen unterscheiden, ein Teil von dem wäre, aus dem ihr Sein besteht, und das, was sie teilen, wäre der andere Teil. Die beiden wären also unterscheidbar, und es wäre jeder der zwei Teile die Ursache für das Existieren des Wesens. So dass das Erste Existierende nicht erste Ursache wäre, sondern es gäbe dort ein anderes Existierendes vor ihm, das Ursache seines Seins wäre, und das ist unmöglich" (*Prinzipien* 1.2, dt. 13, leicht modifiziert, siehe insbesondere eckige Klammern).

Unser Autor beweist hier die Aussage, mit der er den Absatz eingeleitet hat: dass sich das Sein des Ersten kategorisch vom Sein aller anderen (von ihm ja verursachten) Dinge unterscheidet (Equivozität des Seins). Was er zeigen möchte ist, dass es bei absoluter Seinsgleichheit „nicht zwei Dinge, sondern nur ein einziges Wesen", d.i. nur ein einziges Erstes geben kann. Hierzu wendet er sich der logischen Alternative zu, dass zwar zwei Dinge dasselbe Sein besitzen, sich aber dennoch unterscheiden. Diese Alternative führt er *ad absurdum* („und das ist unmöglich"), indem er schließt, dass das Erste in diesem Fall aus „zwei Teile[n]" bestünde, seinem Sein und der Eigenschaft, durch die es sich von dem anderen Ding unterscheide. Dies aber hätte zur Konsequenz, dass es eine andere Ursache „vor ihm" geben müsse, die „Ursache seines (zusammengesetzten) Seins wäre", so dass das Erste also gar nicht das Erste wäre – und das ist offensichtlich absurd. Mit derselben Methode falsifiziert er in 1.2 weitere logische Alternativen zur Einzigkeit des Ersten, bevor er in 1.3 und 1.4 verschiedene Hinsichten zurückweist, in denen sich die vollkommene Einsheit und Singularität des Ersten relativieren ließe.

Halten wir also fest, dass die perfekte Homogenität-*cum*-Einzigkeit (*tawḥīd*) des Ersten al-Fārābī so wichtig erschien, dass er hierfür über drei Paragraphen hinweg logische Beweise führt, statt in expositorischer Form seine Lehren zu vermitteln. Ihren Platz finden diese Beweise im oben besprochenen hypothetischen Rahmen der *Prinzipien*. Während der *tawḥīd* des Ersten bewiesen wird, bleibt seine Existenz nach wie vor vorausgesetzt. Und obwohl die *reductio* als Beweis zu taxieren ist, stellt sie keinen demonstrativen Syllogismus dar. Wie die Analyse (*dihairesis*) der Topik führt sie ohne weitere Ergänzungen (z. B. entsprechende zusätzliche Beweise) nicht zu notwendigen Schlüssen. Ohne Beweis nämlich, dass die angeführten logischen Alternativen erschöpfend sind, ist der Umkehrschluss (hier: ‚es kann nur ein einziges, homogenes Erstes geben') nur möglich, nicht aber zwingend. Damit erweist sich auch diese Argumentation als rhetorisch. Sie soll überzeugen. Man könnte fast meinen, es handelte sich beim *tawḥīd* um einen Gegenstand, bei dem al-Fārābī mit Widerspruch rechnete; dies jedenfalls scheint der außergewöhnliche Rückgriff auf Beweise nahezulegen. Aber wen, so fragt man sich, musste er denn von der Einsheit-und-Einzigkeit des Ersten Prinzips überzeugen, lebte er doch in einer schon seit Generationen islamisierten Gesellschaft? Auf dieses Problem müssen wir im letzten Teil dieses Kapitels (10.5) zurückkommen.

Die zweite Ausnahme von der vorherrschenden Argumentationsform tritt an mehreren Stellen des Werkes in Erscheinung. Das Mittel, auf das al-Fārābī diesmal zurückgreift, ist die Analogie bzw. der Vergleich, also eine Form des Beispiels, und somit direkt dem Bereich der Rhetorik zuzuordnen (vgl. *Kitāb al-Ḫiṭāba* 119,5 – 121,18; hierzu oben, 10.2). Entscheidend ist jedoch nicht die Tatsache, *dass* al-Fārābī Analogien bzw. Vergleiche verwendet; er zieht diese wiederholt zur Veranschaulichung seiner Ausführungen heran. Wichtig ist vielmehr, dass er sich dieser rhetorischen Figur – jenseits punktueller Verwendungen – auch in einer umfassenderen Form bedient, durch die er ganze Themenkomplexe über das Buch hinweg zusammenbindet. Das auffälligste Beispiel für eine solche strukturelle Analogie ist der Kosmos-Körper-Staat-Vergleich (KKS), der zum ersten Mal genau in der Mitte des Werkes, seinem Herzstück, dem Abschnitt über den Menschen in Erscheinung tritt. Hier wirkt er zunächst schlicht wie eine weitere punktuelle Analogie: „Das dominante [Sinnes]vermögen ist dasjenige, das alles das sammelt, was von [den äußeren Sinnen] erfasst worden ist. Es ist, als ob die fünf Sinne Warner für das dominante Vermögen und als ob sie Boten wären, von denen jeder eine eigene Art von Nachrichten bringt oder Nachrichten aus einer bestimmten Region des Königreichs. Das dominante Vermögen ist wie der König, in dessen Haus die Nachrichten, die aus den Regionen überbracht worden sind, gesammelt werden" (*Prinzipien* 10.3, meine Ergänzungen in eckigen Klammern).

Gewiss besitzt der Nachdruck, mit dem al-Fārābī zwischen dominanten und unterhaltenden Vermögen unterscheidet, eine ideosynkratische Note, aber ansonsten erinnert dieser Vergleich an die Analogie vom König und dessen Boten, die Themistios in seiner Epitome zu Aristoteles' *De anima* (III 2, 427a9 – 14) verwendet hatte, um den Zusammenhang von Gemeinsinn und äußeren Sinnen zu erklären (Heinze 1899: 86,18 – 28). Und doch findet sich hier bereits ein Großteil jener Elemente wieder, die im weiteren Verlauf der *Prinzipien* an neuralgischen Punkten erneut auftreten und die über das Schlüsselbegriffspaar des Dominierens und Unterhaltens bzw. des Regierens und Helfens (so bereits in 10.2) sowie die Metapher des Königs (hier in 10.3) einerseits auf den Kosmos und dessen perfekte Struktur (Abschnitte I–III) zurück-, andererseits auf den Staat und dessen idealen Aufbau (Abschnitt V) vorausweisen.

Zum ersten Mal ausdrücklich in Form einer Analogie arbeitet al-Fārābī diese Begrifflichkeit gleich im nächsten Kapitel (11.1) aus. Er bespricht dort das Verhältnis von Herz und Hirn, den beiden ‚herrschenden' körperlichen Organen. Dabei sei das Hirn allerdings dem Herzen „untergeordnet", wie er mithilfe einer Parallele aus dem sozial-politischen Kontext, also gewissermaßen auf Abschnitt V vorausdeutend, erläutert: „Dies ist zu vergleichen mit dem Hausverwalter, denn dieser selbst ist dem Herrn unterstellt, während die anderen Mitglieder des Hauses ihm unterstellt sind in Übereinstimmung mit dem, was der Herr ihm zugemessen hat in den beiden Dingen. Er vertritt ihn und steht an seiner Stelle, ersetzt ihn und widmet sich den Dingen, denen der Herr sich nicht widmen kann. Im Dienste des Herzens ist es das Hirn, das die höchste Funktion innehat" (*Prinzipien* 11.1).

Essentiell an diesem Vergleich sind zum einen die hierarchische Ordnung, die der Logik des Gebietens und Ausführens aus der Anthropologie (10.2–3) folgt, und zum anderen die Idee einer (aufgrund dieser hierarchischen Struktur) harmonischen Zusammenarbeit. Genau auf diese Elemente stützt sich die Analogie bei ihrem nächsten Auftritt, diesmal im fünften Abschnitt. Al-Fārābī hat gerade die Thesen aufgestellt, dass der Mensch nur in der Gemeinschaft seine Vollkommenheit erreichen könne (15.1) und dass die Qualität der Kooperation im Rahmen solcher Gemeinschaften entscheidend dafür sei, ob der Einzelne zur Glückseligkeit gelange (15.3). Vor diesem Hintergrund entfaltet er nun die auf der Analogie von Körper und Staat beruhende Seite des Vergleiches: „Die vortreffliche Stadt ähnelt dem vollkommenen und gesunden Körper, dessen Organe alle zusammenarbeiten, um die Existenz des Lebewesens vollkommen zu machen und es zu erhalten. Die Glieder des Körpers sind unterschiedlich und in ihrer Beschaffenheit verschieden im Rang und in ihren Fähigkeiten. Es gibt ein einziges beherrschendes Organ, nämlich das Herz, dann gibt es Organe, die im Rang diesem dominanten Organ nahe sind, ... Dies gilt auch für die Stadt. Ihre Teile sind von Natur aus verschieden, und ihre Dispositionen sind in der Vortrefflichkeit unterschiedlich: Es gibt dort einen Menschen, der der Herrscher ist, und es gibt andere, die im Rang dem Herrscher nahekommen, jeder von ihnen im Besitze der Anlage und der Charaktereigenschaft, durch die er eine Funktion ausübt im Einklang mit dem Willen des Herrschers" (*Prinzipien* 15.4, dt. 84–85).

Von der Konstitution her, so die Analogie, gleichen Körper und Stadt einander wie ein Ei dem anderen. Sie unterscheiden sich jedoch darin, dass über seine Grundelemente hinaus die Funktionsweise des Körpers eine natürliche ist, die der Stadt hingegen eine willentliche: „Den natürlichen Fähigkeiten der Organe des Körpers entsprechen die willentliche Charaktereigenschaft und die Dispositionen in den Teilen der Stadt" (ebd.). Die Analogie geht argumentativ also vom Sein zum Sollen über: während die Organe eines Körpers, wenn sie nicht von Krankheit befallen sind, natürlicherweise ‚vortrefflich' funktionieren, besitzen die Einwohner einer Stadt „Dispositionen", also das *Potential* zu ‚vollkommener' Kooperation; dieses muss aber erst noch durch Willensentscheidung (Ethik) und staatliche Lenkung (Politik) *aktualisiert* werden. Al-Fārābī setzt diesen Schritt, indem er die zweite Seite des Vergleiches einbezieht, die Analogie zwischen Staat und Kosmos: „[D]ie Beziehung der Ersten Ursache zu den übrigen seienden Dingen ist wie die Beziehung des Herrschers der besten Stadt zu den übrigen Teilen. Denn die Rangstufe der immateriellen Dinge ist nahe derjenigen der Ersten Ursache. Unter ihnen sind die himmlischen Körper, ... All diese seienden Dinge handeln in Übereinstimmung mit der Ersten Ursache, folgen ihr, nehmen sie als ihren Führer und ahmen sie nach. ... Die vortreffliche Stadt *sollte* (*yanbaġī an*) in derselben Weise eingerichtet sein: Alle ihre Teile *sollten* (*yanbaġī an*) ihrem Rang gemäß in ihren Tätigkeiten das Ziel ihres höchsten Herrschers nachahmen" (*Prinzipien* 15.6, meine Hervorhebungen sowie Ergänzungen).

Al-Fārābī ist nun an dem Punkt angekommen, an dem er davon ausgehen kann, das Publikum von seinen metaphysischen und anthropologischen Grundlagen sowie seiner Annahme, dass sich hieraus ethisch-politische Implikationen ergeben, überzeugt zu haben. Um im Folgenden zu spezifizieren, durch welche Eigenschaften sich der Herrscher einer vortrefflichen Stadt auszeichnen muss und wie sich vollkommene Gemeinwesen von mangelhaften unterscheiden, kann er sich wieder der die *Prinzipien* allenthalben prägenden expositorischen Form bedienen. Auf der Grundlage unserer verschiedenen Befunde gilt es nun, al-Fārābīs Argumentation übergreifend zu beleuchten.

10.5 Schlussbetrachtung: Die *Prinzipien* als Lehrwerk

Liest man die *Prinzipien* vor dem Hintergrund von al-Fārābīs eigener Argumentationstheorie (10.2) und berücksichtigt man, dass al-Fārābī durchgehend auf rhetorische Mittel zurückgreift, sowohl auf der Makro-, als auch der Mikroebene, wird deutlich, dass das Buch in pragmatischer Hinsicht als Lehrwerk konzipiert ist, und zwar ein Lehrwerk, das sich an ein allgemeines Publikum richtet, nicht an Spezialisten. Vorherrschend ist die ‚geometrische' Methode, die zumeist rein expositorisch von allgemein anerkannten Meinungen (*doxa*) ausgeht und sich auf die Klärung bzw. das Ausbuchstabieren von Begriffen beschränkt. Daneben stützt sich al-Fārābī an bestimmten Schlüsselstellen auf Beweise (*reductio ad absurdum*) sowie auf Vergleiche, wobei im ersten Fall insbesondere der Beweis des *tawḥīd*, im zweiten die das ganze Buch durchziehende KKS-Analogie hervorstechen. Diese Befunde erlauben mehrere Rückschlüsse.

So zeigt sich, dass es al-Fārābī trotz der rhetorischen Argumentationsweise um die Vermittlung wissenschaftlich bzw. philosophisch fundierten Wissens geht. Zu erinnern ist in diesem Zusammenhang an seine verschiedenen Äußerungen zum Thema Wissensvermittlung (*taʿlīm*), besonders im *Buch der Partikeln* (*Kitāb al-Ḥurūf*, insbes. II 143 ff.) und *Der Beweis* (*Kitāb al-Burhān*, insbes. 85 ff.; hierzu Germann 2020). Bemerkenswert ist dabei, dass al-Fārābī gerade in *Der Beweis*, also jener Schrift, in deren Zentrum demonstratives Wissen steht, sorgfältig bei der Vorgehensweise, d.i. bei der konkreten Unterrichtsmethode differenziert. Selbst Studenten (*mutaʿallimūn*), die das Zeug zu Wissenschaftlern und Philosophen haben, müssen demnach zumindest in einer frühen Phase ihres Studiums mittels allgemein anerkannter Prinzipien unterrichtet werden – bis sich ihr Denkvermögen hinreichend entwickelt hat, um jene Prinzipien zu erfassen, die (per Demonstration) zu objektiver Gewissheit führen (*Kitāb al-Burhān* 85).

Aber auch denjenigen, die nicht hinreichend begabt sind, um dieses epistemische Niveau zu erreichen, ermöglicht die rhetorische Vermittlung philosophisch etablierter (d.i. deduktiv verifizierter) Lehren die Aneignung wahren Wissens. Sie selbst sind und bleiben zwar unfähig, das Gelernte demonstrativ herzuleiten und so ihrerseits zum Rang von Wissenschaftlern und Philosophen aufzusteigen; *inhaltlich* aber ‚wissen' sie dasselbe wie letztere und *methodisch* ist ihre Überzeugung (ihre subjektive Gewissheit) durch den Vermittlungsprozess abgesichert: die (objektive) Wahrheit, Notwendigkeit und Ewigkeit des vom Lehrer Gewussten überträgt sich durch das Verfahren (den Unterricht durch diesen Lehrer) auf das von den Studenten Erlernte. In epistemischer Hinsicht ersetzt somit das Verfahren (der Unterricht durch den Lehrer) für die Studenten die Prämissen und deren Deduktion.

Und dies ist genau die Konstellation, mit der wir es in den *Prinzipien* zu tun haben: der ‚Lehrer' al-Fārābī, der (so dürfen wir wohl annehmen) sein Wissen deduktiv begründen könnte, vermittelt dieses rhetorisch einem allgemeinen Publikum. Inhaltlich handelt es sich dabei um die „Ansichten" (*ārāʾ*), die seiner Philosophie zufolge „Bewohner" einer „vortrefflichen Stadt" – um die Elemente des vollständigen Werktitels aufzugreifen – vertreten würden; die „Prinzipien [dieser] Ansichten" hingegen, von denen gleichfalls im Titel die Rede ist, sind nicht Gegenstand des Unterrichts. Sie bleiben unausdrücklich aufgrund der Methode (der Rhetorik) und unterliegen al-Fārābīs Argumentationsstruktur lediglich implizit, als deren Voraussetzung. Zu unterstreichen ist, dass sich das so Unterrichtete inhaltlich nicht vom wahren Wissen der Philosophen unterscheidet, und zwar aufgrund al-Fārābīs Rückgriffs auf die Rhetorik und nicht auf die Poetik – die zweite probate Methode, um Wissen einem allgemeinen Publikum zugänglich zu machen (vgl. *Kitāb al-Ḥurūf* II 143, u. oben 10.2). Anders als die Rhetorik entfernt sich die Poetik nämlich auch auf inhaltlicher Ebene von der Demonstration, indem sie ihren Stoff in Symbole und Bilder kleidet, also lediglich ‚Abbilder' des wahren Wissens bietet.

Mit dem Verzicht auf poetische Mittel sind die *Prinzipien* folglich ein durch und durch wissenschaftliches Werk und wahren sorgfältig die Grenzen zur Religion (die sich eben durch den Einsatz poetischer Mittel auszeichnet, vgl. *Kitāb al-Ḥurūf* II 144, u. ö.). Der Abstand, den al-Fārābī konsequent zur poetischen Argumentationsweise hält, wird besonders deutlich im Falle der oben erörterten KKS-Analogie. Obwohl al-Fārābī wiederholt auch in kleinerem Stil auf Vergleiche zurückgreift, überschreitet er nie die Linie zur poetischen Metapher. Zwar setzt er Elemente aus verschiedenen ontologischen Bereichen in ein Verhältnis zueinander, aber er ersetzt nirgends Begriffe durch Bilder. Wenn er also etwa in 15.11 vom Herrscher als „Imam" spricht, meint er dies nicht figürlich, sondern wörtlich: der Herrscher hat (oder sollte haben) u. a. die Funktion, die der Imam in al-Fārābīs Lebenswirklichkeit hat (oder haben sollte).

Bemerkenswert ist schließlich, wie passgenau al-Fārābī die besonderen argumentativen Mittel der Mikroebene miteinander verwoben und in die Makrostruktur eingearbeitet hat. So führt der Gedankengang den Leser auf der Makroebene von den ersten Prinzipien des Seins und der Kausalität über den herausragendsten Erdenbewohner, den Menschen, hin zum Staat und dessen politischen Ordnung. Durch diese Argumentationslinie lernt ein aufmerksamer Student al-Fārābīs, dass und inwiefern der Mensch vom Kosmos und die ethisch-politische Sphäre als ein Willensprodukt des Menschen ihrerseits von beidem abhängen. Mittels der KKS-Analogie begreift er oder sie weiterhin, dass zwischen dem Bereich der Physis und jenem des Ethisch-Politischen ein normatives Verhältnis besteht: der Mensch *soll* ein seinen Begabungen entsprechendes Leben führen, ganz nach dem Vorbild des natürlichen Körpers; und der Staat *soll* wohlgeleitet werden, wie dies beim Kosmos der Fall ist. Der Vergleich macht also zugleich die analoge Struktur und die wechselseitige Bezogenheit der drei Bereiche und ihrer jeweils höchsten Prinzipien transparent. Umso mehr sticht die oben analysierte Beweisführung im ersten Abschnitt der *Prinzipien* ins Auge. Wie gesehen, beweist al-Fārābī dort den *tawḥīd*, die absolute Einheit-*cum*-Einzigkeit des Ersten Seienden, d.i. des obersten Prinzips des Kosmos – jenes Prinzips, das allem, was ist, zugrunde liegt und in der Analogie strukturell mit dem Herzen des Menschen sowie dem Herrscher der Stadt korrespondiert.

Im Lichte dieser Analogie lässt sich nun endlich die Frage beantworten, weshalb al-Fārābī ausgerechnet den *tawḥīd* beweist, während er im restlichen Werk expositorisch verfährt: der Beweis ist Teil eines komplexen Arguments, das in den Vergleich eingebettet ist. Mit Hilfe der *reductio* untermauert al-Fārābī eine bestimmte Eigenschaft des Ersten Prinzips (den *tawḥīd*), die er dann durch den KKS-Vergleich auf die Stadt und ihren Herrscher überträgt. Denn statt das Zutreffen dieser Eigenschaft auch auf den politischen Bereich zu begründen, listet er dort die Eigenschaften des Herrschers wieder nur expositorisch auf, ohne jeglichen Beweis. Er bleibt also die Begründung der eigentlich anvisierten Konklusion, nämlich wie der Herrscher sein soll, schuldig – eine weitere Strategie bei Enthymemen, die al-Fārābī in seiner *Rhetorik* ebenfalls anspricht. Indem der heikle Punkt einer Argumentation ausgespart und die Konklusion bloß behauptet wird, wirke diese konziser und dadurch überzeugender (vgl. *Kitāb al-Ḫiṭāba* 101,1–16).

Al-Fārābī beweist den *tawḥīd* folglich nicht deshalb, weil er mit Widerspruch gegen dieses Attribut des Ersten rechnete. Jeder praktizierende Muslim seiner Zeit bekannte sich ausdrücklich zu dieser „Ansicht" im Rahmen des täglichen Gebetes. Im Zusammenhang der *Prinzipien* aber trägt es die Hauptlast der Argumentation. *Dass* es ein Erstes gibt, kann (und muss, der Logik des Enthymems am Anfang der Schrift [s. o., 10.3] gemäß) al-Fārābī voraussetzen. Dass dieses *eines-und-einzig* ist, beweist er hingegen, um mittels der KKS-Analogie genau diejenige Eigenschaft des Herrschers und des von ihm regierten Staates gleich einer *doxa* behaupten zu können, um die es ihm in seinem Werk in erster Linie geht: die Homogenität-*cum*-Singularität. Er untermauert den *tawḥīd* des Ersten Seienden, um das Publikum restlos davon zu überzeugen, dass das Zusammenleben unter und gemäß einer einheitlichen, homogenen Herrschaft die *conditio sine qua non* für die ‚Rückkehr' (*epistrophē*) des Menschen, das Erreichen der Glückseligkeit, darstellt. Herrschaft, so lässt sich al-Fārābīs übergreifendes Credo vielleicht am besten aus seiner Argumentation herausdestillieren, sollte wie aus einem einzigen ersten – und das heißt *vortrefflichen* – Prinzip heraus geübt werden. Damit ist al-Fārābīs Spätwerk nichts geringeres als eine eindringliche Mahnung zur Einheit – zur *politischen* Einheit.

Literatur

Aouad, Maroun 1992: Les fondements de la rhétorique d'Aristote reconsidérés par Fārābī, ou le concept de point de vue immédiat et commun, in: *Arabic Sciences and Philosophy* 2, 133–180.

Aouad, Maroun/Schoeler, Gregor 2002: Le syllogisme poétique selon al-Fārābī. Un syllogisme incorrect de la deuxième figure, in: *Arabic Sciences and Philosophy* 12, 185–196.

Germann, Nadja 2015: Logic as the Path to Happiness. Al-Fārābī and the Divisions of the Sciences, in: *Quaestio* 15, 15–30.

Germann, Nadja 2017: A Matter of Method. Al-Fārābī's Conception of Philosophy, in: U. Zahnd (Hrsg.), *Language and Method. Historical and Historiographical Reflections on Medieval Thought*, Freiburg im Breisgau, 11–38.

Germann, Nadja 2020: How Do We Learn? Al-Fārābī's Epistemology of Teaching, in: S. Günther (Hrsg.), *Knowledge and Education in Classical Islam. Religious Learning between Continuity and Change*, I–II, Leiden, 147–185.

Peter Adamson

11 The Philosophical Background

11.1 Introduction

Al-Fārābī's *Principles* is a good example of how original a text can be even if almost everything in it is drawn from earlier sources. The ample notes to Walzer's 1985/1998 edition and translation show the wide range of authors and texts on whom al-Fārābī drew. Subsequent studies have added further detail to this picture of the *Principles* as a creative combination of ideas from the Graeco-Arabic tradition. Yet the work remains remarkably innovative nonetheless, not least for the breathtaking ambition of its design. It ranges from philosophical theology to political philosophy and the role of religion in the best society, by way of cosmology, anthropology, prophetology, and eschatology. As shown in chapter 2 of the present volume, the selection and arrangement of themes is likely a reaction to works of equally ambitious scope written by Islamic theologians (*mutakallimūn*) who wrote around the same time as al-Fārābī.

In a fashion that would rarely if ever be equaled in a single treatise – unless we count his own book *On Ruling the Community* (*as-Siyāsa al-madaniyya*) – al-Fārābī drew on the full range of Hellenic philosophical sources to show that a set of questions drawn from *kalām* could be best answered with resources provided by Plato, Aristotle, Galen, Alexander of Aphrodisias, Plotinus, and so on. That's a move typical of the so-called "philosophers (*falāsifa*)" of the Islamic world. As research has increasingly shown over the past couple of decades, the *falāsifa* were always concerned to respond to the *mutakallimūn* of their day. Prominent examples include the early al-Kindī and his consideration of divine attributes (Adamson 2003), Avicenna and his famous essence-existence distinction (Wisnovsky 2000, 2003; Druart 2001), and Averroes' development of Aristotelianism as a riposte to Ashʿarite provocation (Di Giovanni 2018). This is entirely unsurprising. The vast majority of intellectuals in the Islamic world who concerned themselves with philosophical issues like free will, ethical responsibility, theories of substance, causation, and proving the existence of God were not *falāsifa* (who taken altogether across the centuries made for a vanishingly small group). They were *mutakallimūn*. Committed Aristotelians like al-Fārābī were bound to engage with *kalām*, because despite its theological character, it was also the dominant *philosophical* discourse of their own culture.

All of which makes it difficult to capture, in short compass, the "philosophical background" of the *Principles*. For that background is nothing less than the

https://doi.org/10.1515/9783110535945-013

full range of Greek philosophical and scientific texts that were translated into Arabic, and in addition the complete development of *kalām* up to his own time. To this one might also wish to add a portrait of the Christian philosophers of Baghdad who were apparently teachers and colleagues of al-Fārābī, men like Abū Bišr Mattā and Yaḥyā Ibn ʿAdī (for them see e.g. Endress 1977, Janos 2015, and ch.7 of Rudolph 2012a). Since it would obviously be impossible to do that here, I would like to focus on one particular theme that runs throughout the *Principles*, comparing al-Fārābī's handling of this theme to three of his philosophical predecessors, one pagan, one Christian, and one Muslim.

The theme I have in mind is rulership, a concept that is central in pretty well every section of the treatise. In the cosmos as a whole, the soul, the individual animal body, and the city, it is to al-Fārābī's mind crucial that there is a single authority that oversees all its subordinates, which are placed in good order thanks to this authority. In the excellent city this is the philosopher king, in the soul it is reason, in the body it is the heart, and for the cosmos it is of course God. I will be looking at treatments of rulership in Plato, Nemesius, and al-Kindī, each of whom will provide us with an interesting comparison and contrast with al-Fārābī. Working through these figures chronologically will mean working backwards through the *Principles*, going from politics, to anatomy, to the entire cosmos.

11.2 Political Rulership: Plato and al-Fārābī

Of these three predecessors, the most obviously relevant is Plato. His *Republic* of course inspired al-Fārābī's claim that the excellent city must be ruled by philosophers, lest it tend towards destruction (*Principles* 15.14, cf. *Republic* 473c-d). A notorious problem with Plato's political theory is that it seems extraordinarily difficult, if not impossible, to put into practice (on this see e.g. Burnyeat 1992). At 540d-541a, Plato has Socrates insist that the excellent city he has described is a castle built in the air or wishful thinking (εὐχή, also used at 450d1, 456b12, and 499c4 to express the same idea), but genuinely practicable. One or several philosophers might come into power through a stroke of great fortune, perhaps thanks to a gifted person being born into a royal family. Then the philosopher(s) would need to exile everyone above the age of ten, so as to start with a clean slate, and bring up the remaining children with the laws proposed in the *Republic*. All this sounds like a pretty remote possibility. So it is natural to think that Plato is envisioning his ideal city more as an ideal or paradigm to aim towards (he calls it a παράδειγμα at 592b2) than as a real proposal, even if he is at pains to insist that it could in theory exist in the real world. Some later Platonists were inclined to read the dialogue in this way. Proclus suggested that it is rather the *Laws* that lay down political proposals that could be implemented by real societies. For example it does not envision the full political participation of women, something suggested only for the more idealized polity of the *Republic* (O'Meara 2005, 85).

If al-Fārābī seems more optimistic, it might indeed be because he is influenced by the *Laws*, having written a commentary on a paraphrase version of it (on the question of how he knew the *Laws* see Harvey 2003). And for a further reason that has nothing to do with his use of ancient texts: he has recourse to mechanisms not yet considered by Plato, namely rhetoric and revelation. Among the excellences of his ideal ruler, al-Fārābī includes the ability to influence the imagination using "his tongue" (*Principles* 15.11). He is also a prophet, able to discern distant and future events thanks to an emanation that passes down to his imagination through his intellect (15.10). Plato certainly does have the idea that the populace must be persuaded to cooperate with the rulers, without needing to understand things as the philosophers do. Hence the famous "noble lie" which justifies the three classes into which they are divided (at *Republic* 414d3 this is framed as a way to "persuade" them, πείθειν). But it seems likely that with the first qualification of the excellent ruler, al-Fārābī has more in mind the art of rhetoric as described in Aristotle's work on that topic.

As for revelation, it may seem obvious that al-Fārābī is thinking of a religious text that will induce the citizens of the ideal city to follow the ruler's commands. But actually the passage just mentioned on revelation (*Principles* 15.10) does not say this. Perhaps the closest we get to the idea comes when al-Fārābī raises the specter of a fraudulent ruler who takes power by pretending to have revelation (15.19). Going on the *Principles* alone, one might almost suppose that the ruler's capacity for revelation is needed simply because it is so useful. Just as he must be physically robust to fit him for war, so he needs to see the future to avoid problems before they arise. Besides, al-Fārābī has already described prophetic dreams as a power that can belong to the imaginative faculty (14.10; for background see Hansberger 2008 and chapter 8 of this volume). It seems only right that the ruler should have this capacity along with the perfections of his other physical and psychological faculties. On both counts we might think not so much of those who found religions, with Muḥammad of course being a prime example, as of Joseph in the Old Testament, who interpreted the Pharaoh's dreams to warn of famine (Genesis 41).

If we nonetheless take it to be obvious that al-Fārābī uses revelation to fill the gap left by Plato, showing how it is not just theoretically possible but entirely feasible that a ruler may arise who can lead an excellent city, this is because we have access to his other works. In his *Book of Religion* (*Kitāb al-Milla*, trans. Butterworth 2001), he explains that revelation is the means by which the ideal ruler conveys his knowledge in a way that his subjects will find persuasive. The founder of the city, says al-Fārābī, is also the founder of a religion. "The first, excellent ruler's calling is royal, and connected to revelation from God. He determines the actions and beliefs (*ārā'*) within the excellent religion through revelation" (*Kitāb al-Milla* 44). Then, after dividing religious beliefs into those corresponding to the terrain of theoretical and of practical philosophy, al-Fārābī adds, "the attributes (*ṣifāt*) that qualify the things which are of concern to the opinions of religion need to be attributes that allow the populace of the city to imagine everything in the city, in terms of kings, rulers, servants, their ranks, the bonds between them, and the obedience of some to others" (*Kitāb al-Milla* 44).

In light of this it seems clear that al-Fārābī has a ready solution for the problem faced by Plato. He need not content himself with the possibility, however slim, that an excellent ruler may come to power and persuade the populace to follow instructions. Revelation will be the means by which God appoints the ruler and makes him able to win over the people, albeit by appealing to their "imagination (*taḫayyul*)" and not their reason or intellect (for imagination and religion see Lameer 1997, 614; Lahoud 2004, 287). Imagination links two themes that are independently stressed, but not explicitly connected, in *Principles*: the ruler's status as a prophet who receives revelation, and the fact that his subjects believe in the laws of the religion by symbols or imitation (*tamṯīl*) in their imaginative faculties. Indeed we can see religion as a kind of conversation between the ruler's imagination and that of the people, since it is through this same faculty that the ruler receives revelation from the intellect. This way of conceiving religion, as a persuasive and symbolic means of conveying the ruler's demonstrative knowledge, will of course be taken up later in the Islamic world, when Averroes in his *Decisive Treatise* (*Faṣl al-maqāl*) similarly assigns religious discourse the status of rhetorical and dialectical truth. But Averroes there focuses on questions of scriptural interpretation, whereas al-Fārābī is more concerned to solve a genuinely political problem, one raised but not satisfactorily answered in the *Republic*: will the ruler really be able to convince his people to follow him? Yes, but only with the help of God, or at least the Active Intellect (for prophecy see further above, ch.7).

11.3 Anatomical Rulership: Nemesius and al-Fārābī

It is of course hardly surprising that rulership plays an important role in the section of the *Principles* devoted to the city. More unexpected is its prominence in al-Fārābī's treatment of the human body (see also chapter 6 in this volume). As El-Fekkak 2012 has shown, the idea of the heart as a "ruling organ (*ʿuḍw raʾīs*)" in the body appears both in the *Principles* and al-Fārābī's writings on anatomy, in particular his *Epistle on the Parts of Animals* (*Risāla fī Aʿḍāʾ al-ḥayawān*). There, he ascribes the following view to Aristotle: "The ruling parts (*al-aǧzāʾ ar-raʾīsa*) of the soul and its faculties are all located in the heart. He believes that the nutritive and appetitive parts, as well as the rational part, the common sense and that part of the soul which causes volitional movement in animals are in the heart. He also believes that the brain serves the heart and rules other organs, and the liver also serves the heart and rules many other organs" (*Risāla fī Aʿḍāʾ al-ḥayawān* 85; trans. El-Fekkak 2012, 257–8, modified). This is very similar to what we find in the *Principles*, for instance in this passage: "The heart is the ruling organ that is not ruled by any other organ of the body. It is followed by the brain, for it is also a ruling organ, though its rule is not primary but secondary. For it is ruled by the heart and rules over the other organs" (11.1, trans. Walzer 1985/1998, modified; see also 11.6).

If the use of political terminology in this anatomical context were not enough, al-Fārābī also makes it explicit that the well-run city is like the healthy body. After reminding us that there is a "ruling organ" that is served by inferior organs, he writes: "In the same way, the ruler of the city is the most perfect part of the city in his specific qualification and has the best of everything which anybody else shares with him; beneath him are people who are ruled by him and rule others" (15.5, Walzer trans.). As El-Fekkak points out, al-Fārābī is not wrong to trace this analogy to Aristotle, who says that the order (τάξις) of the body results from the fact that soul steers the whole from a principle organ (ἀρχή) in which it resides, which in most animals is the heart (see *History of Animals* 703a29-b2). But before dismissing this as a commonplace, we should notice that it is not the only way to draw a parallel between the excellent city and the living being. For one thing, Galen had established already in the second century, by performing powerful if horrific experiments on living animals, that the so-called "ruling faculty (ἡγεμονικόν)" is seated in the brain, not the heart. For another thing, the king might naturally be compared to the *soul*, or rather its rational part, instead of any physical organ.

For this we can turn to our second predecessor, Nemesius, who was bishop of Emesa in the late fourth century. I have selected him not necessarily because he influenced al-Fārābī, though his *On Human Nature* (*De natura hominis*) was translated into Arabic (with a false attribution to Gregory of Nyssa), but because this work is one of few ancient texts to cover a similar range of topics to those discussed by the *Principles* (cited from Morani 1987, in translation of Sharples/van der Eijk 2008). Beginning from a discussion of soul's relation to body, Nemesius proceeds to discuss the faculties and passions of the soul, goes on to anatomy, and finishes with numerous topics having to do with human choice, determinism, and divine providence. Thus, even if Nemesius does not explore political philosophy (except briefly, when saying that cities form because of the neediness of individual humans; cf. *Principles* 15.1), he does explore humanity within its wider, divinely ordained context, as al-Fārābī will later do.

As is traditional, Nemesius draws a sharp contrast between human and animal nature, on the grounds that humans have rational as well as non-rational powers. In fact humanity is said to embrace all of creation, straddling the intelligible and sensible worlds. Only the human is an "animal that binds both natures together (τὸ συνδέον ἀμφοτέρας τὰς φύσεις ζῷον)" (transl. Sharples/van der Eijk, 5). Our animal nature is constantly in danger of subverting our rational nature (10). To avoid this, we should put the rational part in charge of the animal part, something Nemesius compares to the way humans make use of real animals in the external world: "we see in our soul the non-rational and its parts (I refer to appetite and spirit) devoted to the service of the rational part, the latter ruling, the former ruled, the latter commanding, the former being commanded and under orders and serving whatever needs reason indicates (τὸ μὲν ἄρχον τὰ δὲ ἀρχόμενα καὶ τὸ μὲν κελεῦον τὰ δὲ κελευόμενα καὶ ὑπηρετούμενα ταῖς χρείαις αἷς ἂν ὁ λόγος ὑποβάλῃ), when man preserves his nature. If the rational part in us rules the non-rational parts in us, how is it not reasonable that it should also have mastery (κρατεῖν) over the non-rational things external [to us] and that they should have been given to serve its needs?" (13). As for animals, they have no principle of internal "rule" at all, but are rather under the sway of nature (87).

Now, the idea of reason as ruler can be found in al-Fārābī as well. He says that the rational power (*quwwa nāṭiqa*) has "rule over the other faculties" (*Principles* 10.5). He envisions something like a psychological bureaucracy, with ruling powers in various departments all subordinated to the highest, rational power (see further above, ch. 6). Thus for example, there is a ruling power of sensation which is located in the heart, and it is "like a king in whose house the news which the messengers from the provinces have brought is put together" (10.3, Walzer trans.). To this "ruler," the common sense, are subordinated the five senses in the various sense-organs. So here we see a political metaphor used for the internal relation of soul powers, just as in Nemesius, albeit that al-Fārābī's version concerns reason's dominion over the Aristotelian cognitive faculties, and not the lower parts of the triparite Platonic soul. Al-Fārābī's development of the metaphor is also somewhat more complicated, as it envisions a single ruler with subordinate commanders that reign over their respective faculties (this might perhaps be compared to the way the kingly art rules over other arts, which govern their own domains, 15.7).

But this is not to be confused with the application of the metaphor discussed at the start of this section, in which it is the heart – a bodily organ instead of the incorporeal power of reasoning – that is compared to a monarch. In fact, closer inspection shows that al-Fārābī draws a comparison between an *animal* and a city, not a *human* and a city. He writes, "the excellent city resembles the perfect and healthy body, all of whose organs cooperate to make the life of the animal (*ḥayawān*) perfect and to preserve it in this state" (15.4, Walzer trans. modified; it should be noted that at *Selected Aphorisms* [*Fuṣūl muntazaʿa*] § 25 al-Fārābī does compare the city, and also the household, to the human body, *badan al-insān*). He goes on to suggest a strict rank ordering of organs, with the heart as the sole ruling organ, and secondary and tertiary organs arranged under it pursuing subsidiary aims. Nemesius, for one, would not insist on such thoroughgoing subordination in biology. We've already seen him suggesting that non-human animals have no real internal principle of "rule" at all, and he notes that in the human case some powers in the non-rational soul do *not* obey reason; he is thinking of automatic processes like digestion (84). As for al-Fārābī, after setting out his hiearachy of the body, he likens it to the hierarchy of people in the city, who in their various ranks are arranged under the one monarch. The difference is simply that the anatomical hierarchy is "natural" and the political one "voluntary (*irādī*)."

Al-Fārābī here makes two moves that show his allegiance to the Aristotelian tradition. The more obvious one is to adopt a cardiocentric model of the animal body, rejecting Galen's encephalocentric model. The brain does play an important role for al-Fārābī, a more significant one than the brain is given in Aristotle, but it is placed firmly under the "rulership" of the heart. The less obvious move is to compare the political monarch to the body part of an animal, not to the rational soul as was standard in the Platonic tradition beginning with the *Republic* and as we've just seen in Nemesius. Why does he do this? This is a matter for speculation, but my guess is that al-Fārābī wants to stress the fact that the philosopher king is still a *part* of the city he rules. He is like the heart, which is an organ of the body, and not like the rational soul, whose activity is realized without any bodily organ (as argued by Aristotle at *On the Soul* III 4, 429a). A cardiocentric rather than encephalocentric anatomical theory—that is, with the heart and not the brain as the ruling organ—also ensures a more unified conception of the body and, by extension, the state. There are not distinct nervous and circulatory systems, with distinct ruling organs, but a single ordered hierarchy.

As long as we're speculating, let me add that this may have some implications for the debated question what al-Fārābī means in this work by the word *madanī*. Gutas has argued that this term should not really be translated as "political," the way it usually is. It relates to the Arabic *madīna* and means "having to do with the city," so that for instance the phrase *as-siyāsa al-madaniyya* should be translated not with "political regime" but "governance of the city" (Gutas 2004, 269; on the topic see also Rosenthal 1955). Furthermore, in the *Principles* al-Fārābī is focused mostly on ethical issues. He did not have access to Aristotle's *Politics* and thus took his cue from the beginning of the *Nicomachean Ethics*, which places ethics under πολιτικὴ ἐπιστήμη (I 1, 1094b11).

The foregoing ratifies Gutas' conclusion that al-Fārābī has a deeply "naturalistic," and even "biological," approach to discussion of the city (Gutas 2004, 276). Gutas is also right to point out that al-Fārābī has little or nothing to say about political institutions and political life, in sharp contrast to Aristotle and even Plato who discuss at length such topics as education, assemblies, punishments for criminals, and the like. But that, I suspect, may reflect his conviction that most political decisions involve context-dependent judgments made by the ruler, adapting very general rules of justice to the particular situation and needs of his people (on the context-dependency of law in al-Fārābī see Bouhafa 2019). In any case, there is at least one genuinely political thesis that emerges from his comparison between the city and the body, namely that a well-ordered city will have just one ruler, with the aims of other citizens subordinated to the aims he defines, just as the purposes of all organs are subordinate to those of the heart. The fact that al-Fārābī does not, as he easily could have done, compare the king to the ruling power of reason rather than to a ruling organ, shows that his focus is indeed on political authority and not only on ethical guidance.

Does the comparison tell us anything more about the "city" that al-Fārābī is envisaging? I have elsewhere remarked that he "lived in the enormous empire ruled by the ʿAbbāsids, yet unhesitatingly took the individual city to be the fundamental setting for political affairs" (Adamson 2016, 71). But upon further reflection, I suspect that al-Fārābī has good reason to say that only cities can be perfect communities. He does recognize the existence of larger-scale polities, namely the single "nation (*umma*)" within the even larger total human population (*Principles* 15.2). If the smaller unit of the city is the bearer of excellence, this is because it is the right size to have the aforementioned hierarchical arrangement where subordinate powers remain under the firm control of the the ruler. To put it another way, cities can be organic unities and nations cannot, just as single animals can have only a certain size (on the optimal size of cities see also Plato, *Republic* 423a, and Aristotle, *Politics* VII 4, 1326b). So if you asked al-Fārābī whether the ʿAbbāsid empire could be "excellent," I suppose he would say, "only if the caliph could rule over such a vast territory and population in the way the heart rules over the body," an unlikely if not impossible eventuality.

11.4 Cosmic Rulership: al-Kindī and al-Fārābī

Readers who get as far as the anthropological and political parts of the *Principles* will have been primed to think about monarchial hierarchy by the first sections dealing with God and cosmology. While setting out the emanationist scheme according to which a chain of intellects descends from God, each associated with a heavenly sphere, al-Fārābī writes, "when all the existents emanate from the substance [of the First], they are ordered in their ranks (*tartīb marātibihā*), and every existent gets its allotted share and rank of existence from it" (*Principles* 2.2, Walzer trans., modified). It hardly needs saying that al-Fārābī's talk of "emanation (*fayḍ*)" connects his cosmology to that of Plotinus and other Neoplatonists. The Arabic version of Plotinus is first incorrectly cited as a work by Aristotle in a work ascribed to al-Fārābī, the *Harmony of the Two Sages* (*al-Ǧamʿ bayna raʾyay al-ḥakīmayn*; cf. Adamson 2021). So it is natural to suppose that in the *Principles*, al-Fārābī thinks he is drawing on good Aristotelian doctrine when he says the intellects "emanate" from a First Cause. But it has been pointed out that he is rather circumspect about this doctrine, invoking it explicitly only here and in *Ruling the Community* but not in his more faithfully Aristotelian works (Druart 1987).

He was not the first *faylasūf* to allude to emanation from God. We find this terminology already in al-Kindī, as in the following passage: "The emanation of unity from the true, first One is the bringing-to-be of every sensible thing, and of everything that attaches to the sensible. It makes every one of them exist when it brings them to be through its being" (al-Kindī 1950–53, 97; trans. from Adamson/Pormann 2012, 55). On the other hand al-Kindī seems less committed to the idea that the emanation in question is mediated, that is, passed on from God's immediate effect to subsequent, more remote effects. That claim, which seems to underwrite al-Fārābī's talk of more and less perfect ranks in the cosmos, does appear in al-Kindī but not together with the word "emanation" or related metaphors. Instead, we read in a very brief text from al-Kindī, *On the True Agent* (*Fī l-Fāʿil al-ḥaqq*): "The true agent which is not acted upon at all is the Creator, the Maker of the universe, great be His praise. But what is below Him, i.e. all His creation, is called agents only metaphorically, not in truth. I mean that they are all in truth acted upon. The first of them [sc. the metaphorical agents] is [acted upon] by its Creator, may He be exalted, and [thereafter] they are [acted upon] by one another" (al-Kindī 1950 – 53, 183; trans. from Adamson/Pormann 2012, 74). As al-Fārābī will do, al-Kindī also suggests that there is a lowest rank, an entity that no longer produces anything and only receives influence from superior agents. We may guess that this is matter.

Unfortunately al-Kindī does not reveal the identity of these ranked "agents" which pass on God's creative act from one to the next. It may be that he has the Plotinian hierarchy in mind, given that in his *On First Philosophy* (*Fī l-Falsafa al-ūlā*) he suggests cautiously that "one may suppose" the first multiple thing after God, the True One, is Intellect (al-Kindī 1950 – 53, 87; Adamson/Pormann 2012, 49). But if we turn for further illumination to al-Kindī's *Epistle on the Intellect* (*Risāla fī l-ʿAql*) we find only a description of different stages or levels in the actuality of intellect. A "first intellect" is mentioned (al-Kindī 1950 – 53, 356; Adamson/Pormann 2012, 97) but this is not linked to the celestial bodies or given any cosmological role, like the form-giving function of the "active intellect" in al-Fārābī's own epistle of the same name. When he does come to discuss cosmology, al-Kindī focuses on the heavens as an instrument of divine providence, a theme he takes from Alexander of Aphrodisias (Fazzo/Wiesner 1993). In *On the Prostration of the Outermost Sphere* (*Fī l-Ibāna ʿan suǧūd al-ǧirm al-aqṣā*), he does not refer to intellects belonging to the heavenly bodies, though he does argue that they are alive, since they are the cause of living things (al-Kindī 1950 – 53, 187; Adamson/Pormann 2012, 180). In short, al-Kindī is aware of the same tradition of Aristotelian intellect theory used by al-Fārābī, but at least in his extant works he makes no similar attempt to combine it with Aristotelian cosmology.

As for the motions by which the heavens bring about generation and corruption in our lower world, these take place simply through "obedience" to the command of God (al-Kindī 1950 – 53, 179; Adamson/Pormann 2012, 176). Again al-Kindī seems to postulate a direct relationship between God – here, notice, explicitly conceived of as a ruler or commander – and His many effects, just as God seemed to bestow unity immediately on each created thing. By contrast, al-Fārābī is at pains to avoid connecting God's agency directly to any existent or event in the universe apart from His first effect. He goes so far as to suggest that celestial and sublunary phenomena take place simply because of a kind of principle of sufficient reason. Since there is no one place in its orbit that a part of the sphere particularly "deserves" to be, the sphere must revolve in a circle so that all its parts may visit all places equally (*Principles* 7.7). Likewise, it is a matter of "justice (*ʿadl*)" that a given bit of matter should receive alternating contraries, given that neither contrary has a better claim to be realized in the matter.

This is not to say that God is entirely unrelated to these phenomena (9.2). To the contrary, we might suppose that the "justice" in question is a sign of His beneficial, providential, order. But there is always a subsidary cause or explanation in play, apart of course from God's direct emanation of the first created intellect.

One might say therefore that al-Kindī was more attracted than al-Fārābī by a conception of God's rule that is at home in *kalām*. Though he never suggests the kind of occasionalism we find in some *mutakallimūn*, he does sometimes seem to envision God as an agent who brings about effects directly throughout the universe. This is in tension with another vision of God as a master delegator, which can also be found in al-Kindī: this is the God who in the *On the True Agent* has only one direct effect, and who in *Proximate Agent Cause* (*al-Ibāna ʿan al-ʿilla al-fāʿila al-qarība*) is the "remote" maker of sublunary things, the "proximate" cause of the title being the heavenly bodies. The latter, more standoffish God is the only one to be found in al-Fārābī's *Principles*. This makes sense, given his conception of rulership. We've already seen that in the political and biological contexts, he thinks that in well-ordered arrangements, a single ruler should have a ranked hierarchy below him, made up of subordinates who actively pursue their own aims, albeit ones that contribute to his overall purpose.

Here we can once again mention Alexander of Aphrodisias, who in a work *On Providence* that is extant only in Arabic, draws the following comparison to illuminate the way that higher authorities bring about earthly effects: "It is absurd and ridiculous to suppose that God, the exalted, knows and sees each existing thing, and whatever comes to be and derives from them. For no one who is applying their understanding would come to such a view, even about a person, namely that he would direct providence towards all other things in his house, such that it would extend to the mice and ants in it, and likewise to every single one of the other things in the house. One should say that the good man's ordering all that is in his house, putting each thing in its place, and distributing things fairly in accordance with what ought to be, would not be a noble or fitting thing for him to do... If such things are inappropriate both for a man of understanding and for others too, then all the more must God, blessed be His name, be exalted above anyone saying that he directs his examination towards humans, and towards mice and ants, which are not our equals, and that His providence applies to both humans and other things here in the way described. For such conduct is slavish and in the highest degree menial" (ed. Ruland 1976, 25; I translate and discuss this passage at Adamson 2015, 87–88).

Here the comparison is to a householder, not a political ruler, but the point is much the same as what we have found in al-Fārābī. God's supreme oversight over all things does not involve looking after every detail. Even the demands of justice (Alexander's "fair distribution") are left to subordinates.

Just as it is vital that there be a single ruling authority in the city, a single ruling organ in the animal body, and a supreme faculty in the soul, so there can be only one divine ruler. Al-Fārābī's way of proving this core tenet of Islam also recalls material in al-Kindī, and will bring us full circle to the concerns of *kalām*. A demonstration that God has no peer, nothing that shares His sort of "existence (*wuǧūd*)," comes towards the beginning of the *Principles* (1.2). Al-Fārābī argues that if there were something else on a par with the First, there would need to be some distinguishing feature to explain why the two are not identical. This would be a "part through which their existence is sustained," alongside the part of them that is shared in common. Both parts would be a "cause (*sabab*)" for their subsistence, but this is absurd since we are talking about the First Cause, which can of course have no further cause.

For many readers this will call to mind a later discussion found in Avicenna, who gives a similar rationale for the uniqueness of the Necessary Existent (see Mayer 2003). But it also finds a strong parallel in al-Kindī, not so much in his treatment of the pure unity of God in *On First Philosophy*, as in a lesser-known and shorter work where he is attacking the Christian dogma of the Trinity. Here he writes: "The trait of substance exists in each Person, and the Persons agree in this, and each one of them has an everlasting property through which it is differentiated from both of its companions [sc. the other two Persons]. It is thereby necessary that each of them is composed from substance, which is common to [all of] them, and from its own property, which is proper to it [alone]. But everything composed is caused, and everything caused is not eternal" (Périer 1920 – 21, 4; trans. from Adamson/Pormann 2012, modified). Here we have a nearly identical line of argument. Multiplicity in the divine would require the multiple divinities to share something in common (for al-Kindī this is "substantiality") and something that distinguishes them, but the distinguishing feature would then be a cause for God. The only significant difference is that here, the multiplicity in question is the "internal" one of three supposed Persons, rather than the "external" one of a second God, as in al-Fārābī.

So al-Fārābī did not invent this argument. But neither did al-Kindī. The argument seems to have its origins in *kalām* critiques of Christianity, such as that composed by a contemporary of al-Kindī's named Abū ʿĪsā al-Warrāq. He argues as follows: "Why are His hypostases differentiated so that one is Father, the other Son, and the third Spirit, although the substance, according to you, is one in its substantiality, eternal and undifferentiated in itself, and not composed of various genera? If they claim that the hypostases are actually differentiated as individuals, say: why make them differentiated as individuals rather than making them agree as individuals, since according to you they agree in substantiality, and then there is no cause that differentiates between them?" (trans. from Thomas 2003, §70, with modifications). The parallel to al-Kindī is close enough to speak for itself, though I would particularly point out that "substantiality" is the common element in both passages. So this would seem to be a case where *kalām* argumentation found its way into the writings of the *falāsifa*, where it was given pride of place near the beginning of the *Principles* and later in a prominent part of Avicenna's metaphysics. (Walzer 1985/1998, 338, briefly but perceptively noted that the argument for God's unity shows al-Fārābī responding to *kalām* refutations of Christianity.)

In addition to providing additional confirmation of the above remarks about the importance of *kalām* as context for al-Fārābī's project, the argument just discussed links the opening section of the *Principles* to its later sections on anthropology and the excellent community. As we have seen, an abiding concern of the treatise is the appearance of good order or arrangement (*tartīb*) in several systems that mirror one another: the cosmos, the soul, the body, the city. For such order to obtain, it is necessary that the system in question have just one ruling principle, respectively God, the rational soul, the heart, and the king. This ruler sets the overall purpose of the system, and provides a standard of perfection against which subordinate elements in the system may be measured. Among all the opinions to be adopted by the denizens of the excellent city, perhaps the most important is one already stated by Homer and Aristotle: "the rule of many is not good, let there be one ruler" (*Metaphysics* XII 10, 1076a4).[1]

Literature

Adamson, Peter 2003: Al-Kindī and the Muʿtazila. Divine Attributes, Creation and Freedom, in: *Arabic Sciences and Philosophy* 13, 45–77.

Adamson, Peter 2021: Plotinus Arabus and Proclus Arabus in the Harmony of the Two Philosophers Ascribed to al-Fārābī, in D. Calma (ed.), *Reading Proclus and the Book of Causes*, vol. 2, Leiden, 184–199.

Mayer, Toby 2003: Faḫr ad-Dīn ar-Rāzī's Critique of Ibn Sīnā's Argument for the Unity of God in the Išārāt and Naṣīr ad-Dīn aṭ-Ṭūsī's Defence, in D.C. Reisman/A.H. Al-Rahim (ed.), *Before and After Avicenna*, Leiden, 199–218.

Morani, Moreno 1987 (ed.): *Nemesius. De natura hominis*, Leipzig.

Périer, Augustin 1920–1921: Un traité de Yahyâ ben ʿAdî. Défense du dogme de la Trinité contre les objections d'al-Kindî, in: *Revue de l'orient chrétien*, series 3 vol.2, 3–21.

1 This research was supported by funding from the European Research Council (ERC) under the European Union's Horizon 2020 research and innovation programme (grant agreement No 786762).

Ruland, Hans-Jochen 1976: *Die arabische Fassungen von zwei Schriften des Alexander von Aphrodisias. Über die Vorsehung und Über das liberum arbitrium*, Saarbrücken.
Sharples, Robert W./van der Eijk, Philip J. 2008 (trans.): *Nemesius. On the Nature of Man*, Liverpool.
Thomas, David 1992 (ed. and trans.): *Anti-Christian Polemic in Early Islam. Abū ʿĪsā al-Warrāq's Against the Trinity*, Cambridge.

Renate Würsch

12 Die Wirkungsgeschichte in der vormodernen philosophischen Tradition

12.1 Einleitung

Die Prinzipien der Ansichten der Bürger eines vorzüglichen Gemeinwesens (*Mabādi' ārā' ahl al-madīna al-fāḍila*) al-Fārābīs sind, anders als der Titel vermuten lässt, nicht nur ein Werk über Charakter und Eigenart eines vortrefflichen Staates, sondern eine philosophische Summa, in der auch Themen der theoretischen Philosophie (Physik und Metaphysik) sowie der Ethik umfassend dargestellt sind (Rudolph 2012b, 397 und oben Kap. 2). Das hat auch seine Wirkungsgeschichte beeinflusst. Hier seien drei Themenfelder näher betrachtet, die in diesem Zusammenhang von besonderer Bedeutung sind: (1) die Kosmologie al-Fārābīs, insbesondere seine Lehre von den Intellekten, den himmlischen Körpern und deren Einfluss auf die Phänomene der sublunaren Welt; (2) al-Fārābīs politische Theorie, in der er nicht nur den vortrefflichen Staat, sondern – in Nachfolge Platons und des Aristoteles – auch andere, defizitäre Staatsformen behandelt, sowie Rolle und Funktion der Staatsführung und die Voraussetzungen, die dafür erfüllt sein müssen; (3) al-Fārābīs Definierung des Verhältnisses zwischen Philosophie und geoffenbarter Religion, die auf seiner philosophischen Betrachtung der Prophetie und seiner Überzeugung beruht, dass der Begründer eines vollkommenen Staatswesens sowohl Philosoph als auch Prophet sein soll.

All dies sind wichtige Themen der späteren islamischen Philosophiegeschichte und von al-Fārābī angeregt. Allerdings ist es mitunter schwierig, den Anteil der *Prinzipien* an der Rezeption dieser Themen genauer zu bestimmen oder konkret nachzuweisen, dass wirklich sie die Rezeptionsquelle sind, da al-Fārābī diese Themen auch in anderen Werken behandelt hat und die *Prinzipien* in den Werken späterer Autoren nicht allzu häufig direkt zitiert werden. Dies gilt vor allem für die Summa *Die Lenkung des Gemeinwesens* (*as-Siyāsa al-madaniyya*), die dieselben Themen behandelt wie die *Prinzipien*. Zwar ist sie weniger sorgfältig redigiert (dazu Rudolph 2012b, 400), doch deuten die Quellenbefunde darauf hin, dass sie auf die Folgezeit sogar in höherem Maß direkt eingewirkt hat als die *Prinzipien* (so auch Endress 2001, 22). Manchmal wird in späteren einschlägigen Abhandlungen auch nur generell auf al-Fārābī verwiesen, mitunter fehlen Verweise auf ihn ganz, aber die referierten Gedanken lassen sich ihm zuordnen – ein untrügliches Zeichen dafür, wie gewisse Elemente seines Denkens inzwischen intellektuelles Allgemeingut geworden waren. Es ist somit zwischen Textrezeption

https://doi.org/10.1515/9783110535945-014

und Ideenrezeption zu unterscheiden, die indes beide für die Wirkungsgeschichte al-Fārābīs wichtig sind.

Die Reihe der Denker, die sich mit al-Fārābī auseinandergesetzt haben, ist lang und umfasst die führenden Köpfe der Philosophiegeschichte der islamischen Welt in vormoderner Zeit sowie der jüdischen philosophischen Tradition. Auch auf das lateinische Europa hat al-Fārābī eingewirkt. Im Rahmen dieses kurzen Überblicks kann aber nur ein höchst unvollständiges Bild gezeichnet werden, zumal es hier vor allem um die *Prinzipien* geht, und andere Texte von al-Fārābī (z. B. zur Logik und zur Einteilung der Wissenschaften), die für seine Nachwirkung von großer Bedeutung sind, in diesem Rahmen nicht berücksichtigt werden können.

Wohl die bedeutsamste Rolle für al-Fārābīs Nachleben überhaupt spielte Avicenna (Ibn Sīnā; gest. 1037), der an einer berühmten Stelle seiner Autobiographie auch explizit erwähnt, was er seinem großen Vorgänger in bezug auf das Verständnis von Inhalt und Zweck der Metaphysik zu verdanken hatte (dazu ausführlich Gutas 2014, 17–18 u. 270–288). Avicennas beherrschende Stellung in der späteren intellektuellen Tradition des islamischen Ostens war ein wichtiger (aber nicht der einzige) Grund, dass auch al-Fārābī weiter rezipiert, in der Nachfolge Avicennas aber oft eher als dessen Wegbereiter denn als Denker mit eigenem Profil wahrgenommen wurde (Rudolph 2012b, 375).

Die *Prinzipien* wurden – auch in der jüdischen intellektuellen Tradition, in der die Kenntnis des Arabischen selbstverständlich war – hauptsächlich als arabischer Text studiert. Spuren davon konnten jedoch auch in hebräischer Überlieferung lokalisiert werden, bei Iṣḥāq ibn Laṭīf (gest. 1284) und Šem Ṭov Ibn Falaquera (gest. 1295), insbesondere in dessen unveröffentlichter Schrift *Sefer deʿot ha-filosofim* (dazu Chiesa 1989, 22). Ins Lateinische sind die *Prinzipien* nicht übersetzt worden. Das Werk blieb den scholastischen Philosophen des Mittelalters somit unbekannt. Al-Fārābī war ihnen aber dennoch ein Begriff, u. a. durch seinen Traktat *Aufzählung der Wissenschaften* (*Iḥṣāʾ al-ʿulūm*), der gleich zweimal ins Lateinische übersetzt wurde – von Gerhard von Cremona und von Dominicus Gundisalvi – und der die Diskussion über die Einteilung der Wissenschaften und ihre Gegenstände im lateinischen Westen maßgeblich beeinflusste. Die Übersetzung Gundisalvis wurde 1638 unter dem Titel *De scientiis* auch gedruckt (dazu Hasse 2016, 330–331). Aus der Tatsache, dass weder die *Prinzipien* noch *Die Lenkung des Gemeinwesens* den lateinischen Westen in Übersetzung erreichten, folgt auch, dass al-Fārābīs Theorien über den vortrefflichen Staat und dessen Führung keinen Einfluss auf thematisch verwandte Schriften in Europa (z. B. *Utopia* von Thomas Morus) gehabt haben können.

12.2 Kosmologie und Intellektlehre

Das System himmlischer Intellekte, die letztlich aus der göttlichen Reflexion hervorgehen und beim Prozess ihrer Emanation das kosmische System der neun Sphären hervorbringen, deren Bewegung wiederum die sublunare Welt entstehen lässt, hat al-Fārābī nur in den *Prinzipien* und in der Schrift *Die Lenkung des Gemeinwesens* entwickelt (vgl. Rudolph 2012b, 428–429 und oben Kap. 4). Die Stelle des zehnten himmlischen Intellekts nimmt der Aktive Intellekt ein, die letzte der himmlischen Intelligenzen, durch den die Verbindung mit dem menschlichen Intellekt zustandekommt, und der den menschlichen Intellekt aktualisiert. Die Funktionen des Aktiven Intellekts sind dabei ausschließlich auf die Aktualisierung des menschlichen Intellekts bezogen, die Charakteristika der sublunaren Welt werden von den himmlischen Sphären hervorgebracht (Davidson 1992, 47).

Dieses kosmologische Modell der zehn Intellekte hatte großen Einfluss auf die spätere philosophische Tradition in der islamischen Welt (Rudolph 2012b, 429). Früh schon scheint es in Kreisen der ismāʿīlitischen Schia rezipiert worden zu sein. Ḥamīdaddīn al-Kirmānī (gest. nach 1020/21), der einflussreichste ismāʿīlitische Denker der fatimidischen Zeit, führte es in die ismāʿīlitische Kosmologie ein, während die etwas früher, zwischen 970 und 980 entstandenen, ebenfalls eine schiitische Tendenz aufweisenden *Episteln der Lauteren Brüder* (*Rasāʾil Iḫwān aṣ-Ṣafāʾ*), einer Gruppe von Intellektuellen in Basra und Schöpfer der frühesten philosophisch-wissenschaftlichen Enzyklopädie in arabischer Sprache, hier einem anderen Modell folgen (De Smet 2012, 536–537) – obwohl die „Lauteren Brüder" die *Prinzipien* nachweislich rezipiert haben (dazu s.u.). Auch in seiner Erkenntnislehre zeigt sich al-Kirmānī al-Fārābī verpflichtet (ebd. 530).

In der Intellektlehre von al-Kirmānīs Zeitgenossen Miskawayh (gest. 1030) entspricht das kosmologische Modell ebenfalls weitgehend dem al-Fārābīs. So ist insbesondere das System der Sphären und Intellekte angelehnt an die *Prinzipien*, Kapitel 7 (Endress 2012, 217).

Wirkungsgeschichtlich am einflussreichsten dürfte aber Avicennas Auseinandersetzung mit al-Fārābīs Kosmologie gewesen sein. Wie al-Fārābī ging Avicenna von einer translunaren Region mit neun primären Sphären aus; dabei wird jede Sphäre durch eine unkörperliche Intelligenz bewegt. Intelligenzen und Sphären sind durch eine Reihe von Emanationen miteinander verbunden. Avicenna schreibt jedoch dem Aktiven Intellekt eine Reihe von Funktionen zu, die er bei al-Fārābī nicht hat, auch ordnet er ihn ausdrücklich der sublunaren Welt zu (Schaerer 2004, XXIV). Wie al-Fārābī verbindet Avicenna die Einheit und Vielfalt in der unteren Welt mit der Einheit und Vielfalt in den Himmeln. Aber für ihn sind die himmlischen Sphären nur eine Hilfsursache für das Seiende in der unteren Welt – der primäre Grund dafür ist der Aktive Intellekt (Davidson 1992, 74–82).

Über al-Fārābī hinaus geht Avicenna auch in Bezug auf die mit der Intellekt- und Erkenntnislehre verknüpfte Auffassung von der „Unsterblichkeit" des Menschen. Die Aussagen in den erhaltenen Texten al-Fārābīs hierzu sind widersprüchlich. Nach einem Passus in den *Prinzipien* (V.16.4) erhalten nur die Bürger des vorzüglichen Gemeinwesens ewigen Lohn (Rudolph 2012b, 440). Nach Zitaten aus seinem verlorenen Kommentar zur *Nikomachischen Ethik*, die Ibn Bāǧǧa, Ibn Ṭufayl und Averroes überliefern, soll al-Fārābī die individuelle Unsterblichkeit sogar überhaupt verneint haben (Endress 1992, 41; Rudolph 2012b, 440–441). Avicenna dagegen sah jede menschliche Seele – seiner Auffassung gemäß eine unkörperliche Substanz – ihrer Natur nach als unsterblich an. Als unkörperliche Substanz ist sie der „Potentialität des Zerstörtwerdens" nicht unterworfen und in ihrer Essenz unsterblich. Es darf als sicher angenommen werden, dass Avicenna sein Konzept von Unsterblichkeit (wie überhaupt seine Seelenlehre) auch in Auseinandersetzung mit al-Fārābīs Erkenntnislehre entwickelt hat. Der eigentlich unsterbliche Seelenteil ist für Avicenna die „Vernunftseele". Um in Glückseligkeit zu überleben, muss sie sich aktualisieren bzw. vervollkommnen (Davidson 1992, 106–116).

Das von al-Fārābī und Avicenna entwickelte kosmologische Modell war ein Konzept, das in der späteren intellektuellen Tradition der islamischen Welt große Resonanz fand. Hier können indes nur einzelne Denker, die sich damit auseinandergesetzt haben, genannt werden. Der einflussreiche Theologe Abū Ḥāmid al-Ġazālī (gest. 1111) orientierte sich daran, reduzierte aber die Bedeutung des Aktiven Intellekts und stellte die Zehnzahl in Frage, auch deutete er die Welt als Ergebnis eines zeitlichen Schöpfungsaktes Gottes, nicht als Ergebnis von Emanationen, die auf ewige Denkvorgänge zurückgehen (dazu Rudolph 2021, 314–316). Der Philosoph und Mystiker as-Suhrawardī (gest. 1191) hat in einigen seiner Werke das Modell der zehn Intellekte übernommen, in Zusammenhang mit seiner Illuminationslehre aber auch neue Wege beschritten. Dort geht er von einer viel höheren Zahl von emanierenden „Lichtern" (d. h. immateriellen Intelligenzen) aus, so in seinem Hauptwerk *Die Philosophie der Erleuchtung* (*Ḥikmat al-išrāq*) (Davidson 1992, 172; Landolt-Würsch 2021, 430) und in der Schrift *Die Tempel des Lichts* (*Hayākil an-nūr*). In der letzteren beschreibt as-Suhrawardī den ersten Intellekt als das erste, wodurch Existenz überhaupt entsteht, und das erste, was vom Licht des Ersten (d. h. des Schöpfers) beschienen wird. Entsprechend vervielfachen sich die Intellekte durch die Vielfalt der Bescheinungen (*išrāqāt*) und deren Vervielfachung durch die Deszendenz (*nuzūl*) des Lichts (vgl. Landolt-Würsch 2021, 432–433). Wie präsent das kosmologische Modell der zehn Intellekte aber dennoch für as-Suhrawardī war, zeigt seine philosophische Lehrerzählung *Das*

Rauschen der Flügel Gabriels (*Āwāz-i par-i Ǧabrāʾīl*), in der er es in Symbole übersetzt. Die Intellekte sind dort zehn Meister, die aus dem „Nirgendwo" (*nākuǧā-ābād*) kommen (vgl. Davidson 1992, 162–163). Die zehn Intellekte erscheinen auch in as-Suhrawardīs *Epistel über die Glaubensüberzeugung der Weisen* (*Risāla fī Iʿtiqād al-ḥukamāʾ*); dort entwirft as-Suhrawardī eine Kosmologie, nach der nacheinander insgesamt zehn Intellekte, die ihnen zugeordneten Sphären und Sphärenseelen emaniert werden. Aus dem zehnten Intellekt entstehen die Welt der Elemente (*ʿunṣuriyyāt*) und die menschlichen Seelen. Den zehnten Intellekt deutet as-Suhrawardī als Spender der Formen (*dator formarum*), heiligen Geist, Gabriel (Landolt-Würsch 2021, 455).

Ibn Bāǧǧa (Avempace, gest. 1138) durch den sich die Philosophie in der Tradition al-Fārābīs und Avicennas im islamischen Spanien (al-Andalus) etablierte, folgt weitgehend dem kosmologischen Modell seiner beiden Vorgänger (für Einzelheiten vgl. Davidson 1992, 144–146). Eine andere Auffassung vertritt Ibn Ṭufayl (gest. 1185), der den Kosmos nicht als Ergebnis eines stufenweisen Emanationsprozesses betrachtete, sondern als Ergebnis der unmittelbaren Schöpfung Gottes. Trotzdem versteht auch Ibn Ṭufayl die Verleihung der Formen an die Dinge der Welt als eine Art Emanation, und die Disposition, diese Formen aufzunehmen, erhalten die Dinge der Welt durch die himmlischen Sphären (Schaerer 2004, XXVI).

Averroes (gest. 1198) schließlich bezieht sich in seiner Kosmologie und Erkenntnislehre zunächst auf al-Fārābī und Avicenna und distanziert sich später im Zug seiner Rückwendung zu Aristoteles davon. Dabei zieht er nicht die Struktur des Kosmos in Zweifel oder die Existenz von Intellekten oder Sphärenseelen. Seine Revision betrifft die Beziehung der Intellekte zueinander, ihre Beziehung zur Ersten Ursache und den Platz der Ersten Ursache in der Hierarchie (Davidson 1992, 226). Bekanntlich hat auch Averroes eine individuelle Unsterblichkeit des Menschen verneint und nur dem universellen menschlichen Intellekt – der als Einheit zu verstehen ist – eine solche zugesprochen. Diese Auffassung (und vor allem ihre theologischen Konsequenzen, dass göttliche Belohnung und Bestrafung des Individuums im Jenseits hinfällig sind, wenn es keine persönliche Unsterblichkeit besitzt) war später in der lateinischen Scholastik ein wichtiger Punkt in der Auseinandersetzung zwischen den „Averroisten" und ihren Gegnern, die an der individuellen Unsterblichkeit festhielten. Ob Averroes in dieser – seiner wohl berühmtesten und wirkungsmächtigsten – These aber tatsächlich letztlich auf Überlegungen al-Fārābīs fußt, lässt sich nicht beweisen. Die *Prinzipien* liefern dafür jedenfalls keinen Anhaltspunkt (vgl. Rudolph 2012b, 441).

Auch in der jüdischen Philosophie des Mittelalters hinterließ das kosmologische Modell al-Fārābīs und Avicennas Spuren. Juda Hallevi (gest. ca. 1140) referierte es (dazu Davidson 1992, 181–183), ebenso Maimonides (gest. 1204), letzterer unterzog allerdings die damit verbundene Emanationstheorie einer kritischen Revision (Davidson 1992, 199 u. 218 – 219). Ein ferner Widerhall des Modells könnten schließlich die zehn göttlichen Aspekte sein, die nach der jüdischen Kabbala durch innere Emanation in Gott selbst entstehen, und bei denen der zehnte und letzte Aspekt als Kanal dient, durch den die Existenz, die menschlichen Seelen und das göttliche Gesetz in das Reich außerhalb Gottes emaniert werden (Davidson 1992, 209).

Das kosmologische Modell al-Fārābīs und Avicennas wirkte also über Jahrhunderte. Noch an der Grenze zwischen Mittelalter und Neuzeit wurde auf es zurückgegriffen. Ein Beispiel dafür ist der gelehrte persische Dichter Ǧāmī (gest. 1492). In seinem mystisch-allegorischen Gedichtepos *Salaman und Absal* (*Salāmān wa Absāl*) referiert Ǧāmī die Erschaffung des Ersten Intellekts durch Gott und die ihr folgende Kette von zehn Intellekten. Der zehnte ist der Aktive Intellekt, der auf die Welt „einwirkt" (*mu'ṯir*) und Gut und Böse in sie emaniert (*mufīḍ*), aber keinen Bezug zur materiellen Sphäre hat. Den „Geist" (*rūḥ*) des Menschen deutet Ǧāmī als Kind des Aktiven Intellekts, das dessen Befehl (*farmān*) untersteht (Lingwood 2013, 67 – 68).

12.3 Politische Theorie

Die spätere philosophische Tradition in der islamischen Welt hat – vielleicht durch den etwas programmatischen Titel des Werks, der die „Ansichten der Bürger eines vorzüglichen Gemeinwesens" ins Zentrum stellt – die *Prinzipien* indes vor allem als ein Werk über politische Theorie (sowie die verschiedenen Staatsformen) und namentlich über den vortrefflichen Staat wahrgenommen.

Entsprechend wurde auch in der philosophiegeschichtlichen Forschung diskutiert, ob al-Fārābī in dieser Summa wie auch in anderen Schriften, in denen er sich über das menschliche Zusammenleben im Staat geäußert hat, eine „politische Philosophie" im Islam begründet habe (dazu Rudolph 2012b, 444).

Die Wirkungsgeschichte von al-Fārābīs Staatstheorie ist im Osten und im Westen der islamischen Welt je verschieden verlaufen (Crone 2004, 278). Dies hängt grundlegend mit al-Fārābīs philosophischem Zugang bei seiner Analyse der verschiedenen Staatsformen zusammen. Für al-Fārābī stand nicht die reale Verteilung der Macht im Vordergrund, sondern das im jeweiligen Staatswesen verfolgte Ziel (z. B. der Reichtum in der Oligarchie oder das höchste Gute, d. h. die Eudaimonie im vorzüglichen Gemeinwesen). In erster Linie ging es al-Fārābī um Werte, um ethische Prinzipien, nicht um Realpolitik. Diesem idealphilosophischen Ansatz folgte die Hauptströmung der späteren Philosophie im Osten der islamischen Welt – die Analyse der Rolle der Machtverteilung in real existierenden politischen Systemen blieb dagegen weitgehend ausgeklammert. Anders im Westen – bei Ibn Bāǧǧa, Ibn Ṭufayl und Averroes kommt in kritischer Auseinandersetzung mit dem fārābīschen Modell der realpolitische Aspekt ins Spiel, und Ibn Ḫaldūn schließlich gründete seine „Wissenschaft von der Zivilisation" (*ʿilm al-ʿumrān*) auf historisches Anschauungsmaterial von Aufstieg, Blüte und Niedergang politischer Systeme. Den „vortrefflichen Staat" im Sinne al-Fārābīs hielt er für ein philosophisches Konstrukt, obwohl er die prinzipielle Möglichkeit eines solchen Gemeinwesens nicht leugnete (Genequand 2008, 512).

Zwei Themenfelder sind für die Wirkungsgeschichte von al-Fārābīs politischer Theorie von besonderer Bedeutung: 1. die Staatsführung bzw. das Imamat und 2. Das Gemeinwesen und seine verschiedenen Formen.

12.3.1 Staatsführung und Imamat

Kerngedanke al-Fārābīs zur Staatsführung war, dass ein Gemeinwesen von der universalen Seinsordnung Kenntnis haben müsse, um bestehen zu können (Endress 1992, 44). Deren Prinzipien erkenne in reiner Form nur der Philosoph. Um sie der Menschheit zu vermitteln, bedürfe es des Propheten als einer zweiten Instanz – woraus folgt, dass der ideale Gründer eines Gemeinwesens (von al-Fārābī explizit mit dem Imam gleichgesetzt, *Prinzipien* 15.11) gleichzeitig Philosoph und Prophet ist. Al-Fārābīs Deutung der Prophetie als Vorbedingung für ein vorzügliches Gemeinwesen war von weitreichender Wirkung. Sie gab in der Folge den Ton an, nicht andere Denkmodelle, die es durchaus auch gab – so lehnte etwa al-Fārābīs Zeitgenosse Abū Bakr ar-Rāzī (gest. 925) die Prophetie als Voraussetzung für die Leitung der Menschen grundsätzlich ab, da sie zu Rivalität und Streit zwischen verschiedenen Gruppen führe, die jeweils ihrem eigenen Führer folgten (dazu Daiber 2012, 280).

Früh rezipiert wurde al-Fārābīs Theorie über die Führung des vorzüglichen Gemeinwesens von Kreisen, die der Schia nahestanden oder ihr angehörten, was angesichts der zentralen Bedeutung, die dem Imamat in der schiitischen Konfession zukommt, nicht erstaunt. Die „Lauteren Brüder" zitieren die Passage, in der al-Fārābī die zwölf Qualitäten des vortrefflichen Staatsführers aufzählt, fast wörtlich (*Prinzipien* 15.12; vgl. Iḫwān aṣ-Ṣafāʾ: *Rasāʾil* IV 129–130, in der 47. Epistel). Über sie fand sie danach ihren Weg in die spätere Version des pseudoaristotelischen *Geheimnis der Geheimnisse* (*Secretum Secretorum*; *Sirr al-asrār*) (Walzer 1985/1998, 446).

Höchstwahrscheinlich wurde auch ihr eigenes Konzept eines „geistigen vorzüglichen Gemeinwesens" (*madīna fāḍila rūḥāniyya*, Iḫwān aṣ-Ṣafāʾ: *Rasāʾil* IV

171,18), das die „Lauteren Brüder“ entwickelten, durch al-Fārābīs Modell angeregt (Vergleich bei Baffioni 2002).

Gedanken al-Fārābīs zur Staatsführung im vorzüglichen Gemeinwesen sowie zum Verhältnis zwischen dessen Führungsperson und dessen Bürgern dürften überdies auch Resonanz in der zwölferschiitischen Theorie des Imamats gefunden haben. So erlangt bei al-Fārābī das Oberhaupt des vorzüglichen Gemeinwesens seine Vollkommenheit durch die ihm innewohnende Natur, sein Streben sowie durch göttliches Wirken (*Prinzipien* 15.7–12). Aufeinanderfolgende Könige vorzüglicher Gemeinwesen sind „wie eine einzige Seele“, Einheit der Seele findet sich auch bei den Bürgern vorzüglicher Gemeinwesen (16.1). Auf Parallelen dieser Vorstellungen mit solchen des safawidischen Philosophen Mullā Ṣadrā (gest. 1640) hat Valerie Hoffman hingewiesen: Nach der Lehre Mullā Ṣadrās muss jedes Individuum seine Identifikation mit dem Imam realisieren, der nichts Anderes ist als die Manifestation der Mohammed-Wirklichkeit (damit gemeint ist ein uranfängliches Mohammed-Licht, das von den Nachkommen des Propheten ererbt und über eine Kette aufeinanderfolgender Imame weitergegeben wurde). Nur wenige Individuen sind nach Mullā Ṣadrā in der Lage, den Rang des Aktiven Intellekts zu erreichen. Dafür bedarf es neben menschlicher Anstrengung auch göttlichen Wirkens (Hoffman 2002, 182–187).

Eine andere Haltung zur Staatsführung nimmt dagegen Avicenna ein. Obwohl die knappe Darstellung der Politik ganz am Schluss seiner Summa *Das Buch der Heilung* (*Kitāb aš-Šifāʾ*) (Abteilung Metaphysik, Buch X, Kapitel 5), in deren Rahmen er auch dieses Thema behandelt, Spuren einer Fārābī-Rezeption erkennen lässt, sind die von Avicenna genannten Qualitäten, die das Oberhaupt eines funktionierenden Staates besitzen muss, ganz andere als diejenigen al-Fārābīs, und sie sind mehr an den realen Gegebenheiten des Kalifats orientiert. So muss der Staatsführer das religiöse Gesetz (*šarīʿa*) besser kennen als jeder andere und für die praktische Regelung des religiösen Lebens sorgen – Avicennas Staatsführer ist kein Philosophen-König (Maróth 2002, 21–22). Er muss ferner alle Angehörigen des Staatswesens (*madīna*) gesetzlich dazu verpflichten, einen, der sich erhebt (*ḫarağa*) und mittels Gewalt (*quwwa*) oder Geld (*māl*) nach seiner Nachfolge (*ḫilāfa*) strebt, zu bekämpfen und zu töten (Avicenna 1404/1983: 452,2–3). Das heißt, einen Usurpator darf die Gemeinschaft nicht dulden. Zu diesem Problem hatte sich al-Fārābī kaum konkret geäußert. In *Prinzipien* 15.13–14 nennt al-Fārābī die Eigenschaften des „Nachfolgers“ und sagt dann, wenn der Fall einträte, dass die Weisheit nicht mehr Teil der Regierung sei, dann die vortreffliche Stadt ohne König sei bzw. der aktuelle Herrscher „kein König“ sei, und die Stadt ihrem Untergang zugehe. Eine aktive Gegenwehr gegen einen Usurpator oder Tyrannen befürwortet er nicht. Im weitesten Sinn geht es dabei um die Frage, ob ein Tyrannenmord rechtens sei, oder nicht – Avicenna beantwortet sie eindeutig mit ja, al-Fārābī klammert sie aus. Dies steht durchaus in Einklang mit seinem auf ethischen Prinzipien und philosophischen Idealen beruhenden Ansatz. In den abschließenden Worten seines *Buches der Heilung* betont Avicenna jedoch die Bedeutung der prophetischen Eigenschaften (*ḫawāṣṣ nabawiyya*) für die Führung der Menschen. Wer sie (neben den Kardinaltugenden, insbesondere der Gerechtigkeit, sowie der theoretischen Weisheit) besitzt, der steht allein Gott nach und ist „der Sultan der irdischen Welt (*sulṭān al-ʿālam al-arḍī*) und der Stellvertreter Gottes (*ḫalīfat Allāh*) auf ihr" (ebd. 455,14–16). Die Terminologie offenbart zwar Avicennas Orientierung am Kalifatsgedanken und an der Union von weltlicher und religiöser Macht (Sultan und Kalif), doch schlägt die Erwähnung der „prophetischen Eigenschaften", die diesen Herrscher auszeichnen, auch wieder eine Brücke zu al-Fārābī zurück. Und die Prophetie ist ein wichtiges Thema für Avicenna, zu dem er sich in mehreren seiner Werke geäußert hat. Ähnlich wie al-Fārābī verbindet er sie mit Wissen, das sich ergibt, wenn die Emanation aus dem Aktiven Intellekt – oder aus einem anderen höheren Wesen – auf die menschliche Imaginationskraft wirkt. Avicenna geht aber über al-Fārābī hinaus, indem er eine zusätzliche Art von Wissen als Prophetie bezeichnet, nämlich theoretisches Wissen, das durch das rationale Vermögen des Menschen aus der Emanation des Aktiven Intellekts empfangen wird (Davidson 1992, 340). Die Prophetie stellt im Rahmen von Avicennas Theorie, dass intellektive Erkenntnis darin besteht, den jeweiligen Mittelbegriff der eine syllogistische Struktur aufweisenden intelligiblen Dinge zu „treffen", die höchste Form dieser Erkenntnis dar – der mit ihr begabte Mensch trifft den Mittelbegriff, ohne nachdenken zu müssen (dazu Gutas 2021, 86–87).

Die Prophetie bleibt auch nach Avicenna ein wichtiges Thema, über das philosophisch nachgedacht wurde. Die enge Verbindung zwischen Prophetie und Staatsführung aber, wie sie al-Fārābī postuliert hatte, beginnt sich zu lockern. Ibn Bāǧǧa übergeht den Gesetzgeber-Propheten dort, wo er von der Staatsführung spricht, gänzlich (Genequand 2008, 505). Die Gesetzgebung durch Offenbarung leugnet er grundsätzlich nicht, doch schließt er sie als Untersuchungsgegenstand ausdrücklich aus (Genequand 2008, 509). Averroes betont zwar die gesetzgebende Funktion der Prophetie mittels göttlicher Offenbarung (*waḥy*). Nur der prophetische Gesetzgeber (der auch bei ihm Philosoph ist) schafft die Voraussetzung für einen Staat, der indessen vom Kalif-Imam regiert wird. Dabei ist für Averroes der islamische Staat der vortreffliche Staat, der höchste Ausdruck islamischer Zivilisation, so wie die Politeia Platons das politische Ideal der griechisch-antiken Zivilisation war (Rosenthal 1958, 185).

Auch Ibn Ḫaldūn erkennt die Prophetie als Quelle vitaler sozialer Werte an, auch für ihn bildet sie – was angesichts ihrer Bedeutung in islamischem Kontext nicht erstaunt – den Kern der Zivilisation. Für die Ausübung politischer Macht und die Regelung sozialen Lebens ist sie aber nicht zuständig (Korkut 2008, 555). An der Spitze des Gemeinwesens steht für Ibn Ḫaldūn der souveräne Herrscher des auf Macht gegründeten Staates, unterstützt durch die Solidarität (*ʿaṣabiyya*) und die Religion (Rosenthal 1958, 105).

12.3.2 Das Gemeinwesen und seine verschiedenen Formen

Al-Fārābīs *Prinzipien* behandeln – wie als einziges anderes seiner Werke *Die Lenkung des Gemeinwesens*, was es auch in diesem Punkt erschwert, die Wirkungsgeschichte dieser beiden Texte klar zu trennen – alle sechs aus der Antike ererbten Staatsformen (dazu Crone 2004, 285; Aufzählung der sechs Typen in *Prinzipien* V.15.17). Ein wichtiger Referenztext al-Fārābīs für dieses Thema war die *Nikomachische Ethik* des Aristoteles (VIII 12), in der je drei tugendhaften Staatsformen (Königtum, Aristokratie, Timokratie) je drei „entartete" (Tyrannis, Oligarchie, Demokratie) gegenübergestellt werden.

Al-Fārābīs Ausführungen über die verschiedenen Staatsformen sind von Avicenna, seinem wichtigsten Nachfolger, mit Sicherheit rezipiert worden, doch ist in diesem Zusammenhang entscheidend, dass Avicenna grundsätzlich mehr an universellen Fragestellungen als an den auf Einzeldinge bezogenen Problemen der praktischen Philosophie interessiert war, zu der neben Ethik und Ökonomik auch die Politik gehörte (so die Einschätzung von Gutas 2021, 93). Avicennas einziges, vermutlich hauptsächlich den Themen der praktischen Philosophie gewidmetes Werk, das frühe, noch in Buḫārā entstandene *Die Frömmigkeit und die Sünde* (*al-Birr wa-l-iṯm*) ist zum grössten Teil verloren. Die erhaltenen Fragmente lassen erkennen, dass der junge Avicenna zwei Werke al-Fārābīs rezipierte, namentlich dessen *Die Weisung auf dem Weg zum Glück* (*at-Tanbīh ʿalā sabīl as-saʿāda)* und *Ausgewählte Abschnitte* (*Fuṣūl muntazaʿa) (*dazu Janssens 2012, 414–422), während es keine entsprechenden Hinweise auf die *Prinzipien* gibt. Sehr wahrscheinlich waren ihm diese damals noch nicht zugänglich.

In der Einleitung zu seiner Summa *Das Buch der Heilung* (Avicenna 1371/1952: I 1,11) kündigt Avicenna an, ein umfassendes, einzelnes (*ǧāmiʿ mufrad*) Buch über die Wissenschaft der Ethik und der Staatsformen (*siyāsāt*) schreiben zu wollen, doch kam dieses Vorhaben offenbar nicht zustande. Wie bereits erwähnt, schloss Avicenna *Das Buch der Heilung* mit einer kurzen Darstellung der praktischen Philosophie ab (zu den möglichen Gründen Avicennas, sie an den Schluss der Metaphysik zu stellen, vgl. Maróth 2002, 14–16). Seine Ausführungen zeigen, dass Avicenna in seiner Darstellung der Politik mehr einen realen, durch den „Kalifen" geführten Staat im Sinn hatte, als den an ethischen Prinzipien orientierten Philosophenstaat. So hält er z. B. fest, dass Gesetzesübertretungen geahndet werden müssen, da sich nicht jeder Mensch durch das abhalten lasse, was er im Jenseits fürchten müsse (Avicenna 1404/1983: 454,2–4: *fa-laysa kull insān yanzaǧiru li-mā yaḫšāhu fī l-āḫira*). Der Begriff *al-madīna al-fāḍila* kommt nur an einer Stelle vor (ebd. 453,4), in Zusammenhang mit Überlegungen, was mit dem Eigentum von Staatsfeinden zu geschehen habe, das nicht den Interessen der vortrefflichen Stadt und dem Gemeinwohl (*maṣlaḥa*) diene. Auf die verschiedenen Arten der (defizitären) Staatswesen geht Avicenna in dieser Darstellung gar nicht ein. Er behandelt sie indes in seinen Kommentaren zur aristotelischen Rhetorik. Obwohl er sich dort weitgehend am aristotelischen Grundtext orientiert, lassen sich auch Spuren einer Auseinandersetzung mit al-Fārābīs politischer Theorie erkennen. So erwähnt Avicenna in seiner ziemlich freien Paraphrase zu Aristoteles' *Rhetorik* (1360a20 ff.) im *Buch der Heilung* vier verschiedene Arten von Staatswesen, „die sich in sechs verzweigen" (*tataša''abu fī sitta*), und spricht dann vom „Staatswesen der Besten" (*siyāsat al-aḫyār*, d. h. der Aristokratie), dass in ihm die Bürger gemeinsam das diesseitige und jenseitige Glück suchen, dass jeder seine spezifische Aufgabe und Stellung in der Gesellschaft habe – „und unter ihnen ist ein einziger Herrscher oder (mehrere) Herrscher wie eine Seele" (*wa-fīhim ra'īs wāḥid aw ru'asā' ka-nafs wāḥida*, Avicenna 1373/1954: 63). Das klingt an mehrere Stellen in den *Prinzipien* an: 15.3 (die Suche nach dem Glück), 15.4 (Aufgaben und Stellung der Bürger) und 16.1, wo al-Fārābī sagt: „Die Könige der vortrefflichen Städte, die einander, einer nach dem anderen, über verschiedene Zeiten hinweg folgen, sind wie eine einzige Seele und wie ein einziger König, der immer bleibt" (Ferrari 2009, 97). – Ähnliche Gedanken formuliert al-Fārābī aber auch in der Schrift *Die Lenkung des Gemeinwesens* (das Bild von der Seele z. B. *as-Siyāsa al-madaniyya* 90), so dass man zwar auf eine Auseinandersetzung Avicennas mit den politischen Schriften al-Fārābīs schließen kann, sich aber nicht beweisen lässt, dass wirklich die *Prinzipien* seine Quelle waren.

Angesichts der beherrschenden Stellung Avicennas in der späteren intellektuellen Tradition im Osten der islamischen Welt hatte sein relativ geringes Interesse an der praktischen Philosophie Konsequenzen. Nach Avicenna wurden die Ökonomik und die Politik, zwei der drei Zweige der praktischen Philosophie griechisch-antiker Provenienz, nur marginal weiterüberliefert und dies hauptsächlich im Gefolge der Ethik, die immer im Brennpunkt des Interesses blieb. Das Paradebeispiel dafür ist Naṣīraddīn Ṭūsī, auf den gleich hiernach einzugehen ist. Dies mag damit zusammenhängen, dass die Ethik nicht nur Gegenstand des philosophischen Diskurses war, sondern auch zentrales Thema der paränetischen Literatur, insbesondere des Fürstenspiegels, der insbesondere in Iran seit vorislamischer Zeit von großer Bedeutung war (im Fürstenspiegel findet sich ebenfalls eminent „politische" Thematik, z. B. der Umgang mit der Macht).

Naṣīraddīn aṭ-Ṭūsīs (gest. 1274) Schlüsselstellung für die Rezeption der praktischen Philosophie im Osten der islamischen Welt lässt sich durchaus mit jener Avicennas auf dem Gebiet der theoretischen Philosophie vergleichen. Dem Thema Ethik widmete er mehrere Abhandlungen. In seinem bedeutendsten Werk dieser Art, *Die Ethik für Nāṣir* (*Aḫlāq-i Nāṣirī*) behandelt aṭ-Ṭūsī neben der Ethik auch die beiden anderen Zweige der praktischen Philosophie, Ökonomik und Politik – wobei indessen der Primat der Ethik schon aus dem Titel des Werks deutlich wird.

Dass seine Überlegungen zur Politik al-Fārābī viel verdanken, sagt aṭ-Ṭūsī wörtlich (*Aḫlāq-i Nāṣirī* 248; Lameer 334 arab. Paginierung). *Die Ethik für Nāṣir* bezeugt, dass aṭ-Ṭūsī sowohl die *Prinzipien* als auch die Schrift *Die Lenkung des Gemeinwesens* rezipiert hat. Dazu einige Beispiele: Den vortrefflichen Staat (*madīna-i fāḍila*) grenzt aṭ-Ṭūsī von allen anderen unvollkommenen (*ġayr fāḍila*) ab (*Aḫlāq-i Nāṣirī* 280; Lameer 391) und gliedert diese in drei Arten (*ǧāhila*, *fāsiqa*, *ḍālla*). Hierin folgt er al-Fārābī, der allerdings noch eine vierte unvollkommene Stadt erwähnt, diejenige, die ihren Charakter geändert hat (*Prinzipien* 15.15; *as-Siyāsa al-madaniyya* 90). Das Dictum Platons über den willentlichen Tod (*Aḫlāq-i Nāṣirī* 188,19; Lameer 250, nur in der arab. Fassung mit Namensnennung) zitiert aṭ-Ṭūsī vermutlich nach den *Prinzipien* (19.6; vgl. *Aḫlāq-i Nāṣirī* 382; Lameer, 250, Anm. 3; Walzer 1985/1998, 500). Ebenfalls al-Fārābī folgt die Aufzählung der sechs defizitären Staatsformen: aṭ-Ṭūsī gliedert die „ignoranten“ (*ǧāhila*) Städte in *ḍarūrī*, *naḏālat*, *ḫissat*, *karāmat*, *taġallubī*, *ḥurriyyat* (*Aḫlāq-i Nāṣirī* 289–297; Lameer 391–402). Nomenklatur und Reihenfolge entsprechen jener in beiden Abhandlungen al-Fārābīs (*Prinzipien* 15.17; *as-Siyāsa al-madaniyya* 100 ff.; vgl. auch Crone 2004, 289–294).

An zwei Stellen lässt sich eindeutig die Schrift *Die Lenkung des Gemeinwesens* als Quelle benennen. Die erste Stelle ist jene Passage, in der aṭ-Ṭūsī al-Fārābī explizit nennt. In Zusammenhang mit dem Begriff des „Dienstes“ (*ḫidma*) erwähnt er die Schlangen, die von ihrem Biss keinen Nutzen haben, während bei Raubtieren das Ziel des Tötens der Eigennutz (d. h. die Ernährung) ist (*Aḫlāq-i Nāṣirī* 248; Lameer 334; *as-Siyāsa al-madaniyya* 71).

Die zweite Stelle betrifft die „Unkräuter“ (*nawābit*), die aṭ-Ṭūsī zunächst (*Aḫlāq-i Nāṣirī* 280; Lameer 379) als unvollkommene Städte, die in der vollkommenen Stadt entstehen, bezeichnet und später mit Gruppen von Individuen identifiziert, die den Zielen des vortrefflichen Staates schaden. Aṭ-Ṭūsī vergleicht sie mit Schmutz (*kara*) im Weizen und Dornen (*ḫār*) im Saatfeld und teilt sie in fünf Arten ein (*Aḫlāq-i Nāṣirī* 299–300; Lameer 406–408). Auch hier ist die Quelle, auf die sich aṭ-Ṭūsī bezieht, eindeutig die Schrift *Die Lenkung des Gemeinwesens*. Nur in ihr werden die *nawābit* unterteilt (*as-Siyāsa al-madaniyya* 120), nur in ihr erscheint der Vergleich mit Weizen und Saatfeld (ebd. 99).

Mit den „Unkräutern" greift aṭ-Ṭūsī auf einen Begriff al-Fārābīs zurück, der bei Avicenna, zumindest in dessen einschlägigen Texten, nicht vorkommt, und seinen Ursprung vermutlich in Platons *Politeia* (dort durchaus in positivem Sinn) hat (dazu Crone 2004, 297). Bei al-Fārābī ist er durchweg negativ, auch in den *Prinzipien*, wo er ebenfalls vorkommt. Ibn Bāǧǧa sollte ihn später – positiv konnotiert – wieder verwenden.

Aṭ-Ṭūsī begründete eine spezifische, philosophisch orientierte Tradition ethischen Schrifttums in Iran. Seine Nachfolger überlieferten zunächst mittelbar noch staatstheoretische Gedanken al-Fārābīs weiter – aber mit schwindendem Anteil. So behandelt *Die Ethik für [Abū l-]Muḥsin* (*Aḫlāq-i Muḥsinī*) von Ḥusayn Wāʿiẓ-i Kāšifī (gest. 1504/05) die anderen Zweige der praktischen Philosophie kaum noch. Vor allem über das Verhältnis zwischen Herrscherpersönlichkeit und Gemeinwohl wurde zwar durchaus weiter nachgedacht, doch geschah dies auch im Kontext des Fürstenspiegels und anderer literarischer Sparten.

Im Westen der islamischen Welt blieb das Interesse an der Theorie der Politik dagegen stets lebendig. Al-Fārābīs Auffassungen bezüglich eines vorzüglichen Gemeinwesens und dessen Lenkung wurden rezipiert, aber kritischer als im Osten und mehr an realen Gegebenheiten orientiert. Vielleicht spielt dabei auch die Tatsache eine Rolle, dass die islamischen Staatsgemeinschaften von al-Andalus zu Lebzeiten der betreffenden Philosophen in raschem Niedergang begriffen waren. Dies betraf auch deren persönliche Lebenswelt. So emigrierte beispielsweise Ibn Ḫaldūns seit mehreren Jahrhunderten in al-Andalus ansässige Familie aufgrund der christlichen Reconquista Spaniens nach Nordafrika.

Als erster der andalusischen Philosophen ist hier Ibn Bāǧǧa zu nennen. Er orientiert sich in mehrfacher Hinsicht an al-Fārābī, vor allem auch an dessen Schriften zur Logik. In bezug auf den Staat und insbesondere auf die Rolle des Philosophen in ihm verfolgte Ibn Bāǧǧa aber einen anderen Ansatz (den er jedoch vermutlich in Auseinandersetzung mit al-Fārābīs Modell entwickelte).

Zwar behält der Philosophenstaat auch bei Ibn Bāǧǧa seine Funktion als Leitidee. Ibn Bāǧǧa spart aber nicht mit Kritik an bestehenden Gesellschaften (Wirmer 2014, 103–104). Der vortreffliche Staat ist zwar denkbar, aber aktuell inexistent (Genequand 2008, 507). Entsprechend verhalten sich die Bürger nicht gemäß den Zielen eines vorzüglichen Gemeinwesens. Nur wenige „Einsame" – der Titel von Ibn Bāǧǧas einschlägiger Abhandlung lautet *Die Lebensführung des Einsamen* (*Tadbīr al-mutawaḥḥid*) – verfügen über die notwendige philosophische Reflexion und kommen selbständig zu höherer Erkenntnis. Ibn Bāǧǧa nennt sie „Unkräuter" (*nawābit*), den bereits erwähnten Begriff al-Fārābīs aufgreifend und ins Positive wendend (dazu Alon 1989, 245–246). Demzufolge ist nach Ibn Bāǧǧa – zumindest aktuell – die Vollendung nicht durch das Gemeinwesen zu erreichen, sie besteht vielmehr in der Selbstvollendung des Individuums. Die

Folge ist der Rückzug des Philosophen aus der Gesellschaft, denn nur so kann er sein Ziel, die Erlangung des vollkommenen Wissens, erreichen (Schaerer 2004, LII) – ein krasser Gegensatz zu al-Fārābīs Modell, in dem der Philosoph im Zentrum der Gesellschaft steht.

Auch Ibn Ṭufayl (gest. 1185) hat in seinem philosophischen Roman *Der Lebende, Sohn des Wachenden* (*Ḥayy Ibn Yaqẓān*) nicht den vortrefflichen, sondern den unvollkommenen Staat im Blick. Wie Ibn Bāǧǧas einsamer Philosoph muss auch Ḥayy, der Protagonist des Romans, die Selbstvollendung durch Seins- und Gotteserkenntnis fernab der Gesellschaft suchen. Auch er ist ein Einzelgänger, sein Versuch, das Gemeinwesen im Licht seiner gewonnenen Erkenntnis zu erziehen, scheitert (Endress 1992, 46). Al-Fārābī wird von Ibn Ṭufayl im Vorwort seines Romans im übrigen sehr kritisch beurteilt, doch nicht wegen seiner Auffassung vom Staat, sondern aufgrund seiner widersprüchlichen Aussagen über das Weiterleben der menschlichen Seele nach dem Tod und seiner aus der Sicht Ibn Ṭufayls falschen Einschätzung der Prophetie.

Ausführlich und auch kritisch reagierte Averroes (gest. 1198) auf al-Fārābīs Schriften (dazu Rudolph 2012b, 375). Sein Werk zur Staatslehre ist ein Kurzer Kommentar (*Ǧawāmiʿ*) zu Platons *Staat* (*Politeia*), der nur in hebräischer Übersetzung erhalten ist. Die Verweise auf al-Fārābīs *Prinzipien* und dessen Schrift *Die Lenkung des Gemeinwesens* (sowie auch auf andere Werke von ihm) sind zahlreich und in Erwin Rosenthals Endnoten zu seiner Edition (Seiten 255–300) exakt ausgewiesen. Auch Averroes war davon überzeugt, dass al-Fārābīs Philosophenstaat ein unerreichbares Ideal sei. Die Realität seiner Zeit war eine andere und Averroes insofern resignativer als Ibn Bāǧǧa und Ibn Ṭufayl, als er keine Lösung dieses Problems formulierte – woraus man schließen kann, dass er auch den Rückzug des Philosophen aus der Gesellschaft nicht als solche ansah.

Einen anderen Weg beschritt schließlich Ibn Ḫaldūn (gest. 1406). Er entwickelte einen empirischen Zugang, soziale Phänomene wie das Gemeinwesen zu erforschen. Gegenstand der von ihm geschaffenen Wissenschaft der Zivilisation (*ʿumrān*) ist das, was in menschlichen Gesellschaften tatsächlich geschieht, sie befasst sich mit historischen Ereignissen. Zum „vorzüglichen Gemeinwesen" (*madīna fāḍila*) äußert er sich nur an einer Stelle seiner großangelegten *Einleitung* (*Muqaddima*) in die Geschichtswissenschaft – ohne al-Fārābīs Namen zu nennen: In Kapitel 3 Abschnitt 50 spricht er über die Notwendigkeit politischer Führung für die Organisation der menschlichen Zivilisation. Dabei unterscheidet Ibn Ḫaldūn zwischen einer Führungsperson, deren Herrschaft auf einem offenbarten religiösen Gesetz beruht, und jener, deren Herrschaft auf „rationaler Politik" gründet. Die erste Art der Herrschaft sei nützlich für das Diesseits und das Jenseits, die zweite nur für das Diesseits. Damit meine er, so Ibn Ḫaldūn weiter, aber nicht das, was als *siyāsa madaniyya* bekannt sei (von Rosenthal, II 138 geradeweg mit „political utopianism“ übersetzt). In der Folge definiert Ibn Ḫaldūn, was die Philosophen unter dieser Wissenschaft verstehen, betont den ethischen Aspekt dieses Konzepts und sagt, dieses „vorzügliche Gemeinwesen“ sei etwas Seltenes und Entlegenes, das die Philosophen als Hypothese diskutierten (*wa-innamā yatakallamūna ʿalayhā ʿalā ǧihat al-farḍ wa-t-taqdīr*).

12.4 Das Verhältnis zwischen Philosophie und Religion

Al-Fārābīs Überlegungen dazu, wie sich Philosophie und Religion zueinander verhalten, gehören mit Sicherheit zu seinen größten intellektuellen Leistungen und haben jahrhundertelang nachgewirkt. Als die entscheidende Stelle dazu ist *Prinzipien* 17.2 zu nennen, wo al-Fārābī postuliert, dass die Philosophen die Dinge realiter, mit dem Intellekt, mit Hilfe des universell gültigen Beweises erkennen, andere Menschen sie aber nur in Symbolen und Gleichnissen erfassen. Beweise aber sind unangreifbar, Symbole kann man zurückweisen – und letztere sind nicht eindeutig, jede Nation hat ihre eigenen Symbole, die sie gemäß ihrer entsprechenden Tradition „am besten kennt“ (*aʿraf*). Daraus erklären sich die Unterschiede zwischen den Religionen, und al-Fārābī nimmt die Anwendung auf letztere gleich selber vor, indem er hinzufügt, es sei möglich, dass es vortreffliche Nationen und vortreffliche Städte gebe, deren Religionen sich voneinander unterscheiden, obwohl sie dieselben Ziele hätten (Rudolph 2012b, 437–438; zur Sache auch Schaerer 2004, XXVII–XXIX). Entscheidend nun ist die klare Wertung bezüglich der beiden Erkenntnisarten, die al-Fārābī im selben Kapitel explizit ausspricht: das philosophische Verständnis ist das bessere. Daraus ergibt sich auf erkenntnistheoretischer Ebene ein Primat der Philosophie gegenüber der Religion. Nur philosophische Erkenntnis ist wahre Erkenntnis, die Religion ist gleichsam eine „Übersetzung“ der philosophischen Wahrheit in Bilder für das allgemeine Volk, dem die philosophische Erkenntnis verschlossen bleibt – die Religion wird somit zu einem bloßen Instrument, hat nicht den Status autonomer Wissenschaft und besitzt keinen Anspruch auf die absolute Wahrheit (dazu Germann 2016/2021). Dies tut ihrer Bedeutung für die Menschheit allerdings nicht im geringsten Abbruch – denn die Mehrzahl der Menschen ist auf „symbolische Verbildlichung“ angewiesen.

Al-Fārābīs These, dass die Religion symbolische Repräsentation philosophischer Erkenntnis sei, blieb für alle Philosophen nach ihm in ihrem Kern gültig. Selbst Ibn Ṭufayl, der al-Fārābī ansonsten hart kritisierte, übernahm dieses Konzept in seinem philosophischen Roman – Ḥayys philosophische Erkenntnis deckt sich mit der in Symbolen ausgedrückten Religion der Bewohner der großen Insel, wobei jene diese Bilder und Umschreibungen der Wahrheit allerdings gar nicht verstehen können (Schaerer 2004, XXIX).

Auch Averroes behielt die Philosophie einer kleinen geistigen Elite vor, für die sie der Weg zum Glück ist, während die religiösen Gesetze die Massen anleiten und zum Glück führen. Dass Averroes an al-Fārābīs These festhielt, dass nur die Philosophie, nicht die Religion, in der Lage sei, die Erkenntnis der einen Wahrheit zu vermitteln, sollte später im Rahmen der Averroes-Rezeption im lateinischen Europa zu einem Streitpunkt werden, als den Averroisten vorgeworfen wurde, eine „doppelte Wahrheit" zu lehren (dazu Niewöhner 1994). Dies ist insofern eine Ironie der Geschichte, als Averroes die Religion auch für die Philosophen als für nicht verzichtbar betrachtete – er empfahl ihnen ausdrücklich, die beste Religion zu wählen, gegenwärtig den Islam, so wie damals für das Volk Israel das Judentum und für Rom das Christentum die beste Religion gewesen sei (Rosenthal 1958, 184).

Zu nennen ist schließlich Averroes' Zeitgenosse Mūsā Ibn Maymūn (Maimonides, gest. 1204), der al-Fārābīs Überlegungen zum Verhältnis von Philosophie und Religion aufnahm und auf das politisch-religiöse Gemeinwesen des Judentums anwandte – nach der Einschätzung von Endress das bedeutendste Zeugnis der Nachwirkung jenes Paradigmas über die islamische Gesellschaft hinaus (Endress 1992, 47).

12.5 Wirkungsgeschichte als Textgeschichte

Abschließend sei noch kurz auf die handschriftliche Überlieferung sowie die Druckgeschichte des arabischen Textes von al-Fārābīs *Prinzipien* eingegangen. Obwohl Avicenna die spätere Geschichte der Philosophie in der islamischen Welt entscheidend beeinflusste und sein Oeuvre auch eine bestimmende Rolle bei der Einbindung philosophischer Konzepte in die islamische (v.a. sunnitische) Theologie spielte, ist auch das Werk al-Fārābīs weiter überliefert und gelesen worden, wie die eindrückliche Zahl der erhaltenen Fārābī-Handschriften beweist. Von besonderer Bedeutung hierbei ist Iran, wo die durch Naṣīraddīn aṭ-Ṭūsī initiierte Integration der Philosophie in die zwölferschiitische Theologie (Endress 2001, 11) eine Entwicklung einleitete, die auch die Rezeption al-Fārābīs beeinflussen sollte: In safawidischer Zeit wurde die spätere avicennische Tradition mehr und mehr mit dem sunnitischen Islam identifiziert, was ein erneutes und vermehrtes Interesse an Graeco-Arabica sowie den islamischen und christlichen Philosophen vor Avicenna zur Folge hatte (Pourjavady/Schmidtke 2015, 255). Entsprechend finden sich in iranischen Bibliotheken viele wertvolle Handschriften von einschlägigen Texten dieses philosophischen Umfelds, die den safawidischen Gelehrten als Gegenstand des Studiums gedient haben dürften. Dazu gehört auch die bislang älteste bekannte Handschrift von al-Fārābīs *Prinzipien* aus dem Jahr 463 Hidschra/1070 – 71 n. Chr. – ihr Schreiber war ein christlicher Arzt, dessen philosophische Bildung auf die Schule der Bagdader Aristoteliker zurückging (Endress 2001, 18; Walzer 1985/1998, 23). Der Gesamtkatalog der Handschriften iranischer Bibliotheken (FANKHA) listet mehr als zwanzig Manuskripte von al-Fārābīs *Prinzipien* auf (Bd. 27, 751 – 753).

Ab dem späten 15. Jahrhundert erfolgt in Iran eine bemerkenswerte Zunahme der Fārābī- und Pseudo-Fārābī-Zitate sowie der Abschriften von echten und pseudepigraphischen Werken al-Fārābīs. Seit der Mitte des 17. Jahrhunderts häufen sich vor allem in Isfahan die Abschriften von Texten, die mit al-Fārābīs Namen verbunden sind. Gut vertreten ist al-Fārābī überdies in zahlreichen, oft sehr umfangreichen Sammelhandschriften, die als Zeugen des philosophischen Curriculums in safawidischer Zeit von höchster Bedeutung sind (Pourjavady/Schmidtke 2015, 262 – 266; Endress 2001, 11). Dieses Curriculum strahlte auch aus auf das Osmanische Reich sowie auf das Indien der Mogulzeit, wo das Interesse an den einschlägigen Texten und deren Überlieferung weiter erhalten blieb. Vor allem aus Indien gelangten manche Handschriften philosophischen und naturwissenschaftlichen Inhalts schließlich nach Großbritannien und in die Bibliotheken weiterer westlicher Länder und dienten dort als Grundlage für die ersten Editionen europäischer Philologen (Endress 2001, 18 – 19).

Al-Fārābīs *Prinzipien* wurden 1895 erstmals durch den deutschen Arabisten Friedrich Heinrich Dieterici (1821 – 1903) ediert. Dietericis Edition, der er 1900 eine deutsche Übersetzung (*Der Musterstaat*) folgen ließ, basiert auf zwei in britischen Bibliotheken aufbewahrten Handschriften (Dieterici 1895, VII) und stellt ihren Mängeln zum Trotz eine bedeutende Pionierleistung dar. Sie bildete den Ausgangspunkt für die im 20. Jahrhundert einsetzende und rasch zunehmende, auf die *Prinzipien* bezogene Editionstätigkeit in der arabischen Welt (vgl. unten Kap. 13). Die bislang beste Textausgabe ist diejenige Richard Walzers (mit englischer Übersetzung, 1985/1998 erschienen), der dafür zehn Handschriften kollationierte, darunter auch die bereits erwähnte älteste bislang bekannte, in der Malik-Bibliothek Teheran (Nr. 5925) aufbewahrte Handschrift von 463/1070 – 71 (Walzer 1985/1998, 23). Leider ist die Lesefreundlichkeit des arabischen Textes etwas beeinträchtigt durch die Tatsache, dass dieser nicht in arabischen Typen neu gesetzt, sondern lediglich Walzers Abschrift in Faksimile wiedergegeben wurde. Die Teheraner Malik-Handschrift wurde auch von Cleophea Ferrari für die deutsche Neuübersetzung von al-Fārābīs *Prinzipien* beigezogen (Ferrari 2009, 131).

Literatur

FANKHA 1305–1390/1926–2011 = *Fihristgān. Nusḫahā-yi ḫaṭṭī-yi Īrān (Fanḫā)*, Bd. 27 (M. Dirāyatī, Hrsg.), Teheran.

Genequand, Charles 2008: Loi morale, loi politique. Al-Fārābī et Ibn Bāǧǧa, in: *Mélanges de l'Université Saint-Joseph* 61, 491–514.

Hoffman, Valerie J. 1381/2002: Al-Fārābī's „True King" and Mullā Ṣadrā's „Path". Human perfection and divine action in Islamic esoteric traditions, in: *Islam-West philosophical dialogue. The papers presented at the World Congress on Mulla Sadra (May, 1999, Tehran)*, Bd. 4: *Mulla Sadra and comparative studies*, Teheran, 171–189.

Iḫwān aṣ-Ṣafāʾ: *Rasāʾil*, 4 Bde., Qumm 1405/1985.

Korkut, Şenol 2008: Ibn Khaldun's critique of the theory of al-Siyâsah al-madaniyyah, in: *Asian Journal of Social Science* 36, 547–570.

Lameer, Joep 2015: *The Arabic version of Ṭūsī's Nasirean Ethics. With an introduction and explanatory notes*, Leiden/Boston.

Lingwood, Chad G. 2014: *Politics, poetry, and sufism in Medieval Iran. New perspectives on Jāmī's Salāmān va Absāl*, Leiden/Boston.

aṭ-Ṭūsī, Naṣīraddīn: *Aḫlāq-i Nāṣirī* [pers.], ed. M. Mīnuwī/ʿA. Ḥaydarī, Teheran 1360/1982.

Sarhan Dhouib

13 Die Rezeption in der modernen arabischsprachigen Philosophie: Ṭayyib Tīzīnī, Muḥammad ʿĀbid al-Ǧābirī und Nāṣīf Naṣṣār

13.1 Einleitung

Die Rezeption von al-Fārābīs Schriften in der modernen und zeitgenössischen arabischsprachigen Philosophie ist ausgesprochen vielseitig und bedarf deshalb einer eigenen Untersuchung. Dabei sind Editions- und Rezeptionsgeschichte eng miteinander verflochten, insofern die unterschiedlichen Interpretationen von al-Fārābīs Philosophie nicht ohne die ihnen jeweils zugrundeliegenden Textfassungen zu betrachten sind. Anhand des Rezeptionsbeispiels der *Prinzipien* wird gezeigt, wie al-Fārābīs Überlegungen neu gedeutet und für einen modernen und zeitgenössischen philosophischen Kontext angeeignet werden können. Aus dieser modernen arabischsprachigen Rezeption – im Sinne einer aktiven philosophischen Verwendung – des vortrefflichen Staates werden in diesem Beitrag drei philosophische und wirkungsmächtige Auseinandersetzungen vorgestellt und analysiert: die des Syrers Ṭayyib Tīzīnī (1934–2019), des Marokkaners Muḥammad ʿĀbid al-Ǧābirī (1935–2010) und des Libanesen Nāṣīf Naṣṣār (geb. 1940). Sie stehen exemplarisch für unterschiedliche Lesarten zeitgenössischer arabischsprachiger Philosophen von al-Fārābīs Schrift und wurden hauptsächlich in den 1970er Jahren entwickelt. Kennzeichnend für diese Auseinandersetzungen ist, dass sie sich nicht nur mit dem Anliegen, der Struktur und dem Inhalt von al-Fārābīs Überlegungen beschäftigen, sondern durch ihre eigene philosophische Ausrichtung einen je neuen Zugang zu seinem Philosophieren bieten, wobei al-Fārābīs *Prinzipien* unterschiedlich ausgeleuchtet und im Zuge moderner Fragestellungen interpretiert werden. Somit gewinnen einige politische und soziale Überlegungen al-Fārābīs zu Staat/Stadt, Gemeinschaft/Gemeinwesen und Nation neue Dimensionen, die im Kontext der Debatte um eine Neugründung der Rationalität und Begründung der Säkularität herausgestellt und aufgegriffen werden.

Bevor auf die drei philosophischen Deutungen eingegangen wird, sei hier ein kurzer Überblick zur Editions- und Übersetzungsgeschichte der *Prinzipien* vorangestellt, denn sie ist für diese philosophischen Interpretationen auf je andere Weise prägend.

https://doi.org/10.1515/9783110535945-015

13.2 Zur arabischsprachigen Editionsgeschichte der *Prinzipien*

Der bedeutende Umfang der arabischsprachigen Rezeption von al-Fārābīs *Prinzipien* zeigt sich bereits in den zahlreichen Editionen, die seit Beginn des 20. Jahrhunderts in den arabischen Ländern erstellt wurden. Bis 2017 sind über fünfzehn Editionen erschienen, darunter einige mit ausführlichen Einleitungen und Kommentaren. Da die Ausgaben auf unterschiedlichen Handschriften beruhen und von unterschiedlichen Autor:innen herausgegeben wurden, unterscheiden sie sich in Struktur und Inhalt. In dieser Editionsgeschichte lassen sich meines Erachtens vier eigenständige Editionen ausmachen, auf denen jeweils weitere aufbauen.

Die erste arabischsprachige Ausgabe wurde 1895 von Friedrich Dieterici besorgt und in Leiden publiziert. Diese Erstausgabe erschien ohne das Vorwort und die Anmerkungen auf Deutsch im Jahre 1905 in Kairo im an-Nīl-Verlag (Alfārābī 1895; Saʿd 1982, 44; al-ʿUbaydī 2014, 9), eine weitere ist belegt für das Jahr 1906 im as-Saʿāda-Verlag[1]. Auf deren Basis folgten weitere minimal modifizierte Ausgaben in unterschiedlichen intellektuellen säkularen und theologischen – sowohl christlichen als auch sunnitischen wie schiitischen – Zentren der arabischen Welt, so in Kairo (u. a. 1907, 1916, 1948), Beirut (1955, 1960) und Nadschaf (o.d.). Ihnen fehlt jedoch ein ausführlicher wissenschaftlicher Apparat (vgl. Saʿd 1982, 44–45; al-ʿUbaydī 2014, 9–10).

Die arabischsprachige Ausgabe von Albīr Naṣrī Nādir, 1959 in Beirut erschienen, greift auf die Kairoer Ausgabe von 1906 und damit auf Dieterici zurück, bearbeitet diese jedoch auf der Grundlage kritischer Anmerkungen und Ergänzungen seines Lehrers Yūsuf Karam, die dieser seinem Schüler während seiner Übersetzung der frühen Ausgabe von 1906 ins Französische mitteilte. Nādir berücksichtigte zudem eine weitere Handschrift (Nādir ^{8}2002, 7–9). Diese kritische Neuausgabe Nādirs bildete die Grundlage für weitere, dem Text nach kaum veränderte Ausgaben, allerdings zum Teil unter einem neuen Titel wie bei Ibrāhīm Ǧazīnī (Bairūt 1960), Muḥammad Maḥǧūb (Tūnis 1994) und ʿAli Bū Mulḥim (Bairūt 1995) (al-Fārābī 1960; 1994; 1995). Bezeichnend für diese Ausgaben ist, dass sie den an Nādirs Bearbeitung orientierten Text mit neuen Einführungen und Kommentaren sowie ergänzenden Klassifikationen und Titeln versehen. Die

---

1 Es handelt sich vermutlich um dieselbe Edition, die allerdings bei verschiedenen Verlagen herausgebracht wurde. Beide sind überwiegend mit der Ausgabe von Dieterici identisch. Nach den Angaben von Saʿd datiert die Erstausgabe in der arabischen Welt von 1905, während Nādir von 1906 ausgeht (Saʿd 1982, 44; Nādir ^{8}2002, 8).

wirkungsmächtige Ausgabe von Nādir erfuhr bis 2002 ihre achte Auflage (al-Fārābī [8]2002).

Eine dritte, qualitativ veränderte, eingeleitete und ausführlich kommentierte bilinguale arabisch-französische Textausgabe entstand mit Rückgriff auf die arabischen Ausgaben von Dieterici und Nādir sowie auf die kommentierte bilinguale englisch-arabische Edition Richard Walzers (Walzer 1985) und vergleicht sie kritisch. Sie wurde 2011 von dem tunesischen Erkenntnistheoretiker und Philosophen Amor Cherni publiziert (Al-Fârâbî 2011; Cherni 2011, 17). In seiner Monographie *La cité et ses opinions* setzt er sich zudem ausführlich mit al-Fārābīs *Prinzipien* auseinander, was einer gesonderten Analyse bedarf (Cherni 2015, 125–368).

Die Edition des irakischen Philosophieprofessors Ḥasan Maǧīd al-ʿUbaydī von 2014 hat den Anspruch, al-Fārābīs Schrift in einer „anderen Perspektive" (*manẓūr muḫtalif*) darzustellen und somit eine neue Interpretation zu schaffen (al-ʿUbaydī 2014, 12). In seiner Ausgabe nimmt der Autor eine bis dato unbeachtete Einleitung zu al-Fārābīs *Prinzipien* auf und schlägt im Zuge dieser Einleitung eine Neustrukturierung der *Prinzipien* vor. Dieses Manuskript wurde erstmals 1968 von Muḥsin Mahdī unter dem Titel *Fuṣūl mabādiʾ ārāʾ ahl al-madīna al-fāḍila* und anschließend 1973 von ʿAbdarraḥmān Badawī unter dem Titel *Risāla fī l-Milla al-fāḍila* ediert; allerdings wird in diesen Ausgaben die Einleitung nicht als ein Teil von al-Fārābīs *Prinzipien* gedeutet (al-ʿUbaydī 2014, 21, Anm. 1). Ob diese Schrift jedoch tatsächlich al-Fārābī zuzurechnen ist, ist umstritten (Rudolph 2012b, 368). Ausgehend von seiner Neustrukturierung betont al-ʿUbaydī in einer umfassenden, der Ausgabe vorangehenden Einführung, dass al-Fārābīs *Prinzipien* eine durchdachte metaphysische, erkenntnistheoretische, politische, gesellschaftliche und ethische Einheit bilde, die sein kritisches Denken gegenüber seiner historischen Realität zeige. Somit wäre al-Fārābī als ein genuin eigenständiger und origineller Philosoph zu betrachten, der sich von Aristoteles und Platon deutlich unterscheide (al-ʿUbaydī 2014, 9–199, bes. 196–198).

Bemerkenswert an der Editionsgeschichte von al-Fārābīs *Prinzipien* ist, dass die drei französischen Übersetzungen dieser Schrift von arabischsprachigen Autor:innen unternommen wurden. So entstand 1949 die erste kommentierte Übersetzung ins Französische hauptsächlich auf der Basis von Dietericis Ausgabe im Kontext der Strömung der arabischen Thomisten in Ägypten und wurde von dem ägyptischen Philosophiehistoriker Karam in Zusammenarbeit mit Chlala und Jaussen realisiert (Al-Fārābī 1949; vgl. Karam 1949; Avon 2005, 269–272; zu Karams Leben und Werk s. Dhouib 2021, 265–268). Diese Übersetzung wurde 1980 unverändert mit einer arabischsprachigen Edition Nādirs in einer zweisprachigen Ausgabe kombiniert, sodass arabischer Text und französische Übersetzung nicht ganz deckungsgleich sind. Die zweisprachige Ausgabe erfuhr bis 2017 vier Auflagen (Al-Fārābī ⁴2017). Eine zweite Übersetzung auf der Basis der arabischsprachigen Ausgabe Nādirs erfolgte 1990 durch Tahani Sabri, jedoch ohne arabischen Text (Al-Farabi 1990). Eine dritte Übersetzung in Form einer zweisprachigen Ausgabe, in der sich arabischer und französischer Text einander gegenüberstehen, wurde – wie bereits erwähnt – 2011 von Amor Cherni veröffentlicht (Al-Fârâbî 2011; Cherni 2011, 17).

Die kurze Darstellung unterschiedlicher Editionen der *Prinzipien* vermittelt zum einen paradigmatisch die diversen Phasen der Rezeption dieser Schrift seit Ende des 19. bzw. Beginn des 20. Jahrhunderts bis in die Gegenwart hinein, wobei die philosophische Verwendung der jüngeren Editionen von Cherni und al-ʿUbaydī hier offenbleibt. Sie zeigt zum anderen, wie die *Prinzipien* anhand moderner Fragestellungen in der arabischsprachigen Philosophie der Gegenwart diskutiert und gedeutet werden. Dabei handelt es sich nicht um eine passive Aufnahme, sondern um eine aktive, innovative Aneignung von al-Fārābīs Gedanken, wie im Folgenden ausgeführt wird.

13.3 Historisch-materialistische Lesarten von al-Fārābīs *Prinzipien:* Ṭīzīnī als Beispiel

In der Auseinandersetzung mit einer historisch-materialistischen Lesart von al-Fārābīs Philosophie wird vor allem das Ziel verfolgt, den sozialen, wirtschaftlichen, historischen und politischen Dynamiken der islamischen Geistesgeschichte Rechnung zu tragen und ihre dialektische Entwicklung zu analysieren. Als Hauptvertreter einer materialistischen Deutung ab den 1970er Jahren sind Ṭayyib Ṭīzīnī und der libanesische Philosoph Ḥusayn Muruwwa (1910 – 1987) zu nennen (zu Muruwwa s. Dhouib/von Kügelgen 2021a, 383 – 384; zu Ṭīzīnī s. Dhouib/von Kügelgen 2021b, 451 – 465). Beide Autoren setzen sich insbesondere mit den *Prinzipien* auseinander, wobei hier lediglich Ṭīzīnīs Position in den Blick genommen werden soll (zu Muruwwas Lesart s. Muruwwa ⁶1988 II 449 – 536).

Ṭīzīnī befasst sich mit al-Fārābīs *Prinzipien* hauptsächlich in drei Schriften: in seiner deutschsprachigen Dissertation, in seiner auf Arabisch ausgearbeiteten Dissertation *Projekt einer neuen Sicht auf das arabische Denken im Mittelalter* (*Mašrūʿ ruʾya ǧadīda li-l-fikr al-ʿarabī fī l-ʿaṣr al-wasīṭ*) sowie in seiner Monographie *Von der Theologie zur mittelalterlichen arabischen Philosophie* (*Min al-lāhūt ilā al-falsafa al-ʿarabiyya al-wasīṭa*), die den sechsten Band (Teilband 2) seines *Projekt[es] einer neuen Sicht auf das arabische Denken von seinen Anfängen bis in die Gegenwart* (*Mašrūʿ ruʾya ǧadīda li-l-fikr al-ʿarabī munḏu bawākīrihi ḥattā al-

marḥala al-muʿāṣira) bildet (Tisini 1972, 61–68; Tīzīnī [5]1989, 283–301; 2005, 147–174).

In all diesen Schriften beschäftigt sich Tīzīnī mit den *Prinzipien* im Kontext einer historisch-materialistischen Deutung der islamischen Geistesgeschichte, wobei er in seiner Dissertation eine dialektische Entwicklungslinie von al-Kindī über al-Fārābī und Ibn Sīnā bis Ibn Rušd zieht (Tisini 1972). In der arabischen Fassung der Dissertation kommen Ibn Ḫaldūn und al-Maqrīzī als weitere Vertreter eines gesellschaftlichen und historischen Realismus hinzu, in deren Ansätzen dem Primat der gesellschaftlichen und historischen Fragestellung im Gegensatz zu al-Fārābī und Ibn Rušd eine wichtige Rolle eingeräumt wird (Tīzīnī [5]1989, 389–404, bes. 391). Da Tīzīnīs Überlegungen in den genannten Schriften ohne nennenswerte inhaltliche Divergenzen dargestellt werden, können sie hier zusammenhängend vorgestellt werden.

In seiner Dissertation verwendet er neben der ersten deutschen Übersetzung von Dieterici, die 1900 unter dem Titel *Der Musterstaat* erschienen ist, eine arabischsprachige Kairoer Edition von 1948 (Alfārābī 1900; vgl. Tisini 1972, 62 u. 65). Dieselbe Kairoer Edition, die auf Dietericis Ausgabe von 1895 beruht, wird in seinen beiden arabischsprachigen Schriften als Grundlage für die Reflexion herangezogen (Al-Fārābī 1895; vgl. Tīzīnī [5]1989, 287; 2005, 172).

Tīzīnī betrachtet die *Prinzipien* (die er unter dem Titel *Der Musterstaat* behandelt) als „das wichtigste unter Alfarabis Werken" (Tisini 1972, 62) und stellt sie deshalb in den Mittelpunkt seiner Untersuchung. Dieser Staat sei – bewusst oder unbewusst – eine „großartige geistige Momentaufnahme" der Umwandlungen der sozialen und kulturellen Realität innerhalb der arabisch-islamischen Gesellschaft; er stelle al-Fārābīs Versuch dar, den sozialen Ansprüchen auf „Gerechtigkeit, Freiheit und Brüderlichkeit" einen theoretischen Ausdruck zu verleihen und eine Legitimität zu geben (Tīzīnī [5]1989, 283). Im Kontext des „Projektes eines ‚vortrefflichen Staates'" zeige sich sein innovativer philosophischer Lösungsansatz, in dem neben der sozialen Frage Themen bezüglich des Seins (*al-wuǧūd*) und der Erkenntnis (*al-maʿrifa*) in ihrer systematischen Komplexität behandelt werden (Tīzīnī [5]1989, 284; 2005, 147–155).

Tīzīnīs Deutung von al-Fārābīs Philosophie und insbesondere der *Prinzipien* kann im Wesentlichen durch die folgenden Schritte rekonstruiert werden. Al-Fārābīs Philosophie wird nicht isoliert von ihrem geschichtsphilosophischen Kontext, sondern im Rahmen einer historisch-materialistischen Deutung der Geschichte der islamischen Philosophie aufgefasst. Dabei spielt „seine Materiekonzeption und in diesem Zusammenhang der Fortschritt, den sie gegenüber der Materieauffassung Alkindis enthält" eine entscheidende Rolle (Tisini 1972, 62). Eine derartige Deutung der arabisch-islamischen Philosophie, in deren Zentrum die Beschäftigung mit dem Materiebegriff steht, wurde bekanntlich von Ernst

Bloch in seinem Essay *Avicenna und die aristotelische Linke* (1952) entworfen. Von diesem Werk führt allerdings kein direkter Weg zu den Positionen von Tīzīnī, wie neuere Forschungsarbeiten zeigen (Dhouib 2021a, 25–31). Vielmehr ist hier auf den starken Einfluss des deutschen Philosophiehistorikers Hermann Ley hinzuweisen, der eine umfangreiche materialistische Deutung der klassischen arabischen Philosophie, darunter al-Fārābīs Werke *Der Musterstaat* (=*Prinzipien*) und *Die Staatsleitung* in der deutschen Übersetzung von Dieterici unternommen hat (Ley 1957, 98–104; 1972, 186–195; vgl. von Kügelgen 1994, 238–239 u. 254–255). Ley, der Ende der 1960er Jahre der Doktorvater von Tīzīnī an der Humboldt-Universität zu Berlin war, aber nur selten von Tīzīnī zitiert wird, gilt als Vertreter einer materialistischen Interpretation der Geschichte der Philosophie, die außereuropäische Philosophietraditionen wie die asiatische oder die arabische miteinbezieht (Ley 1966, Bd. I; 1972, Bd. II/1). Diese Deutung steht Pate für Tīzīnīs Überlegungen einschließlich seiner Lesart von al-Fārābīs *Prinzipien*.

Im Rahmen der materialistischen Rekonstruktion der Dynamik der arabisch-islamischen Philosophie wird al-Fārābī als Bindeglied zwischen al-Kindī und Avicenna betrachtet. Zentral für die Auseinandersetzung mit al-Kindī werden zwei Probleme – der Dualismus und die Schöpfung aus dem Nichts – genannt. Für Tīzīnī erarbeitet al-Fārābī einen prozessualen Ansatz, in dem eine Reflexion über die Materie möglich wird. So schreibt er in seiner Dissertation: „Vergleichen wir noch einmal die Auffassungen Alkindis und Alfarabis miteinander, so wird der strenge Dualismus des ersteren, bei dem das Hervorgehen der Materie aus dem Nichts ungeklärt bleibt und beide sich im Grunde unvermittelt gegenüberstehen, bei Alfarabi durch einen Prozess ersetzt, der das Hervorgehen der Materie aus dem ersten Seienden beinhaltet. Dieser für die Entwicklung der Wissenschaft im Bereich des Islam fruchtbar werdende Standpunkt zeigt, daß die Lehre der Emanation hier eine progressive Rolle spielte" (Tisini 1972, 67). Allerdings bilde der Vorschlag von al-Fārābī zum Schöpfungsproblem nur eine Etappe auf dem Weg zu einer besseren Lösung, die von Avicenna vertreten werde: „Alfarabi, der als erster Philosoph mit dem islamischen Grunddogma der Schöpfung aus dem Nichts brach, fand in Ibn Sina seinen glänzenden Fortführer, der allerdings einen wesentlich kühneren und sicheren Weg einschlug, indem er Aristoteles materialistisch auslegte und weiterentwickelte" (Tisini 1972, 68).

Mit einem Vergleich des Materiebegriffs bei Plotin und al-Fārābī macht Tīzīnī darauf aufmerksam, dass bei al-Fārābī die Emanationslehre bzw. die Materie eine Transformation erfährt, die eine Entwicklung auf dem Weg hin zu einer materialistischen Auffassung markiert (Tisini 1972, 65–67). Tīzīnī nennt hierbei zwei wesentliche Punkte: „Plotin betrachtet die Materie vor allem in ethischer Hinsicht. Sie ist für ihn das Prinzip des Bösen. Alfarabi dagegen fasst sie ontologisch. Sie ist für ihn nicht das Böse, sondern die niedrigste Stufe in der Seinshierarchie

[...] Ein weiterer Unterschied ist, daß die Materie, die bei Plotin als das Nichtseiende überhaupt angesehen wurde, bei Alfarabi genauso wie die Form am Sein teilhat. Sie ist z. B. das Holz des Bettes oder das Metall des Ringes, abgesehen davon, daß sie dem Rang nach niedriger als die Form steht. Das heißt also, daß die Möglichkeit, ebenso wie die Wirklichkeit, ihr seiendes Sein besitzt" (Tisini 1972, 65).

Tīzīnī hebt hervor, dass al-Fārābīs „weltliches Denken" (*dunyawiyyat al-fikr*) auf der ontologischen Ebene, d. h. seine Ablehnung der Schöpfung aus dem Nichts, sich teilweise in seinem Verständnis sozialer und historischer Fragen manifestiere (Tīzīnī [5]1989, 294–295). Daher wird die Rolle der sozialen und wirtschaftlichen Faktoren in der Existenz und der Entwicklung der Gesellschaft betont. Dabei gewinne die plotinische Idee der Emanation einen sozialen Inhalt, der auf eine „materielle Einheit des Seins" (*waḥdat wuǧūd mādiyya*) abziele (Tīzīnī [5]1989, 295). Die philosophische Transformation der Idee der Emanation stützt sich vor allem auf die sozialen, historischen und politischen Auffassungen von al-Fārābī, in deren Zentrum die Überzeugung stehe, dass es keine Mitglieder des Staates aufgrund ihrer angeborenen Natur gebe, sondern vielmehr aufgrund ihrer willentlichen Charaktereigenschaften, die sie erwerben, wie die Künste (Tīzīnī [5]1989, 295; vgl. *Prinzipien*, dt. [2009], 85–86). Somit ist die soziale Komponente des Menschen weder angeboren noch ist der „soziale Mensch" ein geschichtsloses Wesen, sondern ein historisches Ergebnis der gewonnenen willentlichen Charaktereigenschaften, was wiederum sein Streben nach Gerechtigkeit und Glückseligkeit erkläre (Tīzīnī [5]1989, 295; 2005, 152–153). Diese frühe „soziale und materialistische" Vorstellung vom Menschen habe trotz mancher Einschränkungen den Grundstein für die späteren ausführlichen Theoretisierungen des Menschen und der Gesellschaft bei Ibn Ḫaldūn und al-Maqrīzī gelegt (Tīzīnī [5]1989, 295).

Tīzīnī räumt dem *Musterstaat* (d. h. den *Prinzipien*) einen wichtigen Platz in seinen Überlegungen zu al-Fārābīs Philosophie ein und beschränkt sich – abgesehen von einem einzigen Hinweis auf *Die Harmonie zwischen den Ansichten der beiden Weisen, des göttlichen Plato und des Aristoteles* (*al-Ǧamʿ bayna raʾyay al-ḥakīmayn Aflāṭūn al-ilāhī wa-Arisṭūṭālīs*) – in seiner Interpretation lediglich auf diese Schrift, da sie stellvertretend für dessen Philosophie sei (Tisini 1972, 68; Tīzīnī [5]1989, 300; 2005, 174). Er betrachtet den *Musterstaat* in seiner strukturellen und inhaltlichen Gesamtheit und untermauert vor diesem Hintergrund seine marxistische Lesart, indem er den Begriffen Prozess, Materie und Gesellschaft eine besondere Rolle zuschreibt.

Zwar arbeiten Tīzīnī und daran anknüpfend Muruwwa mit ihren marxistischen Lesarten der Geschichte der klassischen arabischen Philosophie historische und gesellschaftliche Dimensionen in der Philosophie al-Fārābīs heraus, was zweifellos zu einer Erneuerung der Philosophiegeschichtsschreibung und einer

Erneuerung der Rationalitätsdebatte in der modernen arabischsprachigen Philosophie führte. Doch ist Tīzīnīs Auffassung unmittelbar von zwei deutschsprachigen Rezeptionslinien geprägt: den Arbeiten der deutschen Orientalistik um 1900, insbesondere jenen von Dieterici, und – mehr noch – den marxistischen Interpretationen von Ernst Bloch und insbesondere Hermann Ley.

13.4 Muḥammad ʿĀbid al-Ǧābirīs „ideologische" Lesart von al-Fārābīs *Prinzipien*

Eine ganz anders akzentuierte Lesart von al-Fārābīs *Prinzipien* entwirft 1980 der marokkanische Philosoph Muḥammad ʿĀbid al-Ǧābirī in seinem Buch *Wir und das Kulturerbe* (*Naḥnu wa-t-turāṯ*), indem er sich u. a. mit al-Fārābīs Philosophie im Rahmen seiner neuen Deutung der arabisch-islamischen intellektuellen Tradition auseinandersetzt, die von einer Neubegründung der Rationalität und Demokratie getragen wird (al-Ǧābirī [6]1993, 55 – 86). Die Ausgabe von Nādir dient hier als Grundlage für seine Analyse. Al-Ǧābirīs Lesart dieser Tradition wird insbesondere in seinem vierbändigen Werk *Kritik der arabischen Vernunft* (*Naqd al-ʿaql al-ʿarabī*) systematisch ausgearbeitet. Dabei geht er auch auf weitere logische, politische und ethische Schriften al-Fārābīs ein, was allerdings noch einer gesonderten Untersuchung bedarf (al-Ǧābirī [4]1991, 220 – 252; [9]2009, 415 – 445 u. 447–454; [4]2000, 329 – 362; 2001, 364 – 345). Daher liegt der Fokus auf seinem Vortrag *Projekt einer neuen Lesart von al-Fārābīs politischer und religiöser Philosophie* (*Mašrūʿ qirāʾa ǧadīda li-falsafat al-Fārābī as-siyāsiyya wa-d-dīniyya*), den er 1975 anlässlich des 1100. Todesjahrs von al-Fārābī in Bagdad hielt (al-Ǧābirī [6]1993, 55). In dem darauf basierenden Beitrag befasst sich al-Ǧābirī explizit und ausführlich mit al-Fārābīs *Prinzipien* und entwirft dabei erstmals seine eigene Interpretation dieses Werkes. Darüber hinaus bildet diese Interpretation eine wichtige Etappe in der Herausbildung seiner umfassenden *Kritik der arabischen Vernunft*, insofern die Notwendigkeit der Philosophie aus konkreten sozialen und politischen Realitäten hervorgeht und die Verzahnung von Denken und Geschichte betont wird. Die Philosophie gehört zudem einer rational-demonstrativen Wissensordnung an, die sich deutlich von der durch al-Ǧābirī in seinen späteren Werken negativ bewerteten Gnosis unterscheide (von Kügelgen 1994, 260 – 287; 2021, 437– 451).

In seinem Buch *Wir und das Kulturerbe* verfolgt al-Ǧābirī eine „bewusste [...] ideologische Lesart" (*qirāʾa īdiyūlūǧiyya* [...] *wāʿiya*) von al-Fārābīs politischer und religiöser Philosophie. Der Terminus ideologisch besitzt bei al-Ǧābirī allerdings nicht zwangsläufig eine negative Konnotation; vielmehr wird damit eine nichtneutrale Position beschrieben, die von bestimmten Prämissen ausgeht und ein deutliches Anliegen – hier die Neubegründung der Rationalität in der arabischen Moderne – dezidiert verfolgt. In seiner Analyse geht er von zwei Grundannahmen aus (al-Ǧābirī ^{6}1993, 83).

Die erste Grundannahme betrifft den Zusammenhang zwischen der griechischen und der klassischen arabisch-islamischen Philosophie. Al-Ǧābirī lehnt eine „regressive Lesart" (*al-qirāʾa al-irǧāʿiyya*) der arabischsprachigen Philosophie ab (al-Ǧābirī ^{6}1993, 83), die insbesondere im Kontext des Orientalismus vertreten werde und die er als „westlich-europäisch" bzw. eurozentrisch qualifiziert (ebd. 57–58). Eine derartige Deutung richte sich gegen die dynamische Einheit der arabisch-islamischen Philosophie, insofern sie diese Philosophie in verschiedene Teile zerlege und sie mechanisch auf einen vermeintlich griechischen (oder auch indischen und persischen) „Ursprung" zurückführe. Somit werde die arabisch-islamische Philosophie von deren historischen, sozialen, wirtschaftlichen und politischen Realitäten isoliert und als „Fremdkörper" (*ǧism ġarīb*) innerhalb der islamischen Kultur identifiziert (ebd. 57–58 u. 83).

Die zweite Grundannahme stellt das Verhältnis der arabischsprachigen Philosophie zur sozialen Realität ihrer Zeit ins Zentrum (ebd. 83). Al-Ǧābirī setzt eine enge Verzahnung von Denken und Realität voraus und unterstreicht dabei, dass die arabisch-islamische Geschichte – wie die Geschichte jeder Kultur und Zivilisation – einer historischen Dynamik und einem zivilisatorischen Werden unterworfen sei. Daher geht die Entwicklung der arabisch-islamischen Philosophie mit der Dynamik ihrer Gesellschaft einher, wobei al-Ǧābirī der Meinung ist, dass deren Sozialgeschichte noch nicht genügend wissenschaftlich untersucht und beschrieben sei (ebd. 58 u. 86). Allerdings betont er, dass diese Gesellschaft im 9. und 10. Jahrhundert (etwa das dritte und vierte Jahrhundert nach der Hidschra) zu ihrer Blütezeit gekommen sei. Dieser „Fortschritt" (*taqaddum*) wurde von sozialen Kräften getragen; es gelte daher, das politische, theologische und philosophische Denken mit diesen verschiedenen Kräften in ihrer Kontinuität darzustellen bzw. mögliche Brüche aufzuzeigen (ebd. 85–86).

Vor diesem Hintergrund deutet al-Ǧābirī al-Fārābīs *Prinzipien* und zieht für seine Analyse weitere Schriften wie *Die Lenkung des Gemeinwesens* (*Kitāb as-Siyāsa al-madaniyya*) und *Die Religion* (*Kitāb al-Milla*) heran (ebd. 72). Nach al-Ǧābirī stellen al-Fārābīs *Prinzipien* weder eine Nachahmung der platonischen Idee der Philosophenherrschaft noch eine idealisierte Vorstellung eines weisheitsliebenden muslimischen Herrschers wie al-Maʾmūn dar. Darüber hinaus biete dieses Werk keine Rechtfertigung der vorherrschenden Machtverhältnisse seiner Zeit – wie von dem libanesisch-syrischen Philosophen Ǧamīl Ṣalībā postuliert wurde – noch vertrete es eine Auffassung einer theologischen islamischen Schule bzw. der Ismāʿīliyya innerhalb des Schiismus (ebd. 77–78; Ṣalībā ^{4}1951, 78). Vielmehr macht al-Ǧābirī die These geltend, dass al-Fārābīs *Prinzipien* ein bewusster Ausdruck der wachsenden sozialen und progressiven Kräfte in der Gesellschaft sei. Somit sei dieser Staat ein Resultat von deren Ambitionen und Sorgen (al-Ǧābirī [6]1993, 78–79). Die islamische Expansion habe zum einen die Entstehung neuer sozialer Kräfte ermöglicht, die auf eine zunehmende weltweite Kontrolle der Wirtschaft und des Handels abziele. Zum anderen sei dadurch eine beachtliche Vielfalt von Meinungen, Strömungen und Sekten entstanden, die sogar die Einheit des islamischen Staates bedrohe. Al-Fārābīs *Prinzipien* drücke den Wunsch nach einer sozialen Einheit bzw. einer politischen Einigung der Gesellschaft auf der Ebene des Denkens aus, die insbesondere von einer „Handelsaristokratie" (*al-aristrukrāṭiyya at-tiǧāriyya*) getragen werde, was jedoch in der Realität nicht möglich war (ebd. 78).

Dabei unterscheidet al-Ǧābirī zwischen zwei konkurrierenden Strömungen, die beide nach der Einheit von Gesellschaft und Staat auf theoretischer Ebene streben. Die erste Strömung wird hauptsächlich von den Anhängern der Überlieferung (*an-naql*), d. h. von der islamischen Orthodoxie mit ihren verschiedenen Schulen repräsentiert, deren soziale Schicht wesentlich aus den „alten feudalen und quasi-feudalen Kräften" stamme. Die zweite Strömung besteht aus den Anhängern der Vernunft (*al-ʿaql*), die sich historisch gesehen zunächst durch die Muʿtaziliten (*al-Muʿtazila*) und dann durch die Philosophen herausgebildet habe (ebd. 78–79). Da sich laut al-Ǧābirī die beiden Strömungen im Gleichgewicht befänden und die neue islamische Gesellschaft vorrangig auf der Basis der Religion entstanden sei, biete die rationale und progressive Interpretation der Religion die einzige Möglichkeit, diese Einheit zu realisieren. Allerdings wurde die Ambition, die Religion so zu interpretieren, dass diese im „Dienste des Fortschrittes" und der Verwirklichung der „Herrschaft der Vernunft" (*saiṭarat al-ʿaql*) stehe, von verschiedenen Widerstands- und Unabhängigkeitsbewegungen im islamischen Staat konfrontiert, wodurch das Interesse der neuen sozialen Kräfte gefährdet wurde (ebd. 79).

Im Folgenden soll gezeigt werden, wie al-Ǧābirī al-Fārābīs Vorstellung eines vortrefflichen Staates in Verbindung mit den sozialen Kräften bringt. Dabei stehen vier Dimensionen im Vordergrund. Die erste ist die „ideologische Bedeutung" des vorzüglichen Staates (ebd. 72–73), die einen Schlüssel zur „ideologischen Bedeutung" von al-Fārābīs politischer und religiöser Philosophie biete. Al-Ǧābirī stellt fünf Punkte heraus, um diese Bedeutung zu erklären:

1. Die Integration der Metaphysik und der Politik in ein einziges Denksystem.
2. Die hierarchische Einteilung der Seienden in göttliche, natürliche und menschliche Welt. So wird – mindestens nach außen – der vorzügliche Staat nach dem Muster eines Gottesstaates aufgebaut, was Ordnung und Perfektion verlangt.

3. Die Hervorhebung einer Analogie zwischen der Welt der Intellekte, der Welt der Menschen und der Welt der politischen Gemeinschaft. Ziel dieser Analogie ist die Hervorhebung der Rolle des Herrschers als desjenigen, der an der Spitze der Macht steht: Es sind jeweils der erste Intellekt in der supralunaren Welt, das Herz im Körper, der erworbene Intellekt für die Seele und der Herrscher im vorzüglichen Staat, die laut al-Ǧābirī im Vordergrund stehen.
4. Die Betonung der Vermittlerrolle des Vorstellungsvermögens. Hierbei wird betont, dass dieses Vermögen fähig ist, die Sinneswelt zu transzendieren und die Offenbarung von der göttlichen Welt zu erhalten, was ein Lösungsansatz für das Problem der Prophetie biete. Somit wird eine Brücke zwischen dem Propheten und dem Philosophen, der Religion und der Philosophie aufgebaut, um die Herrschaft eines Propheten-Philosophen im vorzüglichen Staat abzusichern.
5. Die Konstruktion einer aufsteigenden und einer absteigenden Dialektik in der Analyse jeweils der supralunaren und der sublunaren Welt (ebd. 72–73).

Die zweite Dimension betrifft die Rolle der Herrscher und unterstreicht die drei innovativen Elemente in al-Fārābīs politischem Denken (ebd. 75–77). Ausgehend von al-Fārābīs Unterscheidung zwischen dem ersten und dem zweiten Herrscher wird nachvollziehbar, welche Ambitionen die wachsenden sozialen Kräfte in dieser Zeit verfolgen. Während mit dem „ersten Herrscher" die historische Figur von Muḥammad gemeint ist, gewinnt der Ausdruck „zweiter Herrscher" eine normative Dimension, insofern er die Charakteristika des Herrschers in der Nachfolge des Propheten bestimmt. Somit solle der Herrscher Philosoph sein bzw. im Falle einer Kollektivherrschaft solle ein Philosoph beteiligt sein mit dem Ziel, die Scharia aufrechtzuerhalten, wobei er sie allerdings stets an die Gegebenheiten der Zeit anzupassen habe. In diesem Zusammenhang stellt al-Ǧābirī drei neue Dimensionen des politischen Denkens im Islam heraus, die erstmals bei al-Fārābī vorkommen: die Notwendigkeit der Philosophie als Teil der politischen Herrschaft, die Notwendigkeit der Teilhabe eines Philosophen an einer Kollektivherrschaft, um die Voraussetzung für eine rationale Herrschaft zu erfüllen, sowie die Notwendigkeit der Anpassung der Scharia (ebd. 77).

Die dritte Dimension hebt die „Einheit der Vernunft" (*waḥdat al-ʿaql*) und die Notwendigkeit einer rationalen Interpretation der Religion hervor. Eine derartige Einheit drücke sich in der Etablierung einer Harmonie zwischen den Ansichten Platons und Aristoteles, in der Fähigkeit, eine umfassende rationale Interpretation der „Symbole der Religion" (*miṯālāt ad-dīn*) zu entwerfen und in der Neugründung einer Gesellschaft und eines Staates gemäß den Anforderungen des Fortschritts aus. Sofern al-Fārābī dem Philosophenherrscher im vorzüglichen Staat die Vormachtstellung einräumt und diesen Herrscher in eine Analogie zur ersten Ursache für die anderen Seienden denke, ziele er darauf ab, einen „Staat der Vernunft“ (*dawlat al-ʿaql*) zu errichten (ebd. 80). Dies umfasst einerseits das Streben nach der Errichtung einer zentralen Herrschaft auf der Basis der Vernunft und andererseits das Streben nach einer intellektuellen, politischen und sozialen Einigung der arabischen Gesellschaft. Ein derartiger „Staat der Vernunft“ setze eine Philosophenherrschaft oder die Beteiligung eines Philosophen an der Kollektivherrschaft voraus, was wiederum einer rationalen Interpretation der Religion bzw. einer fundamentalen Anpassung der Scharia an die Anforderungen der Zeit bedürfe. Dies sei ebenfalls die Aufgabe der Herrscher nach dem Ende der Prophetie. Die metaphysische Emanationstheorie bilde in al-Fārābīs vorzüglichem Staat lediglich einen spekulativen Ausdruck der sozialen Ordnung und es gilt, sie als ein „Phänomen der ideologischen Umkehrung“ im negativen Sinne zu deuten (ebd. 81).

Die vierte Dimension umfasst die „ideologische Bedeutung“ der mangelhaften Staaten. Mit der Analyse und Aufzählung dieser Staaten verfolge al-Fārābī eine Kritik seiner Gesellschaft, in der widersprüchliche religiöse, intellektuelle und politische Vorstellungen der sozialen Gemeinschaften vorherrschten, denen er sich auch in *Die Lenkung des Gemeinwesens* und *Die Religion* widme (ebd. 81–82). Der vorzügliche Staat sei hier als eine theoretische Alternative zu den existierenden mangelhaften Staaten zu deuten.

Während die *Prinzipien* für Tīzīnī eine Sinneinheit bilden und stellvertretend für al-Fārābīs gesamte Philosophie stehen, besitzen bei al-Ǧābirī lediglich die praktischen und politischen Dimensionen eine aktuelle philosophische Relevanz, die er u. a. in einer kritischen Auseinandersetzung mit orientalistischen Deutungen zum Ausdruck bringt. Al-Fārābīs Emanationslehre wird dagegen als metaphysisches Gebilde gedeutet und besitzt für al-Ǧābirī kein vergleichbares philosophisches Interesse. Hinzu kommt, dass er (im Unterschied zu Tīzīnī) weitere Schriften al-Fārābīs heranzieht, um seine Analyse zu untermauern und seiner „ideologischen“ Lesart einen plausiblen Charakter zu verleihen.

13.5 Nāṣīf Naṣṣār und seine Auseinandersetzung mit dem Begriff der Nation bei al-Fārābī

Der libanesische Philosoph Nāṣīf Naṣṣār untersucht den Begriff der „Nation“ (*al-umma*) in verschiedenen intellektuellen Traditionen seit der Entstehung des Islams bis zur Gegenwart, zunächst 1978 in seiner Schrift *Der Begriff der Nation zwischen Religion und Geschichte* (*Mafhūm al-umma bayna d-dīn wa-t-tārīḫ*) und dann 1986 in *Vorstellungen von der zeitgenössischen Nation* (*Taṣawwurāt al-umma al-muʿāṣira*) (Naṣṣār [5]2003, [2]1994; zu beiden Schriften s. Frey 2019, 71–72 u. 79–81). Er verfolgt zum einen das Ziel, die philosophischen Transformationen dieses Begriffes nachzuzeichnen, und zum anderen, die Spannung zwischen der Idee der Nation und ihren verschiedenen historischen Verwirklichungen aus der Perspektive seiner Sozialphilosophie kritisch zu hinterfragen (Naṣṣār [5]2003, 5–8; [2]1994, 5–11). Seine Reflexion wird von der These geleitet, dass zumindest weltliche bzw. säkulare Dimensionen in der Auffassung von Nation bereits bei klassischen Autoren wie al-Fārābī, Ibn Ḫaldūn und Ibn al-Azraq vorhanden seien. Mit dieser These richtet er sich gleichermaßen gegen vorherrschende ideologische Vereinnahmungen durch Vertreter einer religiösen (z. B. von Islamisten) wie einer nationalistischen Vorstellung der Nation (z. B. von Panarabisten) und zeigt entgegen der Annahme arabischer Liberaler auf, dass Ansätze des Säkularen der arabischen geistigen Tradition entstammen und für die aktuelle Debatte fruchtbar gemacht werden können.

In seiner Schrift *Der Begriff der Nation zwischen Religion und Geschichte* befasst sich Naṣṣār mit dem Begriff der Nation in al-Fārābīs politischer Philosophie, die er sprachlich zwischen der Idealität des koranischen Imperativs und der realistischen Analyse Ibn Ḫaldūns verortet. Gegen vorherrschende Tendenzen innerhalb der Rezeption von al-Fārābīs politischer Philosophie, die entweder deren platonische bzw. schiitische Aspekte herausstellen oder sich dem Verhältnis der metaphysischen und politischen Ordnung widmen – so auch Tīzīnī und al-Ǧābirī – betont Naṣṣār die Notwendigkeit einer Untersuchung des Zusammenhanges von al-Fārābīs realistischer und normativer Sprache (Naṣṣār [5]2003, 31). Naṣṣārs Auseinandersetzung mit al-Fārābīs Begriff der Nation ist somit als exemplarischer Beitrag zur Begriffsanalyse seiner politischen Philosophie zu verstehen. Grundlage dieser Analyse bilden die *Prinzipien* in der Ausgabe von Nādir (ebd. 33).

Seine Analyse des Begriffs der Nation gewinnt eine neue Relevanz, insofern sie der gängigen Interpretation, in der die Notwendigkeit menschlicher Gemeinschaften bzw. Gemeinwesen als Bedingung für al-Fārābīs Auffassung des vorzüglichen Staates betont wird, nicht folgt. Denn der Begriff der Nation wird im Kontext von al-Fārābīs Ausführungen zu den mangelhaften bzw. unwissenden Staaten behandelt. Naṣṣārs Lesart wird dabei von der Idee einer dynamischen Einheit des politischen und sozialen Denkens bei al-Fārābī getragen. Wie lässt sich der Zusammenhang zwischen dem Begriff der Nation und dem Begriff der „Stadt" (*al-madīna*) klären? Wie ist die Verbindung zwischen al-Fārābīs Vorstellung der Stadt und der Nation zu analysieren? (ebd. 32–33).

Naṣṣār vertritt die These, dass der Begriff der Nation bei al-Fārābī eine wichtige soziale Dimension besitzt und einen höheren Stellenwert als der Begriff der Stadt einnehme, obwohl das Hauptanliegen al-Fārābīs darin liegt, sich mit der

Stadt und der „politischen Gruppe/Gemeinschaft“ (*al-ǧamāʿa al-madaniyya*) auseinanderzusetzen. Der Begriff der Nation bei al-Fārābī hat somit keine religiöse Bedeutung. Vielmehr wird dieser Begriff in einem „sozialen und natürlichen Sinn“ (*bi-l-maʿnā al-iǧtimāʿī aṭ-ṭabīʿī*) verwendet und lässt sich daher inhaltlich deutlich von der „Stadt“ und der „Erde“ (*al-maʿmūra*) unterscheiden (*Prinzipien*, dt. 83–84). Entgegen der Position Rosenthals lasse sich der Begriff der Nation weder auf eine islamische Idee der Nation noch auf die Tradition der griechischen Philosophie zurückführen. Die verschiedenen weltlichen Komponenten dieses Begriffes seien allein innerhalb al-Fārābīs philosophischer Theoretisierung und begrifflicher Konstruktion zu suchen (Rosenthal 1958, 126; Naṣṣār ^{5}2003, 38–39). Im Zuge seiner Analyse bemängelt Naṣṣār jedoch einige Unklarheiten in der Definition von Nation durch al-Fārābī (Naṣṣār ^{5}2003, 50).

Um die erwähnte These zu untermauern, seien im Folgenden drei Dimensionen dargestellt. In der ersten Dimension geht es vor allem um die Definition der Nation und die Bestimmung ihres Verhältnisses zum Begriff der Stadt.

Al-Fārābī behandelt den Begriff der Nation hauptsächlich in seinen beiden Schriften *Prinzipien* und *Die Lenkung des Gemeinwesens* (*as-Siyāsa al-madaniyya*), die zu seiner intellektuellen Spätphase gehören und deshalb seine philosophische Lehre deutlich vermitteln. Hier sei lediglich auf die erste Schrift eingegangen (ebd. 34–37). Die Aufteilung der menschlichen Gemeinschaften bei al-Fārābī erfolgt quantitativ anhand der Größe und qualitativ anhand einer normativen Wertung. Gemeinschaften werden in vollkommene und unvollkommene unterteilt, wobei innerhalb der ersten zwischen einer großen Gemeinschaft (aller Bewohner der Erde), einer mittleren (einer Nation) und einer kleinen (einer Stadt) unterschieden wird. Die unvollkommene unterteilt sich nochmals in vier Größen: das Dorf, das Viertel, die Straße und das Haus (*Prinzipien*, dt. 83).

Der gesamten Aufteilung von al-Fārābī liegt der Begriff der „sozialen Gemeinschaft“ (*al-iǧtimāʿ*) zugrunde, wobei Naṣṣār darauf aufmerksam macht, dass die Begriffe „Gruppe/Gemeinschaft“ (*al-ǧamāʿa*) und „Kollektiv/Gruppe“ (*al-ǧamʿ*) in seinen beiden Schriften *Die Religion* (*al-Milla*) und *Die Partikeln* (*al-Ḥurūf*) als Synonyme bzw. Alternativbegriffe verwendet werden (Naṣṣār ^{5}2003, 35). Innerhalb dieser Aufteilung wird zunächst deutlich, wie der Begriff der Nation eine soziale Dimension gewinnt.

Weiter ist der Begriff der Stadt, im Sinne der kleinsten vollkommenen Gemeinschaft, zentral für die Analyse, sofern sie den Kern von al-Fārābīs Aufteilung der Gemeinschaften darstellt. Denn diese Gemeinschaft bildet das Bindeglied zwischen der mittleren vollkommenen Gemeinschaft der Nation, die in Städte unterteilt wird, und den unvollkommenen Einheiten, an deren Spitze das Dorf steht (ebd. 35; dazu ebenfalls Triki 1991, 250). Naṣṣār merkt an, dass al-Fārābī dem „Stamm“ (*qabīla*) bzw. der „Sippe“ (*ʿašīra*) keine theoretische Relevanz beimisst –

wie dies etwa Ibn Ḫaldūn später tun wird; beide werden jedoch als Gruppe erfasst und können der Kategorie des Dorfes zugerechnet werden (Naṣṣār ^{5}2003, 35; dazu kritisch Triki 1991, 248–249 u. 324–325).

Die diversen Gemeinschaften drücken verschiedene Stufen der sozialen Existenz aus und dürfen miteinander nicht vermischt werden. Daher unterscheidet sich die Vorzüglichkeit, die von unterschiedlichen Gemeinschaften erreicht werden kann, nur graduell und kann keinen Übergang von einer Gemeinschaft zur anderen sichern. Nur eine „Zusammenarbeit" (*taʿāwun*) mit dem Ziel, die wahre Glückseligkeit zu erreichen, führt zu einer vorzüglichen bzw. tugendhaften Gemeinschaft und erlaubt daher den Übergang von der Stadt zur Nation bis hin zu einer kosmopolitischen Dimension einer „vorzüglichen bzw. tugendhaften Erde" (Naṣṣār ^{5}2003, 36). Für Naṣṣār bildet die Stadt ebenso eine „geographische, soziale und politische Einheit" wie die Nation und die „Gemeinschaft aller Bewohner der Erde". Die Nation besteht nicht bloß aus einer Gruppierung von Städten, sondern hat ihre eigene „natürliche, soziale, politische Einheit" aufgrund ihrer Zusammenarbeit (ebd. 37).

In der zweiten Dimension werden die Eigenschaften des Begriffs der Nation bei al-Fārābī behandelt. Um diese Frage zu erörtern, geht Naṣṣār auf zwei Abschnitte aus den *Prinzipien* und *Die Lenkung des Gemeinwesens* ein (ebd. 41–43). Ausgehend vom ersten Abschnitt, der al-Fārābīs Ausführungen zu den „unwissenden und irrenden Staaten" (*al-mudun al-ǧāhiliyya wa-ḍ-ḍālla*) behandelt, können drei Charakteristika der Nation herausgestellt werden: die Ähnlichkeit der Charaktere und der angeborenen Wesenszüge (*tašābuh al-ḫilaq wa-š-šiyam aṭ-ṭabīʿiyya*) sowie die gemeinsame Sprache (*al-ištirāk fī l-luġa*). So schreibt al-Fārābī: „Andere dachten, dass dieses Band aufgrund der Ähnlichkeit der Charaktere und durch die angeborenen Wesenszüge entsteht, durch die gemeinsame Sprache und Rede, dass die Unterschiede also durch diese Dinge entstehen. Jede Nation ist durch dieses Band geeint" (*Prinzipien*, dt. 114).

Einer der wichtigsten Kommentare von Naṣṣār ist seine Unterscheidung zwischen den ersten beiden Eigenschaften, die er als „natürlich" (*aṭ-ṭabīʿiyya*) erachtet, und der dritten Eigenschaft, die als „konventionell" (*waḍʿiyya*) verstanden wird und in Verbindung mit al-Fārābīs Sprachtheorie in *Die Partikeln* gebracht wird (Naṣṣār 1980, 45; dazu ebenfalls Triki 1991, 250–251). Allerdings stellt Naṣṣār eine Schwierigkeit heraus, die mit der „Ähnlichkeit der Charaktere" und den „angeborenen Wesenszügen" zusammenhängt: Gibt es „angeborene Wesenszüge", die ebenfalls von der Natur beeinflusst werden bzw. in der Sprache Naṣṣārs formuliert: Gibt es eine Ethik, die auf „angeborenen Wesenszügen" basiert? Sollte es eine solche Ethik geben, dann könne sie nur einen Teil der allgemeinen Ethik bilden, da sonst die gesamte Tugendlehre bei al-Fārābī in Frage gestellt bzw. gefährdet werde (Naṣṣār ^{5}2003, 46).

Der Begriff der Nation umfasst zwei angeborene Eigenschaften (Ähnlichkeit der Charaktere und Ähnlichkeit der angeborenen Wesenszüge) sowie eine konventionelle bzw. erworbene Eigenschaft (die Sprache). Dass die Nation aus angeborenen Eigenschaften besteht, zeigt ihre „natürliche" Seite, hindert sie jedoch nicht daran, eine tugendhafte bzw. vorzügliche und glückliche Gemeinschaft zu bilden. Dies wiederum setzt nach al-Fārābī eine „vorzügliche Religion" (*milla fāḍila*) voraus (*Prinzipien*, dt. 46). Es ist daher sinnvoll, in einem letzten Schritt den Zusammenhang zwischen der Nation und der Religion zu bestimmen.

Die dritte Dimension geht auf eben diesen Zusammenhang ein. Obwohl al-Fārābī seine Idee einer „vorzüglichen Nation" nicht definiert, nimmt Naṣṣār seine Überlegungen zu den vorzüglichen und mangelhaften Staaten als Ausgangspunkt, um sich der Vorstellung einer vorzüglichen Nation anzunähern. Hierfür bezieht er sich vor allem auf die Eigenschaften des Herrschers im tugendhaften Staat (*Prinzipien*, dt. 91). Dabei wird deutlich, dass der Herrscher-Imam bzw. der Philosophenherrscher ebenfalls für die Herrschaft der vorzüglichen Nation sowie der bewohnbaren Erde bestimmt ist. Diese Nation folgt somit dem Modell der vorzüglichen Stadt. Zudem nimmt Naṣṣār die Aussage von al-Fārābī zu den „vorzüglichen und mangelhaften Nationen" (al-Fārābī ^{8}2002, 146 – 147) als Ausgangspunkt, um die unwissenden Nationen nach dem Modell der unwissenden Staaten zu rekonstruieren (Naṣṣār ^{5}2003, 47). Allerdings wird anhand al-Fārābīs Vorstellung einer tugendhaften Nation die Problematik seines Realismus und seiner normativen Sprache aufgezeigt. Obwohl die Nation u. a. durch „angeborene Wesenszüge" (Realismus) definiert wird, hat dies nicht zur Folge, dass sich die Nationen in der Verwirklichung der Tugend und im Erlangen der Glückseligkeit unterscheiden (Normativität/Idealität). Dies hängt mit der Frage zusammen, wie der Übergang von einer unwissenden zu einer vorzüglichen Nation erfolgt (Naṣṣār ^{5}2003, 48).

Al-Fārābīs Begriff der Nation unterscheidet sich zudem vom Begriff der Religion (*milla*). Hier zieht Naṣṣār neben den *Prinzipien* erneut das *Buch der Religion* für seine Analyse heran (Naṣṣār ^{5}2003, 48 – 50). Die Nation wird durch eine Gruppe von Menschen gebildet, während die Religion als System von Ansichten und Handlungen wirkt, das ein Gemeinwesen von seinem ersten Lenker erhalten hat (Rudolph 2012b, 396). Der Begriff der *milla* entspricht im Allgemeinen dem Begriff der Scharia und dem Begriff der Religion; die vorzügliche Religion ähnelt der Philosophie. Dabei gründet die vorzügliche Nation sowohl in der demonstrativen Philosophie als auch in einer vorzüglichen Religion. Jedoch kann es mehrere Religionen geben, welche die Menschen auf den Weg zur Erlangung der Glückseligkeit hinweisen, denn die Religion basiert nicht auf der Vernunft, sondern auf dem Vorstellungvermögen und der Imitation. Die Fähigkeiten und die Modi des Vorstellens sowie des Nachahmens unterscheiden sich von einer Nation zur anderen. Daher gibt es unterschiedliche vorzügliche Nationen, die verschiedenen Religionen folgen (Naṣṣār [5]2003, 49).

Naṣṣār bietet zwar eine immanente Analyse des Begriffs der Nation in den *Prinzipien*, die kontrastiv durch weitere Schriften al-Fārābīs differenziert wird. Er verfolgt aber keine Rekonstruktion einer dialektischen oder demonstrativen Rationalität, wie etwa Tīzīnī und al-Ǧābirī dies tun. Vielmehr sieht Naṣṣār bei al-Fārābī einen weltlichen bzw. säkularen Begriff der Nation verankert, an dem Reflexionen über die Säkularität in der arabischsprachigen Philosophie der Gegenwart anschließen können, wie etwa Triki sie vorträgt.

13.6 Ausblick

Es ist bemerkenswert, dass die Verwendung von al-Fārābīs *Prinzipien* bei Tīzīnī lediglich auf Dietericis Editionen des *Musterstaates* in arabischer und deutscher Sprache basiert, wobei er eine Kairoer Ausgabe verwendet, die überwiegend identisch mit der Ausgabe von Dieterici ist. In seiner deutschsprachigen Analyse steht er der materialistisch-marxistischen Lesart von Hermann Ley konzeptionell, terminologisch und argumentativ nahe, was in seinen arabischsprachigen Reflexionen einschließlich seiner Überlegungen zu al-Fārābīs Philosophie fortgeführt wird. Seine Lesart markiert einen Wendepunkt innerhalb der Interpretation der arabisch-islamischen Geistestradition (*turāṯ*), der als *turāṯ*-Debatte in der arabischen Philosophie der Gegenwart bekannt geworden ist (Dhouib 2021, 25–31; Dhouib/von Kügelgen 2021, 451–465). Tīzīnī fungiert somit als Vertreter einer dialektischen Rationalität, die er anhand einer Interpretation der klassischen Geschichte der arabischen Philosophie und – in seinen späteren Werken – anhand einer kritischen Auseinandersetzung u.a. mit al-Ǧābirī nachzeichnet (Dhouib/von Kügelgen 2021, 462–465).

Al-Ǧābirī und Naṣṣār hingegen greifen auf die Ausgabe von Nādir und somit indirekt auf Karam zurück (Alfārābī 1895; 1900; Al-Fārābī [8]2002). Interessant hierbei ist, dass der tunesische Philosoph Triki in seiner kritischen Auseinandersetzung mit Naṣṣārs Interpretation der Gemeinschaft (*société*) und der Nation (*nation/umma*) bei al-Fārābī neben der Ausgabe von Nādir auch die französische Übersetzung von Karam hinzuzieht und vor diesem Hintergrund seine Kritik an Naṣṣārs Deutung der Termini formuliert (Al-Fārābī [4]2017; Triki 1991, 247–249). Hinzu kommt, dass einige Aspekte des Begriffes der Nation, die in der Analyse von Naṣṣār nicht vorkommen, von Triki herausgestellt werden. In seiner Analyse zeigt er, in welchem Sinne al-Fārābī dem Begriff der Nation eine „weltliche Dimension" (*dimension profane*) zugeschrieben hat. Dies liege vor allem daran, dass mit der Nation eine menschliche Gruppe in einem bestimmten Gebiet beschrieben werde (Triki 1991, 248). In Anschluss an Naṣṣār betrachtet er al-Fārābīs Vorstellung der Nation im Kontext der frühen islamischen Geistesgeschichte und stellt dabei fest, dass dessen Vorstellung sich von der religiösen, d.h. islamischen Bestimmung der Nation – insbesondere bei den islamischen Juristen – deutlich unterscheide. Al-Fārābīs Deutung der Nation stelle sogar eine „Form der Säkularisierung" (*une forme de sécularisation*) dar, insofern dessen politisch-soziale Deutung sich von dem Primat der religiösen und „heiligen" (*sacré*) Bedeutung der Nation befreit, wobei Triki die Charakterisierung des Begriffs der Nation primär ontologisch betrachtet (Triki 1991, 250 u. 252). Säkularisierung wird in diesem Zusammenhang im Sinne einer Befreiung des politischen und ethischen Denkens von der Macht der Religion verstanden (Triki 1991, 250). Dies hat mehrere – auch islamische – Nationen zur Folge, deren Geschichte und Religionen es gleichfalls zu untersuchen und zu verstehen gilt (Triki 1991, 252). Für Triki bricht diese Auffassung ebenfalls mit einem „Islamozentrismus" (*islamo-centrisme*), der nach und nach z.B. in den Schriften von Ibn Ḫaldūn und Ibn al-Azraq deutlich erkennbar wird (Triki 1991, 252–253). In diesem Zusammenhang werden die Begriffe der Nation und der Gemeinschaft im Zeichen der Säkularität neu beleuchtet.

Ausgaben

Arabische Editionen von al-Fārābīs *Prinzipien* (Auswahl)

Alfārābī 1895: *Risāla fī ārāʾ ahl al-madīna al-fāḍila. Alfārābī's Abhandlung der Musterstaat aus Londoner und Oxforder Handschriften*, ed. Friedrich Dieterici, Leiden.

Al-Fārābī [8]2002 [[1]1959]: *Kitāb ārāʾ ahl al-madīna al-fāḍila*, ediert, eingeleitet und kommentiert von Albīr Naṣrī Nādir, Bairūt.

Al-Fārābī 1960: *Ārāʾ ahl al-madīna al-fāḍila wa muḍādātuhā*, eingeleitet und kommentiert von Ibrāhīm Ǧazīnī, Bairūt.

Al-Fārābī 1994: *Kitāb ārāʾ ahl al-madīna al-fāḍila*, eingeleitet und kommentiert von Muḥammad Maḥǧūb, Tūnis.

Al-Fārābī 1995: *Ārāʾ ahl al-madīna al-fāḍila wa muḍādātuhā*, eingeleitet und kommentiert von ʿAlī Bū Mulḥim, Bairūt.

Al-Fārābī 2014: *Ārāʾ ahl al-madīna al-fāḍila*, ediert, eingeleitet und kommentiert von Ḥasan Maǧīd al-ʿUbaydī, Bairūt/ar-Ribāṭ.

Ältere deutsche Übersetzung

Alfārābī, A. N. 1900: *Der Musterstaat*, aus dem Arabischen von Friedrich Dieterici, Leiden.

Französische Übersetzungen

Al-Fārābī, A. N. 1949: *Idées des habitants de la cité vertueuse*, übersetzt und kommentiert von Y. Karam/J. Chlala/A. Jaussen, mit einer Einleitung von Y. Karam, Le Caire.
Al-Fārābī, A. N. ⁴2017 [¹1980]: *Idées des habitants de la cité vertueuse*, übersetzt und kommentiert von Y. Karam/J. Chlala/A. Jaussen, mit dem arabischen Text Kitāb ārāʾ ahl al-madīna al-fāḍila, Beyrouth, Le Caire.
Al-Fārābī, A. N. 1990: *Traité des Opinions des habitants de la cité idéale*, eingeleitet, übersetzt und kommentiert von Tahani Sabri, Paris.
Al-Fārābī, A. N. 2011: *Opinions des habitants de la cité vertueuse*, eingeleitet, übersetzt und kommentiert von Amor Cherni, Paris.

Literatur

Avon, Dominique 2015: *Les frères prêcheurs en Orient. Les dominicains du Caire (années 1910 – années 1960)*, Paris.
Cherni, Amor 2011: Introduction, in: al-Fārābī, A.N. 2011: *Opinions des habitants de la cité vertueuse*, Paris, 9–19.
Cherni, Amor 2015: *La cité et ses opinions. Politique et métaphysique chez Abû Nasr al-Fârâbi*, Paris.
Dhouib, Sarhan 2021: Zwei syrische Philosophen an der Humboldt-Universität zu Berlin: Nayef Ballouz und Tayeb Tisini, in: *weiter denken. Journal für Philosophie* 1 (2021), 25–31.
Dhouib, Sarhan 2021: Arabischer Thomismus: Yūsuf Karam, in: A. v. Kügelgen (Hrsg.), *Grundriss der Geschichte der Philosophie. Philosophie in der islamischen Welt. Bd. IV/1–2: 19.–20. Jahrhundert*, Basel/Berlin, 265–269.
Dhouib, Sarhan/Kügelgen, Anke von 2021: Einleitung, in: A. v. Kügelgen (Hrsg.), *Grundriss der Geschichte der Philosophie. Philosophie in der islamischen Welt. Bd. IV/1–2: 19.–20. Jahrhundert*, Basel/Berlin, 378–385.
Dhouib, Sarhan/Kügelgen, Anke von 2021: Ṭayyib Tīzīnī, in: A. v. Kügelgen (Hrsg.), *Grundriss der Geschichte der Philosophie. Philosophie in der islamischen Welt. Bd. IV/1–2: 19.–20. Jahrhundert*, Basel/Berlin, 451–465.
Frey, Michael 2019: *Liberalismus mit Gemeinsinn. Die politische Philosophie Nassif Nassars im libanesischen Kontext*, Weilerswist.
Al-Ğābirī, M. ʿĀ. ⁴1991 [¹1982]: *Takwīn al-ʿaql al-ʿarabī* (*Naqd al-ʿaql al-ʿarabī 1*), Bairūt.
Al-Ğābirī, M. ʿĀ. ⁶1993 [¹1980]: Mašrūʿ qirāʾa ğadīda li-falsafat al-Fārābī as-siyāsiyya wa-d-dīniyya, in: Ders., *Naḥnu wa-t-turāṯ. Qirāʾāt muʿāṣira fī turāṯinā al-falsafī*, Bairūt, 55–86.
Al-Ğābirī, M. ʿĀ. ⁴2000 [¹1990]: *al-ʿAql as-siyāsī al-ʿarabī. Muḥaddidātuhu wa-tağalliyātuhu* (*Naqd al-ʿaql al-ʿarabī 3*), Bairūt.
Al-Ğābirī, M. ʿĀ. 2001: *al-ʿAql al-aḫlāqī al-ʿarabī. Dirāsa taḥlīliyya naqdiyya li-nuẓum al-qiyām fī ṯ-ṯaqāfa al-ʿarabiyya* (*Naqd al-ʿaql al-ʿarabī 4*), Bairūt.
Al-Ğābirī, M. ʿĀ. ⁹2009 [¹1986]: *Bunyat al-ʿaql al-ʿarabī. Dirāsat taḥlīliyya naqdiyya li-nuẓum al-maʿrifa fī ṯ-ṯaqāfa l-ʿarabiyya* (*Naqd al-ʿaql al-ʿarabī 2*), Bairūt.
Karam, Yūsuf 1949: Introduction, in: Al-Fārābī, A. N. 1949: *Idées des habitants de la cité vertueuse*, übersetzt und kommentiert von Y. Karam/J. Chlala/A. Jaussen, Le Caire, 1–12.

Kügelgen, Anke von 1994: *Averroes und die arabische Moderne. Ansätze zu einer Neubegründung des Rationalismus im Islam*, Leiden.
Kügelgen, Anke von 2021: Muḥammad ʿĀbid al-Ǧābirī, in: Dies. (Hrsg.), *Grundriss der Geschichte der Philosophie. Philosophie in der islamischen Welt.* Bd. IV/1–2: *19.–20. Jahrhundert*, Basel/Berlin, 437–451.
Ley, Hermann 1957: *Studie zur Geschichte des Materialismus im Mittelalter*, Berlin.
Ley, Hermann 1966–89: *Geschichte der Aufklärung und des Atheismus*, I–X, Berlin.
Ley, Hermann 1970: *Geschichte der Aufklärung und des Atheismus*, Bd. II/1, Berlin.
Muruwwa, Ḥusayn [6]1988 [[1]1978 I, [1]1979 II]: *an-Nazaʿāt al-māddiyya fī l-falsafa al-ʿarabiyya al-islāmiyya*, I–II, Bairūt.
Nādir, Albīr Naṣrī [8]2002 [[1]1959]: Tamhīd, in: Al-Fārābī, A. N. [8]2002 [[1]1959]: *Kitāb ārāʾ ahl al-madīna al-fāḍila*, Bairūt, 7–8.
Naṣṣār, Nāṣīf [5]2003 [[1]1978]: *Mafhūm al-umma bayna d-dīn wa-t-tārīḫ. Dirāsa fī madlūl al-umma fī t-turāṯ al-ʿarabī al-islāmī*, Bairūt.
Naṣṣār, Nāṣīf [2]1994 [[1]1986]: *Taṣawwurāt al-umma al-muʿāṣira. Dirāsa taḥlīliyya li-mafāhīm al-umma fī l-fikr al-ʿarabī al-ḥadīṯ wa-l-muʿāṣir*, Bairūt.
Saʿd, Fārūq 1982: *Maʿa l-Fārābī wa-l-mudun al-fāḍila*, Bairūt.
Ṣalībā, Ǧamīl [4]1951 [[1]1935]: *Min Aflāṭūn ilā Ibn Sīnā*, Dimašq.
Tisini, Tayeb 1972: *Die Materieauffassung in der islamisch-arabischen Philosophie des Mittelalters*, Berlin.
Tīzīnī, Ṭayyib [5]1989 [[1]1971]: *Mašrūʿ ruʾya ǧadīda li-l-fikr al-ʿarabī fī l-ʿaṣr al-wasīṭ*, Dimašq.
Tīzīnī, Ṭayyib 2005: *Min al-lāhūt ilā l-falsafa al-ʿarabiyya al-wasīṭa. Al-falsafa al-ʿarabiyya al-wasīṭa fī taḥaqquqihā* (VI/2), Dimašq.
Triki, Fathi 1991: *L'esprit historien dans la civilisation arabe et islamique*, Tunis.
Al-ʿUbaydī, Ḥasan Maǧīd 2014: Muqaddima, in: Al-Fārābī 2014, *Ārāʾ ahl al-madīna al-fāḍila*, ediert, eingeleitet und kommentiert von Ḥ. M. al-ʿUbaydī, Bairūt/ar-Ribāṭ, 9–199.

Auswahlbibliographie

1 Editionen und Übersetzungen von Schriften al-Fārābīs

a) Arabische Editionen von Werken al-Fārābīs

al-Alfāẓ al-mustaʿmala fī l-manṭiq. The Utterances Employed in Logic, ed. Muḥsin Mahdī, Beirut 1968 (2. Aufl. 1991).

Falsafat Arisṭūṭālīs. The Philosophy of Aristotle, ed. Muḥsin Mahdī, Beirut 1971.

Fuṣūl muntazaʿa. Selected Aphorisms, ed. Fawzī M. Naǧǧār, Beirut 1971 (2. Aufl. 1993).

Kitāb al-Burhān, in: *Al-Manṭiq ʿinda l-Fārābī. Kitāb al-Burhān wa-Kitāb Šarāʾiṭ al-yaqīn maʿa Taʿālīq Ibn Bāǧǧa ʿalā l-Burhān*, ed. Māǧid Faḫrī, Beirut 1987, 17–96.

Kitāb al-Ḫiṭāba. Commentaire de la rhétorique d'Aristote, ed. mit franz. Übers. in: Langhade u. a. 1971, 30–121.

Kitāb al-Ḥurūf. Alfarabi's Book of Letters, ed. Muḥsin Mahdī, Beirut 1969 (3. Aufl. 2004). – Engl. Übers. in: Khalidi 2005, 1–26.

Kitāb al-Milla, in: *Kitāb al-Milla wa-nuṣūṣ uḫrā*, ed. Muḥsin Mahdī, Beirut 1968 (2. Aufl. 1991), 41–66. – Engl. Übers. in: Butterworth 2001, 93–113; franz. Übers. in: Mallet 1989, 119–153.

Kitāb aš-Šiʿr, ed. Muḥammad-Taqī Dānišpažūh, Qumm 1987.

Kitāb al-Wāḥid wa-l-waḥda, ed. Muḥsin Mahdī, Casablanca 1989.

Mabādiʾ ārāʾ ahl al-madīna al-fāḍila, ed. mit engl. Übers. Richard Walzer u.d.T. *Al-Farabi on the Perfect State. A revised text with introduction, translation, and commentary*, Oxford 1985 (2. Aufl. 1998). – Ältere Edition von F. Dieterici u.d.T.: *Alfārābī's Abhandlung „Der Musterstaat". Aus Londoner und Oxforder Handschriften*, Leiden 1895. – Dt. Übers. in: Ferrari 2009.

Risāla fī Aʿḍāʾ al-ḥayawān, in: *Rasāʾil falsafiyya li-l-Kindī wa-l-Fārābī wa-Ibn Bāǧǧa wa-Ibn ʿAdī. Traités Philosophiques par al-Kindī, al-Fārābī, Ibn Bajjah, Ibn ʿAdyy*, ed. ʿAbdarraḥmān Badawī, Benghazi 1973 (3. Aufl. Beirut 1983), 65–107.

Risāla fī l-ʿAql, ed. Maurice Bouyges, Beirut 1938 (2. Aufl. 1983). – Engl. Übers. in: McGinnis/Reisman 2007, 68–78; franz. Übers. in: Vallat 2021a, 1–63.

Risāla fī r-Radd ʿalā Ǧālīnūs fīmā nāqaḍa fīhi Arisṭūṭālīs li-aʿḍāʾ al-insān [Epistel über die Widerlegung Galens bezüglich dessen, worin er Aristoteles hinsichtlich der Körperteile des Menschen widerspricht], in: *Rasāʾil falsafiyya li-l-Kindī wa-l-Fārābī wa-Ibn Bāǧǧa wa-Ibn ʿAdī. Traités Philosophiques par al-Kindī, al-Fārābī, Ibn Bajjah, Ibn ʿAdyy*, ed. ʿAbdarraḥmān Badawī, Benghazi 1973 (3. Aufl. Beirut 1983), 38–64.

as-Siyāsa al-madaniyya (*al-mulaqqab bi-Mabādiʾ al-mawǧūdāt*), ed. Fauzi M. Naǧǧār, Beirut 1964 (3. Aufl. 1993). – Weitere Edition von ʿA. Bū Mulḥim, Beirut o. J. – Franz. Übers. in: Vallat 2012b; dt. Übers. in: Brönnnle 1904; engl. Übers. in: Butterworth 2015, 29–94.

https://doi.org/10.1515/9783110535945-016

b) Übersetzungen von Werken al-Fārābīs

Brönnle, Paul 1904: *Die Staatsleitung von Alfārābī. Deutsche Bearbeitung mit einer Einleitung „Ueber das Wesen der arabischen Philosophie", hrsg. aus dem Nachlasse F. Dieterici*, Leiden.
Butterworth, Charles E. 2001: *Alfarabi. The Political Writings. Selected Aphorisms and other texts, translated and annotated*, Ithaca NY/London.
Butterworth, Charles E. 2015: *Alfarabi. The Political Writings. Volume II. „Political Regime. Nicknamed Principles of the Existence" and „Summary of Plato's Laws"*, Ithaca NY/London.
Dieterici, Friedrich 1892: Über die Bedeutungen des Worts „Intellekt" („Vernunft"), in: Ders., *Alfārābī's philosophische Abhandlungen*, Leiden, 61–81.
Ferrari, Cleophea 2009: *Abū Naṣr Al-Fārābī. Die Prinzipien der Ansichten der Bewohner der vortrefflichen Stadt*, Stuttgart.
Langhade, Jacques u. a. 1971: *Al-Fārābī. Deux ouvrages inédits sur la rhétorique*, Beirut.
Mahdi, Muhsin 1962: *Alfarabi. Philosophy of Plato and Aristotle*, Glencoe (3. Aufl. 2001).
Mahdi, Muhsin 1962: *The Philosophy of Aristotle*, in: Ders., *Alfarabi. Philosophy of Plato and Aristotle*, New York, 71–130.
Mallet, Dominique 1989: *Farabi. Deux traités philosophiques. „L'harmonie entre les opinions des deux sages, le divin Platon et Aristote" et „De la religion"*, Damaskus.
McGinnis, Jon/Reisman, David C. 2007: *Al-Fārābī. The Principles of Existing Things*, in: Dies., *Classical Arabic Philosophy. An Anthology of Sources*, Indianapolis, 81–104.
Vallat, Philippe 2012a: *al-Fārābī. Épitre sur l'intellect*, Paris.
Vallat, Philippe 2012b: *al-Fārābī. Le livre du régime politique*, Paris.
Walzer, Richard 1985/1998: *Al-Farabi on the Perfect State. A revised text with introduction, translation, and commentary*, Oxford 1985 (2. Aufl. 1998).
Zimmermann, Fritz W. 1981: *Al-Farabi's Commentary and Short Treatise on Aristotle's* De interpretatione, London.

2 Weitere Primärquellen (arabisch und griechisch)

Akasoy, Anna 2011 (Übers.): *al-Kindi. Die Erste Philosophie*. Arabisch-Deutsch, Freiburg.
Alexander of Aphrodisias: *On the Soul, Part 1: Soul as Form of the Body, Parts of the Soul, Nourishment and Perception*, übers. Victor Caston, London 2012.
Alexander Aphrodisiensis: *De anima libri mantissa. A new edition of the Greek text with introduction and commentary*, ed. R. Sharples, Berlin 2008.
Avicenna 1371/1952: *Kitāb aš-Šifāʾ. Al-Madḫal [Buch der Heilung. Isagoge]*, ed. G.C. Anawati u. a., Kairo.
Avicenna 1373/1954: *Kitāb aš-Šifāʾ. Al-Ḫiṭāba [Buch der Heilung. Rhetorik]*, ed. S.M. Sālim, Kairo.
Avicenna 1404/1983: *Kitāb aš-Šifāʾ. Al-Ilāhiyyāt [Buch der Heilung. Metaphysik]*, ed. G.C. Anawati u. a., Kairo.

Aristoteles: *Politica*, ed. W.D. Ross, Oxford 1957. – Dt. Teilübersetzung in: *Aristoteles. Politik, Buch II – III*, übers. und erl. von E. Schütrumpf, Darmstadt 1991.
Bardenhewer, Otto 1882 (Hrsg.): *Die pseudo-aristotelische Schrift Ueber das reine Gute bekannt unter dem Namen Liber de causis*, Freiburg im Breisgau.
Galen: *Dass die Kräfte der Seele den Mischungen des Körpers folgen* (*Maqālat Ǧālīnūs fī anna quwā an-nafs tābiʿa li-mizāǧ al-badan*), ed. und übers. H. H. Biesterfeldt, Wiesbaden 1973.
Galen: *De Usu Partium. Galen on the Usefulness of the Parts of the Body*, übers. und erl. von M.T. May, Ithaca NY 1968.
Genequand, Charles 1984 (Übers.): *Ibn Rushd's Metaphysics. A Translation with Introduction of Ibn Rushd's Commentary on Aristotle's Metaphysics, Book Lām*, Leiden.
Genequand, Charles 2017 (Hrsg. und Übers.): *Alexandre d'Aphrodise. Les principes du tout selon la doctrine d'Aristote. Introduction, texte arabe, traduction et commentaire*, Paris.
Heinze, Richard 1899 (Hrsg.): *Themistii In libros Aristotelis de anima paraphrasis* (*Commentaria in Aristotelem Graeca* 5,3), Berlin.
Ibn Ḫaldūn: *al-Muqaddima*, Beirut 1886. – Engl. Übers. in: Rosenthal 1958.
Ivry, Alfred L. 1974 (Übers.): *Al-Kindi's Metaphysics*, Albany.
al-Kindī, Abū Yūsuf 1950 – 53: *Rasāʾil al-Kindī al-falsafiyya*, ed. M.ʿA. Abū Rīda, Kairo. – Engl. Übers. mehrerer Schriften in: Adamson/Pormann 2012.
al-Kindī, Abū Yūsuf: *Über die Erste Philosophie* [*Fī l-Falsafa al-ūlā*]. – Engl. Übers. in: Ivry 1974; dt. Übers. in: Akasoy 2011.
Proklos: *The Elements of Theology*, ed. mit engl. Übers. von E.R. Dodds, Oxford 1963². – Ed. mit dt. Übers. in: E.O. Onnasch/B. Schomakers, *Proklos. Theologische Grundlegung*, Hamburg 2015.
Rosenthal, Erwin I.J. 1956 (Übers.): *Averroes' Commentary on Plato's Republic*, Cambridge.
Rosenthal, Franz 1958 (Übers.): *Ibn Ḫaldûn. The Muqaddimah. An Introduction to History*, 3 Bde., New York.
Schaerer, Patric O. 2004 (Übers.): *Abū Bakr Ibn Ṭufail. Der Philosoph als Autodidakt. Ḥayy Ibn Yaqẓān. Ein philosophischer Inselroman*, Hamburg.
Shields, Christopher 2016 (Übers.): *Aristotle. De Anima*, Oxford.
Theiler, Willy 1968 (Übers.): *Aristoteles. Über die Seele*, Berlin.

3 Sekundärliteratur

Abram, Sara 2020: Note di Abū Naṣr al-Fārābī sulla verità e falsità dell'astrologia, in: *Medioevo* 45, 235 – 277.
Adamson, Peter 2003: *The Arabic Plotinus. A Philosophical Study of the Theology of Aristotle*, London.
Adamson, Peter 2015: State of Nature. Human and Cosmic Rulership in Ancient Philosophy, in: B. Kellner/A. Höfele (Hrsg.), *Menschennatur und politische Ordnung*, Paderborn, 79 – 94.
Adamson, Peter 2016: *A History of Philosophy Without Any Gaps. Philosophy in the Islamic World*, Oxford.
Adamson, Peter/Pormann, Peter E. 2012: *The Philosophical Works of al-Kindī*, Oxford/Karachi.
Alon, Ilai 1989: Fārābī's Funny Flora. Al-Nawābit as ‚Opposition', in: *Journal of the Royal Asiatic Society of Great Britain and Ireland*, 222 – 251.

Baffioni, Carmela 2002: Al-madīnah al-fāḍilah in al-Fārābī and in the Ikhwān al-Ṣafā'. A comparison, in: S. Leder u. a. (Hrsg.), *Studies in Arabic and Islam. Proceedings of the 19th Congress, Union Européenne des Arabisants et Islamisants, Halle 1998*, Leuven u. a., 3–12.

Benevich, Fedor 2017: Fire and Heat. Yaḥyā b. ʿAdī and Avicenna on the Essentiality of Being Substance or Accident, in: *Arabic Sciences and Philosophy* 27, 237–267.

Black, Deborah L. 1990: *Logic and Aristotle's Rhetoric and Poetics in Medieval Arabic Philosophy*, Leiden.

Bodnár, István 1997: Alexander of Aphrodisias on Celestial Motion, in: *Phronesis* 42, 190–205.

Bouhafa, Feriel 2019: Ethics and *Fiqh* in al-Fārābī's Philosophy, in: P. Adamson (Hrsg.), *Philosophy and Jurisprudence in the Islamic World*, Berlin, 11–27.

Burnyeat, Myles F. 1992: Utopia and Fantasy. The Practicability of Plato's Ideally Just City, in: J. Hopkins/A. Savile (Hrsg.), *Psychoanalysis, Mind and Art*, Oxford, 175–187. – Wiederabdruck in: G. Fine (Hrsg.), *Plato 2. Ethics, Politics, Religion, and the Soul*, Oxford 1999.

Chiesa, Bruno 1989: Shem Tob ibn Falaquera, traduttore di al-Fārābī e di Averroè, in: *Sefarad* 49, 21–35.

Crone, Patricia 2004: Al-Fārābī's Imperfect Constitutions, in: *Mélanges de l'Université Saint-Joseph* 57, 191–228. – Wiederabdruck in: P. Crone 2016, *Collected Studies in Three Volumes*, Bd. II: *The Iranian Reception of Islam. The Non-Traditionalist Strands*, hrsg. von H. Siurua, Leiden, 278–318.

Daiber, Hans 1986: The Ruler as Philosopher. A New Interpretation of al-Fārābī's View, in: *Mededelingen der Koninklijke Nederlandse Akademie van Wetenschapen, Afd. Letterkunde, Nieuwe Reeks* 49, Amsterdam u. a., 1–21.

Daiber, Hans 2012: Abū Bakr ar-Rāzī, in: U. Rudolph (Hrsg.), *Grundriss der Geschichte der Philosophie. Philosophie in der islamischen Welt*, Bd. I: *8.–10. Jahrhundert*, Basel, 261–289.

D'Ancona, Cristina 1995: *Recherches sur le Liber de Causis*, Paris.

D'Ancona, Cristina 2011: Plotinus, Arabic, in: H. Lagerlund (Hrsg.), *Encyclopedia of Medieval Philosophy*, Dordrecht, 1030–1038.

Davidson, Herbert A. 1992: *Alfarabi, Avicenna, and Averroes, on Intellect. Their Cosmologies, Theories of the Active Intellect, and Theories of Human Intellect*, New York/Oxford.

De Smet, Daniel 2012: Religiöse Anwendung philosophischer Ideen, in: U. Rudolph (Hrsg.), *Grundriss der Geschichte der Philosophie. Philosophie in der islamischen Welt*, Bd. I: *8.–10. Jahrhundert*, Basel, 518–539.

Di Giovanni, Matteo 2018: Averroes, Philosopher of Islam, in: P. Adamson/M. Di Giovanni (Hrsg.), *Interpreting Averroes. Critical Essays*, Cambridge, 9–26.

Druart, Thérèse-Anne 1987: Al-Fārābī and Emanationism, in: J.F. Wippel (Hrsg.), *Studies in Medieval Philosophy*, Washington DC, 23–43.

Druart, Thérèse-Anne 1997: Al-Fārābī, Ethics, and First Intelligibles, in: *Documenti e studi sulla tradizione filosofica medievale* 8, 403–423.

Druart, Thérèse-Anne 2001: Shayʾ or Res as Concomitant of 'Being' in Avicenna, in: *Documenti e studi sulla tradizione filosofica medievale* 12, 125–142.

El-Fekkak, Badr 2017: Cosmic, Corporeal and Civil Regencies. Al-Fārābī's anti-Galenic Defence of Hierarchical Cardiocentrism, in: P. Adamson/P.E. Pormann (Hrsg.), *Philosophy and Medicine in the Formative Period of Islam*, London, 255–68.

Endress, Gerhard 1977: *The Works of Yaḥyā ibn ʿAdī. An Analytical Inventory*, Wiesbaden.

Endress, Gerhard 1987: Die wissenschaftliche Literatur, in: H. Gätje (Hrsg.), *Grundriss der arabischen Philologie*, Bd. II: *Literaturwissenschaft*, Wiesbaden, 400 – 506.
Endress, Gerhard 1992: Die wissenschaftliche Literatur [Fortsetzung], in: W. Fischer (Hrsg.), *Grundriss der arabischen Philologie*, Bd. III: *Supplement*, Wiesbaden, 3 – 152.
Endress, Gerhard 2001: Philosophische Ein-Band-Bibliotheken aus Isfahan, in: *Oriens* 36, 10 – 58.
Endress, Gerhard 2012: Antike Ethik-Traditionen für die islamische Gesellschaft. Abū ʿAlī Miskawaih, in: U. Rudolph (Hrsg.), *Grundriss der Geschichte der Philosophie. Philosophie in der islamischen Welt*, Bd. I: *8.–10. Jahrhundert*, Basel, 210 – 238.
Endress, Gerhard 2012: Der arabische Aristoteles und seine Lehrüberlieferung in Bagdad. Abū Bišr Mattā ibn Yūnus, in: U. Rudolph (Hrsg.), *Grundriss der Geschichte der Philosophie. Philosophie in der islamischen Welt.* Bd. I: *8 – 10. Jahrhundert*, Basel, 290 – 301.
Endress, Gerhard 2012: Abū Yūsuf al-Kindī, in: U. Rudolph (Hrsg.), *Grundriss der Geschichte der Philosophie. Philosophie in der islamischen Welt.* Bd. I: *8.–10. Jahrhundert*, Basel, 92 – 147.
Endress, Gerhard/Ferrari, Cleophea 2012: Die Bagdader Aristoteliker, in: U. Rudolph (Hrsg.), *Grundriss der Geschichte der Philosophie. Philosophie in der islamischen Welt.* Bd. I: *8 – 10. Jahrhundert*, Basel, 290 – 362.
Endress, Gerhard/Ferrari, Cleophea 2017: The Baghdad Aristotelians, in: U. Rudolph/R. Hansberger/P. Adamson (Hrsg.), *Philosophy in the Islamic World.* Vol. I: *8th-10th Centuries*, Leiden, 421–525.
Fazzo, Silvia/Wiesner, Hillary 1993: Alexander of Aphrodisias in the Kindī Circle and in al-Kindī's Cosmology, in: *Arabic Sciences and Philosophy* 3, 119 – 153.
Flashar, Hellmut 2004: Aristoteles, in: Ders. (Hrsg.), *Grundriss der Geschichte der Philosophie. Die Philosophie der Antike*, Bd. III: *Ältere Akademie, Aristoteles, Peripatos*, 2., überarb. Aufl., Basel, 167 – 492.
Galston, Miriam 2015: The Puzzle of Alfarabi's Parallel Works, in: *The Review of Politics* 77, 519 – 543.
Germann, Nadja: Al-Farabi's Philosophy of Society and Religion, in: *SEP (Stanford Encyclopedia of Philosophy)*, Online: https://plato.stanford.edu/entries/al-farabi-soc-rel/ (publiziert 2016, revidiert 2021).
Gregoric, Pavel 2007: Aristotle on the Common Sense, Cambridge.
Gutas, Dimitri 1983: Paul the Persian on the Classification of the Parts of Aristotle's Philosophy. A Milestone between Alexandria and Baġdād, in: *Der Islam* 60, 231 – 267.
Gutas, Dimitri 1998: *Greek Thought, Arabic Culture. The Graeco-Arabic Translation Movement in Baghdad and Early ʿAbbāsid Society (2nd-4th/8th-10th Centuries)*, London.
Gutas, Dimitri 2004: The Meaning of *madanī* in al-Fārābī's 'Political' Philosophy, in: *Mélanges de l'Université Saint-Joseph* 57, 259 – 282.
Gutas, Dimitri 2014: *Avicenna and the Aristotelian Tradition. Introduction to reading Avicenna's philosophical works. Second, revised and enlarged edition, including an inventory of Avicenna's authentic works*, Leiden. – Überarb. und erw. Version der ersten Ausgabe von 1988.
Gutas, Dimitri 2021: Ibn Sīnā, 4.2 Die rationale Seele, ihre Rolle in der Physik (Erkenntnisfähigkeit) und in der Metaphysik (religiöse und paranormale Phänomene, praktische Philosophie), in: U. Rudolph (Hrsg.), *Grundriss der Geschichte der Philosophie.*

Philosophie in der islamischen Welt, Bd. II/1: *11. und 12. Jahrhundert. Zentrale und östliche Gebiete*, Basel, 80–96.

Halfwassen, Jens 1998: Philosophie als Transzendieren. Der Aufstieg zum höchsten Prinzip bei Platon und Plotin, in: *Bochumer Philosophisches Jahrbuch für Antike und Mittelalter* 3, 29–42.

Hansberger, Rotraud 2008: How Aristotle Came to Believe in God-given Dreams. The Arabic Version of *De divinatione per somnum*, in: L. Marlow (Hrsg.), *Dreaming Across Boundaries. The Interpretation of Dreams in Islamic Lands*, Cambridge, Mass. u. a., 50–77.

Harvey, Steven 2003: Did Alfarabi Read Plato's *Laws*, in: *Medioevo* 28, 51–68.

Hasse, Dag N. 2016: *Success and Suppression. Arabic Sciences and Philosophy in the Renaissance*, Cambridge.

Höffe, Otfried 2016: *Geschichte des politischen Denkens*, München, 122–134.

Janos, Damien 2012: *Method, Structure, and Development in al-Fārābī's Cosmology*, Leiden.

Janos, Damien 2015: *Ideas in Motion in Baghdad and Beyond. Philosophical and Theological Exchanges between Christians and Muslims in the Third/Ninth and Fourth/Tenth Centuries*, Leiden.

Janos, Damien 2017: Al-Fārābī's (d. 950) *On the One and Oneness*. Some Preliminary Remarks on Its Structure, Contents, and Theological Implications, in: Kh. El-Rouayheb/S. Schmidtke (Hrsg.), *The Oxford Handbook of Islamic Philosophy*, Oxford, 101–128.

Janssens, Jules 2012: *Al-Birr wa-l-ithm, Piety and Sin*. Possible Farabian Influences on the Young Ibn Sīnā, in: *Ishraq. Islamic Philosophy Yearbook* 3, 412–422.

Jolivet, Jean 1971: *L'intellect selon Kindī*, Leiden.

Khalidi, Muhammad A. 2005: *Medieval Islamic Philosophical Writings*, Cambridge.

Lahoud, Nelly 2004: Al-Fārābī. On Religion and Philosophy, in: *Mélanges de l'Université Saint-Joseph* 57, 283–301.

Lameer, Joep 1994: *Al-Fārābī and Aristotelian Syllogistics. Greek Theory and Islamic Practice*, Leiden.

Lameer, Joep 1997: The Philosopher and the Prophet. Greek Parallels to al-Fārābī's Theory of Philosophy and Religion in the State, in: A. Hasnawi u. a. (Hrsg.), *Perspectives arabes et médiévales sur la tradition scientifique et philosophique grecque*, Paris, 609–622.

Landolt, Hermann/Würsch, Renate 2021: Šihābaddīn as-Suhrawardī, in: U. Rudolph (Hrsg.), *Grundriss der Geschichte der Philosophie. Philosophie in der islamischen Welt*, Bd. II/1: *11. und 12. Jahrhundert. Zentrale und östliche Gebiete*, Basel, 421–470.

López-Farjeat, Luis Xavier: Al-Fārābī's Psychology and Epistemology, in: *SEP (Stanford Encyclopedia of Philosophy)*, Online: https://plato.stanford.edu/entries/al-farabi-psych/ (publiziert 2016, revidiert 2020).

Maróth, Miklos 2002: Avicennas politische Philosophie, in: S. Leder u. a. (Hrsg.), *Studies in Arabic and Islam. Proceedings of the 19th Congress, Union Européenne des Arabisants et Islamisants, Halle 1998*, Leuven u. a., 13–22.

McGinnis, Jon/Reisman, David C. 2007: *Classical Arabic Philosophy. An Anthology of Sources*, Indianapolis.

Niewöhner, Friedrich 1994: Zum Ursprung der Lehre von der doppelten Wahrheit. Eine Koran-Interpretation des Averroes, in: F. Niewöhner/L. Sturlese (Hrsg.), *Averroismus im Mittelalter und in der Renaissance*, Zürich, 23–41.

Parry, Ken 2018: Locating Memory and Imagination. From Nemesius of Emesa to John of Damascus, in: B. Neil/E. Anagnostou-Laoutides (Hrsg.), *Dreams, Memory and Imagination in Byzantium*, Leiden/Boston, 35–56.
Peters, Francis E. 1968: *Aristoteles Arabus*, Leiden.
Pourjavady, Reza/Schmidtke, Sabine 2015: An Eastern Renaissance? Greek Philosophy under the Safavids (16th-18th centuries AD), in: *Intellectual History of the Islamicate World* 3, 248–290.
Rashed, Marwan 2008: Al-Fārābī's Lost Treatise on Changing Beings and the Possibility of a Demonstration of the Eternity of the World, in: *Arabic Sciences and Philosophy* 18, 19–58.
Rosenthal, Erwin I.J. 1955: The Place of Politics in the Philosophy of al-Fārābī, in: *Islamic Culture* 29, 157–178.
Rosenthal, Erwin I.J. 1958: *Political Thought in Medieval Islam. An Introductory Outline*, Cambridge.
Rudolph, Ulrich 2008: Reflections on al-Fārābī's *Mabādiʾ ārāʾ ahl al-madīna al-fāḍila*, in: P. Adamson (Hrsg.), *In the Age of al-Fārābī. Arabic philosophy in the fourth/tenth century*, London, 1–14.
Rudolph, Ulrich 2011: Die Deutung des Erbes. Die Geschichte der antiken Philosophie und Wissenschaft aus der Sicht arabischer Autoren, in: R. Goulet/U. Rudolph (Hrsg.): *Entre Orient et Occident. La philosophie et la science gréco-romaines dans le monde arabe*, Vandœuvres-Genève, 279–320.
Rudolph, Ulrich 2012a: *Grundriss der Geschichte der Philosophie. Philosophie in der islamischen Welt.* Bd. I: *8–10. Jahrhundert*, Basel.
Rudolph, Ulrich 2012b: Abū Naṣr al-Fārābī, in: Ders. (Hrsg.), *Grundriss der Geschichte der Philosophie. Philosophie in der islamischen Welt.* Bd. I: *8–10. Jahrhundert*, Basel, 363–457.
Rudolph, Ulrich 2014: Al-Farabi und die Neubegründung der Philosophie in der islamischen Welt, in: T. Georges u. a. (Hrsg.), *Bedeutende Lehrerfiguren. Von Platon bis Hasan al-Banna*, Tübingen, 269–293.
Rudolph, Ulrich 2017: Abū Naṣr al-Fārābī, in: U. Rudolph/R. Hansberger/P. Adamson (Hrsg.), *Philosophy in the Islamic World.* Vol. I: *8th-10th Centuries*, Leiden, 526–654.
Rudolph, Ulrich 2021: Abū Ḥāmid al-Ġazālī, in: Ders. (Hrsg.), *Grundriss der Geschichte der Philosophie. Philosophie in der islamischen Welt*, Bd. II/1: *11. und 12. Jahrhundert. Zentrale und östliche Gebiete*, Basel, 253–345.
Sabra, A.I. 1987: The Appropriation and Subsequent Naturalization of Greek Science in Medieval Islam. A Preliminary Statement, in: *History of Science* 25, 223–243.
Schoeler, Gregor 2005: Poetischer Syllogismus – bildliche Redeweise – Religion. Vom aristotelischen *Organon* zu al-Fārābīs Religionstheorie, in: D. Perler/U. Rudolph (Hrsg.), *Logik und Theologie. Das Organon im arabischen und im lateinischen Mittelalter*, Leiden, 45–58.
Smith, Robin 2019: Aristotle's Logic, in: *SEP (Stanford Encyclopedia of Philosophy)*, Online: https://plato.stanford.edu/archives/sum2019/entries/aristotle-logic/ (publiziert 2000, wesentlich überarbeitet 2017).
Tamer, Georges 2001: *Islamische Philosophie und die Krise der Moderne. Das Verhältnis von Leo Strauss zu Alfarabi, Avicenna und Averroes*, Leiden.

Vallat, Philippe 2004: *Farabi et l'École d'Alexandrie. Des prémisses de la connaissance à la philosophie politique*, Paris.
Vallat, Philippe 2011: Al-Fārābī's Arguments for the Eternity of the World and the Contingency of Natural Phenomena, in: J. Lössl/J.W. Watt (Hrsg.), *Interpreting the Bible and Aristotle in Late Antiquity. The Alexandrian Commentary Tradition between Rome and Baghdad*, Farnham u. a., 259–323.
Vallat, Philippe 2019a: L'intellect selon Farabi. La transformation du connaître en être, in: M. Sebti/D. De Smet (Hrsg.), *Noétique et théorie de la connaissance dans la philosophie arabe du IXe au XIIe siècle*, Paris, 193–242.
Vallat, Philippe 2019b: Le livre de l'Un et de l'unité de Farabi. L'invention persane de la doctrine des transcendantaux, in: P. Bermon/I. Moulin (Hrsg.), *Commenter au Moyen Âge*, Paris, 211–41.
Walzer, Richard 1985/1998: Commentary, in: Ders. (Hrsg.), *Al-Farabi on the Perfect State* [...]. *A revised text with introduction, translation, and commentary*, Oxford, 331–503.
Wakelnig, Elvira 2011: Proclus, Arabic, in: H. Lagerlund (Hrsg.), *Encyclopedia of Medieval Philosophy*, Dordrecht, 1078–1081.
Wirmer, David 2014: *Vom Denken der Natur zur Natur des Denkens. Ibn Bāǧǧa's Theorie der Potenz als Grundlegung der Psychologie*, Berlin u. a.
Wisnovsky, Robert 2000: Notes on Avicenna's Concept of Thingness (*šayʾiyya*), in: *Arabic Sciences and Philosophy* 10, 181–221.
Wisnovsky, Robert 2003: *Avicenna's Metaphysics in Context*, London.
Zimmermann, Fritz W. 1976: Al-Farabi und die philosophische Kritik an Galen von Alexander zu Averroes, in: A. Dietrich (Hrsg.), *Akten des VII. Kongresses für Arabistik und Islamwissenschaft, Göttingen, 15.–22. August 1974*, Göttingen, 401–414.

Hinweise zu den Autorinnen und Autoren

Peter Adamson is Professor of Late Ancient and Arabic Philosophy at the LMU in Munich. His main area of speciality is the reception of Greek philosophy in the Islamic world, and in this area he has written many articles and three monographs. He has also edited and co-edited numerous books, including volumes for Cambridge University Press, the Warburg Institute, and the Institute of Classical Studies. He is the author of the book series *History of Philosophy Without Any Gaps*, which appears with Oxford University Press.

Sarhan Dhouib, geb. 1974, ist seit 2019 Wissenschaftlicher Mitarbeiter am Institut für Philosophie der Universität Hildesheim. Nach dem Studium der Philosophie an den Universitäten Sfax (Tunesien) und Paris 1 – Sorbonne wurde er 2008 an der Universität Bremen über Schellings Identitätsphilosophie promoviert. 2011 erhielt er den Nachwuchspreis für Philosophie des Goethe-Instituts. Von 2010 bis 2019 war er am Institut für Philosophie der Universität Kassel tätig. Seit 2020 ist er Feodor Lynen-Stipendiat der Alexander von Humboldt-Stiftung. Er ist Mitherausgeber der Reihe *Philosophie in der nahöstlichen Moderne.* Arbeitsschwerpunkte: deutscher Idealismus, politische Philosophie, arabisch-islamische Philosophie, interkulturelle Philosophie. Zu seinen Publikationen zählen u. a. über dreißig Beiträge zum *Grundriss der Geschichte der Philosophie. Philosophie in der islamischen Welt*, Bd. IV/1: *19.–20. Jahrhundert*, hrsg. von Anke von Kügelgen (2021), sowie die bei Velbrück Wissenschaft von ihm herausgegebenen Bände *Sprache und Diktatur* (2019), *Toleranz in transkultureller Perspektive* (2020), *Erinnerungen an Unrecht* (2021) und *Philosophieren in der Diktatur* (2022).

Thérèse-Anne Druart obtained an MA in Medieval Studies and a Ph.D. in Philosophy with a dissertation on Plato at the Université Catholique de Louvain. She then went to Oxford University to earn a B.Phil. in Oriental Studies, section Islamic Philosophy and Theology. From 1978 to 1987 she taught at Georgetown University. Since 1987 she has worked at The Catholic University of America, where she is now emerita. Since 1998 she publishes online a Bibliographical Guide in Medieval and Post-Classical Islamic Philosophy and Theology, which became an annual in 2006. She edited several books, among them *Arabic Philosophy East and West. Continuity and Interaction* (1988), and was subeditor for Averroes, *Long Commentary on the De anima*, translated with introduction by Richard C. Taylor (2009). She has published many articles and book chapters on various aspects of philosophy in Islamic lands, but her main interest is al-Fārābī.

Cleophea Ferrari hat in Zürich und Tübingen Islamwissenschaft, Gräzistik und Philosophie studiert. 2001 wurde sie in Bochum promoviert und war Mitarbeiterin am *Greek-Arabic Lexicon* an der Ruhr-Universität Bochum. Seit 2008 lehrt und forscht sie an der Friedrich-Alexander-Universität Erlangen-Nürnberg, seit 2017 als wissenschaftliche Mitarbeiterin am Institut für Sprachen und Kulturen des Nahen Ostens und Ostasiens und als Ko-Leiterin des Arbeitsbereiches Philosophie der Antike und der Arabischen Welt. Ihre Arbeitsgebiete sind die arabische Philosophie des Mittelalters und Modernismus in der islamisch-arabischen Welt. Sie hat unter anderem *Die Prinzipien der Ansichten der Bewohner der vortrefflichen Stadt* von Abū Naṣr al-Fārābī ins Deutsche übersetzt (Stuttgart 2009).

https://doi.org/10.1515/9783110535945-017

Nadja Germann ist Professorin für Philosophie an der Albert-Ludwigs-Universität Freiburg mit Schwerpunkten im Bereich der Vormoderne sowie der Philosophie in der islamischen Welt. Nach ihrer Promotion an der Eberhard Karls Universität Tübingen forschte und lehrte sie in Leuven, Freiburg, Boston, Yale, Baltimore und Genève. Ihre Forschungsgebiete sind die Sprachphilosophie, Erkenntnistheorie, Ontologie und Anthropologie, wobei sie einen begriffs- und verflechtungsgeschichtlichen, die Sprach- und Kulturgrenzen überschreitenden Ansatz verfolgt. Zu ihren Publikationen zählen *The Origin and Nature of Language and Logic. Perspectives in Medieval Islamic, Jewish, and Christian Thought* (hrsg. mit S. Harvey, 2021) und *Philosophy and Language in the Islamic World* (hrsg. mit M. Najafi, 2021).

Rotraud Hansberger studierte Philosophie und Arabistik/Islamwissenschaft in Münster, Saarbrücken und Oxford, wo sie 2007 promovierte. Nach Stationen in Cambridge und London lehrt sie seit 2013 an der Ludwig-Maximilians-Universität München. Ihr Forschungsgebiet ist die griechisch-arabische Überlieferung und die mittelalterliche arabische Philosophie, mit besonderem Schwerpunkt auf Seelenlehre und Naturphilosophie.

Damien Janos (Ph.D. McGill University, 2009) is Assistant Professor at the University of Montreal, Canada, and is presently conducting a Humboldt Fellowship for Experienced Researchers at Ludwig-Maximilians-Universität in Munich, Germany. He has published extensively on the metaphysics and cosmology of al-Fārābī and Avicenna and more generally on the history of Arabic philosophy and science.

Andreas Lammer studierte Philosophie und Germanistik an der Julius-Maximilians-Universität Würzburg und Philosophie am King's College London. Nach einer Assistenz am Thomas-Institut der Universität zu Köln promovierte er in Philosophie und Arabistik an der Ludwig-Maximilians-Universität München. 2018 erhielt er einen Ruf als Juniorprofessor für Arabische Philosophie, Kultur und Geschichte an die Universität Trier, seit 2022 ist er Assistant Professor of the History of Philosophy an der Radboud Universität Nijmegen (Niederlande). Neben der Philosophie Avicennas und ihrer Bedeutung für die nachklassische Periode untersucht er die Rezeption (spät-)antiker griechischer Wissenschaften in der islamischen Welt sowie den Einfluss arabischer Texte auf die Geistesgeschichte Europas. Zu seinen Publikationen gehören die Monographie *The Elements of Avicenna's Physics. Greek Sources and Arabic Innovations* (2018) sowie verschiedene Aufsätze, insbesondere zur antiken, spätantiken und arabischen Naturphilosophie.

Ulrich Rudolph, geb. 1957, wurde nach der Promotion in Tübingen (1986) und der Habilitation in Göttingen (1993) Professor für Islamwissenschaft an der Universität Zürich (1999). Er war Fellow/Gastprofessor in Paris, Aix-en-Provence, Jerusalem, Berkeley, Tripolis und Berlin. Zu seinen Monographien zählen *Al-Māturīdī und die sunnitische Theologie in Samarkand* (1997), *Occasionalismus. Theorien der Kausalität im arabisch-islamischen und im europäischen Denken* (mit D. Perler, 2000) sowie *Islamische Philosophie. Von den Anfängen bis zur Gegenwart* (2004, ^{4}2018). Er ist Herausgeber der Reihe *Grundriss der Geschichte der Philosophie. Philosophie in der islamischen Welt*, von der bislang die Bände I: *8.–10. Jahrhundert* (2012), II/1: *11.–12. Jahrhundert. Zentrale und östliche Gebiete* (2021) und IV/1–2: *19.–20. Jahrhundert* (2021) erschienen sind.

Patric O. Schaerer ist Mitarbeiter am Asien-Orient-Institut der Universität Zürich und Redaktor beim Projekt *Grundriss der Geschichte der Philosophie. Philosophie in der islamischen Welt* (Ueberweg). Seine Forschungsinteressen sind Philosophiegeschichte in der islamischen Welt, arabische und persische Literatur und interkulturelle Philosophie. Veröffentlichungen u. a.: *Ibn Ṭufail: Der Philosoph als Autodidakt. Ḥayy ibn Yaqẓān* (2004, ^{2}2019) sowie *Averroes: Die entscheidende Abhandlung. Die Untersuchung über die Methoden der Beweise* (2010).

Georges Tamer, geb. 1960, Studium der Philosophie, Soziologie, Evangelischen und Katholischen Theologie sowie der Klassischen Philologie an der J.W. Goethe-Universität und der Hochschule Sankt Georgen in Frankfurt sowie an der FU Berlin; 2000 Promotion, 2007 Habilitation an der FAU Erlangen-Nürnberg; 2007 MS Sofia Chair in Arabic Studies an der Ohio State University, seit 2012 Professor für Orientalische Philologie und Islamwissenschaft an der FAU Erlangen-Nürnberg. Forschungsaufenthalte und Gastprofessuren in Berlin, Princeton, Erlangen und an mehreren Universitäten der arabischen Welt. Forschungsschwerpunkte: Koranhermeneutik, Philosophie in der islamischen Welt und ihre moderne Rezeption, jüdisch-christlich-islamische Diskurse. Veröffentlichungen (Auswahl) als Autor: *Islamische Philosophie und die Krise der Moderne. Das Verhältnis von Leo Strauss zu Alfarabi, Avicenna und Averroes* (2001), *Zeit und Gott. Hellenistische Zeitvorstellungen in der altarabischen Dichtung und im Koran* (2008), als Herausgeber: *Die Trias des Maimonides. Jüdische, arabische und antike Wissenskultur* (2004), *Humor in der arabischen Kultur* (2009), *Islam and Rationality. The Impact of al-Ghazālī* (2015), sowie die Bände der Buchreihe *Key Concepts in Interreligious Discourses* (seit 2019).

Renate Würsch, geb. 1956, studierte Indoiranische Philologie, Islamwissenschaft und Semitistik in Basel und Heidelberg. Promotion 1990, Habilitation 1998, seit 2004 Titularprofessorin für Islamwissenschaft an der Universität Basel. Sie lehrte an den Universitäten Basel und Zürich und war langjährige Mitarbeiterin bei dem Projekt *Grundriss der Geschichte der Philosophie. Philosophie in der islamischen Welt* (Ueberweg). Ihre Forschungsschwerpunkte sind: Fortwirken antiker Bildungstraditionen in der islamischen Welt, neupersische Literatur, interkulturelle Erforschung literarischer Motive, Kodikologie. Zu ihren Veröffentlichungen zählen: *Avicennas Bearbeitungen der aristotelischen Rhetorik. Ein Beitrag zum Fortleben antiken Bildungsgutes in der islamischen Welt* (1991), *Die Handschriften der Universitätsbibliothek Basel. Arabische Handschriften* (mit Gudrun Schubert, 2001), *Niẓāmīs Schatzkammer der Geheimnisse. Eine Untersuchung zu Maḫzan ul-asrār* (2005), *Blick auf den Orient. Vom Orientalischen Seminar zum Seminar für Nahoststudien der Universität Basel (1919–2019)* (hrsg. mit Claudia Bolliger, 2019).

Personenregister

Abbasiden; abbasidisch 3, 48, 170–171
Abū Bišr Mattā 4, 145, 164
Abū l-Huḏayl 24–25
Abū ʿĪsā al-Warrāq 174
Alexander von Aphrodisias 1, 46, 48, 80–81, 83–84, 91, 103, 113, 115, 163, 172–173
Andronikos von Rhodos 146
Aristoteles; aristotelisch 1–5, 6–8, 11–14, 21–22, 31, 33, 36–42, 47–49, 51–59, 64–66, 70, 74–75, 81–94, 98–103, 107, 111–113, 115–122, 125–126, 129–131, 134, 137, 145–149, 151–153, 163, 165, 167–172, 175, 177, 181, 186–187, 193, 197, 200–201, 205
al-Ašʿarī, Abū l-Ḥasan; ašʿaritisch 25–26, 35, 150, 153, 163
Avempace 180–185, 189–190
Averroes 58, 163, 166, 180–181, 183, 185, 190, 192, 199
Avicenna 3, 8, 48, 51, 55, 58, 59, 75, 83, 163, 174–175, 178–182, 184–189, 192, 199–200

al-Bāhilī, Abū ʿUmar 25
al-Bīrūnī, Abū Rayḥān 3
Bloch, Ernst 199–200, 202
Bū Mulḥim, ʿAlī 196

Cherni, Amor 197–198

Dieterici, Friedrich 193, 196, 211
ad-Dimašqī, Abū ʿUṯmān 4
Dominicus Gundisalvi 178

Empedokles 141–142

Gabriel (Erzengel) 181
Galen; galenisch 7, 81–82, 84, 88, 90–91, 93, 120–121, 163, 167, 169
al-Ǧābirī, Muḥammad ʿĀbid 195, 202–207, 211
Ǧāmī, ʿAbdarraḥmān 182
al-Ġazālī, Abū Ḥāmid 34, 59, 83, 180
al-Ǧazīnī, Ibrāhīm 196
Gerhard von Cremona 178
al-Ǧuwaynī, Abū l-Maʿālī 25, 27

Hippokrates 120
Homer 14, 175

Ibn Abī Uṣaybiʿa 46
Ibn al-Azraq 207, 212
Ibn Bāǧǧa, siehe Avempace
Ibn Falaquera, Šem Ṭov 178
Ibn al-Furāt 4
Ibn Ḫaldūn 183, 185–186, 189–191, 199, 201, 207, 209, 212
Ibn Ḫallikān 3
Ibn al-Munaǧǧim 14
Ibn al-Qifṭī 46
Ibn Rušd, siehe Averroes
Ibn Sīnā, siehe Avicenna
Ibn Ṭufayl 180–183, 190–191
Ibrāhīm ibn ʿAdī 6
Iḫwān aṣ-Ṣafāʾ 83, 179, 183
Imruʾu l-Qays 14
Iṣḥāq ibn Ḥunayn 4
Iṣḥāq ibn Laṭīf 178
Ismāʿīliten; ismāʿīlitisch 179, 203

Johannes Philoponos 1–2, 7, 103, 122
Joseph 165
Juda Hallevi 181

Karam, Yūsuf 196–197, 211
Kāšifī, Ḥusayn Wāʿiẓ 189
al-Kindī, Abū Yūsuf 1–2, 12, 24, 55, 104, 115, 163–164, 171–175, 199–200
al-Kirmānī, Ḥamīdaddīn 179

Ley, Hermann 200, 202, 211

Maḥǧūb, Muḥammad 196
Maimonides 181, 192
al-Maʾmūn (Kalif) 203

https://doi.org/10.1515/9783110535945-018

al-Maqrīzī, Abū l-ʿAbbās 199, 201
al-Marwazī, Ibrāhīm 3
al-Māturīdī, Abū Manṣūr 3, 25–26, 28
Miskawayh 179
Mogul-Dynastie 193
Muḥammad (Prophet) 119, 165, 195, 205
Mullā Ṣadrā 184
Muruwwa, Ḥusayn 198, 201
Mūsā Ibn Maymūn, siehe Maimonides
al-Mutanabbī, Abū ṭ-Ṭayyib 6
Muʿtazila, muʿtazilitisch 24–25, 204

Nādir, Albīr Naṣrī 196, 197
Naṣṣār, Nāṣīf 195, 206–212
Nemesios 84, 164, 167–169
Neuplatonismus; neuplatonisch 8, 33, 47–48, 50–51, 53, 59, 103, 113, 115, 121, 152

Osmanisches Reich 193

Parmenides 8, 141–142
Pharao 165
Platon; platonisch 8, 13, 27, 40, 63, 66, 71–72, 76, 81, 84, 87–88, 91, 115, 117, 121–125, 131, 134–137, 163–166, 169–171, 177, 185, 188–190, 197, 201–205, 207
Plotin 8, 40, 47, 51, 115, 163, 171–172, 200–201
Porphyrios 4, 7, 14
Proklos 2, 8, 33, 47, 51, 115, 151, 165
Ptolemaios; ptolemäisch 7, 46–49, 52, 56–59

ar-Rāzī, Abū Bakr 119, 183

Sabri, Tahani 198
Safawiden; safawidisch 184, 192–193
Ṣalībā, Ǧamīl 203
Sayfaddawla (Ḥamdānidenfürst) 5
Schule von Alexandria 1, 6–7, 12, 33, 48, 146
Schule von Bagdad 3, 5, 48–49, 86, 145, 164, 193
as-Sīrāfī, Abū Saʿīd 4–5
Sokrates 164
Stoa 103
Strauss, Leo 143
as-Suhrawardī, Šihābaddīn 180–181
Syrianos 51

at-Tawḥīdī, Abū Ḥayyān 4
Themistios 1, 48, 103, 111, 113, 155
Tīzīnī, Ṭayyib 195, 198–202, 206–207, 211
Triki, Fathi 211–212
aṭ-Ṭūsī, Naṣīraddīn 187–189, 192

ʿUbaydī, Ḥasan Maǧīd 196–198

Yaḥyā ibn ʿAdī 6, 164
al-Yaʿqūbī, Abū l-ʿAbbās 14
Yuḥannā ibn Ḥaylān 3

Sachregister

abad; ewig (vgl. auch *dā'im*) 55–56, 72
Abbild s. *miṯāl*
a'ḍā'; Organe 18–19, 23, 79–91, 94–95, 132, 156–157, 167–170
'adl; Gerechtigkeit 22–24, 26–27, 76, 139, 172
af'āl (pl.); Handlungen, Wirkungen 19–20, 26–28, 70, 97–98, 117–121, 134–138
Analogie bzw. Vergleich (vgl. auch Kosmos-Körper-Staat-Analogie) 19, 83–84, 86–87, 91, 93, 100, 106–107, 111, 124, 153–160, 184, 188
Anordnung s. *tartīb*
Ansichten s. *ārā'*
'aql (pl. *'uqūl*); Intellekt, Intelligenz, Vernunft 18–19, 36–41, 47–53, 61–62, 97, 104–113, 177, 179–182, 204–206
– *bi-l-fi'l*; Intellekt *in actu* 105–112, 133
– *bi-l-quwwa*; potentieller Intellekt 105, 112
– *fa''āl*; Aktiver Intellekt 9, 19–20, 23, 50, 62, 74–76, 97–98, 106–113, 116–117, 123, 126, 134, 143, 179–185
– *hayūlānī*; materieller Intellekt 105, 112
– *munfa'il*; passiver Intellekt 101, 106–107, 110–112, 123, 133–134
– *mustafād*; erworbener Intellekt 98, 103–104, 106, 109–112, 133–134, 205
ārā' (sg. *ra'y*); Ansichten 11, 20, 30, 28–31, 45, 59, 129–131, 135–138, 141–142, 152, 158, 182
– *fāḍila*; vortreffliche Ansichten 130–131
Argumentation 4, 9, 12–15, 30, 35, 80, 145–160
'awāriḍ an-nafs bzw. *nafsāniyya*; seelische Akzidenzien 94, 141

Beweis s. *burhān*
burhān (pl. *barāhīn*); Beweis, Demonstration 10, 12, 30, 123–125, 147–149, 158–159

dahr; Ewigkeit 72
dā'im; ewig (vgl. auch *abad*) 55–56, 72
ḍamīr; Enthymem 149, 153, 160
Dasein s. *wuǧūd*
dawlat al-'aql; Staat der Vernunft 206
Denken s. *fikr* bzw. *quwwa fikriyya*
Denkgegenstände s. *ma'qūlāt*
dimāġ; Gehirn 18–19, 81, 84, 88–91, 94, 156

Ein(s)heit (Gottes) s. *tawḥīd*
Element s. *'unṣur* bzw. *usṭuquss*
Emanation s. *fayḍ*
Enthymem s. *ḍamīr*
Essenz s. *māhiyya*
ewig s. *abad* bzw. *dā'im*
Ewigkeit s. *dahr*
expositorische Form 152–160

falsafa; Philosophie 1–2, 6–16, 20–24, 30, 39, 104, 115–126, 130, 142–144, 145–149, 191–192
– praktische 9, 20, 22, 30, 113, 125, 186–189
– theoretische 30, 113, 120–123, 177, 185
fayḍ; Emanation 17, 22, 45, 50, 134, 171
faylasūf (pl. *falāsifa*); Philosoph 59, 119, 123, 144, 163, 171 ,175
fikr; Denken, Überlegen (vgl. auch *quwwa fikriyya*) 88, 90, 198, 201, 214
fiqh; Rechtswissenschaft 13–16, 125

ǧawhar; Substanz 50, 63, 108
Geber/Spender der Formen s. *wāhib aṣ-ṣuwar*
Gegensätzliches s. *mutaḍādd*
Gehirn s. *dimāġ*
Geist s. *rūḥ*
Gemeinschaft, Nation s. *umma*
Gerechtigkeit s. *'adl*
Gesetzgeber s. *wāḍi' aš-šarī'a*
Gewissheit s. *yaqīn*
ǧism (pl. *aǧsām*); Körper 15, 18–23, 29, 39–40, 47, 53, 57–58, 64–75, 79–95,

https://doi.org/10.1515/9783110535945-019

100, 108–109, 115–119, 133–141, 155–160, 164, 167–171, 174–175
Glück s. *saʿāda*

Handlungen s. *afʿāl*
Handlungsvermögen s. *istiṭāʿa*
Herrscher s. *raʾīs*
Herz s. *qalb*
Himmelskörper 18, 45–59, 62, 67–71, 75–76, 118
ḥiss (pl. *ḥawāss*); Sinn, Sinneswahrnehmung: s. *quwwa ḥāssa*
– *muštarak*; Gemeinsinn 83, 155
Hylemorphismus 64, 67, 71–72, 77, 80, 85

iḫtiyār; Wahl 19, 23, 41, 132, 138, 168
ʿilm (pl. *ʿulūm*); Wissenschaft 1–6, 11–16, 19, 61, 101, 145–149, 158–159, 178–179
– *al-aḫlāq*; Ethik 2, 4, 8–9, 13–15, 21, 97, 125–126, 152, 186–189, 209
– *ilāhī*; Metaphysik 2, 4–5, 7–9, 15–16, 21, 45–56, 97, 118–122, 130, 175, 177–178, 204–207
– *al-lisān*; Sprachwissenschaft 15
– *madanī*; Wissenschaft vom Gemeinwesen 13–15, 117, 123–125
– *ṭabīʿī*; Physik, Naturphilosophie 2, 4–7, 9, 13–15, 21, 65, 130, 147, 177
– *al-ʿumrān*; Wissenschaft von der Zivilisation 183–186, 190
imām; Vorsteher 133–134, 144
Individuum, Individuen 18, 62, 68, 73–74, 116–117, 120–121, 126, 129–131, 136–139, 174, 181, 184, 189
Intellekt s. *ʿaql*
intelligibilia s. *maʿqūlāt*
iqnāʿ; Überzeugen, Überzeugung 11, 30, 120, 145–149, 155
irāda/*irādī*; Wille/willentlich 17–19, 23–28, 63–64, 85–86, 132–133, 138, 156–159, 169
iṣṭilāḥ; Konvention 13
istiṭāʿa; Handlungsvermögen 26–27

kalām; Theologie 7, 10–16, 24, 29–31, 34–37, 117, 133, 142, 153, 163–164, 173–175, 192
kamāl; Vollkommenheit 22, 37–43, 63, 71, 87, 109–110, 123, 129–131, 134, 141–144, 150–153, 156, 165, 184
Kardiozentrismus 58, 81, 88–93, 169
kibd; Leber 82
Klasse, Rang s. *martaba*
König s. *malik*
Konvention s. *iṣṭilāḥ*
Körper s. *ǧism*
Kosmos 17–22, 45–59, 67, 71, 92, 109, 116–118, 164, 171, 175
Kosmos-Körper-Staat-Analogie 80–84, 94–95, 109, 133, 143, 155, 158–160, 164, 175, 205–206
kulliyyāt; Universalien 13, 30, 118, 122–125

Logik s. *manṭiq*

mabādiʾ; Prinzipien 30–31, 45, 59, 122, 130
mādda (pl. *mawādd*); Materie 64–69, 72, 82, 105–106, 111–112
– *ūlā*; Erste Materie 18, 53, 66–67
madīna (pl. *mudun*); Stadt, Gemeinschaft, Gemeinwesen 13, 15, 30, 115–117, 123, 125–126, 129–131, 135–144, 157, 170, 182–186, 189–192, 195, 207–210
– *ḍālla*; irrende Gem. 135–137, 141–142, 187–188, 209
– *fāḍila*; vortreffliche Gem. 30, 46, 129–132, 142, 183, 188–190
– *fāsiqa*; sündhafte Gem. 135–137, 188
– *ǧāhila* bzw. *ǧāhiliyya*; unwissende, ignorante Gem. 135–137, 188, 209
maǧāz; übertragene Redeweise 149
māhiyya; Essenz, Was-Sein 108–109, 180
Makrokosmos 118, 130, 143
malik; König 29, 83–87, 109, 133–137, 144, 155–156, 184–187
manṭiq; Logik 2, 4–7, 10, 14–16, 30, 118–119, 145–149, 152, 156, 160, 178, 189
maʿqūlāt; Denkgegenstände, *intelligibilia* 19, 51–52, 100, 104–105, 108–110, 121

– *maʿqūlāt uwal*; Axiome, *prima intelligibilia* 19, 109, 123, 125, 147, 149
martaba (pl. *marātib*); Klasse, Rang, Ordnung 20, 53, 171
maʿšūq; Geliebtes 17, 40, 54–55
Materie s. *mādda*
mawḍūʿ; Zugrundeliegendes, Substrat 54, 65
mawǧūdāt; Seiendes, seiende Dinge 9–10, 17–18, 21, 31, 34–36, 62, 133, 157
Mikrokosmos 118, 130, 143
milla; Religion, Religionsgemeinschaft 8, 13, 23, 28–30, 113, 115–126, 137–138, 149, 165–166, 191–192, 203–212
Mischungen 18, 68–74, 79, 119–120
miṯāl (pl. *miṯālāt*); Abbild, Symbol 29, 205
möglich s. *mumkin*
muḥākāt; Nachahmungen 19, 29, 110, 118–122, 210
mumkin; möglich 51, 65, 147
mutaḍādd; Gegensätzliches, entgegengesetzt 18, 20, 65–69, 72

nabī; Prophet 20, 23, 29, 119, 123, 126, 134, 141, 144, 149, 165–166, 183–185, 205
Nachahmung(en) s. *muḥākāt*
nafs; Seele 9, 18–23, 29, 36, 39–40, 46–55, 58, 64, 79–95, 97–102, 107, 113, 115–126, 134, 141–143, 167–171, 174–175, 180–184, 187, 190, 205
naql; Überlieferung 15, 135, 204
nāṭiq; vernunftbegabt, rational (vgl. auch *quwwa nāṭiqa*) 64, 71, 79–92, 118, 126, 180
Natur s. *ṭabīʿa*
nawʿ (pl. *anwāʿ*); Spezies 18, 54, 62–64, 67–68, 71–75, 92–93, 140
nawābit; Unkräuter 136, 188–189
notwendig s. *wāǧib*
nubuwwa; Prophetentum, Prophetie 19, 22–29, 98, 109–110, 113, 115–119, 122–126, 135, 143, 165, 177, 183–186, 190, 205–206

Offenbarung s. *waḥy*
Organe s. *aʿḍāʾ*
Organon 4–7, 10–15, 146

Philosoph s. *faylasūf*
Philosophie s. *falsafa*
Poetik 4, 7, 11–14, 117–120, 123, 146–149, 159
Politik s. *siyāsa*
Prinzipien s. *mabādiʾ*
Prinzipien der Religion s. *uṣūl ad-dīn*
Prophet s. *nabī*
Prophetentum s. *nubuwwa*

qalb; Herz 18–19, 80–85, 88–95, 109, 132, 155–156, 160, 205
– als Quelle der angeborenen Wärme (*ḥarāra ġarīziyya*) 88
quwwa (pl. *quwan*); Vermögen 58, 67, 70, 82
– *fikriyya*; Denkvermögen 86, 88, 90
– *ġāḏiya*; Nährvermögen 73, 81
– *ḥāssa*; Sinnesvermögen 81–84, 88, 105, 118
– *mutaḫayyila*; Vorstellungsvermögen 18–20, 23, 81–91, 94, 98, 105, 110, 115–124, 133–134, 143, 147, 166, 205
– *muwallida:* Fortpflanzungsvermögen 79, 81, 88, 91–93
– *nafsāniyya*; Seelenvermögen 80–82, 88–89, 94–95, 109, 115, 118–120, 168
– *nāṭiqa*; rationales bzw. Vernunftvermögen 79–91, 95, 97, 105, 118, 122, 134, 168
– *nuzūʿiyya*; Strebevermögen 81, 85–89, 95, 119–120
– *rawāḍiʿ wa-ḫadam*; dienende bzw. unterhaltende Vermögen 81

raʾīs; Oberhaupt, Herrscher, beherrschend 20, 23, 28–29, 81–82, 92, 94–95, 112, 116, 122–126, 131–139, 156–160, 167–170, 184–187, 189, 203, 205–206, 210
– *awwal*; erster Herrscher 109, 116, 122–123, 125, 133–134, 143–144, 205
Rechtswissenschaft s. *fiqh*
reductio ad absurdum 154–155, 158–160
Religion, Religionsgemeinschaft s. *milla*

Religionsgesetz s. *šarīʿa*
Repräsentation s. *tamṯīl*
Rhetorik 4, 7, 11–14, 117–120, 123, 146–149, 153–160, 165–166, 187
rūḥ; Geist, Pneuma 29, 182–183
– *ḥayawānī ġarīzī*; angeborener Lebensgeist 89

saʿāda; Glück, Glückseligkeit 19, 23, 29, 79–80, 97, 112, 116–117, 121–122, 125, 134, 136, 141, 148, 152, 156, 160, 180, 201, 209–210
sabab [*awwal*]; [Erste] Ursache 9, 17–18, 21–22, 33–44, 45–59, 61–63, 100, 109, 122, 132–133, 143, 150–154, 157, 171–175, 180–181, 206
šarīʿa (pl. *šarāʾiʿ*); Religionsgesetz 15, 121–125, 135, 184–185, 192
Seele s. *nafs*
Seiendes s. *mawǧūd*
Sein s. *wuǧūd*
Sinn, Sinneswahrnehmung s. *quwwa ḥāssa*
siyāsa; Politik 2, 8–9, 13, 15, 21, 43, 122–126, 156–160, 163–171, 182–192, 201–209
Sophistik 7, 11–14, 44, 117, 142, 146–147
Spezies s. *nawʿ*
Sphären, himmlische 9, 18, 46–59, 61, 67, 97, 137, 152, 159, 171–172, 179–182
Stadt s. *madīna*
Substanz s. *ǧawhar*
Substrat s. *mawḍūʿ*
ṣūra (pl. *ṣuwar*); Form 64–65, 71–72, 77, 82, 107–108, 111
Syllogismen 7, 119, 146–149, 153, 155
Symbol, symbolische Ausdrucksweise 20, 23, 116, 121

taʿaqqul; Verständigkeit, kluges Handeln 98, 121
taʿāwun; Zusammenarbeit 209
ṭabīʿa/*ṭabīʿī*; Natur, natürlich 15, 58, 63, 67, 139, 208–209
taḫayyul; Imagination (vgl. auch *quwwa mutaḫayyila*) 166
taḫyīl; Vorstellungsevokation 118–122
taʿlīm; Wissensvermittlung 148, 152, 158
tamṯīl; Repräsentation, Imitation 34, 124, 149, 166, 210
tarkīb; Zusammensetzung, Komplexität 67–69, 72
tartīb; Anordnung, Rangfolge 171, 175
tawḥīd; Ein(s)heit (Gottes) 24–25, 37, 154–155, 158–160
Theologie s. *kalām*

ʿuḍw raʾīs; herrrschendes Organ (vgl. auch *aʿḍāʾ*) 167–170
umma; Gemeinschaft, Nation 121, 131–132, 139, 170, 191, 206–211
Universalien s. *kulliyyāt*
ʿunṣur (pl. *ʿanāṣir*); Element 181
Ursache [Erste] s. *sabab* [*awwal*]
usṭuquss (pl. *usṭuqussāt*); Element 62, 66
uṣūl ad-dīn; Prinzipien der Religion 24–25, 27–31, 33, 79, 150

Vernunft s. *ʿaql*
vernunftbegabt s. *nāṭiq*
Vollkommenheit s. *kamāl*

waḍʿ an-nawāmīs; Gesetzgebung 121
wāḍiʿ al-lisān; Sprachsetzer 13
wāḍiʿ aš-šarīʿa; Gesetzgeber 122, 124, 185
wāǧib; notwendig 51
waḥdat al-ʿaql; Einheit der Vernunft 205
wāhib aṣ-ṣuwar; Geber/Spender der Formen 74–76, 181
Wahl s. *iḫtiyār*
waḥy; Offenbarung 11, 20, 29, 123–124, 134, 141, 165–166, 185
Wille s. *irāda*
Wissenschaft s. *ʿilm*
Wissensvermittlung s. *taʿlīm*
wuǧūd; Sein, Dasein 174, 199, 201

yaqīn; Gewissheit 7, 11, 30, 145, 147, 149, 158, 215

Zusammensetzung s. *tarkīb*

www.ingramcontent.com/pod-product-compliance
Lightning Source LLC
Chambersburg PA
CBHW051115230426
43667CB00014B/2587
* 9 7 8 3 1 1 0 5 3 4 0 6 1 *